デカルト哲学の根本問題

デカルト哲学の根本問題

山田弘明著

知泉書館

凡　例

一　デカルトからの引用はアダン・タヌリ版 *Œuvres de Descartes, publiées par Charles Adam et Paul Tannery*. Paris. 1996 による。引用に付した AT. I. 561 は、その第一巻五六一ページを意味する。

一　ただし『哲学原理』は右の版のページによらず、部と節を III-26（第三部第二六節）のように記す。『情念論』もその節番号のみを 240 のように記すこととする。

一　本書における引用の訳文は、『世界の名著・デカルト』（中央公論社、一九六七）、『精神指導の規則』（岩波文庫、一九七四）、『デカルト著作集』（白水社、一九七七）など既存の訳によるが、文脈の都合で筆者が独自に訳し直したところもある。

一　書名の略記の仕方としては、『方法序説』を『序説』、『精神指導の規則』を『規則論』、『哲学原理』を『原理』とした。

一　バイエの伝記『デカルト氏の生涯』（A. Baillet, *La vie de Monsieur Descartes*. 2 volumes. 1691）からの引用については、その第一巻であれば A. Baillet. I. p. 169 などと表記した場合がある。

一　カントからの引用は、アカデミー版カント全集 *Kants gesammelte Schriften, herausgegeben von der Königlich Preußischen Akademie der Wissenschaften*. Berlin. 1900- による。A. IV, 13 とは、その第四巻一三ページを意味する。ただ、『純粋理性批判』についてはA版またはB版のページ数のみを記した。

一　カントについての訳文は、『カント全集』（岩波書店、二〇〇〇）、『世界の名著・カント』（中央公論社、一九七二）、『世界の大思想・カント』（河出書房新社、一九六五）によるが、文脈の都合で筆者が手を入れたところもある。

まえがき

本書が主題としているのは、コギト、真理、神、心身、自由などデカルト形而上学の根本問題であり、カントのデカルト解釈である。また、テキストの読み方であり、医学や教育をも含めた広義の哲学の問題である。その目的は、これによってデカルト哲学の諸問題を新たな視点から分析すると同時に、その現代的意味を浮き彫りにすることである。

およそ西洋哲学の根本には「神と精神」という問題意識が伝統的にあったと思われる。デカルトの場合でもそれが哲学の核をなしており、かれの考え方の基本にはこの問題があったであろう。こうした視点から第Ⅰ部と第Ⅱ部では、とりわけ神と精神の主題が、コギトや他者を問う際や、真理の成立を問題にする際にも大きな背景をなしており、また、心身問題を考え自由を論じる時でも、世界における生き方を省察する時でも強く効いていることを描き出したつもりである。

第Ⅲ部ではカントのデカルト解釈の諸問題を取り上げた。第一はデカルトの懐疑論を批判する「デカルト的観念論」であり、外界の存在を疑うことがナンセンスだとされる。第二はコギト解釈であり、思惟するわれを主語とするのはよいが、実体とすることは誤謬推理であるとされる。第三に「デカルト的証明」すなわち神の存在論的証明の批判である。カントの議論はどれも現代的な鋭さを持つと思われるが、その解釈の是非を二人のテキストを突き合わせながら検討した。筆者には、両者の哲学は根本的に相違しており、カントのデカルト批判は当たらないと思われる。

第Ⅳ部はテキスト研究である。初期の断片『良識論』*Studium bonae mentis* のテキスト再構成を試み、また『省察』冒頭に付された「ソルボンヌ書簡」の哲学的な意味を探り、『省察』が実はソルボンヌに受理されていたことを歴史的に明らかにした。さらに、錯綜した「第六省察」を人間学の形成という文脈で整合的に読めることを示しておいた。

第Ⅴ部では医学と教育という角度からデカルトを見、デカルト哲学の多様性、実用性を示したつもりである。デカルトの医学については日本ではまだあまり研究がなされておらず、基本的な著作の翻訳すらない。ここでは医学思想を概観してその全体像をつかみ、『人体の記述』の序文を訳出しておいた。デカルトの教育に関する研究も多くはない。ラフレーシ学院におけるイエズス会の教育実践をデカルトによる評価を交えて考察した。

本書は形而上学の議論として、とくに神の問題とカントのデカルト解釈を詳しく取り上げている。その理由について、ここでやや突っ込んで論じておきたい。

第一は、なぜいま神の問題を論じ直すかである。デカルト哲学においては多くの議論が神に収斂しており、神という論点を背景に置くことによってはじめて合理的な解明が可能になるということがある。心身二元論にしても、誠実な神への信頼があるので問題はないということになる。しかしこれに対しては批判があるだろう。すなわち、最後に神なるものを持ち出さざるをえない点にデカルト哲学の限界がある。十七世紀とは異なり、現代において神を論じることは哲学者の任ではない、と。この種の批判は筆者には重い。しかし「神」はその意味内容によっては現代においてもきわめて重要である、と考えられる。

デカルトの時代、「神」は世界を根源的に説明するための装置であり、いわばパラダイムであったと言えよう。

だが、その神はスーパーマンのようにいきなり現われて問題を魔術的に解決して去るというわけではない。デカルト哲学は、もともと神が世界と人間をつくったという世界観のなかでの話である。あるいは、少なくとも神に相当するものを考えなければ世界を根本から説明することはできない、という立場である。その文脈のなかで人間と神とが語られている。「神の誠実」はスコラ的な既成の知ではなく、神の属性を反省するなかで獲得された知である。これによってはじめて人間の認識が保証されることになる。神をめぐるこうした議論が二元論の土台としてある。心身は理論的に区別されはしても、実践の次元において神によってしっかりと合一されている。これがデカルトの立場である。それゆえ、神を抜きにすれば二元論は根拠を失うであろう。

だが、神というパラダイムを採用しない場合はどうなるのか。現代の多くの哲学者は世界の根源的説明には賛成しても、神という超越的なものを哲学の議論の土台とすることに躊躇するだろう。しかし、問題は神ということばで何を意味するかである。説明を放棄するのでないかぎり、現代でも十七世紀の神に代わる何らかのパラダイムが必要であろう。ハイデガーはそれを存在 Sein と言ったが、レヴィナスはふたたび神 Dieu を登場させた。東洋人は昔からそれを自然や天と言ってきた。今の筆者には十分な答えの用意はないが、神ということでさし当たって考えられることは、ものごとを「今ここ」という有限な視点ではなく無限に大きな全体の視点から眺め、永遠とのかかわりで見るということである。それはまさにスピノザの「永遠の相の下にものを見ること」である。(それは現代の環境倫理において、ことがらを個々の人間的利害の視点から分析するのでなく、地球全体のエコロジカルな視点から見ることに似ている)。神という論点を哲学の基礎に置くとは、現代語に翻訳すれば、無限な全体を意識しながら有限な人間の営為を考えるということになろうか。たとえば人間の個々の経験的事実を分析するだけではなく、この世界にものがあるという事実そのものを元としてそこからものを考えること、こういう永遠からの視点が現代の哲学においても重要であると思う。以上の理由から、近世哲学の原点をなしているデカルトの神を再論することには、大きな意味があると認められる。

第二は、今なぜカントのデカルト解釈を取り上げるかということである。周知のように、カントはライプニッツをはじめとする伝統的形而上学を鋭く批判した人である。実際カントは、形而上学の論理的な誤りや言語使用上の誤りを指摘し、理性の認識範囲を確定した。その多くは今も傾聴に値する議論である。カントの言いたいことを要するに、人間の感性的直観は「現象」については妥当しても「もの自体」には及ばない。それゆえ神や魂などの形而上学的な課題は学問的な知識にならず、理論的には破棄すべきであるが、しかしそれは実践的には道徳的な信仰として重要である。つまり人間には解明されえない主題であっても、人が実際にこの世を生きて行くうえでは重要だ、ということだろう。この裁定は現代哲学にも通じる歴史的に重要な考え方である。だが問題は、はたして形而上学は理論的に成立しないものかどうかということである。

ライプニッツの背後にはデカルトがあり、カントの批判の射程には当然デカルトも含まれる。若いカントは形而上学に関心を寄せて神の存在証明を試みたが、のちに「独断のまどろみ」とか「形而上学の夢は見果てた」と言ってそれを破棄したとき、そこにはデカルト的な「思弁哲学」も入っていただろう。実際カントは、しばしばデカルトの名を挙げて解釈ないし批判をしている。もしカントの言うことがすべて正しく、デカルトが問題とした懐疑・コギト・神のどれもが学問的な知にならないとするなら、デカルト哲学などは成立不可能となろう。では、カントによってプラトン以来の西洋形而上学の息の根は止められたとすべきなのだろうか。否、形而上学の批判といっても、それはスコラ的に典型化された形而上学（ヴォルフやクルージウス）に向けられているのであって、直接のデカルト批判にはなりえないのではないか。逆にデカルトには、カントの議論そのものを切り崩す普遍的懐疑という思想があり、カントの批判にもかかわらずデカルト形而上学は健在であると思われる。

およそ形而上学は人間理性の単なる理想を語るだけのものでもなければ、ただ言葉の誤りのうえに構築されたものでもない。それは人間精神の深い要求であり、それなりの必然性をもった由緒正しい知である。本来、形而上学とはものごとの第一の原因や原理を対象とする重要な学であり、その故をもって第一哲学と称せられた。カント自身、形而上学を永遠の恋人のように言っている場面がある。かれは学 Wissenschaft としての形而上学の成立に悲観的であったわけだが、その場合「学」の意味が問題である。世界・神・精神の本質のすべてを、あますところなく理論的に解明することが学であるとするなら、カントの主張は正しい。しかしライプニッツにせよデカルトにせよ、そのようなことを目指したわけではない。神や精神について有限な人間理性に許されるかぎりの省察をしたにすぎない。すなわちかれらは、神の存在と本質とを論理的に（つまり理性の枠内で）想定し、人間精神について厳密に思惟可能なこと（つまり理論的に可能なこと）を記述することによって、世界の認識論的・存在論的根拠づけをしようとしたのである。これを合理主義の形而上学と言ってよいであろう。そしてその手続きに論理的な間違いがないのであれば、カントの指摘は当たらないであろう。この意味では、形而上学は学問的な認識として十分成立するとしなければならない。

筆者は現代におけるデカルト批判の原点がカントにあるのではないか、という見通しを持っている。デカルト哲学は十七世紀当時から賞賛と同時に批判の対象となっていたが、カントの属する十八世紀は合理主義に反対する啓蒙主義の時代であった。カントの批判はそれまでの議論を総整理する大掛かりなものであると同時に、その矢はデカルトの鼻先をかすめているかの感がある。そして、そのスケールの大きさと論の鋭さのゆえに、カントの議論は現代のデカルト批判の起源になっていると思われる。すなわち、カントは現象学や分析哲学によるデカルト批判の先駆になっていると言うことである。たとえばフッサールは、デカルトはコギト〈純粋自我〉を心理主義的に解しているにすぎないとしたが、すでにカントは同じことを合理的心理学という言葉で表現している。また「私がある」とは私がすでに世界内に存在することであるとするハイデガーの議論は、外界の存在証明を不要としたカントの延長線上にある。さらにウィトゲンシュタインが展開した、思考の限界設定、命題の意味、言葉の使用、懐疑の不可能性などの議論に関しては、カントのデカルト批判のなかにその原型が見出される。アウト・プットとしての思想は異なるが、カントとウィトゲンシュタインとは同根だとの印象をもつのは筆者だけではないであろう。

もとよりカント哲学は分析哲学や現象学とは基本的に違う構造をもっている。だが、カントのデカルト解釈を批判的に再検討することは、それを誘い水としてデカルト哲学の現代性を探ることであり、ひいては現代における形而上学の復権の道を用意することでもあろう。それゆえ、カントのデカルト批判を少し細かく吟味することとした。

目次

第Ⅱ部　心身・神・精神

第Ⅲ部　カントのデカルト解釈

第Ⅳ部　テキストをめぐって

第V部　医学と教育

デカルト哲学の根本問題

I　コギト・他者・真理

第一章　コギトと他者

デカルトの「コギト・エルゴ・スム」という命題（以下、コギトと略称）については批判が多い。そのうちの一つに、コギトは独我論であってそこからは他者なるものが出てこないのではないかという論点がある。たとえばフッサールは、コギトは自己という意識の島に孤立するのではないか、と批判している。西田も、コギトは直接経験の事実ではないとしたうえで、デカルトがコギトを脱して（他者としての）神の存在を論じる際に、自己と神の存在との間に矛盾があるのではないか、と見ている。たしかにデカルト哲学には他者の問題は馴染まない。かれにとって、形而上学の本来の問題は神と自己の精神とであったからである。しかし他者がまったく無視されているわけではない。本稿では、そうした批判を意識しつつ、コギトと他者をめぐる問題を考える。

一　コギトは独我論か

コギトが発見された場面を振り返ろう。デカルトは『省察』において、学問を打ち建てるための確固不動の一点を求めて懐疑をした。その結果コギトが取り出される。

このようにして、私はすべてのことを存分に、あますところなく考えつくしたあげく、ついに結論せざるをえない。「私はある、私は存在する」Ego sum, ego existo というこの命題は、私がこれを言いあらわすたびごとに、あるいは、精神によってとらえるたびごとに、必然的に真である、と。(『省察』AT. VII, 25)

コギトは唯一疑いえない確実なる命題にして、かつ必然的に真なる命題であり、「哲学の第一原理」(『序説』AT. VI, 32) たりえる、とみなされている。懐疑の深淵のなかで、唯一の明かりが灯されたことになる。その明かりを手がかりに、そこから私の本質、神、外界などを知って行くことになるが、コギトが知られたこの時点では、確実にあると言えるものは私の存在のみである。他には何も見えない。私の身体も神も外界も他者も分からない。私の存在だけしか確認されていない世界にあって、省察は私ひとりに問いかけ、私の内面を掘り下げる仕方で進行する。「ただ自分だけに語りかけ、自己を深く掘り下げることによって、少しずつ、私自身を、私にとっていっそうよく知られたもの……とするよう努めよう」(同 34)。ここでの自己とは、あらゆる感覚や物体的なものの像を退け、思惟をもっぱらとする自己である。自己の外にあると思われるものを感覚や経験によって知って行くというのではなく、自己の内にあるものを純粋知性によって深く捉えようとするのである。仏訳版「第四省察」には「この世には私しかいないかのごとくに、私がまったくただひとりだと認識する……」[1] という表現さえ見出される。

だが、ここでデカルトは独我論に陥っているのではないかと考える人は多い。実際フッサールの批判によれば、コギトの立場はまさに独我論的思考に他ならない「このようにしてとり出された自我は、いまや一種の独我論的な哲学的思考を行う」(『デカルト的省察』§1. *Hua.* I. S. 45)[2]。私とはたしかに思惟する自我であり、意識するものであるが、私はその主観性から出られず、客観性に達しないという状況にある。それをフッサールは次のように言いあらわしている。「私は私の意識の島からいかにして脱出することができるのか。私の意識のうちにおいて明証体験として現われるものは、いかにして客観的意義を獲得しうるのか」(同 §41, *Hua.* I. S. 116)。フッサールによれば、これはまさに私の意識のみが存在するという独我論の観を呈している。結局コギトなるものは、それ自身は明かるみであっても、その背後には闇が広がっていることになる「ego cogito, ergo sum という有名な命題の見かけ上の陳腐さの背後に、実は大きく口をあけた暗い淵が開かれている」(『第一哲学』1. §10, *Hua.* VII. S. 63)。

それだけではない。デカルトのコギトが独我論に陥るのみならず、コギトの立場を踏まえた現象学でさえも独我論的であるとの非難がありえる、とフッサールは考える。「省察を行う自我としての……私は独我 solus ispe になるのではなかろうか。……そして現象学は超越論的独我論という烙印を押されるべきではないであろうか」(『デカルト的省察』§42, *Hua.* I. S. 121)。私が独我になるとは、そこでは他我が主題になりえないということでもある。かくして「独我論という非難に対して他我経験の問題を提示すること」(同 §42 表題)、これこそフッサールがデカルト主義の克服のために苦心した点であり、他者や身体を視野に入れた超越論的自我の哲学を目指すことになるのである。もとよりフッサールとデカルトとでは、そもそも問題意識が異なり、背景もちがう。だが、コギトが私という意識の島に孤立しているとする理解は、そのかぎりで当たっているように思われる。

現代のデカルト研究者マリオンもまた、コギトと他者の問題を、現象学を意識しつつ解明し、コギトにおいて他者は不在であり、自己は他の精神を容認せず、孤独であるとしている。すなわちマリオンによれば、『省察』のテキストには「他者」に相当する表現(狂人、画家、他の人たち、通りを行く人間、両親など)が登場するが、それは排除するための否定的な例である。他者の現前を認めたものではない。他者の観念は自己から合成され、複合される。他者が思惟の対象として現れるとしても、それは自己によって批准される場合にかぎられ、自己が他の精神を共有することはない。「私とはちがったある存在者」(『省察』AT. VII, 49)である神の場合においてのみ他性はあるが、それは超越論的な前提であり、私と類を同じくする他者ではない。この意味で他者はやはり欠如している。他者の他者性は自己によって構成され自己に還元される。自己は基本的に他我を排除する。(3)

以上のマリオンの指摘は原則として正しい。ただ付言すべきは、第一に、自己が孤独であるのは「第二省察」のコギト発見の時点においてであって、永遠に他者を容れないわけではないということである。「第三省察」以下で、自己は主観性の壁を突き破ってまず神という他者に出会う。そして神を媒介にして他者への道を歩む。最終的には「私とは異なるある実体」(同79)、つまり物体の世界(外界)を知ることになる。第二に、神も自己があってはじめて知られることである。『規則論』には「われあり、ゆえに神あり」sum, ergo Deus est(AT. X, 421)とあるように、私を経由してはじめて神は知られる。私によって神は他者として導き出されるのであって、自己なくして神は知られない。神はただの超越ではなく、自己がこの他者なる神と向き合うのが『省察』である。いずれにせよ、フッサールやメルロ＝ポンティが要求するような他我論は、コギトの場面では論じられない。そのかぎりでは独我論と言わねばならない。

二 「独我論」に対する解決策

では、いかにしてコギトは「意識の島」より脱出できるか。その解釈に二つの方向があると思われる。一つは、他者は生の次元においてすでに認められているとする解釈である。他の一つは、「第二省察」のコギトの文脈は根源的な対話をなしており、すでに他者は含まれているとする解釈である。しかし、いずれも解決策にはならないということを示したい。

第一の方向は「生の次元」を導入するものである。周知のように、デカルトはエリザベト宛の書簡（1643. 6. 28. AT. III, 692）で、「形而上学的な思惟」la pensée métaphysique の次元と「生と日常的な交わり」la vie & la conversation ordinaire の次元との区別を説いている。前者においては、精神は身体から理論的に区別されたものとみなされるのであるから、コギトはたしかに孤立するであろう。だが、後者の次元では、心身合一が実践的に経験されており、自己は感情や欲求をもった「真の人間」（『序説』AT. VI, 59）として、他者と世界を共有し、他者と交わり会話をしている。それゆえ他者は、生の次元のなかにすでに織り込まれていると解釈できるだろう。

この解釈は、精神と身体の他に、心身合一の世界という第三の領域を大きく認めるものである。そこでは、「私は自分の身体に、舟人が舟に乗っているようなぐあいに、ただ宿っているだけではない」（『省察』AT. VII, 81）とされ、身体との密接な結びつきが問題にされる。具体的には、「自然の教え」、痛み・飢え・渇きなどの感覚、私の身体と世界との目的論的な結びつき、「健全な人間の保存」（同）などが話題になっている。心身合一を第三の実体と解するのはテキスト的に無理だが、第三の領域はたしかに存在するだろう。コッティンガムの主張する「デカルト的三元論」(4) なるものも理由のないことではない。かくして生の次元が回復されるとともに、テキスト的には「他者」は現われないが、他者は当然のこととして前提されるということになろう。

しかしながら、この解釈は積極的には採用できない。形而上学の次元（「第二省察」）と生の次元（「第六省察」）との間に落差が認められるからである。省察の流れが「第六省察」においても整合的に進んでいれば問題はない。

だがそう進んでいるとは思われない。「第六省察」における物体の存在証明や感覚的世界の復権の議論は、純粋な「形而上学的省察」の延長線上に来る話ではなく、目的論的・実践的な関心に基づいている。したがって少なくとも理論的に見るかぎり、「第二省察」との間に距離があることは否めない。その点に気づいているのは筆者だけではない。メルロ＝ポンティなどは、つとにそれを指摘している[5]。かりに他者が、生の次元において確認されるとしても、問題とすべきは生の次元ではない。あくまで「第二省察」の立場で、形而上学的認識の次元で他者を考えるべきである。なぜなら問題は、認識論ないしは形而上学として他者が考えられるかどうかということであるからである。この観点からするなら、コギトはたしかに真理の孤塁であり、やはり他者はない。自己は意識の島から出ることはできないと思われる。

第二の方向は「根源的対話」である。マリオンの解釈によれば、「第二省察」でのコギトは ego cogito, ergo sum ではなく、ego sum, ego existo という表記になっている。前者ならば独我論になるが、後者は根源的対話をなしているので独我論にならない、という。その詳細は以下のようなものである[6]。ego cogito, ergo sum という標準的な定式は必然的に独我論に陥り、フッサールの批判を免れることはできない。しかし「第二省察」が採用している ego sum, ego existo は、自己の根源的な他者性を引き出す。

問題のテキスト（『省察』AT. VII, 24-25）は四つに分節される。（1）他者はまず「何か神のごときもの」として登場する。それはすぐに反論に遭うけれども、それは自己との対話の相手である。懐疑は独我論においてではなく、規定されない他者と自己との対話空間において展開される。（2）「私が自分に何かを説得したなら、たしかに私は存在した」は、説得という行為の遂行として真である。それは他者が自己に対して行う説得である。他者は自己に先行しており、自己が自己自身に達するのは他者との根源的対話によってである。（3）「欺かれても私はある」は対話的傾向をさらに強める。自己に先立つ尋問者として「だれか知らぬ欺き手」が想定される。その存在は不確かだが、私の存在に先んじるこの尋問者のみが私の存在を論証してくれる。私は私によってあるのではなく、私を欺くこの他者によってある。（4）「私はある、私は存在する」Ego sum, ego existo は、私によって言表され、遂行される。これは自己に向けての発話である。ここでも他者は自己に先行している。

以上のことから、マリオンは、Ego sum, ego existo は、ego cogito, ergo sum の定式には還元されないとする。すなわち、他者の存在は、自己が存在する以前から対話空間のなかに根源的に書き込まれている。そして自己が自分自身に達するのは、自分を根源的な他者に結びつける対話によってでしかない。この他者はまずは全能の神であり、それは自己に先立つ無条件的な他者性である。自己は、まず思惟されたもの（説得され、欺かれ、実行されたもの）として発見される。私は他者によって思惟され、それゆえ私はある。結局、独我論は「第二省察」における他者との根源的な対話によって消滅する。このようにマリオンは結論する。(7)

しかし、マリオンの議論に対して、次のように反論できるであろう。たしかに「第二省察」のテキストはユニークなものであり、Ego sum, ego existo は言語行為論的な解釈を許すであろう。だが、だからといって独我論に対する解決策にはならない、と。

なぜなら、第一に、Ego sum, ego existo と ego cogito, ergo sum とは本質的に異なる言明ではないからである。後者がトートロジーになり独我論になるなら、Ego sum, ego existo もまた、そこに根源的対話が読み取れるとしても、独我論になるからである。「第二省察」のテキストにおいて、cogito や ergo が省かれ、いきなり Ego sum, ego existo と定式化されているのには、特別の意味があるわけではない。それはテキストの結論部分（4）

（これは ergo sum に相当する）を言ったものにほかならず、その前段部分（1）～（3）では ego cogito に相当する議論がなされている。つまり私が説得される、欺かれるなど cogito の内容がぎっしり詰まっている。それらを併せてテキスト全体を定式化すれば、ego cogito, ergo sum となるはずである。[8]『省察』の場合、言語行為論的な説明がなされていることは他書と異なるが、その本質において『省察』の定式だけが特別でもなければ、優先されるべきでもない。『序説』の je pense, donc je suis や Ego cogito, ergo sum, sive existo（AT. VI, 32, 558）がやはり標準的であり、『原理』も ego cogito, ergo sum（I-7）という言い方を選んでいる。

第二に、Ego sum, ego existo に見え隠れする「他者」はまだ懐疑の途上にある未規定なものであり、確実な知識としては依然として自己しかないからである。自己の発見以前に根源的な対話空間があり、そこで何らかの他者が私に尋問しているということは、そのとおりであろう。対話という言語行為を遂行しているのであるから、当然ながら他者は想定されている。だからと言って独我論にならないとは結論できないだろう。なぜなら、問題は対話という発話状況ではなく発話内容であり、発話内容（コギト）が独我論になるかどうかが問われているからである。そして、対話空間なるものは、まだ確実な知の地平でのことではないからである。夢における対話というものもありえるだろう。他者の実在は確認されない。さらに決定的なことは、自己が見出される以前の他者なるものも、懐疑のプロセスにおいて想定された道具立てであって、疑いえない確たる知識ではないからである。この場面における他者なるものは、懐疑によって切って捨てられる、いわば捨石のごときものである。コギトが析出された時点で、確実な知として何があるかを問うならば、自己以外には何もないし、他者の影もないと言わざるをえない。そのかぎりコギトは独我論であろう。

以上のことから、生の次元、根源的対話の立場のいずれをとっても、コギトが意識の島を脱する手段にはならないと思われる。

三　コギトと神——フッサールと西田の批判

ではコギトは永遠に意識の島にとどまり、独我論に甘んじるべきなのであろうか。むろん否である。パスカルのいう無人島に連れてこられた人間のように[9]、自己が世界のなかで孤立無援の状況にあるとは決してデカルトは考えていない。「第三省察」ではコギトを原点として新たな省察が動き出し、神の存在証明がなされる。これはコギトという主観性の壁を突破し、神を介して客観性への道を切り開く試みである。他者への道は閉塞されているのではなく、神を通路としてその道が開けていると考えることができる。証明がなされた時点で、デカルトは言っている。

私ひとりがこの世界にあるのではなく、その観念の原因であるところの、何か他のもの aliqua alia res もまた存在する、ということが帰結する。(『省察』AT. VII, 42)

ここにおいてコギトが独我論であることが明確に破棄されている。「何か他のもの」とは、ここでは神のことである。コギトの壁を越えて神の存在が確認されている。私とは異なる他のものとしての神こそ、最初に見出された他者である。この神はもはや「何らかの神」といった無規定な想定でなく、確として存在する神である。ここではじめて確実な知としての他者が提示されたことになる。

他者といっても、神は明らかに「私と同類の他の人間」（同43）でもなければ、他の精神でもない。私からすれば、それは目の前にそびえ立つような他者であり、その向こう側は見えない。私自身はもとより神ではありえない。神という他者と私との間には雲泥の差がある。無限者と有限者、必然的と偶然的、創るものと創られるもの、という大きな差がある。神は「私自身を含めて他のすべてを創造した実体である」（同45）。他方、被造物たる私の存在は、神の力に依存しており「神なしには一瞬間も存続しえない」（『序説』AT. VI, 36）。まさに神は超越であるが、しかし私との関係が絶縁しているわけではない。のちに述べるように、神は私に理性を贈与している。また、私は神の全体を理解できないが、少なくとも無限なものとして神を明晰判明に知ることができる（「第一反論」AT. VII, 112）。神と私との間には何らかの相互関係が成立している。それゆえ私ひとりが世界からも神からも孤立してあるわけではない。神という他者によって客観的な世界が保証され、そこに他者の問題領域が開かれることになる。

「第三省察」の段階では「他の人間」としての他者の実在については触れられないが、観念のレベルで他の人間を示す観念は構成できるとする。「私以外のいかなる人間も、いかなる動物も、いかなる天使もこの世界に存在しないとしても、それらの観念は、私自身と物体的な事物と神とについて、私の有する観念から複合されうる」（『省察』AT. VII, 43）。他の人間（他者）の観念は、私の観念から複合できる。すなわち、私は実体であり、他者も私と同じ実在性のレベルにあるので、他者の観念の原因は私のうちにあり、私自身から生起しえる。私の像に合わせて他者の観念を類的に構成できる。むろん先述したように、その他者は自己の表象にすぎず、自己に還元される可能性はある。だが、少なくとも観念のレベルで、他の人間としての他者がここでポジティブに言及されていることは重要であろう。
いずれにせよ、デカルトはコギトから出発して、神が在りかつ誠実であることの証明をし、そのことによって独我論を駆逐して、他者への道を切開していると思われる。

しかし、フッサールや西田はその道を厳しく批判した人であった。フッサールによれば、思惟するものとしてのデカルト的な自己は、身体的な要素が排除され「心理主義的に歪曲」された自己として拒否される（『ヨーロッパの学問の危機と超越論的現象学』§18. *Hua*. VI. S. 80）。そして、コギトから神への道は不合理なものとして、さらに強く拒否される。

内在的な意識生命のうちにおいて行われるそのようなはたらきの全体は、いかにして客観的意義を獲得することができるのか。明証は、いかにして私のうちでの一つの意識性格であること以上のことを要求しうるのか。これこそデカルトの問題としたことであるが、彼はそれを神の誠実ということによって解決せざるをえなかったのである。（『デカルト的省察』§40. Hua. I. S. 116）

デカルトは思惟という内在的な意識作用に客観的意義を獲得させるために、神の誠実に訴えざるをえなかった。かくして「不合理」Widersinn に陥らざるをえなかった（同 116）とも解されている。他者を論じるためであれ、客観的なものを構成するためであれ、およそ神を持ち出すことは現象学では許されない。「神という超越者」は純粋意識の研究たる現象学の研究領域からは「遮断」されるからである（『イデーン・I』§58. *Hua*. III/1. S. 124）。

神に訴えることは、現象学の地平を越えたいわばルール違反であるがゆえに、不合理というのであろう。フッサール自身は、他者をモナド論的な相互主観性によって考えることになる。

西田幾多郎もまた、デカルトに対して同じような批判的な考えをもっていた。コギトそのもの、およびコギトから神への道は、西田においても否定的に解されている。したがってデカルト的な他者への道も拒否されることになろう。西田のコギト理解はどのようなものであったか。初期の西田は、コギトを推論ではなく直覚的経験の事実と解すならば、それは哲学の出立点になりうると評価している。

デカートが「余は考ふ故に余在り」cogito ergo sum…といふのは已に直接経験の事実ではなく、已に余ありといふことを推理して居る。又明瞭なる思惟が物の本体を知りうるとなすのは独断である。……余が此処に直接の知識といふのは凡て此等の独断を去り、唯直覚的事実として承認するまでである（勿論……デカートの「余は考ふ故に余在り」は推理ではなく、実在と思惟との合一せる直覚的確実をいひ現はしたものとすれば、余の出立点と同一になる）。（『善の研究』①四九—五〇）[10]

この時期の西田は、直接経験や直覚的事実こそ真の実在とする、純粋経験の立場に立っている。そして「今若し真の実在を理解し、天地人生の真面目を知らうと思うたならば、疑ひうるだけ疑って、凡ての人工的仮定を去り、疑ふにももはや疑い様のない、直接の知識を本として出立せねばならぬ」（同四七）とする。この点にはデカルトの懐疑と同じトーンを聞くことができよう。ところで西田は、デカルトのコギトは一見すれば推論のように読めるが、そうではなく「疑ふにももはや疑い様のない直接の知識」と解釈できることを認めるにやぶさかではない、としている。重要なことは、西田はコギトが推理であると看破していることである。それは直接経験の事実ではなく、すでに真実在を離れていると見ている。これが西田の基本的態度である。ただヘーゲルなどの解釈をとれば、コギトは直覚的事実になり、自分と同じ出発点になりえると、譲歩しているにすぎない。本来、西田はコギトとあまり相性がよくないように思われる。

最晩年の「デカルト哲学について」では、懐疑による自覚や徹底的な否定的分析というデカルトの「哲学の方法」(⑪一五二)は大きく肯定されている。しかし、コギト自身はやはり根本的に批判されている。

コーギトー・エルゴー・スムと云つて、外に基体的なるものを考へたとき、彼は既に否定的自覚の途を踏み外した、自覚的分析の方法の外に出たと思ふ。(同一五八)

西田の考えでは、懐疑による自覚はつねに否定を含んでいるのでよいのだが、コギトを確立するにいたって否定的自覚の道をはずれている、というのである。それはどういうことか。基体的なものを考えるとは、自己を実体として対象化し、主語的論理によって捉えることである。西田によれば、それは独断に陥っていることになる。なぜなら、懐疑という否定的分析の結果獲得されたコギトは「主語的実在の形式ではなくして、矛盾的自己同一の形式でなければならない」(同一六二)からである。欺瞞者が如何に私を欺こうとも、欺かれる自己がある。私が私の存在を疑うなら、疑う私はある。かくして疑うという事実そのものが、自己の存在を証明している。自己がつねに否定を含むという意味で、「疑う自己は自己矛盾的存在として把握せられるのである」(同一六一)。自コギトは「考へるものが考へられるものであるといふ主語的実体の矛盾的自己同一的真理」(同一六五)である。

かかる矛盾的自己同一の形式によって、自己の自覚的存在が考えられる。ところがデカルトは、折角の否定的自覚の道を徹底せずに、自己を実体として対象的に理解した、それゆえにカントの批判を浴びることにもなった、と西田は評している。

さらに、神による知識の基礎づけというデカルトの考えが、厳しく批判される。

彼は遂に知識の客観性を、神の完全性に、誠実性に求めた。……デカルトのかかる考えと云ひ、ライプニッツの予定調和と云ひ、時代性とは云へ、鋭利なる頭脳に相応しからざることである。デカルトの如く我々の自己を独立の実体と考へる時、神の存在との間に矛盾を生じざるを得ない。……神の誠実性を以って知識の客観性を基礎付けると云ふ如きは、何等の論理性を有たない。主語的論理の破綻を示すものである。（同一五八—一六〇）

西田によれば、自己を実体（それ自身によってある実在）と解するなら、神と自己との間に矛盾を来たすであろう。実は神こそがそれ自身によってある実在である。とすれば自己の独立性は失われ、自覚は消されてしまうことになる（同一五九）。それゆえコギトの立場を貫くなら、神なしに何もありえないとするスピノザ主義に至らなければならない（同一六〇）。要するにデカルトは「神と自己との関係に於て、何処までも不徹底である」（同一五七）。神の誠実に解決を求めるのは主語的な論理の破綻にほかならない。「超越的なる神の媒介を要すると考へるのは、主語的論理の形式に囚われ居るが故である。それは分からないものを、更に分からないものを以て説明するに他ならない」（同一七〇）と、手厳しい。

以上のようにフッサールと同じく、西田もまた神への道をかたく拒否している。[11]西田自身の他者論は「私と汝」において展開されていると思われるが、それは今のわれわれの課題ではない。

四　批判への反論

フッサールや西田の批判にどう答えるべきであろうか。

批判は二つあった。その一つは、コギトの立場は身体的な要素が排除された心理主義になっている、それは主語的論理であって否定的自覚を外れている、という批判であった。コギトをどう解釈しようとそれは自由だが、デカルトの側からは次のように答えられるだろう。

1　たしかに、コギトが発見される「第二省察」の文脈では、私は思惟するものとしての精神と考えられ、身体は排除された。だが「第六省察」で感覚への懐疑が解除された時点で、身体的世界は復権する。そこでの「私は身体ときわめて密接に結ばれ……身体とある一体をなしている」（『省察』AT. VII, 81）。心身の合一した「真の人間」としての私が考えられている。[12]デカルトの自己は「身体なき抽象的自己」（「デカルト哲学について」⑪一七〇）などではない。「第二省察」と「第六省察」との間には落差があるにせよ、形而上学の全体を見れば、自己は単なる心理主義ではなく実在論として捉えられているとするべきである。

2　デカルトの懐疑が西田の言う否定的自覚であるとするなら、コギトは自覚を外れているわけではないし、コギトの時点で否定的自覚が終息するのでもない。デカルトは自己自身の内面を探求し、懐疑という否定的分析をする最中で、コギトを発見した。かれは「自己の存在までも疑った……が懐疑の刃は論理そのものにまで向はなかつた」（同一七〇）のではない。懐疑は数学的推論だけでなく、矛盾律などの明証的なものにまで及んでいるからである。[13] たしかにデカルトは、自己を実体として立てたが、外に基体的なものを考えたわけではない。私は思惟するものとして、まさに思惟の内に実体として見出されている。思惟実体は一瞬もコギトを離れることがない。私が思惟しなければ、私の存在はすぐに失われる。「もし私が思惟することをすっかりやめてしまうならば、おそらくその瞬間に私は、存在することを、まったくやめてしまうことになるであろう」（『省察』AT. VII, 27）。実体は思惟作用の基体であるが、それは主語的論理というよりも、いわば実存的論理として思惟の内に書き込まれているのである。

3　懐疑（否定的自覚）はコギトの発見で停止せずに、その後も持続している。すなわち、疑いの中から確かな知を求めるという仕方で、神や外界に関して省察（懐疑による自覚）が続くことになる。およそ懐疑はデカルトの省察の原動力になっている。「私は、普遍的懐疑をいわば確固不動の点として、そこから神の認識、君自身の認識、世界の中にあるすべての事物の認識を導き出すことを自ら期している」（『真理の探求』AT. X, 515）、と言われている。この意味で、「徹底的な懐疑的自覚、何処までも否定的分析と云ふこと」（「デカルト哲学について」⑪一五二）は『省察』の全編を貫いていると考えられる。

4　デカルトの論理は主語的論理の形式かもしれないが、主語的論理そのものは独断ではない。それは通常の言語表現の論理として必要不可欠であり、そう主張している西田自身の論理も主語的論理によっているはずである。西田の論点は、自己を「主語的実在の形式ではなくして、矛盾的自己同一の形式」として捉えるべきだということにあると思われるが、矛盾的自己同一の考えは西田独自のものであって、デカルト哲学の関与するところではない。

もう一つの批判は、神の誠実に訴えるのは不合理であり論理の破綻であって、神と自己との関係が不徹底になっている、というものであった。換言すれば、われわれの認識の対象にならない神を安易に認めることは悪しき形而上学ではないか、知識の客観性の根拠を神に求めることは哲学として妥当ではない、デカルト的自己はスピノザ主義にならねばならぬ、という批判である。これに対しては、次のように反論できるであろう。

1　神という超越者はもとより経験的に検証できることではなく、われわれの認識のなかには入りにくい。神の誠実ということは「分からないものを、更に分からないものを以って説明する」の感があるかもしれない。したがって、神を哲学研究の領域外に置くという立場はありうるだろう。だが問いの設定の仕方によっては、領域外に置いたはずの神が入って来ざるをえず、超越的なものを背景に置かなければものが十分合理的に説明されない、ということがある。フッサールの言う純粋意識の領域内のみでは、ことが済まされない場合があるのではないか。実際、かれ自身も議論の根底に理性の届かない何らかの超越的なものを置いている。たとえば「根源的信念」Urdoxaなどは合理的な検証を許さないであろう。

2　哲学の議論の根底に神を据えることは、けっして不合理なことでもなければ、論理の破綻をも意味しない。神は人間には理解不可能だが不可知ではなく、神が無限であるということ自体は明晰に知られる、とデカルトは考える。神は超越者ではあるが、人間が神を考えることには論理の支えがある。私を超えた無限のもの、私の存在や認識の根拠となるもの、それがなければものがものとして理解できないものを論理的に想定できるだろう。自己を無限なものの全体のなかで捉えるという発想である。デカルトは有限者—無限者、完全者—不完全者を対比的に考えるなかで、神の存在証明を行った。また、神の本質を考察することから神の存在が導かれるとした。これらの証明には緻密な論理が張り巡らされている。西田は「第五省察」のいわゆる存在論的証明をライプニッツに立って弁護し、「実在の根底を何処までも論理的に考へる時、私は最高完全者は存在するといふ理由も出て来ると思ふ」(「デカルト哲学について」⑪一六〇)とさえ言っている。それゆえ、コギトから神を導出すること自体には問題がないと認められよう。

3　知識の客観性を神の誠実によって基礎づけること(そして、そこから他者を考えること)は、不合理でも論理の破綻でもない。神の誠実は単なる想定ではなく、神の完全性(神は欺かない)という本性から合理的に導き出されることである。神の誠実ということを不合理と言うならば、たとえば数学の真理が普遍性・客観性をもつことの根拠をどう捉えるかを考えてみるべきである。明証的だから、公理系によって真であるから、と言うだけは答えにならない。デカルトが求めているのは、明証性そのものの究極的な根拠であり、真理が真理であるための根拠である。そういう場面においては、「欺く神」の仮説が依然として効いている。すなわち、もし神というものがなく、あるいは神が欺く神であったならば、知識の客観性はいかにして成立するのか。これは「第一省察」以来の懐疑の立場である。この懐疑を打ち破るには、「神の存在を前提する」(『序説』AT. VI, 38)必要がある、とデカルトは考える。欺く神を駆逐できなければ、最も明晰な認識においても疑いの余地が残り、それが絶対的に真であることの保証はないからである。誠実なる神は明証性そのものを根拠づけるのである。

4　神の誠実という考えの背景には、いわゆる永遠真理創造説がある。神は存在だけでなく本質(永遠真理)の作者であり(メルセンヌ宛1630. 5. 27. AT. I, 152)、真理はもっぱら神の意志に依存している。そこで、その作者が欺く神かあるいは誠実なる神なのかは、真理の成立にとって決定的に重要である。前者であればおよそ知識の基礎づけなどはありえない。「自分の起源の作者を知るにいたるまでは確実な知識をもちえない」(『原理』I-13)。こうした理論を背景にして、神による真理の保証ということが強く主張されているのである。この説は一つの論拠にすぎないが、ここからしても「誠実なる神」は「欺く神」に対峙する一つの合理的な仮説として十分に妥当すると思われる。デカルトの神を、超越の彼方から真理を創造し、人間の知識をトップ・ダウン式に基礎づけるものと解するなら、それは西田の言うように不可解だろう。だが永遠真理創造説は雲の上の超越的 transzendent な話をしているのではなく、カント的な意味での超越論的 transzendental な議論をしている。つまり経験の地平と経験を越えたものとの関係を論じている。無限の領域と有限の領域との認識論的・存在論的な関係の話をしている。それは要するに、神が世界を創ったということを人間の目線で理解することではないのか。

5　神と自己との関係は重要なテーマである。デカルトの場合、自己が実体であっても神とは矛盾しないし、スピノザ主義にもならない。たしかに存在論的には、自己の存在は神によって与えられたのであるから、その独立性は簡単に消されるだろう。しかし認識論的な観点からは、コギトの独立性や自覚は、神によっていささかも阻害されることがない。なぜなら自己は神をも疑うことができるからである。コギトによってはじめて神も認識されるという意味では、神の認識は私に依存している。しかも人間には自由意志があり、欺く神を拒否できるだけでなく、およそ曖昧なものには判断をさし控える自由がある。大きな自由意志の力をもつ点で人間は神と比肩できる（『省察』AT. VII, 57）とさえデカルトは考えている。それゆえ自己を実体とするからといって、すべてを神の必然性の下に置くスピノザ主義にはならない。デカルトは永遠真理創造説や連続的創造説などを援用しつつ、スピノザとは異なる角度から神と自己との関係を徹底して考えている。

以上のことから、コギトに関しても神の誠実に関しても、デカルトの論理にはフッサールや西田の批判を超えた合理性があり、神を介して自己から他者への道を歩むことも妥当なものと思われる。

五　他者への道

以上に述べてきたことから、デカルトの他者論（他者への道）をどう整理するか。それが残された問題である。デカルトには考える自己はあっても他者はないのではないか、というのが従来の大方の見方だろう。だがマリオンの指摘を俟つまでもなく、『省察』にはさまざまな他者が浮かび上がっている。マリオンが取り上げていない『序説』第四部にも他者は頻繁に登場する。「誤謬推理を犯す人々」（AT. VI, 32）、「懐疑論者」（同）、「他の存在者」（同 35）、「幾何学者」（同 36）も他者であるし、神や精神を知るのが「むずかしいと信じる人々」（同 37）、「自分の精神を感覚的事物以上に高めない人々」（同）、神と精神とを理解するのに「想像力を用いようとする人々」（同）、神と自分の精神の存在について「十分な確信をもちえない人たち」（同）なども、他者である。

だが、これらの他者は経験的な場面における他者であって、形而上学の吟味を経たものではない。懐疑の過程で登場する捨石の例にすぎない。しっかりした存在のステータスをもった、厳密で確実な知としての他者ではない。コギトを経由してその存在証明がなされる「私とはちがったある存在者」（『省察』AT. VII, 49）、つまり神こそが、本当の意味での他者である。神は自己が出会う最初の他者である。だが、その他者はいわば顔がなく、つかみどころがない。壁のように自己に前にそそりたっている無限の超越者である。神ではなく人間としての他者とは何か、私と外部にある他者との関係はどうなのか。これがいわゆる他者論の問題だが、そうした議論はデカルトにはないとせざるをえない。

しかし、神はたしかに超越者であるが、神と私との関係は断絶していない。神を介して人間的な他者への道が示されていると解することができる。すなわち、コギトの時点においては私はひとりだが、私は神を手がかりに、権利上、他者の存在も他者の精神も理解できるはずである。その根拠は、神が私だけでなく他の人間にも、同じ認識能力、同じ理性を付与したことにある。人間には、人間であるかぎりみな同じ理性を与えられ、同じ自然の光が与えられている、ということである。この理性なるものは合理主義の出発点であり、それとなくテキストに挿入されている。たとえば『省察』が始まったばかりの第二段落で「すでに理性は私に説いて……」（『省察』AT. VII. 18）という形で登場している。以下、理性はしばしば登場し、議論の推進役になっている感がある。アウグスティヌスの『ソリロキア』のように、『省察』は理性と私との対話のようにも読める。だがその理性とは何なのか。だれしもそれに同意するものとして、何の説明もなく前提されている。『序説』の「良識はこの世で最も公平に配分されているものである」（AT. VI. 1）はあまりにも有名であるが、その良識とは「理性と名づけられ、これはすべての人において生まれつき相等しい」（同2）とされる。「神がこの理性使用を与えたすべての人々」（メルセンヌ宛1630. 4. 15. AT. I. 144）という言い方もある。だれしもが同じ理性を、同じだけ等しく共有し、かつ使用できるという思想である。もっとも、神がそうしたというだけで、それ以上の説明はない。

「自然の光」は「理性」とほぼ同義語である。それは精神の直観であり、純粋に知的な本能であり、真理基準に値すると考えられている。「ひとはみな同じ自然の光をもっているので、みな同じ概念をもっているはずだと思われる」（同宛1639. 10. 16. AT. II. 598）。人間が同じ観念や概念を共有できる根拠がここにある。「すぐれた精神をもつ人は、たとえ無人の荒野で育てられ、自然の光以外の光を、けっしてもたぬとしても、……われわれと違った意見をもつことはできないはずだ」（『真理の探究』AT. X. 506）とも言われる。自然の光を共有することで、原理的にはだれしも同じ意見に達することができることになる[14]。デカルトにとって自己の本質は第一義的に精神であるが、精神の根底には万人に共通のものが流れている。それが理性であり自然の光である。これを根拠として万人に共通の観念や概念が共有される。それゆえ理性こそが他者への通路になっていると言える。たしかにマリオンも言うように、デカルトにおいては「私と類を同じくする他者」や「他人の精神」なるものは明確には語られていない。しかし理性の普遍性ということの点に、私の精神が他者の精神に達しうることの根拠があり、そこに人間の相互理解の基盤がある。

私が明晰にそうと理解するものは、他人も同じ理性をもつゆえに、そう理解するはずであるからである。これは合理主義の認識論の基本信念であるが、デカルトの合理主義の特徴は誠実なる神がその信念を保証しているとする点にある。自己と他者とは理性において通じ合い、その関係を神が支える。これがデカルトの（もしそういうものがあれば）他者論の構造である。もっとも理性の遍在は、厳密に論証されていることではない。しかしそれは神からの所与つまり根源的な事実として、最初に認めるべき大前提になっており、それなしにはデカルト哲学はじまらない構成になっている。

最後に筆者の見通しを述べるならば、自己と他者とは、もともと陸続きになっていると思われる。自己は孤立しているわけでも、閉じたものではない。コギトは私の自我を示すが、主観的な意識の孤島にすぎないのではない。島の海面から下の、隠れた部分は陸続きになっていて、他の島や陸とつながっている。コギトはいわば深層部分において他者とつながっている。自己と他者とをつないでいる部分が隠れて見えていないだけである。根底において理性という普遍的なものが神によって贈与されているということで、自己から他者への道はすでに準備されている。もっとも、理性の普遍性は証明されていないことであるし、陸続きとはいっても、それは象徴的なことにすぎず、その内実がどうなっているか、懐疑との関係をどう整理するか（理性そのものは疑われないのか）など、まだ分からないことが多い。そもそも人間が精神をもつとか、理性をもつとはどういうことか、これを根本的に考えなければならないだろう。本稿は、デカルトの他者という問題を探るなかでの、さしあたっての中間的な報告にすぎない。

第二章　永遠真理創造説考

デカルトの永遠真理創造説（以下、創造説と略称することがある）については多くの論点がありえる。本稿では、第一に創造説の全体像について筆者なりの見当をつけ、第二に神は矛盾をなしうるかという問題をメラン宛書簡（1644.5.2）の解釈を中心に考察し、この説のユニークで鋭い点を浮き彫りにしたい。

一　永遠真理創造説の全体像

創造説は多くの問題を含み、懐疑の射程、循環、神の自由、欺く神、真理の基礎づけなど、多くの主題に重なってくる。それだけに諸説があり長い研究史[15]がある。この説が哲学の問題としてどういう意味があるかは熟考に値する大きな問題であるが、ここではテキストを示しながら、この説の全体像について筆者なりの見通しをつけ、その位置づけを考えておくにとどめる。

(1)　テキストの確定

デカルトは永遠真理について多くの箇所で多様な仕方で語っており、その全体像を捉えることは容易ではない。

永遠真理創造説とは何か、どこまでを創造説と認めるか、それはどのテキストのどこに表明されているか。テキストを定め、概念の整理をすべきである。テキストの確定は意味の確定と連動し、解釈にも関わってくるであろう。

真理は神によって自由に創られ定められたとするのが、デカルトの永遠真理創造説の根本をなす最も標準的な意味であろう。だがこの説にはさまざまなヴァージョンがあり、ヴァリエーションがある。数学的真理・物理的真理・論理的真理としての永遠真理、神の意志が真理を決定すること、神が真理の源泉であること、神は非決定であること、神は人間の目には矛盾であることをもなしえること、神の知性と意志とは同一であること、神の無限の力は人間には理解できないこと、などである。ヴァリエーションの範囲をどこまで認めるかが問題だが、ここでは最も広義にとっておきたい。この説を最も緩やかな意味に解した場合、関連テキストの全箇所を時代順に摘出すれば、次の表のように整理されると思われる(16)。

このうち網かけの部分は、永遠真理創造説の本体またはその一部と見なされる第一次資料である。狭義の創造説とはこの部分を指す。**太字**の部分は、創造説そのものではないが、この説の痕跡を残す第二次資料である。広義の創造説はこの第二次資料をも含めてよいと思われる。その他の部分は第三次資料であり、創造説には直接関与しないが、とくに「神は矛盾をなしうるかどうか」についての言明を集めてある。本稿にとって重要と考えるものである。

番号	テキスト	内容	AT版の頁と行
(1)	メルセンヌ宛 1630. 4. 15	永遠真理は神に依存。神は理解できないが認識できる。神は真理を変更できるか。	I. 144: 08–146: 19

(2)	同宛 1630. 5. 6	神が永遠真理を真で可能であると知るがゆえに、それは真で可能である。神において知ることと欲することとは一つ。	I, 149: 21–150: 27
(3)	同宛 1630. 5. 27 ou 6. 3	全体的作用因により神は永遠真理をなした。神は本質の作者。神にとって幾何学の真理を真理でないようにすることは自由であった。	I, 151: 02–153: 03
(4)	ベークマン宛 1630. 10. 17	神にもできないことがあると人が言う場合、私は天使にはできないとだけ言う。	I, 165: 16–29
(5)	『宇宙論』1633	永遠真理は、神がすべてを数と重さと大きさによって創ったことを教える。	XI, 47: 04–28
(6)	『序説』1637	**真理は神に由来するかぎり真である。**	VI, 38: 21–24
(7)	—	神は自然のうちに法則を立て、われわれの精神に刻み込んだ。	VI, 41: 11–13
(8)	メルセンヌ宛 1638. 5. 17	神がそう設定しなければ永遠真理は真理でありえない。	II, 138: 01–15
(9)	「第一省察」1641	全能の神が存在する。この神は私が2に3を加えるたびに、私が誤るように仕向けたのではないか。	VII, 21: 01–11
(10)	「第一省察」	**真理の源泉である最善の神。**	VII, 22: 23–24
(11)	「第三省察」	全能の神が私を欺いても、$2 + 3 \neq 5$ は明白な矛盾である。	VII, 36: 12–21
(12)	「第四省察」	**真なる神は知識と知恵の宝庫である。**	VII, 53: 19–21
(13)	—	明晰判明な知識は、その作者が神であるがゆえに真である。神が欺瞞者であることは矛盾である。	VII, 62: 15–20
(14)	「第五省察」	存在なき神を考えることは、谷なき山を考えることと同様、矛盾である。	VII, 66: 12–15
(15)	—	**すべてが真なる神の認識に依存する。**	VII, 71: 03–04
(16)	「第六省察」	明白に矛盾するものだけは、神によって創られることが不可能と判断した。	VII, 71: 16–20
(17)	「第五答弁」	真理は神から独立でなく、神がそう欲したがゆえに不変で永遠である。	VII, 380: 01–13
(18)	「第六答弁」	人が神によって欺かれるのは矛盾である。	VII, 428: 10–12
(19)	—	神の意志が非決定でなかったことは矛盾である。神が数学的真理を決定する。	VII, 431: 26–433: 10
(20)	—	神は$4 \times 2 = 8$が真でないようにすることもできたが、われわれには理解できない。	VII, 435: 22–436: 25
(21)	ジビュー宛 1642. 1. 19	谷なき山、アトムは矛盾である。	III, 476: 14–477: 09
(22)	某宛 1642. 3	神がその存在を失うことは矛盾である。	V, 546: 05–06

(23)	メラン宛 1644. 5. 2	神には矛盾をなす自由があり、三角形の内角の和が二直角でないような、相矛盾するものが調和するようにできた。	IV, 118: 06–119: 14
(24)	レギウス宛 1642. 6	神は自分の全能をとり除くことはできない。	III, 567: 24–25
(25)	『原理』1644	**神は全知全能であり善と真理の源泉であり、すべてを理解し意志する。神のみがすべての真なる原因である。**	VIII-1, 13: 14–14: 18
(26)	—	誠実なる神がわれわれの誤謬の原因であることは矛盾である。	VIII-1, 16: 11–13
(27)	—	公理としての永遠真理。「無からは何ものも生じない」など。	VIII-1, 23: 25–24: 06
(28)	エリザベト宛 1645. 11. 3	神が、神の意志に依存しないような本性として人間を創ったことは矛盾である。	IV, 332: 19–24
(29)	「ビュルマンとの対話」1648. 4. 16	**神は変易不能であり、ものを永遠の昔から裁定している。**	V, 166: 14–28
(30)	アルノー宛 1648. 7. 29	神には不可能なし。空虚、谷なき山、1+2≠3は、われわれにとって矛盾するのみ。	V, 223: 20–224: 17
(31)	モア宛 1649. 2. 5	神は空虚やアトムを創りえたが、それはわれわれには矛盾である。	V, 272: 25–273: 09

本稿の目的はこれらのテキストの詳細な検討にあるのではない。以下、テキストをこのように確定する論拠を示しながら、永遠真理創造説の全体像を概観しておきたい。

メルセンヌ宛書簡（1）（2）（3）（8）は、この説の本体を表明した、最初の重要な第一次資料と見て差し支えないであろう。書簡（1）では、オランダに居を定めた（一六二八年の）最初の九か月間は、自然学の基礎としての「形而上学のはじまり」論文に没頭したことに触れ、自然学においても形而上学の問題に言及せざるをえないとして、はじめて永遠真理の話をしている。永遠的と呼ばれる数学的真理は、王が国に法令を敷くのと同じように神によって定められたこと、それは人間精神に生得的であること、他の被造物と同じく全面的に神に依存すること、神の意志は自由だが神の定めた真理は永遠不変であること、神の力はわれわれの理解を越えること、などが印象的に述べられている。書簡（2）では、神がそうと知る（欲する）がゆえにものが真理でありえること、神の存在は第一の永遠真理であって、それを抜きにしてはものは真理ではありえないこと、などが示される。書簡（3）では、永遠真理を創ったのは全体的作用因としての神であること、神は存在だけでなく本質（永遠真理）の作者でもあること、神にはわれわれが理解している幾何学の真理を真理でないようにすることも自由であった、と認識が次第に深まって行く。書簡（8）は公理をはじめとする真理の設定が神に拠っていることの確認である。これらの記述は永遠真理創造説の核心をなしていると言えるだろう。ある意味で、この説のすべてがここに集約されていると言える。後のテキストにその発展形態[17]は見出されるであろうが、これが出発点であり、ここにすべてが織り込まれていると考えられる。ただ、なぜそのような説を立てるか、その機縁となった無神論者の書が何であったか[18]は、これらのテキストだけからは読みとることはできないが、神の自由や全能を最大限に広く解釈しようとする主張が根本にあったことは確かであろう。

神が真理を永遠なものとして創ったという考え方自体は、もとよりキリスト教の伝統による普通の考え方である。アウグスティヌス、トマスにすでに存在し、スコトゥスやスアレスにもあることは哲学史家によって指摘されている。問題は神が真理を自由に創ることができたか否かである。神といえども真理を勝手につくれない、という説をとる人は圧倒的に多かった。真理は神の知性に基礎を置いているので、2＋2はあくまで4であり、神もこの真理を犯すことはできないし矛盾律にしたがう、と考えるのが正統的スコラの解釈であった（本書pp. 45-46を参照）。ところがデカルトは、真理は神の意志に基礎が置かれているので神は真理を自由に創ることができた、それゆえ全能の神は2＋2が4でないようにすることもできた、と考える。これは伝統に反するだけでなく、西洋十七世紀の一般的な考え方にも反する。スピノザ、ライプニッツ、マルブランシュ、パスカル、ガッサンディは、永遠真理創造説そのものは認めても、そのデカルト的理解（主意主義）にはこぞって反対している。

それゆえこれは歴史的に見ても特異な説であり、マリオンの試みたように、この点にデカルトの大きな独自性を見ようとする解釈は基本的に間違っていない。

ところで永遠真理創造説は、神が真理を自由に定めたということ以外に、いろいろな意味の広がりをもっている。『**宇宙論**』（**5**）は、自然学の法則や数学の証明は永遠真理に基づいており、世界は神によって数、大きさ、重さにしたがって創られたとしている。そして、その真理はわれわれに生得的であり、可能的世界においても真であるとする。このテキストは、永遠真理が生得的かつ普遍的な真理（公理）として、数学的真理や自然法則の根拠になっていることを述べており、創造説と自然学との深い関わりを示している。公理としての永遠真理の例としては、『**原理**』（**27**）では「無からは何ものも生じない」「同一のものが同時に存在し、かつ存在しないことは不可能である」「いったん起こったことは、起こらなかったこととはなりえない」などがあり、メルセンヌ宛書簡（８）では「全体は部分よりも大きい」が挙げられている。

『**序説**』（**6**）、『**省察**』（**10**）（**12**）（**15**）、『**原理**』（**25**）では、「神は真理の源泉である」「真理は神に由来する」などの主張が一貫してなされている。たしかにそれは永遠真理創造説の重要な一面を述べている。そこでロディス＝レヴィスは『省察』や『原理』にもこの説を発見しようとする[19]。だが、それらのテキストは創造説を正面から論じた積極的な主張ではなく、その面影を示しているにとどまる。それは神による真理の自由な設定という創造説の主題の展開ではなく、その変奏にすぎないからである。それゆえ第一次資料とは見なさないでおく。この種の第二次資料は、ここに掲げたもの以外にもありえるであろうが、それらは要するに創造説の痕跡を残すにすぎない。

これに対して『**序説**』（**7**）は重要な第一次資料である。永遠真理は自然 nature のなかに法則を立てたと言う場合、それは人間の自然本性に刻まれた生得的な法則であると同時に、自然法則でもあると考えられる。自然学においても形而上学的な問題に触れざるをえないとしたメルセンヌ宛書簡（1）と基本的に同じ主張である。その書簡では「この法則を自然（本性）のなかに定めたのは神である」と記されている。（7）で自然学の話が入って来るのは、『宇宙論』（5）でも示唆されたことであり、きわめて自然なことと思われる。その出発からして、永遠真理創造説は自然学と形而上学との接点にある思想であったことを想起すべきである。なおマリオンは『序説』（6）をも主たるテキストに数えているが、真理が神に由来するという言明は、上述したように第二次資料にすぎない。

『省察』への答弁（17）（19）（20）も浩瀚にして重要なテキストである。永遠真理創造説に関しては、『省察』本文よりもむしろ答弁の方が雄弁である。「第五答弁」（17）は、数学的真理は神から独立しているのではなく、神がそう欲しそう設定したがゆえに永遠不変である、とする。[20]「第六答弁」第六項（19）では、神の意志は永遠の昔から非決定であって事物に優先する、世界の創造や幾何学的真理は神の意志によりそう設定されている、とされる。同じ第八項（20）では、真理や善の根拠が神に依拠すること、神には、われわれの理解を越えること（たとえば4×2≠8）をなすのは容易であった、と主張される。これらはいずれも創造説の基本線に沿った主張であるが、より明快にかつ具体的に展開されるようになってきている。それらは、『省察』の時期にもデカルトが創造説を維持していたことの、まぎれもない証拠である。

メラン宛書簡（23）、アルノー宛書簡（30）はさらに明快である。前者（23）では、真理の決定に際して神は矛盾をもなしうるということの説明として、神は非決定であること、それはわれわれの理解を越えていること、神の知性と意志とは一つであることが再び力説されている。ここには「永遠真理」という言葉こそないが、創造説の根本が最も鋭い形で現われており、以下で詳しく取り上げる由縁である。後者（30）は短いものであるが、すべてが神に依存するゆえに神には不可能はなく、その全能をもってすればわれわれには矛盾であること（谷なき山、1＋2≠3）もなしえるとする。このテキストも（23）に接続する第一次資料である。

「ビュルマンとの対話」（29）は、神が永遠の昔から不変であることを中心としてさまざまな主張を記述しているが、創造説そのものを主題的に展開したものではない。また、これはデカルト自身の筆によるテキストではないので、マリオンにはしたがわず第二次資料としておく。

以上を要するに、永遠真理創造説は若い時代（一六三〇年）から晩年（一六四八年）にいたるまで、デカルトのテキストに一貫して存在すると結論できる。その説の内容がはっきりと表に出ているのが第一次資料であり、明瞭に出てはいないがその痕跡をとどめているのが第二次資料である。その間、神の「全能」が「非決定」と解釈し直され[21]、神が「真」の根拠だけでなく「善」の根拠にもなってくるなど、思想的な発展があることは当然だろう。だがその基本的な主題は一六三〇年のメルセンヌ宛の四書簡に凝縮されていると考えられる。この説がデカルトの形而上学と重要な関わりがあることは疑いない。ただそれが形而上学の論理的脈絡にどこまで関わってくるかが問題である。

（2）永遠真理創造説の位置づけ

では、永遠真理創造説をデカルト形而上学のなかでどう位置づけるべきであろうか。

その前に注意しておきたい点がある。それは、この創造説は独立峰のように体系から孤立してあるのではない、ということである。この説は神についての潤沢な思想との関連のなかで語られていると考えられる。すなわちこの説は、神の完全性、不変性、単純性（一性）、善性、不可解性、広大無辺さ、全知全能、自由など、神の諸属性と密接に関連していると思われる。創造説を取りあげることは、デカルトの神についての思索の全体を芋づる式にとり出すことでもある。それゆえ、神についてのさまざまな思考との有機的なつながりにおいて、この説を問題とすべきである。たとえば連続的創造説というものがある。それによれば、ものが存在を維持するということは、たえず新たに創造されていることであり、われわれの存在だけでなく物質の存在も神に依存している。すべてのものは「神なしには一瞬たりとも存続しえない」（『序説』AT. VI, 36）。これは明らかにスコラの伝統をひく思想であるが、連続的創造説は永遠真理創造説と連絡し、相通じるところが多い。この説もまた形而上学と自然学とを連結すると考えられる。それゆえ永遠真理創造説は決して孤絶した思想ではないし、それだけを捉えて議論することは、必ずしも適切ではない場合があるのである。

さて、この創造説の位置づけについては、二つの極端な解釈があると思われる。ゲルーとマリオンの解釈がそうであるが、どちらも採用できないと考えられる。(22)ゲルーの解するところでは、この説は神の不可解性というテーマから派生したものであり、『省察』には必要がない。つまり、これはメルセンヌ宛の書簡などに現われた若い時代のものにすぎず、デカルト形而上学の本筋に関せぬ枝葉の議論である。この解釈は一面の事実を突いている。だが現在の研究レベルでは、ゲルーの見方はもはやとりえないだろう。創造説は形而上学において重い意味があり、その根本に根を張る重要思想である。上の表からも分かるように、創造説はよく見ればテキストのいたるところに隠れてあり、『省察』にも影を落としている。それは決して派生的なものではなく、欺く神、懐疑の射程、循環問題、神の自由、真理の基礎づけなど、デカルト哲学の重要主題に重なってくるものである。しかも形而上学と自然学とを連結する橋でもある（このこと自体はゲルーも認めている）。

これとは反対の立場を取るのがマリオンである。すでにアルキエ[23]は、永遠真理創造説がデカルト哲学にとって重要であることを認め、それは形而上学の核心であり鍵をなしていると解している。ロディス＝レヴィス[24]は、この解釈を肯定的に受けとめながら、創造説を『序説』『省察』『原理』などのテキストにおいて新たに発掘している。そして「自然の光」と自然法則とはともに神に依存するという点で、この説が形而上学と自然学とを取り結んでいるとした。こうした見方を強力に推し進めたのがマリオン[25]である。かれは創造説がデカルトの形而上学において死活の意味をもつとする。すなわち、この説の根本にある「神の不可解性」という思想は、神と被造物との間に成立していた中世以来のアナロギアや存在の一義性を破棄する決定的な切り札をなしており、デカルトの形而上学が独自な意味を有するのは創造説においてである、と見る。たしかにマリオンのような哲学史の解釈は可能であり、コードの任意性や、神についての合理的な理解の不可能性ということもあるであろう。ただ、この解釈は魅力的ではあるが、テキスト的に決定的な証拠を欠いている点がある。たとえば神の不可解性を恣意的と見る余地はテキストにはなく、それはロディス＝レヴィスも指摘[26]するように不合理さにつながる危険性がある。また、もし創造説がそれほど重要であるなら、なぜその記述が少なく分散的であり、手厚く集中して論じないのか説明する必要があるであろう。

これに対してわれわれは第一に、永遠真理創造説は単にそう主張されているだけで、何の証明もないドグマであり、一つの仮説にすぎないと考える。しかし第二に、それは形而上学の重要な背景になっており、その上に形而上学という図が描かれる地《ぢ》になっていると考える。以下これらの点を明らかにしておきたい。

第一の点について言えば、創造説はメルセンヌ宛書簡などにおいて、神が真理を創った云々という仕方でやや独断的に語られているが、神が存在するか否か分からない時点では、論理的効力はまったくないと言うべきである。むろん個人宛の書簡等においては、神の存在は当然の前提であり、そうした論理的配慮は無用かも知れない。だが、デカルトの哲学体系においてこの説の位置づけを考える場合、神の存在証明なしには創造説を論理的に語りえないはずである（オランダで準備した「形而上学小論文」では神の存在が論じられており、これを踏まえれば問題はなかったかも知れない）。後の『省察』は次のように言っている。「神があるかどうか、もしあるとするなら欺瞞者であるかどうかを吟味しなければならない。この二つのことが知られないかぎり、他の何ごとについても確信をもてない」（『省察』AT. VII, 36）。演繹的論理からすれば、ライプニッツのように創造説によって神の存在証明をするなどは明らかな論点先取である。それゆえ神の存在証明を抜きにした（あるいは当然の前提とした）文脈では、この説はドグマないし仮説とせざるをえない。それを抜きにすれば、「真理は神によって設定された」という命題と「真理は人間による規約にすぎない」という命題とは、論理的に等価になってしまうであろう。

永遠真理創造説を論理的な順序を踏まえて語るとするならば、「第三省察」で神の存在証明の終わったあと、神の属性を吟味する時点で論を展開してもよかった。あるいは存在論的証明を展開した「第五省察」の最後で「他のすべてのものが神に依存する」ことが話題になる折に、この説を明確な仕方で挿入してもよかった（あるいはすでに入っていると解釈することもできる）。そうすればテキスト（15）の「あらゆる知識の確実性と真理性とが、真なる神の認識に依存する」（『省察』AT. VII, 71）という結論がさらに強化されたはずである。そのように、演繹的秩序にしたがった記述のなかで語られたならば創造説は仮説にならなくて済むのだが、デカルトはなぜか（神学的理由からか）そういう書き方を拒否しているのである。

永遠真理創造説は、デカルトの主著のなかではほとんど議論がなされていない。知人への書簡や答弁などで散発的に示唆されるのみで、明確な議論はしていない。その片鱗は『省察』にも『原理』にも見出されるが、形而上学の表舞台で議論されることはついになかった。もしそれが一貫してデカルト哲学の根底にある重要な思想なら、神の存在を論じたのと同じ仕方で、なぜ堂々と詳論することをしなかったのか。その理由は（これはもはや推測にとどまるが）、この説はまだ仮説の段階であって論理的な整備が十分できておらず、形而上学のなかで主張するには無理があると自覚していたから、と思われる。デカルトは、この説を「はばかることなく確言し広言すべし」（メルセンヌ宛 1630. 4. 15. AT. I, 145）とは言いながら、実際には仲間や論争相手にだけ詳しく説明したにとどまる。そこから言えることは、かれが公にしたテキストにおいて明確に述べなかったことを、あまり深く詮索すべきではないということだ。『原理』は次のように注意している。「明らかに私の著作のうちに見出されないような見解は、決して私の説としないでいただきたい」（『原理』AT. IX-2, 20）。それゆえ、創造説は重要ではあるが、この説にあまりに大きな比重を置くマリオンの解釈には賛成できない。

第二の点に移ろう。永遠真理創造説は証明されていない一つの仮説にとどまるからといって、デカルト形而上学においてそれが占める位置がないわけではむろんない。アルキエは、ゲルーにしたがって、この説は『省察』（少なくとも初めの二つの省察）においては論理的意味はゼロとするが、経験の観点からはすべてだとする。ここでの問題は存在論的経験を問うことではなく、形而上学において演繹論理的にはさしたる意味のなさそうなこの説をどう扱い、どう位置づけるかである。われわれは、永遠真理創造説は形而上学の脈絡そのものには論理的に関わらないが、形而上学的思想がそこから湧出する根拠をつぶさに説明しており、その意味でそれはその上に形而上学という図が描かれる地であると考える。

永遠真理創造説がなかった場合との違いを考えてみるに、それがなくても形而上学的省察は論理的に成立するであろう。エゴ、神、外界の存在は確保されるであろう。だが創造説なしでは、そこで展開される形而上学の議論の背景が不透明になるのではないか。たとえば、いかにして数学的真理をも疑う誇張的懐疑が発想されたのか、なぜ欺く神というものが持ち出されたのか、神の誠実とか自由の根拠は何か、などである。創造説という素地があってはじめて形而上学の主題が闊達に展開されたと考えられる。

実際、創造説を背景に置くとその輪郭がはっきり見えてくる主題が多くある。たとえば、テキスト（9）に示したように「第一省察」では2＋3≠5とする「欺く神」が構想されているが、その発想の根拠には、神が自由意志によって数学的真理を真理として設定したという永遠真理創造説がある。（3）（20）（23）（30）がそれに相当する地の文章である。欺く神の仮説は、真理の根拠が神の意志によって支えられていることを示唆し、無神論者の幾何学者がなぜ「真なる知識」をもちえないかの理由を説明している。だがそれは「真理の源泉である最善の神」（10）の裏返しであって、神は逆に真理の強力な保証人となるのである。

同じことは矛盾律についても言える。誇張的懐疑は「精神の眼でこのうえなく明証的に直観すると思うことがら」（『省察』AT. VII, 36）にまで及ぶが、それは公理を含むかどうかがしばしば議論される。だが、永遠真理創造説を下地において考えるなら、明らかに公理も懐疑の射程のなかに入っていることが分かる。テキスト（23）がそれを明示している。公理を設定したのは神であり、神はわれわれの目からみて矛盾をもなしうるからである。神は矛盾律をも破る絶対的自由を持っていることが裏書きされている。このように創造説は形而上学的懐疑の根拠になっている。

さらに明晰判明の規則がそれだけでは成立しない理由として、『序説』（7）は、その規則は「神があり存在すること、すべてが神に由来するがゆえに確実である」。逆にそれを知らなければ「われわれのもつ観念がいかに明晰で判明であろうとも、その観念が真とは保証されない」（『序説』AT. VI, 38）とする。だがなぜそう考えるのか、真理は神とは独立にありうると考えてはなぜいけないのか。ここでは簡単な記述にとどまっているが、唐突とも思われるこの部分の論拠を説明するのが、メルセンヌ宛の四書簡（1）（2）（3）（8）であろう。真理は神が設定したが、それが真であるがゆえに神によってそう設定されたのではなく、神がそう設定したがゆえにそれは真である。誠実なる神による設定ということがあってはじめて、真理が真理として基礎づけられるのである。

以上のように、永遠真理創造説は形而上学の演繹的論理には直接関わらないにしても、その背景になる論拠を形成している。この説を踏まえてはじめて、形而上学の議論がよく説明される。その意味で、創造説が地になってその上に形而上学が描かれていると言えるのではないか。それは形而上学というポリフォニーのいわば通奏低音をなしていると言ってもよい。デカルト形而上学の体系のなかで、創造説をこのように位置づけることができると思われる。

二　メラン宛書簡の検討

デカルトの永遠真理創造説のユニークで最も鋭い点は、神はその自由意志によって矛盾をもなしえたとする点であろう。これは当時のスコラ学者のみならず、十七世紀の同時代人もこぞって反対した命題である。本稿ではこの問題をメラン宛書簡（1644. 5. 2）の解釈を中心に考察したい。このテキストは、神は矛盾をなしえるという論点をデカルト自ら説明したものとして重要であり、多くの論者が取り上げるところである。

（1）　テキスト

該当部分（AT. IV, 118: 6–119: 14）の訳を試みる（テキストの分節は山田による）。

神にとって「三角形の内角の和は二直角に等しい(27)」あるいは一般に「相矛盾するものは両立できない(28)」を真でないようにすることが、いかにして自由であり非決定(29)であったのかが理解しがたい点について言えば、以下のことを考慮することによってその困難を簡単に取り除くことができます。すなわち、神の力はいかなる限界をも持つことができないこと、次にまた、われわれの精神は有限であり、精神は神が真に可能であることを欲したものは、これを可能として理解することはできるが、神が可能としえたであろうがしかし不可能とするよう欲したものは(30)、これをもまた可能として理解することはできない(31)ような性質のものとしてつくられていること、こうしたことを考慮することによって、取り除くことができます。

というのも第一の考察は、神は「相矛盾するものは両立しえない」を真とするように決定されることができない、したがってその反対をもなすことができた、ということをわれわれに承認させ、第二の考察は、たとえそのことが真であっても、われわれの本性上理解不能であるゆえに、それを理解するよう努力すべきではない(32)、ということをわれわれに保証するからです。

そして、たとえ神が若干の真理が必然的であることを欲しても、それは神がそれらの真理を必然的に欲したことを意味しません。なぜなら、それらの真理(33)が必然的であることを欲することと、そのことを必然的に欲すること、つまり欲することを余儀なくされることとは、全く別個のことがらですから(34)。

なるほど世の中には、われわれがまったく不可能と判断することなしには、われわれの頭に思い浮かべることができないほど、明白な矛盾が存在することを私は承認いたします。たとえば、あなたが提出した「神は被造物が神に少しも依存しないようにすることもできたであろう[35]」ということがそれです。けれどもわれわれが、神の力の広大さを知れば、そうしたことを思い描く必要はありませんし、神の知性と意志のどちらが優先もしくは優越するかを考える必要もありません。なぜなら、神についてわれわれが抱いている観念は、神のなかには全く単純で純粋な、ただ一つの行為しか存在しないことを教えているからです。聖アウグスティヌスの次のことばは、それをきわめて見事に言い表しています。「なんじがこれらを見るゆえに、これらのものは存在する」Quia vides ea, sunt[36]。なぜなら神にあっては、「見ること」と「欲すること」とは同じことにほかならないからです。

問題は、われわれの目からすれば数学的・論理的に真である命題を、神が真でないようにすることができる、ということをどう理解すればよいかである。このテキストでは、この問題に関して二つの点から「考察」がなされている。第一に、神の力は限界を待たないことである。すなわち神の力は無限であるがゆえに、論理的に真である命題に関しても自由であり非決定であり、それを真とするよう決定されない。したがって神はその反対（矛盾）をもなすことができた。第二に、われわれの精神は有限であることである。すなわち精神はその本性上、神の意志を見透すことができない。たとえば、神が原理的に可能としえたが実際には不可能たれと欲したこと（矛盾命題を真とすること）をわれわれの精神は理解することができないし、理解しようとするべきではない。なぜならそれはわれわれの本性上不可能であるから。神の意志と事物の必然性とは別ものである。かりに神の意志に関してわれわれには不可能と思われるような、明らかな矛盾命題が想定されるとしても、そうしたことを思い描く必要はない。神の力は広大無辺であり、矛盾をも可能にするであろうし、神においては意志と知性とは同一であって、知性（論理的真理）が意志に優越することはないからである。

こうした「考察」の根底には、無限なる神の意志は有限なる人間の理解を超越している、との根本の認識があることはむろんである。だが、これだけでメランはじめ当時の神学者たちを納得させたかどうか。これでもって問題を「簡単に取り除くことができる」と考えたデカルトの真意はなにか。以下、この「考察」から取り出すことができると思われる四つの論点を分析する。すなわち、矛盾をなしうる神、神の非決定と意志の自由、神にはすべてが可能か、神の不可解性、である。

（2） 矛盾をなしうる神

中世スコラの標準的考え方は、神は全能ではあっても矛盾したことはなしえない、というものであった。たとえばトマス・アクィナスは、『神学大全』[37]において「神は全能 omnipotens であるか」という問題を扱っている。それによれば、たしかに『聖書』で「神においては、いかなることも不可能ではないであろう」（「ルカ」1: 37）と言われる。だが神がすべてのことをなしうると言う場合、「神はすべての可能的なるものをなしうるゆえに全能といわれる」。ここに可能的なものとは、絶対的な意味で可能的なもの（名辞相互の関係から述語が主語に反しないもの）のことである。たとえば「ソクラテスは坐る」は可能的だが、「人間はロバである」は述語が主語に反するがゆえに絶対的に不可能である。要するに、それ自体として矛盾を含まないものが可能的なものであり、在りうるものであり、神の全能のもとに含まれる。しかし矛盾を含むものは、可能的なものの性格を有しないので、神の全能のうちには含まれない[38]。「矛盾を内包するものは、いかなる知性もこれを概念的に把えることができないゆえに、ことばをなさない」。たとえば「過去に存在したことが存在しなかったということは矛盾を含んでいる」。ゆえにそれは神の全能のもとには入らない[39]。トマスは『対異教徒大全』でも「神の全能がある種のことがらについては不可能といわれるのはどうしてか」を問い、神は矛盾するものを同時に両立させることはできない、論理や数学の原理に反することはできない、過去がなかったようにすることもできない[40]、としている。これは論理的あるいは存在論的に矛盾したものは存在の資格をもたず、神の創造の対象にはならないとするもので、きわめて分かりやすい考え方である。

これに対してデカルトはそう考えなかった。メラン宛の本書簡にもあるように、神にとって「相矛盾するものは両立できない」という命題を真でないようにすることは自由であった。そして神には、「中心から円周に引かれるあらゆる直線は相等しいということを真でないようにすること」（メルセンヌ宛 1630. 5. 27. AT. I, 152）、「三角形の三つの角の和が二直角に等しくないようにすること」（「第六答弁」AT. VII, 432）、「永遠の昔から四の倍数が八でなかったようにすること」（同 436）、が可能であった。さらに、山なき谷をつくることも、世界を時間のうちにつくらないことも神には自由であった（同 432）。天使には何かできないことがあっても、全能なる神においてはそうでない（ベークマン宛 1630. 10. 17. AT. I, 165）。われわれが明晰に可能だと理解していることを神がなしえないのであれば、それは無力の証拠になる。だが「なされたことを、なされなかったようにすることができる」のような、われわれには不可能と思われることをも神はなしえたが、たとえ神がそれをなさなくても、それは神の能力の欠陥を意味しない（モア宛 1649. 2. 5. AT. V, 273）[41]。この言明は、伝統的に確信されてきた「覆水盆に帰らず」のような存在論的な命題の真理性をうち破るものであろう。以上を要するに次のような言明にまとめられる。

神によって何かがなされえない a Deo fieri non posse と言ってはならないと思われます。なぜなら、すべての真と善との根拠は神の全能に依存しているからです。神は、谷なしに山があるようにできなかったとか、1＋2が3でないようにできなかったとまではあえて言いません。ただ神は……［それらのこと］を理解できないような精神を私に与えており、それらは私の理解では矛盾を含むとだけ言っているのです。（アルノー宛 1648. 7. 29. AT. V, 223–224）

ここにデカルトの主張の根幹があるわけだが、それは伝統的な論理的規範を破って、いわば禁断の領域に足を踏み入れている感がある[42]。神が論理を破りうるとすることは、そう主張する命題自体がナンセンスになる恐れがあるからである。それは現代人に分かりにくいことはもちろん、当時の人にも「理解しがたい」説であったろう。それを説明しているのが上述のメラン宛書簡である。およそ永遠真理創造説は、数学的真理や論理的真理を含めて、すべての真理の設定が神によると主張するものである。真理や善の根拠を決める際、神にその全権が委ねられているとする。つまり神の全能によって神は矛盾をなしえるとするのだが、なしえるにせよなしえないにせよ、そう考える根拠がむろん問題である。

トマスの場合、神にも絶対的不可能 impossibilia absolute があるとして、神の全能に制限が加えられている[43]。そして神は論理的矛盾をなしえないと考えられてきた。その根拠は、矛盾は可能的なものでありえず、存在する資格を有さないからであった。存在するものは神によって恣意的に創られたのではなく、その本性は神の知性にしたがって創られた。そして数学や論理学の真理は神の知性の一部をなしていると考えられている[44]。かりに神が矛盾律を破るとするなら、それは神自身に背くことになる。これに対してデカルトの場合、神の「全能」はたいへん広い意味に解されている。神の力は無限でありかつ何ものにも制約されない。つまり神はあらゆる命題の真偽に対して自由であり、非決定であるということである。それゆえ神は、人間知性ないし論理（ロゴス）に反することをなす能力が権利上あるとしなければならない。われわれ人間がそれを理解できるか否かに関わらず、矛盾をなすことも神の全能のうちに可能的に含まれるのである。[45] それゆえ「すべてをなしうる神が存在する」Deus esse qui potest omnia という古来の思想を提出したすぐあとで、デカルトは、その神は「私が二に三を加えるたびごとに、あるいは四角形の辺を数えるたびごとに、……私が誤るように仕向けたのではあるまいか」（『省察』AT. VII, 21）と言うことができた。

神が人間知性に矛盾することをなすスーパー・パワーを行使しなくてもそれは神の力の欠陥を意味しない。だが、その可能性を最初から認めないことは神の力を人間が不当に制限することになり、神は自由でも全能でもなくなる恐れがある。神は事物の真理について永遠の昔から非決定である。つまり、われわれが矛盾であるとかないとか言う根拠を設定しているのは神である。神は事物の本性や人間の論理に規定されるのではなく、本性や論理そのものを設定し、それに存在の資格と必然性を与えている。だから神はわれわれ人間のもつ矛盾律に縛られるのではない。神はそれを真として設定しうるのと同様に、それに反することをも簡単になしうる。逆に神が矛盾律にしたがうとするなら、神は何かにしたがうことになり、すでに決定されていることになる。神の意志はどこまでも自由であり非決定であり、何ものにも制限されることはない。それゆえ原則的にはベイサッドやマリオンが強調するように、神には矛盾命題をも含めてすべてが可能であるとしなければならない。[46] 要するにデカルトが神は矛盾をもなしえたと考える理由として、神の全能の積極的解釈があり、その根底には神の非決定ないし自由の無条件的肯定がある。これだけの説明では依然として「理解しがたい」かも知れないが、これはあくまで神の側の問題であって、われわれ人間の関知する問題ではないとデカルトは考えている。

（3）　神の非決定と意志の自由

デカルトの主張する神の非決定とか意志の自由とはどういうことであろうか。またそこにどういう問題があるであろうか。そのデカルト的意味を考えておく必要がある。

トマスにおいても神の意志はもとより自由であり、神は自由決定力 liberum arbitrium を有する[47]。だが、だからといって神が何でも自由にできるとか矛盾律をも犯しえるとは考えなかったし、罪を犯したり邪悪なことをもなしえるのが神の全能の証拠とは見なしていない[48]。むしろ神の自由を盾にとって真理を歪めるのはおかしいと考えた。その背景には、真理というものは神の意志でなく知性に準拠して創られている以上、神もそれを揺るがせにできないとする思想がある。

デカルトにおいて自由は、人間の場合と神の場合とでは根本的に相違がある。人間的自由の本質は自発的に何かを選ぶことにあった。非決定とは人間の場合、どちらの側にも傾かずに判断を保留するという消極的意味が主であり、そのかぎりそれは最も低い段階の自由であった。だが神の場合は違う。非決定とは単に選択の能力があることではない。意志がいかなる拘束も受けずにどちらの側にも自己決定しえる状態である。神の意志がこうした積極的な意味で非決定であることが、神の自由の本質である。神の意志は永遠の昔から何ものにも限定されず非決定であったが、「神におけるこの上もない非決定こそ、神の全能のこの上もない証拠である」（「第六答弁」AT. VII, 432）とされる[49]。デカルトは非決定という意味での神の意志の自由を最大限に拡張し、それを根拠として神は矛盾・無矛盾のいずれもなしうるとする。トマスのように神が矛盾をなしえないとすれば、神の自由は制限され決定されていることになり、かえって不都合である。真理は神の自由意志によって創造されうるがゆえに、あえて言えば神は矛盾律に反したことも自由に創造できたことになる。神には可能的にも現実的にも「何かが不可能であると言ってはならない」(アルノー宛 1648. 7. 29. AT. V, 224)。『聖書』の伝えるように「神においては、いかなることも不可能ではないであろう」とせねばならない。

神の意志と知性との関係について言えば、デカルトは一方で神においては知性と意志とは一つである(メルセンヌ宛 1630. 5. 6. AT. I, 149)としながら、他方で「神の意志の決定に先んじてものの観念が神の知性のうちにあることはない」(「第六答弁」AT. VII, 432)としている。この問題をどう解すべきであろうか。知ることと欲することとは同一であると言われるとき、同一とは根源を同じくするという意味と考えられる。神は一なるものだからである[50]。しかし意志も知性もことがらとしては同じ神の属性であっても、はたらきとして区別されると解釈してよいのではないか。たしかにことがらとしては両者ともに等しく神の属性であり、一方が他方に優先もしくは優越するわけではない(メラン宛 1644. 5. 2. AT. IV, 119)。だが創造に際して神は、あらかじめ自らの知性のうちにあったものを意志によって創ったのではない。アルキエも註しているように「神の意志が真や善を設定し、この設定がなされる以前には真も善も神の知性の対象にはなりえない[51]」。この意味で神の意志は明らかに知性に先行している。そもそも永遠真理創造説の力説するところでは、真理はそれが必然的であるがゆえに神が真として創造したのではなく、神が創造したがゆえにそれは真で必然的であった。真理は神の意志にのみ依存し、神の意志が真理を設定するのである。このように知性と意志とは源を同じくしながら、実際の機能の面では意志は知性から明確に区別されると考えられる。

神の意志は自由でありかつ神が真理を設定したとするなら、神は真理を恣意的に変えることができたのではないかという問題がありうるかも知れない。実際、ライプニッツは神が専制的な暴君であったらどうするかという意味の反論をなした[52]。デカルトによれば、神の意志が変わるのならそうだとせざるをえない。だが真理は永遠不動であると解されるように、神の意志も不変であると判断される。神の意志は自由だが、それ以上の詮索は人間の理解を越えるがゆえにすべきではない（メルセンヌ宛 1630. 4. 15. AT. I, 145-146）。すなわち真理は変わりうるが、神はみずからの意志の不変性に拠って断固真理を変えないと解するのである。デカルトはライプニッツとは反対に、真理の根拠を神の知性ではなく意志に求める。そして神に全幅で無条件の意志の自由を認め、絶対無記の自由、非決定の自由を認める。ただそこには神の誠実という根本の前提があり、かつ神の意志の不変性という安全装置が装備されている。それゆえ神が暴君になったり、真理が濫造される心配はないというのがデカルトの立場である。

(4)　神にはすべてが可能か

神にはすべてが可能であるとか、神は矛盾をもなしえると主張することは、言葉の正確な意味において論理的にナンセンスになるのではないのか。

全能かつ自由なる神にとって不可能はない、とデカルトは考えた。過去に起こったことを起こらなかったようにする、といった人間理性の理解をまったく越えることも、天使にはできなくとも神にはできたことになる。だが神には文字どおり不可能なことは何もない（アルノー宛 1648. 7. 29. AT. V, 223）と言えるであろうか。というのも「神に不可能なし」と主張することは、その命題の発話内容そのものを否定することも神には可能であることを意味する。つまり「神に不可能なし」という命題を覆すことも不可能ではないことになり、かくして自己矛盾を引き起こす恐れがあるからである。これは古代懐疑論以来の由緒ある問題である。矛盾概念の例としてデカルトはしばしば「谷なき山」を挙げている。それはわれわれ人間にとって概念することが不可能であるということである。ここまでは了解できる。だが「第五省察」は「存在を欠いている神を考えることは、谷を欠いている山を考えることと同様、矛盾である」(『省察』AT. VII, 66) とする。それは、存在と神とが不可分離であり、存在ぬきの神は概念として矛盾であるということだろう。だがそれは谷なき山のように、単にわれわれ人間にとって理解できないというだけではない。神は世界を創らなかったこともできるが、神の本性において矛盾があってはならない、神についての述語規定のなかに矛盾があってはならない、ということだ。

神はたとえ矛盾をなしえても、自らが矛盾であることはナンセンスである。たとえば神はその無限の力によって自分を在りかつ在らぬようにすることができるとか、神は全能であるがゆえに自分を全能でないようにすることができる、とするなら神の全能ということが論理的に意味をなさなくなる。それゆえ、神には不可能なことがなく矛盾をなすこともできたという場合、それは自分自身に跳ね返ってくるような矛盾をもなしえたという意味ではないだろう。神が自分に関して矛盾をなしえるとするなら、そう言明している命題自体がナンセンスになる。古代懐疑論が解明したように、すべてが疑わしいとするならその言明自体も疑わしいとせねばならない。かくして論理的に足元をすくわれることは、デカルトも承知のはずである。神にはすべてが可能だが、神は自分を存在しないようにする等のことはできない。神自身にリファーし再帰するような矛盾命題は、論理的には可能であっても、自己破壊的で存在論的に不整合な命題と言うべきであろう。

実際、神についてあることが矛盾するという表現は多く見出される。「存在なき神は矛盾」(同) であり、「神がその存在を失うことは矛盾である」(某宛 1642. 3. AT. V. 546)。また「神が欺瞞者であることは矛盾である」

(『省察』AT. VII, 62)、「人が神に欺かれることは矛盾である」(「第六答弁」AT. VII, 428)。さらに「誠実なる神が……誤謬の原因であることは矛盾である」(『原理』I-29)、「神の意志に依存しないように神が人を創ったとするならそれは矛盾である」(エリザベト宛 1645. 11. 3. AT. IV, 332)[53]、などである。このように神の本性において矛盾することは、神にも不可能とせざるをえないのではないか。神は覆水を盆に帰すことができるが、神にもできないことがある。「このうえない存在が非存在になることはできない」(「第六答弁」AT. VII, 428)。「神はいかなる限界も持つことができない」(メラン宛 1644. 5. 2. AT. IV, 118)。「神は自分の全能をとり除くことができない」(レギウス宛 1642. 6. AT. III, 567)。もっともロディス＝レヴィスの言うように[54]、それらは神の欠陥を意味するのではなく、神の全能の証拠だろう。

それらは、ただ有限なわれわれに理解されないにすぎないのではなく、神そのものにおいて本質的な矛盾を引き起こすことになる。ベイサッドやマリオンの解釈[55]のように、絶対的な矛盾の問題は有限な人間ではなくもっぱら神の不可解な力に関することだとするのは、基本的には間違ってはいない。だが、神はその力をもって無条件に何でもできるとするなら、神は自分を神でないようにすることもできることになるだろう。それは単にわれわれの頭脳では理解できないだけでなく、神についての記述として論理的にナンセンスなことである。ここで、論理的にナンセンスか否かを判定するのはわれわれの側の概念であって、神は矛盾律や論理を越えていると言うなら、およそ神に関するあらゆる人間の言明は意味をなさないことになる。デカルトが神について少なくとも有意味なことを語っているとするなら、神自身について、いくつかの絶対的不可能を認めていたとせざるをえない。われわれとしては、神には「山なき谷」をはじめ公理や数学の矛盾を含めて、すべてが可能であることは原則的に認める。だが神自身の本性に関わる命題はそこから除外されなければならないし、デカルトは除外していたと

思われる。(56)

(5) 神の不可解性

神が1+2≠3などの数学的・論理的矛盾をなしえたことをわれわれはどう理解すべきかという時に、デカルトがつねに持ち出してくるのは、神はそれを「理解できないような精神を私に与えた」(アルノー宛1648. 7. 29. AT. V, 224) ということである。メラン宛書簡の言い方では、われわれはそれを「理解することができないような性質のものとしてつくられている。……それはわれわれの本性上理解不能であるゆえに、それを理解するよう努力すべきではない」(メラン宛1644. 5. 2. AT. IV, 118)、と判断停止の勧告がなされている。無限にして計り知れない神の力を、有限なわれわれの精神は理解できないとする。それはスコラからしても当然のことであるが、そこにはデカルト独自の意味が込められていると思われる。

デカルトは「理解する」と「知る」とを峻別する。神は本来が「無限にして不可解 incompréhensible な存在」であるので、全体的に理解 comprendre することはできないし、概念 concevoir することもできない。しかしわれわれは神を知解 connaître し、認知 apercevoir し、知る savoir ことができる。つまり、われわれは神の本質をすみずみまで理解する(思惟によってすべて抱きかかえる)ことはできないが、神が無限で全能であるということ自体を知る(思惟によって触れる)ことはできる(メルセンヌ宛1630. 4. 15. et 5. 27. AT. I, 146, 152)。神を知るためには必ずしも神を理解する必要はないし、およそ理解できないものを理解しようとすべきではない。むしろ理解できないものについてわれわれが想像を逞しくし、言明を行おうとすること自体が意味をなさない。数学的な矛盾は私の理解において in meo conceptu 矛盾であるということであり、かりに神が矛盾律を破ることがあっても、それについて分析することは要しない。われわれの概念による知的把握の及ばないもの、人間知性の限界を越えたもの、合理性の彼岸にあるものについて、ことばを使用して概念を構成することは、いわば語りえないことを語ろうとするナンセンスである。それについて言明すること自体が意味をなさない。意味とはわれわれの理解のこちら側にあることだと考えられるからである。それゆえデカルトは、判断停止を勧告しているのである。

その勧告は何を意味するか。人間に関して言えば、それは真理の絶対的根拠なるものは元来が神の意志に依存することであるゆえに人間知性の及ぶところではない、ということを主張している。すなわち有限なる人間知性は神の意志を忖度するかぎりではないし、神の意志によって創られたものについて何かを語る立場にはない。われわれは本質的に神のなすことを理解しえないような本性を与えられている。このことをデカルトは、神の力は人間知性の限界を越える（メルセンヌ宛 1630. 5. 6. AT. I, 150）、創造における神の業は人間精神の限界を越える（同宛 1638. 5. 17. AT. II, 138）、4×2≠8 などの矛盾はわれわれには理解不能である（「第六答弁」AT. VII, 436）、などと表現している。かくしてデカルトは、人間知性のアクセスを越えるものについて「理解しようと努力すべきでない」とする。とすれば、これは知性の限界を画定し、認識の範囲を定めようとすることである。永遠真理創造説は人間知性の認識可能性の問題を提起しているとも考えられる。人間知性でなにをどこまで明らかにしえるのかの究明、確実に知りえるものとそうでないものとの峻別という合理主義の態度はここにも出ている。

他方、神に関して言えば、デカルトは神の力をわれわれが理解できない彼岸の問題と考えている。このことは無限な神が有限な人間を存在論的に超越していることはもちろん、両者の間に認識論的な断絶があることを示唆していると思われる。永遠真理はあらゆる可能的世界（たとえば火星人の幾何学）において真であると考えられているが、全能の神は、それに背反したわれわれ人間の理解を絶する別の知識体系を構成することができたはずである。われわれの理解を越えたものに判断停止の勧告をするとは、人間知性が合理性に基づくことの確認であると同時に、それと隔絶した知的領域の可能性を示唆したものと読める。そのかぎり神はわれわれとはまったく異質であり、その本質の全体はまったく捉えられない。神はわれわれの理解可能性の向こう側にある、いわば偉大なる暗闇である。マリオンの指摘したようにそこでは神と人間との間の存在の一義性が断たれているだけでなく、知性による認識論的一義性も見えてこない。つまり人間は神の知性を分有しているという保証はない。被造物を通して神を類比的に知って行くという中世的なアナロギアは成立しない。このように神の理解不可能性は神の知性を人間にとって不透明なものにし、神と人間との認識論的な通路を遮断してしまう。そこでデカルトは少なくとも神の意志が誠実で善なることを証明する必要があった。これなしにはすべてが闇であり、善なる神に支えられてはじめてわれわれはものを認識することができる。ここに永遠真理創造説を提出する理由の一つがあったと思われる。

三　結　論

デカルトが創造説を主張した動機はメルセンヌとの神学上の議論であったが、その意味は神学の域にとどまるものではない。この説は、神による人間精神および自然の法則の設定という点で形而上学と自然学とを結ぶ試みであった訳だが、創造説はいくつかの哲学的論点を提起していると考えられる。前節では、永遠真理創造説は論証されていない仮説にとどまるが、形而上学の地をなす重要な理論であると結論した。本稿を終えるに当たって、創造説が哲学の理論としてどういう主張に結実しているかに触れておく。

すでに述べたように、人間は神の意志を理解することができないという論点からは、人間知性の限界画定、神との認識論的断絶というものが浮かびあがってくるだろう。他方、神には自分に関する矛盾を除いてすべてが可能であるという論点からすれば、創造説は、神の決定以前には真理はことがらとして不確定ないし相対的であり、神の意志による決定をまってはじめて必然的になることを意味している。これは、真理はそれ自身の内在的な論理構造によって神から独立に真理たりえるのではなく、神の意志的規定を受けることによってはじめて真理が保証されるという主張である。

たとえば、われわれはある公理体系における数学的な真理を必然的に真だと認識せざるをえないが、神においてそれは決して必然的に真なのではなく、偶然的かつ相対的にそうであるにすぎない。神は自由であり、すべてに非決定である。そのかぎりでは真理はすべて相対的であり、任意のことが真でありえたとせねばならない。ユークリッドとは異なる幾何学も十分ありえたし、一たす一が二にならないような数学もありえたことになる。真理はそれ自体としては真も偽もない無色透明な命題である。いかなる真理も本質的にア・プリオリに必然的なのではないという意味で、デカルトは真理の相対主義をとっている。真理が必然的に真となるのは神がそう欲するがゆえにであり、不変なる神の意志によってそれは一定の色彩を与えられ、必然性を獲得するのである。すなわち神はさまざまな可能的な真理のうちから、自由意志によってある真理を選んで現実化する。かくしてそれは必然的で絶対的に動かないものとなる。その必然性の究極的な根拠は、事物そのものの内的合理性のうちではなく、われわれには見通せない神の意志のうちに求められている。これは伝統的な用語で言えば、トマス的な主知主義ではなくデカルト独自の主意主義と言うべきものである。ここには真理の合理性の根拠を、合理的把握を超えたものに求めるという構造があるが、まさにそれがデカルトの合理主義なのである。

真理の源を神の意志に求めるという考え方は、もとよりキリスト教思想に伝統的なものである。同時代のパスカルは、信仰なしに確実性はありえず、永遠真理もイエス・キリストを抜きにしては無益だとして、「キリスト者の神」を真理の基礎に置いた。しかしデカルトはここで信仰を語っているのではなく、意志をもった「哲学者の神」を語っている。永遠真理創造説は、事物の淵源を、創造の時点における神の意志に遡って問うものであるから、パスカルの提出した「なぜわれわれが今ここに、このように存在するのか」といった実存的問題のすべてを吸収するであろう。哲学の議論としてのデカルトの神は、パスカルの求める信仰の神とは別の意味で、奥行きの深い議論と説得力をもって世界を説明している。この点に永遠真理創造説の一つの重要な果実があると認められる。

ただ、なぜデカルトがそのような考え方をとるのか、創造説を提起する目的や意図はよく分からない。ジルソンの分析するような神学的な背景がありえるだろうし、それによって自然の目的論的解釈から機械論的解釈に移行するためという解釈[57]も可能であろうが、確たる証拠を欠くと思われる。マリオンの言う存在や認識の一義性の崩壊が結果的にあったとしても、それをデカルトは最初から目指していたのかどうか、もしそうならその目的は何であったのかは依然として分からない。本稿ではそれらの詳しい吟味をする余裕がない[58]。

第三章　真理と神

——無神論の幾何学者は真理を語りうるか——

十七世紀合理主義の真理論に関しては、多くの哲学者についてさまざまな論点が問題になろう。ここではとくにデカルトに関心を寄せる。デカルトによれば、人間が明晰に捉える真理がその通りに真理であることを保証しているのは神であり、われわれが善なる神の存在を知らないかぎり真理は真理でありえない。この意味で無神論の幾何学者は本当の真理を語りえないことになる。だが、それはどういうことであるのか。ユークリッドは立派に幾何学を語っているではないか。神による真理の保証という事態をどう捉えるべきであろうか。これは合理主義の哲学者たちにおいて微妙に異なってくる問題でもある。真理と神との関わりを、数学的真理の成立および永遠真理創造説という点に着目して分析し、デカルトの真理論の意図を、最近の研究を踏まえながら明らかにしたい。

一　神を語りうるか

最初に、そもそも神を語りうるのかという点について、序論的な考察をしておきたい。現代のわれわれ（とくに東洋人）から見てまず抵抗を感じるのは、合理主義の思想において「神」なるものが、明確に定義されることもなく、あたかも既存の金科玉条のごとく登場してくることだろう。はたして哲学者は正当な権利をもって神を語ることができるのであろうか。

十八世紀のヒュームやカント以来、神は人間理性の探求の対象にならないので、理論哲学に神を持ち込んではならない、という考え方があった。現代哲学もその延長線上にあり、神（そのことばで何を意味するかがむろん大問題ではあるが）は超越者であるという理由で、哲学的探求の積極的な対象にはならない場合が多い。だがカントの場合、神は理論哲学の領域では姿を消したものの、実践哲学や宗教論の領域では保存され、結局、神はカントにおいて最重要の究極の問題であった。それと同様に、現代哲学においては、たしかに神の問題が表立って正面から論じられることはあまりなく、探求の埒外に置かれている観がある。しかし、現象学にせよ分析哲学にせよ、どこか神を気にしているところがある。よく読めば、神の全面否定などではなく、それぞれ何らかの仕方で神について語っていることに気づかれる。

フッサールの『イデーン・I』第五八節は「神という超越者は遮断される」[59]と題される。そこでは、「世界外的な神的な存在……は、ただ単に世界を超越したものであるだけでなく、明らかにまた絶対的意識をも超越したものであるはず」とされる。神は「意識という絶対者とはまったく別の意味における絶対者」であり、「世界の意味における超越者とはまったく別の意味における超越的なもの」である。したがって、神は現象学という「研究領域からは、あくまで遮断されているべきである。なぜなら、この研究領域は純粋意識そのものの領野であるべきだから……」とする。フッサールは超越者を認めるにやぶさかではなかったが、こうした絶対者としての神は世界をも人間の意識をも超絶しているので[60]、研究の対象外として現象学的還元にかけられるのである。以上は『イデーン』の時代のフッサールの見方であるが、しかし晩年には「内なる他者」としての神を含めた形而上学を考えていた（ヘルト『生き生きした現在』）。いったん括弧に入れられ凍結された神が、晩年になって解凍されるという事態に注目しておきたい。

ハイデガーは多くの箇所で神を語っているが、十七世紀の合理主義とは異なり、哲学の究極的根拠づけを神に求めることを拒否した人である。[61]かれの言う「存在」を「神」に置き換えることができるとする解釈もあると聞くが、もしそうならかれの存在論は神学であり、アリストテレス以来の形而上学に帰ることになろう。かれはまた「最後の神」なる言い方をし、最晩年には「ただ神なるものだけが、かろうじてわれわれを救いうる」という謎のことばを残している。この神は西洋形而上学の伝統的な神ではないだろうが、[62]しかしそれでもハイデガーは神（Gott）という昔の名前を出していることに注意しておきたい。

レヴィナスにいたっては、もはや神は隠れもなく議論の中心にあらわれてくる。周知のように、顔としての神、超越としての神、絶対的他者としての神、無限の観念としての神、「観念に到来する神」などが、直接に論じられている。哲学者が神を語ることが再び復権したかのようである。その神はユダヤの神に源を発するものであり、きわめて難解であるが、神をぬきにしてはレヴィナスの哲学も倫理も成立しないことだけは確かである。

他方、ウィトゲンシュタインは『論理哲学論考[63]』において、本来語るべきでないはずの神について語っている。「かつてひとは言った。神はすべてのものを創ることができる。ただ論理の法則にさからうものを除いて、と。――つまり「非論理的な」世界について、それがいかなるものかを語ることなどできぬだろう、ということ」（三・〇三一）。これはスコラの命題を指すと思われるが、神は論理の法則に逆らうものをも創造しえるとするのがデカルトであった。本稿にとっても重要な言明であると思われる。「かりに神がある命題を真とするような世界を創造したならば、神は同時にその帰結命題すべてを真とするような世界を創ることになる。同じく神が命題pを真とするような世界を創りながら、しかも、かかる命題の対象のすべてを創らずにおくことはありえない」

（五・一一三）。この文章は、神は真理の演繹体系のすべてを創るとするもので、デカルトにも適合するだろう。もっとも、これらは神についての直説法的な言明ではなく、間接的な仮定の下で語られている。直説法的には「神は世界の中には顕れない」（六・四三二）としている。神は世界の外に隠れてあり、世界がいかにあるかは神の知ったことではないということか。このことばは「神秘的なるもの」を集めた命題のなかに登場する。「いいあらわせぬものが存在することは確かであり、それはおのずと現われ出る。それは神秘である」（六・五二二）とも言われ、神についてニュアンスを残している。後期の『哲学探究』[64]でも、神はときとして語られている。「神がオウムに突然悟性を与え、オウムがいまや自分自身に語りかけている、といったことを想像できないだろうか」（三四六）。「神はわれわれの知りえないことを知り、無限数列全体を見、人間の意識のなかを見通しているのである」（四二六）。「神がたとえわれわれの魂のなかを覗きこんだとしても、われわれが誰について話しているのかをそこに見出すことはできなかったことであろう」（xi）。また『マニュスクリプト』（Man. 138, 229）[65]にも、神という名で何を意味するかが問題である、「神の本質は存在を含む」という命題において存在は問題ではない、などという記述が残されている。これらの神についての言及は、いずれも消極的な言い方であったり、仮定に基づいた例にすぎなかったりする場合が多い。だが、かれのような神学や伝統的哲学にはあまり縁のない人においてさえも、すぐに神が例にとられ、他方で神が神秘の領域として保存されていることは、記憶にとどめておいてよいことだろう。

要するに、カント以来、神の問題に関しては、多くの反発があったと同時に求心があったといえる。現代でもそれは続いており、「神」ということばに拒絶反応を示す人も多いが、神に相当するものを哲学の原理とする哲学者も多い。西洋近世の多くの哲学者の思想は、東洋的なメタファーを以って言えば、ある意味で所詮は釈迦の掌の上での営為にほかならないということになろうか。

現代哲学においては、たしかに神という名を安易に用いることには慎重にならざるをえない。経験的に検証される議論にはならないからである。だが、神は現代哲学の思考の枠組みにおいても、けっしてナンセンスな主題ではなく、有意味に語りえる場合が多いだろう。デカルトがそうであったように、絶対的なもの無限なものを想定したうえで、人間の諸問題を有限性という観点から反省してみることは、今も有意義だと思われる。たとえば、西洋形而上学の神を問い直し、新たな責任倫理を確立しようとするレヴィナスの試みや、分野は異なるが、民族・宗教問題に取り組む宗教現象学などは、その一つの方向を示すものであろう。十七世紀の合理主義が神なしには語れなかったように、現代においても、人間を全体的に捉え、(66)ものごとの根本を知ろうとするなら、神を語りうるし、語るべき場面が多いのではないか。

二　数学的真理と神

本題に入ろう。デカルトは神が真理の根拠をなし、真理を保証すると考えるわけだが、そこにはどういう問題があるであろうか。ことがらを数学の場合にかぎり、数学的真理の成立という場面で真理と神との関わりを見てみよう。デカルトの問題意識に即していえば、「三角形の内角の和は二直角である」という命題が神との関わりなしに真理といえるかどうか、換言すれば無神論の幾何学者は真理を語りうるか否か、である。

「第二反論」においてメルセンヌを中心とする神学者たちは言う。あなた［デカルト］はものごとを確知するには「存在する神の明晰な認識」を要するとしているが、その時点であなたはまだ神の存在を証明していない。

だが「無神論者は、三角形の内角の和が二直角に等しいことを明晰判明に認識している」(AT. VII, 125) ではないか、と。いわゆる「循環」にからめた、もっともと思われる批判である。古代ギリシアの数学者は、幾何学の命題について明晰な認識をもっていたはずである。これに対してデカルトは答えている。

「無神論者も三角形の三つの角の和が二直角に等しいことを明晰に認識できる」ということについて言えば、それを私は否定してはいません。ただ、彼のそうした認識が真の知識 vera scientia ではないということを私は肯定しているのみです。というのも、疑わしくなりうるいかなる認識も知識と称せられるべきではないと思われるからです。彼は無神論であると想定されているからには、彼にとって最も明証的と思われる事物そのものにおいて自分が欺かれていることはないということを彼は確知することができないのです。(「第二答弁」AT. VII, 141)

この答弁は、デカルトの真理論や知識論について多くのことを示唆していると思われる。以下、それが含みもつ主要な論点をまとめておく。

(1)「明晰な認識」への懐疑

神を考慮に入れない場合でも数学的真理は明晰に認識される。デカルトはこれを否定しない。実際、「私がきわめて明晰判明に理解するところのものはすべて真である」という有名な規則は、神の存在証明がなされる以前の「第三省察」の始め (AT. VII, 35) で表明されている。『序説』(AT. VI, 33) でもそれは同じ位置に来ている。

これは、無神論者においてであると否とにかかわらず、だれにも適用可能な「一般的な規則」である。そのかぎり、神のあるなしにかかわらず、明晰に捉えられた数学的な命題は普遍妥当的に真であると考えられる。これが普通の考え方であり、そこで神をもちだすならば循環の危険性が生じる。メルセンヌはそう言いたいのである。『規則論』の時代のデカルトならば、それを大きく肯定するであろう。「示された対象について……憶測するところを求むべきではなく、われわれが明晰かつ判明に直観し、または確実に演繹しうることを求むべきである。なんとなれば、他の途によっては知識は獲得されないからである。」（『規則論』AT. X, 366）。この立場では、明晰に認識されたものがそのまま確実な知識となるからである。

しかし、後にデカルト形而上学において懐疑の対象になったのは、まさにこの数学的主知主義であった。たしかに数学的真理は明晰判明に認識されるが、明晰ということだけで真理が保証されるのか。ひょっとすると、それは本当は真理でも真の知識でもないかもしれない。先に提出された規則の有効性も、懐疑を前にして揺らぎはじめるのである。デカルトの狙いは、次のことばに集約されている。「数学の証明についても、これまで自明であるとみなされていた原理についても、疑うことにしよう。なぜなら、……もしかすると全能の神はわれわれを、われわれにはこのうえなく明白に見える事がらにおいてさえ、つねに誤るようなものとして、創造することを欲したのかもしれないからである」（『原理』I-5）。全能の神、私を誤らせうる神、欺く神という発想が懐疑の原動力となっていることが注目される。

周知のように、懐疑のプロセスにおいては、明晰な知の真理性を主張する文脈と、それをも疑いに付す文脈とが交叉している。

私が目覚めていようが眠っていようが[67]、二たす三は五であり、四辺形は四つ以上の辺をもたず、これほど明白な真理が虚偽の嫌疑をかけられることはありえないと思われる。……しかし、私が二と三とを加えるたびに、あるいは四辺形の辺を数えるたびに、あるいは他のもっとより容易なことが考えられるならそのたびごとに、［すべてのことをなしえ、私を現にあるようなものとしてつくった］この神は私が誤るように仕向けたかも知れないではないか。（「第一省察」AT. VII, 20–21　括弧内は筆者による挿入）

「第三省察」でも同じ文脈の交叉が繰り返される。

私が、算術あるいは幾何学に関することで何かきわめて単純で容易なこと、たとえば二に三を加えると五になる、などを考察したとき、私は少なくともそれらを、真であると肯定するに足るほど十分明らかに直観していたのではないか。……しかし、もしかして何らかの神があって、このうえなく明証的であると思われるものにおいてさえも、欺かれるような本性を私に与えることもできたはずである……。神の全能というこの先入の意見が私に生じるたびに、もし神がその気になれば、私が精神の目で最も明証的に直観していると思うものにおいてさえも、私を誤らせることは神には容易である、と認めざるをえない。（「第三省察」AT. VII, 35–36）

ここまでは右の「第一省察」と内容的に同じであるが、「第三省察」はさらに次のように続ける。われわれは明晰な認識への強い信念をもっているので、こう言いたくなる。

できるものならだれでも私を欺いてみよ、しかし……二に三を加えると五より多くあるいは少なくするなど、要するに明らかな矛盾が認められることを、なすことはできないであろう。（同 AT. VII, 36）

この一節は『規則論』の残響にも聞こえる。だが、明証性への確信と神の欺きの可能性という二つの文脈は、シーソー・ゲームのように拮抗する。そして明らかに後者がまさっている。神の何たるかを知らず、無神論をとるかぎり、ひとは幾何学について明晰な認識をもつことはできても、神がその認識を誤らせている可能性を除去できないからである。「第六答弁」は、三角形の三つの角の和が二直角に等しくないようにすることも、永遠の昔から四の倍数が八でなかったようにすることも、神には不可能でなかったことを暗示している（AT. VII, 432, 436）。こうした事態を打開するために、「第三省察」のデカルトは誠実なる神の存在証明を急ぐのである。

（2）現前の明証性と過去における認識

神の存在の全証明を終えた「第五省察」で、あることがらを現在明晰に認識している場合と、過去にそう認識した理由を想起する場合との文脈の差異が、同じ三角形の例をもって語られる。

私は幾何学の諸原理に通じているので、「三角形の三つの角は二直角に等しい」ということは、私にはきわめて明証的に思われ、その論証に私が注意しているかぎりは、それが真であると信じないわけにはいかない。だが、私が精神の目をそこからそらすや否や、たとえ私がそれをきわめて明晰に洞察したことを今も記憶していても、私が神を知らないなら、それが真であるかどうかを疑うということが、容易に起こりえるのである。というのは、私は、このうえなく明証的であると認識すると思うものにおいても時として誤るように自然によって作られている、と信じこむことができるからである。(「第五省察」AT. VII, 69-70)

同じことは『原理』でも語られるが、それは神の存在を論じる直前に位置し、存在証明への導入となっている。

「三角形の三つの角の和は二直角に等しい」といったことは容易に証明される。……精神はこういうたぐいの証明を演繹する前提となったものに注意を向けているかぎり、それらの証明が真であることを確信する。ところが精神は、つねにそういう前提に注意しているわけにはゆかないゆえに、あとになって精神が、自分にとってきわめて明証的と見えることがらにおいてすら誤るような本性のものとして、自分はつくられているかもしれない、ということを思い起こすとき、上述のような証明について自分が疑うのは正当であるということ、また自分の起源の作者を知るにいたるまでは、なんら確実な知識をもちえないのだということに、気づくのである。(『原理』I-13)

現在の明晰な認識と、過去における明晰な認識の想起との文脈をあえて区別し、神が要請されるのはとくに後者の場合であるとしているわけだが、これは循環を意識した防衛線だと読めるかもしれない。ジルソン(68)などは、これをそのまま解釈に採用している。では、われわれが現在あることがらを明晰に認識している場合には、それは神を要さずとも真といえるのか。もしそうならば無神論者も確実な知識をもちえることになり、上述の「第二答弁」の内容と矛盾してくるであろう。われわれによれば(69)、欺く神の力が現前の明証性にも及ぶことは明らかである。デカルトの言わんとするところは、無神論者が現在それに注意を向けていることがらは、たとえ明断に認識されてはいても真の知識ではなく「変わりやすい意見」あるいは「確信」にほかならない、ということであろう。要するに、現前の注意のあるなしにかかわらず、「もし私が神を知らないなら、……私はいかなるものについても真で確実な知識をもたない」(「第三省察」AT. VII, 69)のである。

以上のことから言えることは、いま無神論者が明断に認識していることについても、それを疑う十分な理由があるということである。それゆえ「彼にとって最も明証的と思われる事物そのものにおいて、自分が欺かれていることはないということを確知することができない」のである。その背景には、すべての「事物の確実性が神にまったく依存しており、神なしには何ごとも完全には知られえない」(「第五省察」AT. VII, 69)ということがある。無神論者が「自分の起源の作者」を知らないのは決定的なことであり、それゆえかれはつねに欺く神の襲来に曝され、そのかぎり確実な知識をもちえないのである。

(3) 明証性の規則と神

無神論者のもつ明証的な認識が疑いえるならば、先に触れた「私がきわめて明晰判明に理解するところのものはすべて真である」という明証性の規則も、神を知らないかぎり疑いえることになるであろう。この規則は「第三省察」で表明されたものの、誠実なる神の存在が確認される「第四省察以前には証明されることができなかった」(「概要」AT. VII, 13)。デカルト自身がそう述べていることは重要である。つまり、論理的演繹の順序からすれば、この規則はそれ自身では有効ではなく、無神論者の認識がそうであったように、本当の意味での「知識」を構成しない。誠実なる神の保証を得ることによってはじめて有効な真理基準となるのである。(70)

明証性の規則すらも神に依存しているということを、最も詳細に説明しているテキストは『序説』である。

われわれがきわめて明晰判明に理解するところのものはすべて真である、ということすらも、神があり存在すること、神が完全な存在者であること、および、われわれのうちにあるすべてが神に由来しているということ、のゆえにのみ確実である。われわれの観念や概念は、それらの明晰判明な部分のすべてにおいて、ある実在性を有し、かつ神に由来するからこそ、その点において真ならざるをえない。……われわれのうちにあって実在性をもち真であるところのすべてのものは、完全で無限な存在者から由来すると、われわれが確かに知るのでなかったならば、われわれの観念がいかに明晰で判明であろうとも、それらの観念が「真である」という完全性をもつことを、確信しうる理由をわれわれはもたないだろう。（『序説』AT. VI, 38-39）

かの規則だけでなく、われわれのもつ明晰判明な観念も、神に由来するゆえに真で確実であるという。その場合の「神に由来する」（その逆は「無に由来する」である）ということがカギになろう。それは、真なる観念や真理が無でなく「何か実在的なもの」（同 AT. VI, 39、「第四省察」AT. VII, 54）であるかぎり、神に淵源するということである。すなわち、私が明晰判明に観念するものは、作者たる神によってその通りに作り出されることができる（「第六省察」AT. VII, 71）、神による実在化が可能である。逆に私から見て、無ないし矛盾を含むものは実在化されない。私のもつ観念や真理が、それがそこから発する源泉と正しく接続され、いつでも実在化される状態にあること、これが「神に由来する」ということであろう。神との接続なしには、観念だけがいくら明晰判明であっても真とはいえない。それゆえ神の保証なしには明証性の規則も空手形であり、われわれの側の確信にすぎない。

欺く神の疑いが晴れないかぎり、本当に確実な知識の基準とはなりえない。

(4) 確信・知識・神

しばしば登場する「確信」と「知識」との違いは次のように説明される。

われわれを疑いへと導くかもしれない何らかの理由が残っているとき、それは確信 persuasio である。しかし知識 scientia は、それ以上に強い理由によって揺り動かしえないほど堅固な理由による確信である。神を知らないものは、そうした知識をもつことはない。（レギウス宛 1640. 5. 24. AT. III, 65）

知識とは神によって欺かれていることはないとの絶対の保証を伴った知である。他方、確信は、最も完全な確実性と同一である「人間的確実性」（「第二省察」AT. VII, 144）として十分真理でありえるが、神の保証を欠くかぎり「知識」とは区別される。したがって無神論の数学者のもつ知識は真の知識ではなく確信にすぎない。

無神論者の知識について言えば、それが不変で確実でないことを論証するのは容易です。というのは……かれは、きめて明証的に表れるものにおいてさえも誤るほどに不完全な本性をもっているのではないかと疑う、大きな事由をもつからです。真にして欺かざる神……によって自分が創造されたということを知るのでないかぎりは、かれはその疑いからけっして解放されないでしょう。（「第六答弁」AT. VII, 428）

それゆえ、無神論者は幾何学について明晰な認識はもちえても、自分の起源の作者を知らないかぎり、本当の真理を語りえないのである。既述のように、神を知らなければ、「真にして確実な知識」をもちえず、ただ「意見」をもつにすぎない（「第五省察」AT. VII, 69)。逆に、「神を知っていれば、明晰判明に理解したものについて真で確実な知識をもつ」（同70）のである。デカルトは、神との依存関係を考慮に入れたものの知り方を「完全に知ること」perfecte scire（同69, 71）と呼んでいるが、無神論者はいわば不完全にしかものを知らないことになる。ところで、先にも述べたように、真の知識が神に源を発するというアウグスティヌス的思想はデカルトに特徴的であり、重要であると思われる。

この世にあるすべてのものの作者である神……は、すべての真理の源泉であるから、われわれの知性を、それがきわめて明晰判明に認識するところの事物について下す判断において誤るなどということが、けっして起こりえないようなものとして作った。（『原理』AT. IX-2, 10)

われわれが明晰な認識において誤ることがないのは、その作者たる神が真理の源泉であるからである。「神は……あらゆる善と真との源泉である」（『原理』I-22)。真なる神には「すべての知識と知恵の宝が秘められている」（「第四省察」AT. VII, 53)。「神は……他のすべての真理がそこに由来する唯一のもの、すべてのものがそれに依存する唯一の作者」（メルセンヌ宛1630. 5. 6. AT. I, 150）でもある。「あらゆる知識の確実性と真理性とが、もっぱら真なる神の認識に依存する」（「第五省察」AT. VII, 71）とも言われる。これら一連の文章は象徴的な言い方ではあるが、デカルト真理論の根底を流れる「永遠真理創造説」を示唆していると思われる。真理の源泉たる

「神を知るにいたるまでは私は他の何ごとをも完全には知りえなかった」（同）のはむしろ当然であった。この点でも神の存在証明は急務であり、「神の存在を前提しないかぎり、この懐疑を除去するのに十分ないかなる理由も示しえない」（『序説』AT. VI, 38）のである。逆に、神の証明が示された時点では、満を持してすべてが氷解する。

神が在ることを認識した後では、他のすべてのものが神に依存すること、神が欺瞞者ではないことをも同時に理解したので、そこから、私が明晰判明に認識するすべてのものは必然的に真であると結論した。そこで……私はそれについて、真にして確実な知識をもつことができるのである。（「第五省察」AT. VII, 70）

神の存在を証明することは、同時に、神が誠実であって欺瞞者ではないこと、すべてのものを創造したこと（つまりすべてが神に依存すること）、を確認することでもある。これによってはじめて明晰判明の規則も保証される。「われわれの認識能力は、当の対象を明晰判明に認識しているかぎり、真でない対象をとらえるようなことは、けっしてありえない。……数学的原理はきわめて分明であるゆえ、もはやわれわれにとって疑わしいものであるはずがない」（『原理』I-30）。神を根拠としてはじめて、数学的真理が真の知識として成立することになるのである。

(5) まとめと展望

以上から分かることは、神との関わりなしには現在における明晰な認識も、明証性の規則も真理とはいえず、そのかぎり数学的真理は成立しない。したがって無神論者が数学に関してもつ知は、神によって欺かれている可能性を残すので真の知識ではない、ということである。神を知っていると知らないとでは、天地の差があるのである。

だが本当にそうであるのだろうか。当時のスコラでは、神が欺くことはありえず、数学の真理の成立には神などは必要ないというのが常識であった。神は矛盾をなしえず、数学や論理学の必然性に従う、と考えるのが普通であったからである。そもそも数学はフランスから見て古代異教徒の地であるエジプト、ギリシア、アラビアに起源をもつ学問であり、「無神論者」たちは堂々と数学を論じ、発展させてきたのである。キリスト教世界はそれを移入したにすぎない。メルセンヌの批判は、この時代の人たちの理解を代弁した適切なものであったとも思われる。実際、スピノザ、ライプニッツ、マルブランシュの三者は、いずれもこの点でデカルトを批判している。

スピノザにおいては、「真なる観念」のもつ自明性が欺く神という疑念を除去する。欺く神のゆえに「真の観念を疑いうるのは、神について明晰判明な観念をもたないかぎりにおいてのみである。……しかし、もしわれわれが三角形についてもつ［三つの角の和が二直角に等しいといった明瞭な］認識を、神についてもつなら、すべてのこうした疑いは除去されるであろう。……われわれは、ある最高の欺瞞者がわれわれを欺くかどうかを確実に知らないにもかかわらず、三角形についてこうした認識に到達できる」（『知性改善論』79）。真なる観念をも疑うということは論理的にナンセンスであって「精神を欠く」（同47）ことに等しい。神にせよ三角形にせよ、真なる観念をもてばそれが直ちに真理の基準になる、と考えられている。

同様に、ライプニッツもデカルトの真理観を批判する。理性の真理はすべて矛盾律を原理としており、「私が神をあらかじめ認識していなければ数学的真理は確実には知られえない、と主張することほど不合理なことはない」（ゲルハルト版『ライプニッツ哲学著作集』IV. p. 327）。論理的な真理の必然性は矛盾律に基づくものであって、神の認識に左右されるものではない、と考えられている。

マルブランシュの場合はより明瞭であって、「2×2が4であることはつねに真であったし、それが偽になることは不可能である。それは明らかであって、最高の立法者たる神がこれらの真理を確立したということは必要ではない」（『真理の探究』第十釈明）とする。数学的真理の根拠は、それ自身がもつ理性的本性のうちに求められるべきであり、神もこの普遍的理性（それは神と区別されるものではない）にしたがうと考えるからである。

このように、真理と神に関するデカルトの言明は当初から多くの学者の批判[71]を呼んでおり、合理主義者の哲学者たちも例外ではない。しかし、批判を見越した上でのことであったとすれば、結局デカルトはそれによって何を主張しようとしているのか。こうした特異な真理観を提出することで意図されていることは何であるか。以上の分析だけでは、まだよく分からないことが多い。

三　永遠真理創造説をめぐって

すでに触れたように、神と数学的真理との関係については、その根本に永遠真理創造説が踏まえられていることは明らかである。この説によって、前節で述べたことがよりよく説明されるであろう。その特徴とそれに対する同時代人の批判、および諸家の解釈をみよう。そこからデカルト真理論の意図がある程度見えてくるだろう。

（1） 永遠真理創造説の特徴

この説についてはすでに触れたことがあるので[72]、ここではその要点のみをまとめておく。最も代表的なテキストはメルセンヌ宛の書簡である。

永遠と呼ばれている数学的真理は神によって定められ、他の被造物と同じく神に全面的に依存しています。実際、もしこれらの真理が神から独立であると言うなら、それは、神がユピテルやサトゥルヌスのように三途の川や運命に服すると言うのと同じです。王がその王国に法を定めたように、自然本性のなかにこれらの法則を定めたのは神なのです。このことを、至るところではばかることなく、どうぞ確言し公言されますよう。（メルセンヌ宛 1630. 4. 15. AT. I, 145）

「はばかることなく……」と敢えて言い添えていることからは、この説が当時のスコラの常識とは異なることをデカルト自身が意識し、かつ自信をもって強く主張していることが推察できる[73]。たとえば後期スコラの普通の考えでは、永遠真理はいわゆる被造物ではなく、「それが真であるがゆえに神においても必然的にそうと知られるもの[74]」、つまり神とは独立のステータスをもつもの、とするのが常であった。永遠真理創造説の特徴は、こうした常識にことごとく造反する点にあろう。

その要点の第一は、真理が神の意志に全面的に依存することである。数学的真理は特権的なものではなく、他の被造物と同じ被造物である。「神は被造物の存在と同時に本質の作者である。その本質がこれらの永遠真理にほかならない」（メルセンヌ宛 1630. 5. 27. AT. I, 152）。神によってその本質を規定されているという意味で、数学的真理は神に「全面的に」依存するのである。換言すれば、数学的真理は、神と独立にその必然性によって成立しているのではない。それは神自身がものの本性のうちに植えつけた、いわば神為的な構成物である。たとえば「全体はその部分より大きいといった永遠真理は、神がそう設定しなければ真ではありえない」（同 1638. 5. 17. AT. II, 138）。およそ、あることがらが真であるのは、

神がそれを欲し、そして認識するということからのみそうなのであって、神がないとしてもそれらの真理はやはり真であろうと言ってはならない。なぜなら、神の存在はすべての真理のうちで最も主要で永遠な真理であり、他のすべての真理がそこに由来する唯一のものであるからである。……無神論者たちが、数学的真理は完全に理解するが神の存在はそうでないということから、真理は神に依存しないと思ったとしても、それは驚くには値しない。（同 1630. 5. 6. AT. I, 149-150）

ところで真理の設定は神の意志によることである。それが真であるから神はそれを創造したわけではなく、神がそれを意志してそう創ったがゆえに、それが真理なのである。「数学的真理は神から独立ではない。……神がそのように欲し、そのように按配したがゆえに、それらは不変であり永遠である」（「第五答弁」AT. VII, 380）。たとえば「神が、三角形の三つの角の和が必ず二直角に相等しくあるよう欲したがゆえに、それゆえに今やそのことが真なのであって、それとちがったようにはなりえない」（「第六答弁」AT. VII, 432）のである。

第二に、神の絶対的自由である。神も数学的真理や論理学の必然性に従うとするなら、ギリシアの神々のように、他のものに従属することになり、それは神の自由意志には相応しくない。「神には、世界を創らなかったこ

とが自由であったように、円の中心から円周に引かれた直線がすべて等しくないようにすることも自由であった」（メルセンヌ宛 1638. 5. 27. AT. I, 152）。だが神の自由とは必ずしも神の恣意ではない。絶対王政を髣髴させる王の比喩は、真理の変更可能性を言うのではなく、神はそれを変えることはできるが変えないという、神の意志の不変性を言っている(75)。神の意志の本質は非決定であり、神は完全な選択の自由をもつにもかかわらず、意志によりいったん決定したことを変更しない、ということであろう。

第三に、上の引用のすぐ後に出てくることだが、神の決定内容はわれわれには不可解であってよい、ということがある。およそ神のなせる業は、人間知性がそれを理解できるか否かには関係ない。「神はわれわれには理解できないことをなしえないわけではない」（同 1630. 4. 15. AT. I, 146）。たとえば「神は四の二倍が八であることが真でなかったようにすることもできた」が、ただわれわれにはそれが理解できないだけである（「第六答弁」AT. VII, 436）。同様に、「神には、三角形の内角の和が二直角に等しい、あるいは一般に、相矛盾するものは両立できない、を真でないようにすることが自由であり、非決定であった」（メラン宛 1644. 5. 24. AT. IV, 118）。およそ神には不可能ということがなく、谷なき山を作ることができたし、1＋2が3でないようにすることもできた。ただわれわれにはそれが不可能で矛盾としか思われないだけである（アルノー宛 1648. 7. 29. AT. V, 224）。神の自由なる意志は人間の理解を絶する、神意は人間の理解を超絶する、ということが強く打ち出されている。

以上を要するに、真理の神の意志への依存、神の絶対的自由、神の超越性、を強調する点にこの説の特徴があると解される。これによって、前章に述べたことはよりよく説明される。すなわち、真理が神から独立であるとすれば、無神論の数学も成立することになる。そうではなくて、真理は神に全面的に依存し、真理は神の意志によって創造されたとする。これを根拠として、神を知らなければ真の知識はなく、神の保証なしにはわれわれの現前の明証的な認識も、明証性の規則も疑える、と考えることができよう。また欺く神の可能性については、神の絶対的自由をもって説明できる。つまり全能なる神には、人間にとっては矛盾と見えることをなすことも自由であった。2＋3が5でないように、あるいは三角形の内角の和が二直角でないように設定することもできたのである。最も明証的と思われることがらにおいても、われわれは欺かれうることになる。こういう状況では、無神論者は幾何学の真理を有意味に語りえないであろう。さらに、神は真理の源泉ではあるが、その深淵に何があるかは人間には知りえない。神はいわば隠れたる神であり、神意は人間の忖度するところではない。無限なる神は有限なる人間を超越、あるいはむしろ超絶しているからである。かくして神を知らないとする無神論者は、真の知識をもつことから遠く離れていることになる。

(2)　同時代人の批判

しかしながら、この説は広く人口に膾炙していたわけではなく、むしろ批判が多かった。デカルトを支持する見解を見出すのが困難なほどである。メルセンヌでさえも、一六三〇年四月以来何度も説明されているにもかかわらず、それを肯定していない。本書 pp. 63-64 で触れた「第二反論」(一六四一)の一節は、一〇年を経てもなおメルセンヌが態度を変えていないことを示すものである。その理由を推測するに、メルセンヌのようなデカルトをよく知る人においてさえも、数学的真理が神に依存する、神には絶対的自由がある、神が欺く、などといった思想は納得し難いと思われたのであろう。(76) 多くの神学者や哲学者が批判するなかで、デカルトだけが孤立し、さながら四面楚歌の観がある。

伝統的なスコラの考えによれば、神が数学的真理の作者であるとするのはよいとしても、神がどんな真理をも自由勝手に作りうるとするのは間違いである。トマス・アクィナスにおいては、矛盾を含むものは絶対的に不可能であり、神の全能のもとには入らない。たとえば「神は三角形の三つの角が二直角に等しくないようにすることはできなかった」[77]のである。十七世紀のライプニッツはこの観点からデカルトを批判している。

私が形而上学や幾何学の永遠真理……は神の意志の結果にすぎないと主張する他の哲学者たちのことばを、まったく奇妙に思うのもそのため［意志が理性にとってかわり、専制的権力だけが残ること］である。本当は、それらの永遠真理や規則は神の知性から出てくるものにほかならない。（ライプニッツ『形而上学叙説』二）［ ］内は筆者による。

神の意志によると言えるのは偶然的真理の場合のみである（『単子論』46）。これに対して、数学や論理学の必然的真理は神の知性に基づく永遠のものであり、恣意的ではありえない。これは正統的なスコラ主義に立つ批判であろう。ライプニッツ自身は、永遠真理は神によって決定されているが、人間の自由については予定調和の下に保存されている、と考える人であった。

マルブランシュの批判もこれと同様なものであった。普遍的理性と神と同一の「共永遠的」なものではあっても、必然的で不動なものである。それゆえ数学的真理が神の意志に全面的に依存するという想定は「根拠のない想像」（『真理の探究』第十釈明）にすぎない[78]、とする。

スピノザにはとくに永遠真理創造説そのものに対する反論は見出されないが、かれは神が数学的真理を創造したという考え方をしない。神と真理との結びつきはもっと直接的であり、とくに初期思想では「神は真理であり、真理は神そのものである」（『短論文』II. 15）とさえ述べられている。それが言い過ぎであったとしても、少なくとも真理は所産的自然（被造物）ではなく、能産的自然に属する。真理は神の本質の顕れであり表出である。われわれが「真なる観念」によって真理を知るとは、神の無限本性がそこに表れていることであり、その必然性を知ることでもある。[79] スピノザは大きな決定論のなかで、真理と神との内在的関係を考えた人である。

これに対してパスカルは、デカルトと同じく「神と真理とが不可分である」（『ド・サシ氏との対話』）と考える。そして「真理が邪悪な存在によって作られているとするなら、数学もその本質からして不確実あるいは偽になる」（同）として、欺く神の想定も肯定している。しかしパスカルは、永遠真理創造説それ自体はよいとしても、それは宗教的救済の用をなさないとする。

たとえある人が、数の比例は非物質的な永遠の真理であって、その本源である……神に依拠し存立していると納得させられたにしても、私はその人が自分の救いに向かってさほど前進したとは思わない。（パスカル『パンセ』B556/L449/S690）[80]

若い時代のパスカルは、「三角形の内角の和は二直角であるという命題は、公理からの正しい帰結によって明証的に論証され……確実で真である」（ノエル宛 1647. 10. 29）と考えていた。しかし今のパスカルは、数学の永遠真理などよりも救いに直結する真理こそ人間が求めるべき本当の真理である、と考えている。信仰を抜きにした理性の営みはその役に立たない。たとえば「幾何学はこの世で最も優れたメチエ（技巧）ではあるが、所詮はメチエにすぎない」（フェルマ宛 1660. 8. 10）。「数学はその深さにもかかわらず無益である」（『パンセ』B61/L694/S573）。

無神論者の説く幾何学などは、もとより「真理」を語っていない。人間の救いという視点をもたないデカルト哲学もまた「無益にして不確実」(B78/L887/S445)であった。結局パスカルは、信仰に拠らないかぎり確実性も真理もありえない、という立場に立つ人であった[81]。

永遠真理創造説へのこうした批判は、ある意味で当然であるとも思われる。というのは、パスカルは別としても、十七世紀合理主義の哲学者たちは、同じ一つの神をそれぞれ異なった観点から見て、それぞれの立場に立った理論を展開しているからである。いわく、万物を予定調和する神、無限な本性の必然性からしてすべてを決定する神、すべてのものの観念を包含する神など。しかしデカルトの神はそのいずれでもない。神の全能という属性を最大限に肯定し、神の自由意志、非決定、絶対的自由を強調するものである。デカルトはさまざまな批判を受けるなかで、広大無辺な能力をもつ神、積極的な自由をその本質とする神、という新しい神の規定を提出したことになるだろう。ただ永遠真理創造説がひとりそのために構想されたとは考えにくい。問題は、新しい神の概念規定によってデカルトが何を意図していたかである。そのためには現代における解釈を見てみるのが一つの有効な手段となろう。

(3) 永遠真理創造説の諸解釈

永遠真理創造説についてはすでに多くの解釈がある。デカルト真理論の意図という観点から現代における諸家の解釈を見てみよう。

一つの代表的な解釈は、そこに神学的戦略を読み取るものである。ジルソンによれば、永遠真理創造説には、被造物の神への全面的依存、神の独立自由、その能力の広大さ、無限さなどの点で、ベリュールやジビューなどオラトワール会の思想の影響が見られる。この説には一方でむろんデカルトの独自性が認められるが、他方でそれを主張することによってデカルト自らオラトワール会の在俗宣教師となり、その帰結として永遠真理創造説には、自然の目的論的解釈から機械論的解釈への転換が読み取れる[82]、としている。当然ながらその背景には、自由をめぐるイエズス会のモリナとジャンセニウスとの神学論争があり、デカルトもそれと何らかの関わりがあったことは十分ありえるであろう。だが、永遠真理創造説はとくに神学的な意図を主眼としていたわけではないし、特定の宗派のために構想されたものでもないだろう。本来デカルトは神学を論じることを潔しとしなかった人である。永遠真理創造説は神学の問題よりもむしろ、「自然学において触れざるをえない多くの形而上学の問題のうちの一つ」（メルセンヌ宛 1630. 4. 15. AT. I, 145）であったことを銘記すべきである。

他方、そこに形而上学の戦略を読み取り、斬新な解釈を打ち出して大きな影響を与えたのはアルキエである。アルキエによれば、永遠真理創造説は初期の科学研究や『規則論』が知らなかった「存在」の次元の発見という点できわめて重要であり、「形而上学の次元の出現においてとり行われる世界の非実在化[83]」を示すものである。すなわち、この説によってはじめて科学の世界が「存在」の在り処ではないことが自覚され、自然学における真理の相対化、偶然化がなされる。これと入れ替わりに「存在」への存在論的反省としての形而上学が着手される。この意味でこの説は形而上学のすべてである、とする。たしかにそれはデカルトの形而上学の核心をなしているだろう。だが、神によって自然学の真理が相対化されるなら、形而上学の真理もそれが神に依存するかぎりは、相対化されるはずである。むしろデカルトは、神による自然法則の設定ということによって自然学の基礎づけをしようとしたと考えられる。ロディス＝レヴィスの解釈[84]のように、永遠真理創造説は自然学と形而上学とを関連させる理論とするのが妥当な線だろう。

マリオンはこの説に中世哲学との断絶を読み込み、それをかれのいう「白紙の神学」の中心に置く。すなわち神の無限性や不可解性を強調することで、神と人間との間に成立していた中世的な「存在の類比」（アナロギア）や「存在の一義性」を拒絶しているとする[85]。たしかに神の不可解性は、神と人間との間の存在論的・認識論的断絶を想わせる。しかしわれわれの問題は、中世と断絶することによってデカルトが何を狙っていたかである。それによって近世哲学の地平を準備したというだけのことならば、通常の哲学史の記述を超えるものではない。

中世的アナロギアからの離脱という点では、オン・ヴァン・キュンも同様の解釈をしている[86]。彼女によればデカルトの「創造」には両義性がある。それは一方で、原因から切り離されその結果としての創造行為であり、他方で、結果のなかにその行為が（存在の保存として）現前する状態でもある。そのうえで彼女は「全能」という伝統的な主題に関して、デカルトの独自な捉え方を主張するなかで、永遠真理創造説に触れる。この説は真理の偶然性を強調するものであって、それが神の意志と独立に決定されるとするスアレスとは違う。人間知性を神の知性の分有と見るトマスやスコトゥスの範型主義とも、オッカム主義とも異なる。デカルトが扱うのは、神は過去の出来事をなかったようにすることができるのか、という中世的な問題ではない。数学的真理と矛盾律との間の関係を、単に認識の観点から問題にするのみである。デカルトのアナロギアの思想は、創造の範型主義的理論に書き込まれてはおらず、無限によるアナロギアになっている、とする。だが、範型主義に反した真理観を提出することがどういう意味をもつのか。彼女の書は「全能」の解釈や永遠真理の歴史的背景については多くの示唆を与えてくれるが、真理が神の意志により決定されるとすることのデカルト的な意味については沈黙を守っている。

ドゥヴィレール[87]は、ライプニッツの側からデカルトの永遠真理創造説を問題にする。その書の前半部分で、創造説の含みもつ諸相を分析し、神の全能、神の自由と論理的矛盾、不可解性、神の非決定、不動性、自由な創造と目的性、認識論的弁神論などを論じる。結論としては、デカルトの神はスピノザの神（盲目的必然性）に近いとするライプニッツの立場をとる。だが、永遠真理創造説そのものの評価にまで筆は及んでいない。

ロビネの書は、『省察』を自然の光という「弁証法の論理」によって読み通そうとする意欲的なものである。[88] 永遠真理創造説に関しては、その被造性（非造物ではないこと）、形而上学と神学との乖離というテーマの下に、その特徴をいくつかの論点にまとめている。しかるのちにこの説の意図に触れ、それが教えているのは、学問が基礎づけられるのは（われわれが理解不可能な）神の本性においてではなく、（理解可能な）自然本性においてであるということであり、人間理性が追求できるのは自然法則によって建設可能な自然学の領域のみである、とする。[89] しかし、学問（たとえば数学的真理）の存立が自然本性に基づくというのはトマスやライプニッツの主張である。デカルトの創造説の趣旨は、その根拠を不可解な神の意志に求めることにあったはずである。また、たしかに永遠真理創造説は自然学の原理になりえるが、その射程は自然学の領域だけに限られるものではなく、形而上学にも及ぶものであったろう。

以上の解釈はいずれも永遠真理創造説の評価に関して、重要な見通しを与えてくれる。すなわち、オラトワール派神学の影響、存在論的形而上学の導入、中世哲学との絶縁宣言、無限のアナロギア、自然本性における学問の基礎づけ、という論点が可能であり、これに加えて、近世的な神の概念規定、デカルト的主意主義の表明なども可能であろう。いずれも解釈として十分成立しうると思われる。しかし永遠真理創造説が、とくにそのために用意されたという決定的な証拠があるわけではない。いずれも一つの可能性にすぎない。これらの解釈を以ってしても、全体としてこの説がいったい何を目指したものか、それを提起したデカルトの意図がどこにあったか、は必ずしも十分に説明されているとは思われない。では、われわれはどう考えるべきであろうか。

四　真理論の意図

問題は、多くの批判にもかかわらずデカルトはなぜ無神論の幾何学者は真理を語りえないとするのか、永遠真理創造説を提出して数学的真理さえも神の意志に全面的に依存するとしたことの真意は何か、である。デカルト哲学の体系のうえから大局的に見るならば、先述したように、この説は形而上学と自然学とを内的に連結するインター・フェイスとして準備されたものとわれわれは考える。元来この説は「自然学における形而上学的問題」(メルセンヌ宛1630. 4. 15. AT. I. 145) の一つであり、自然法則は神の定めた永遠真理の一つと解されるからである。だが、デカルトの省察の歩みに即して仔細に見るならば、それがとくに懐疑と深く関わっていることは明らかである。つまり、無神論の幾何学者は真理を知らないとか、数学の真理も神に依存するという主張は、文脈上は普遍的懐疑の態度表明であり、懐疑を原点とする学問的姿勢を言っていると考えられる。結局、デカルトの真理論の意図は、テキスト的な現場検証によるかぎり、徹底的懐疑の遂行にあったのではないか、とわれわれは考える。もとよりこれも一つの可能性にすぎないが、その意図に関してさし当たって二、三の気づいた点を記すにとどめる。

第一に、デカルト哲学が目指すところは、すべてを懐疑にかけたうえでの「形而上学的確実性」(『序説』AT. VI. 38) であることを周知させる意図があったと思われる。形而上学的確実性とは、日常生活で確信される道徳的・実践的な確実性以上のもので、神によって基礎づけられた絶対的な確実性である。

自然的事物のうちにさえ、絶対的に、かつ実践的以上に確実だと思われるものがいくつかある。それは次のような形而上学的基礎に依拠しているところのものである。すなわち、神は最高に善なるもの、そしてけっして欺かぬものであるということ、したがって、神がわれわれに授けた、真を偽から分かつための能力は、われわれがそれを正しく用いてそのおかげでものごとを判明に知覚するかぎりにおいては、誤ることはありえない、ということ。このように確実なものとしてあげられるのは、数学の証明である……。（『原理』IV-206）

「数学の証明」は、誠実な神による保証があってはじめてこの確実性に達する。逆に「形而上学的基礎」をもたない数学、たとえば無神論者の幾何学は、形而上学的確実性に達しておらず、知識とはいえない。「幾何学の証明そのものの確実性も神の認識に依存する」（「概要」AT. VII, 15）からである。このように、神を知らないかぎり数学も根本から疑えることを示すことによって、デカルトは確実な「知識」がどういうものか、その定義を厳しくし、知識に対して高い確実性を求めていることになる。永遠真理創造説には、かれの哲学がそうした確実性の探求であることを周知させる意図が込められていたと思われる。この説が納得されれば、デカルトの形而上学はより容易に理解されるはずである。メルセンヌに対してこの説を公言するよう求めた理由の一つがここにあるだろう(90)。

数学を疑うという場合、神と真理との関係は次のようになっている。トマスやライプニッツが考えたように、真理が神の知性に根拠を置くのであれば、数学的真理は神の知性を分有しているかぎり疑いえない。だがデカルトの永遠真理創造説は、真理が依拠するのは、人間の知性でも神の知性でもなく、もっぱら神の意志であるとする。そうであれば、神の意志のあり方によって真理は人間知性の理解を超えたものとなることもありえるし、神の欺きという可能性も残されている。かくして、真理が成立する根拠に非決定な「神の意志」を置くならば、その神の誠実性をわれわれが知らないかぎり、数学や論理学の知も疑えることになる。これはもはや『規則論』の数学的主知主義の立場（無神論の立場）ではなく、形而上学的省察の立場である。

数学や矛盾律までをも疑うのは常識的にはとんでもないことであり、そこまで疑った人はあまりいなかった。アリストテレスもトマスも、十七世紀の数学者も考えもしなかったことである。スピノザやライプニッツの言うように、それを疑うことはあるいはナンセンスであるかも知れない。自分の理性の機能をつぶし、学問にならない恐れがあるからである。だがデカルトはその危険を冒してまで懐疑を遂行している。真理を探求することはまさしく「戦いを挑むこと」（『序説』AT. VI. 67）である。哲学にかける意気込み、真理の条件に対する厳しい考え方、これがかれらとは根本的に違う。そこで要求されているものは懐疑を透過した形而上学的確実性であり、数学以上の確実性をもった絶対に確実な知識である。このことをデカルトは世に広言することを意図したと思われる。

第二に、神の意志の「不可解性」を論拠として神の属性を吟味する（したがって神もまた懐疑の対象になりえる）ことが、必要で正当な手続きであることを主張していると思われる。数学的真理の成立が神の意志に依存するということは、真理は人間には見通せない神意によって自由に創られたということである。それは同時に、真理の存在論的根拠が人間知性を越えており、人間による知的な分析や理由づけを許さないということでもある。したがって人間から見てとんでもない不合理でも、あるいは真理になりうる。ボッティチェリの「ヴィーナスの誕生」が描くように、いわば神の息の一吹きによって真理は生じるのである。

そこで神に下駄を預けることになるが、神がいかなるものかはまだ分からない。神と人間との間には有限と無限との差がある。パスカルの言い方では神は「隠れたる神」であり、その意志は闇の向こうに隠れていて人間には読めない。神意は不可解であり正体が知れない。人間知性も神によって欺かれているかもしれない。真理の源である神が欺くものでないことをはっきりさせないかぎり、数学的真理といえども真理として成立しない。そこで神が最高の善であって欺かないことを裏づけ、その誠実性を検証する必要が生じる。

神が在るかどうか、そしてもし在るなら欺瞞者でありえるかどうかを吟味しなければならない。というのも、このことが知られなければ、いかなる他のものについても、私はまったく確かであることができないと思われるからである。（「第三省察」AT. VII, 36）

神の属性の吟味なしには確実な知識は成立しない。デカルトは神の不可解性を表立たせることによって、神の誠実性を検証することの必要性ないし正当性をより説得的なものとしているが、そこには当然予想されるスコラからの批判を予め抑制するねらいがあったかも知れない。

ところで神の誠実性を検証するとは、ある意味で懐疑が神にまで及んでいることを示している。懐疑は人間についてだけでなく神についても向けられている。神は真理を自由に設定したが、その神の属性も懐疑のフィルターにかけられるのである。スコラ的伝統にとっては、神は当然のことながら常に真で誠実であり、デカルトの説はとんでもない非常識である。だがかれは、神を疑うことも辞さないという決意で懐疑を遂行している。デカルトの真理論にはそのメッセージが投影されていると読める。

第三に、懐疑論ないし無神論の克服という戦略があったと思われる。人間は確実な知識に達することはない、判断中止をすべきだ、というのがモンテーニュの解する近世懐疑論である。これはそのまま放っておけば無神論になりうる。モンテーニュはそれゆえにこそ信仰が必要だとした人であった。十七世紀では、学問や信仰の真理を守るために懐疑論（それはピュロン的危機と呼ばれた）や無神論を克服しなければならない、という知的雰囲気があった。そのことは『省察』巻頭の「ソルボンヌ書簡」から読み取れるし、メルセンヌの諸著作のタイトルからしても推し量ることができよう。デカルト自身、私は欺く神の仮説を「懐疑論と無神論とをうまく追い払うためにのみ使った」（レイデン大学評議員宛 1647. 5. 1. AT. V, 9）としている。

懐疑論がいわゆる無神論に直結するわけではないが、デカルト的な意味では無神論になる。つまり、人間が確かな知識をもちえないとする懐疑論は、真理を基礎づけるべき神を考慮しないという文脈で無神論となろう。同様に、真理の根拠を神に置く必要はなく、数学的真理は神とは独立に人間理性において成立すると考える立場（パスカルの用語では独断論）もまた、神を要しないとするのであるから無神論を許すことになろう。パスカルは懐疑論も独断論も拒否し、かれらの間の論争を信仰の次元によって一気に解決しようとするが、デカルトは信仰によってではなく、永遠真理創造説によってそれらを共に克服しようとするのである。そこには、懐疑論を論破すればこの種の無神論も論破できる、という発想があったのではないか。要するに、数学的真理も神に依存するとか、無神論の幾何学者は真理を知らないとする背景には、このように懐疑論ひいては無神論を克服する戦略があったと考えられる。

その具体的方策は毒をもって毒を制すること、すなわち懐疑論者のそのまた上を行く大なる懐疑を展開することによって懐疑論を凌駕することであった。つまり欺く神や悪霊という、常人の思い及ばざる仕掛けによって数学的真理を疑うことである。これは十七世紀の他の合理主義の哲学者たちと決定的に違う点である。ポプキンなどは、この点にデカルト的懐疑の極点を見出し、コギトによってピュロン的危機を脱したと正しく分析している(91)。実際、コギトは「いかなる法外な懐疑論者の想定によっても揺り動かすことができないほど堅固で確実な真理」（『序説』AT. VI, 32）であり、そのゆえをもって「哲学の第一原理」（同）とされるのである。デカルトは、「懐疑論者たちの懐疑を最初に打ち破ったのは私だ」（「第七答弁」AT. VII, 550）と豪語した。そして懐疑論を論破することは、信仰でなく自然的理性によって神の存在を証明することでもあるので、無神論者を説得することにもなると考えた（「ソルボンヌ書簡」AT. VII, 2）。しかし他方で、ラディカルな懐疑のゆえに多くの誤解のタネを蒔き、デカルト自身が無神論者・懐疑論者として批判される場面があったのも事実である。

以上の三論点は、当初から意図されたものではなく、哲学を深める途上で自然と出てきたものと思われる。つまりデカルトの真理と神に関する議論は、本来かれの懐疑遂行のスタンスと密接な連関があり、総じて懐疑理由の根本動機を形成している。それが形而上学の成立、自然学の根拠づけ、中世哲学との隔絶などに寄与するものとなっているとしても、それは結果にほかならない。

おわりに

十七世紀の合理主義にはさまざまな仕方で神が入っており、神なしには成立しないことは明らかである。哲学者たちはむろん本気でそう考えていた。かれらは神の創造という存在論的な次元にまで立ち入って、真理の成立を論じている。ライプニッツもスピノザもマルブランシュも、数学的真理は神から独立に真であるとして、それを疑うことはなかった。この意味では無神論の幾何学者を認めている。だがデカルトにおいては、数学は神の意志に依存するとされ、懐疑は数学だけでなく、真理の作者たる神にも及んでいる。それゆえ無神論者の幾何学は学問的知識として成立しない。この考え方には当時でも反論も多かったが、ここにデカルトの独自性が見出されるといえよう。これに対して、その神がいなかったらどうなのか、神なしにも数学は十分に成立する、というのが無神論者の問題提起であろう。真理が真理である根拠を神をぬきにして考えうるか、また神をぬきにしない場合でも、いかにしてそれを検証できる形で語るか。これはもはやわれわれ現代人の問題だろう。

Ⅱ

心身・神・精神

第四章　心身問題についてのノート

はじめに

近世はじめの心身問題がどのような状況にあったかを、デカルトの場合に定位して振り返ってみる。デカルトの心身問題というとき、そこには三つの問題が含まれている。

（1）心身が実在的に区別されるとする場合、心身の相互関係をいかに解明するか。
（2）心身が合一しているとする場合、合一という事態をどう説明するか。
（3）心身の区別と合一という異なった様相を、いかに整合的に理解するか。

哲学史などでは、デカルトは精神と身体を互いに独立した実在とする二元論の代表だが、心身の相互関係をうまく説明できない難点を抱えているとされる。それが（1）の問題である。たしかに心身の区別という原理は、デカルトの形而上学の根本にあって、その哲学の一つの核をなしている。デカルト的な思考のエネルギー源である。これによってはじめてスコラ批判をなしえたし、同時代のマルブランシュやパスカルもその点に感心したのである。デカルトが、心ともの、意識と実在、内と外など、近代的な二元論的世界観の基本的枠組みを作ったのは、心身の区別という原理に立ってのことである。しかしウィトゲンシュタインやハイデガーが批判するように、現代では心身二元論は諸悪の根源のように見なされていて評判が悪い。実際、精神のはたらきには身体（大脳）を要しないとするなら、それは現代人には理解しがたいだろう。心身が互いに独立の実体であるなら、それらの間に相互関係はないはずである。エリザベトは、互いに異質な心身がなぜ相互に関係するのかとの疑問を提出した。デカルトが松果腺によって心身関係を説明したのは、医学的に間違っているだけでなく理論としても昔から悪名高い。

だが心身二元論がデカルトのすべてではない。心身の区別のみを強調することは、その哲学の一面しか見ていないことになる。デカルトには、心身を合一したものと見るもう一つの見方があった。これが（2）の問題である。メルロ＝ポンティも指摘するように、デカルトは心身を原理的に区別すると同時に、心身の入り混じった心身合一の世界を有していたという事実がある。精神でも身体（物体）でもなく、第三の原初的概念としての「人間」の世界である。それは形而上学的な省察以前の、生の次元が問題となっている。つまり心身が実際にはたらきあう、日常的な感覚的経験の世界が取り上げられている。これは「曖昧な概念」（エリザベト宛 1643. 6. 28. III. 693）かもしれないが、現象学でいうところの生活世界の概念に通じるところがあろう。結局デカルトは、理論的には心身の区別を理論として説きながら、実践的には心身の混淆した世界を生の根源的事態として認めていることになる。

だが心身を区別する（1）と、その合一を主張する（2）の立場は矛盾しないのか。そこで（3）の問題が出てくる余地がある。デカルト自身は、「心身の区別と合一を同時に判明に理解することは人間精神にはできない」

(同)として、矛盾を認めている。そして、(1)の理論知と(2)の実践知とは同時に成立するのではなく、一応別次元のこととし、最終的には『情念論』が示すように理論と実践との統一として解かれる、と考えていたように思われる。しかし、次元を分けることで済むのかどうかが問題である。

デカルトの心身論については、すでに多くの議論がなされてきたが、デカルトの心身問題というとき、これら三つの問題が内蔵されており、それは公式の心身二元論にけっして収まるものではないことをまず確認しておくべきである。以下においては、心身問題を考える際の材料として、心身の区別と神の力、松果腺仮説、エリザベトとの論争に係わる心身合一をとりあげ、問題点の整理をしておきたい。

一　心身の区別

心身を原理的に独立の実在とするデカルトの二元論は、どのような成り立ちの議論であったのか。その最も早い表現は、一六二九年頃に起草された「形而上学小論」に見出される。「精神が身体から分離されるとき、そこから精神の不死が導かれる」(メルセンヌ宛 1630. 11. 25. AT. I. 182)とあるように、本来それは精神の不死を結論するための議論であったことがうかがえる。『序説』でも同じであり、「精神は身体からまったく独立した本性を有し、したがって身体とともに死すべきものでは少しもない……。そこから精神は不死であると自然に判断される」(AT. VI. 56–60)と言われている。若いデカルトはアウグスティヌスの伝統を背景に、精神の不死を主張するために、早くから心身の分離つまりは区別を考えるようになっていたと思われる。もっとも『省察』のデカルトは精神の不死の証明を断念し、「精神の身体からの区別[92]」を原理にして哲学を考えるようになる。

では心身を二元論的に区別する主張は、どのようにして組み立てられた議論であったのか。その最も簡潔な記述は『序説』第四部（AT. VI, 33）に見出される。そこでは、私（精神）はただ思惟することのみを本性とする実体であるということを根拠として、精神の非物体性、物体からの完全な区別が結論されている。だが当時から多かった反論は、どうして私の本性を、他の可能性を排除して思惟だけに限定できるのかであった（『省察』AT. VII, 8）。そこでデカルトは、意識の秩序において「他の何ものも私の本質に属さない」と私が認識することから、なぜ実際に事物の秩序においてもそうであることが帰結するか（同）を明らかにすべく、より緻密な議論を提出している。それが「第六省察」第九段落のいわゆる認識論的証明 epistemological argument である。それはおよそ次のようなものである。

そしてまず第一に、私が明晰判明に理解していることはすべて、私が理解するとおりに神によって作られうることを私は知っているゆえに、あるものが他のものから区別されると私が確信するためには、一方を他方なしに明晰判明に理解できることで十分である。なぜなら、それらは少なくとも神によって、別々に定立されうるからである。いかなる力 potentia によってそれがなされるかは、それらが異なったものとみなされるためには関係のないことである。

したがって、私が存在していることを私は知っていること、そしてその際、私の本性あるいは本質に属していると認められるのは、私が考えるものである、ということ以外にはまったくないことから、私の本質は、私が考えるものである、というこの一つのことに存することを正しく結論するのである。

そしておそらく（あるいはむしろ、すぐ後で言うように確実に）私は、私にきわめて緊密に結合した身体をもつとしても、しかし一方で私は、私が延長をもつものではなく単に考えるものであるかぎり、私自身についての明晰判明な観念をもっており、他方で身体が考えるものではなく単に延長をもつものであるかぎり、身体の判明な観念をもつのであるから、私が、私の身体から実際に区別され、身体なしにも存在しうることは確実である。（AT. VII, 78 分節は山田による）

これが心身の区別についての最も詳細で重要なテキストである。デカルトの心身二元論についてのこれまでの多くの議論は、このテキストを根本としてなされてきたし、またなされなければならないだろう。それは次の三段論法の形に書き直すことができよう。

（a）明晰判明の規則と神の誠実とを根拠として、私がAをBなしに明晰判明に理解できれば、それだけでAとBとが実在的に区別される。

（b）ところで、私の本性が考えることにあるとの判明な観念を私が持つのであれば、私の本性を考えることだけに限定することができる。

（c）ゆえに、私は一方で精神の、他方で身体の明晰な観念を持つので、心身は実在的に区別される。

（a）は神の誠実が明晰な認識を実在としえるという大前提である。これは「第六省察」のはじめで「神は、私が明晰判明に認識することができるすべてのものを作りだすことができる」（AT. VII, 71）と言われたことを踏まえている。小前提の（b）は、私の本性がもっぱら思惟にあるという点を明晰な認識として取り出すことができるとする。これは「第二省察」で述べられたことを、再確認している。（c）で結論として、明晰判明な認識ということを根拠として、精神と身体との実体レベルでの区別が言われる。

たしかに、心身の区別についてのこの議論は、必ずしも読者を容易に納得させる内容になっておらず、昔から多くの批判を浴びていることは事実である。だが、とくに大前提（a）をよく考えることによって道が開けてくるのではないか。たとえば、先に述べた「読者への序言」の反論は（b）の成立に疑問を提出したものであろう（本書 P. 98）。だが（b）はそれだけで独立に成立するのではなく、（a）を前提としてはじめて言えることである。アルノーもこの推論を三段論法と解釈する。そして、大前提（a）の「実在的区別」が成立するのは、ものについての十全 adaequatus な思惟に関してのみであり、小前提（b）の私の本性が十全に認識されているかどうかも証明を要する（「第四反論」AT. VII, 200-201）としている。これに対してデカルトは、十全な認識とはものを網羅的に知ることであって神にのみ許されたことである。人間の場合には、属性によってものを十分に知るという意味での充全 completus な認識でこと足りる（「第四答弁」AT. VII, 222-224）としている。

またスピノザの立場からすれば、「たとえ二つの属性が実際に異なっていると考えられても、すなわち一つの属性が他の属性の助けをかりずに考えられても、そのために二つの属性が二つの実在あるいは二つの異なった実体を構成すると、結論することはできない」[93]。この主張も（a）の成立に疑問を投げかけていることになるが、それは二元論ではなく一元論の立場からのものである。さらに現代英米系の多くの哲学者は、（a）から（b）は論理的に出てこないし（c）も帰結しないとする。たとえばケニー[94]は（a）に関して、BなしにAの明晰判明な観念を持ちえることは、AがBなしに存在しえるという明晰判明な観念をもつことではないとしている。この批判は認識と実在との相違を突いたものと思われる。だが明晰判明な認識に限って、区別されたものを神がその通りに実在化しえるというのが、（a）の趣旨である。

二　神の力

心身の区別に対する批判に十分答えるには、右の（a）（b）（c）のそれぞれをさらに詳しく検討する必要があろう。ここでは大前提（a）に関して、心身の区別の根底に神の力 potentia[95] なるものが置かれ、それによってはじめて心身が別々に定立されうると考えられている点に注目しておきたい。神の力という語には超越的な響きがあり、心身問題においては従来あまり考慮されなかったように思う。だが、右のような批判が出てくるのも、この証明において神の力が強く働いている点を考慮していなかったからであると思われる。

（a）の命題を今一度見てみるに、この命題をそのまま納得することは難しいかも知れない。多くの論者が指摘しているように、認識と実在との関係が曖昧に見えるからである。私の意識の秩序からなぜ事物の秩序が帰結するのか。私が明晰判明に理解するものが、なぜその通りに神によって実在せしめられるのか。しかしその背景には、全能にして誠実なる神の力によってものが創られるという思想があり、これによって認識と実在とが内的に連結されていると思われる。

ただ、ここでは創造そのものを問うことはしない。問題は、私がAをBなしに明晰判明に理解すれば、AとBは神の力によって別々に定立されうるという場合、その神の力とは何かということである。詳しい説明を施しているテキストは見当たらない。反対に上記の「第六省察」は、「どのような力によってそのように定立されうるかということは、それら二つが異なったものとみなされるためには関係がない」と付言しているのである。デカルトは、神の力の何たるかを不問にしたまま、心身の区別が最終的にただ神の力に支えられている、としていることになるが、その神の力というものをどう理解すればよいであろうか。

二つの解釈が考えられる。その一つは神の協力ということである。「第二省察」の「諸根拠」もまた、「いかなる力によって［心身という］二つのものが分離されるのかは、それらが実在的に区別されていることをわれわれが認識するためには関係がない」（AT. VII, 170）としている。だがそこでは神の協力ということが示唆されている。

［心身の実在的区別のために］私はここで神の力を媒介 medium として用いたが、それは精神を身体から分離するためには何か通常以上の力 extraordinaria aliquis vis が必要であるからではない。（同）

通常以上の力を要しないとは、神の「通常の協力」concours ordinaire（『序説』AT. VI, 42）を越えないということであろう。それは自然学の場面では、神が世界を奇跡などの超自然的な作用によらずに、自然法則によって維持する作用のことである。実体論の場面では、それは精神や物体という被造的実体を存在せしめる力のことである。それらの実体は「存在するために神の協力 concursus Dei だけしか必要としない」（『原理』I-52）とされるが、逆にいえば、実体といえどもそれ自体によって自存するのではなく、神の協力によってはじめて存在していることになる。この意味で、実在的区別は神の協力という媒介項なしには成立しないのである。

第二の解釈は、神がものを保存し存続させる力を持つということである。『原理』の記述を見てみよう。

そしてたとえ神が、あるそのような思惟する実体に、ある物体的実体を、これ以上密接に結合することができないほど密接に結び付け、こうしてそれら二つの実体から何か一つのものをつくりあげたのだと想定してみても、それでもやはり、それらの実体は、依然として実在的に区別されているのである。なぜなら、神がそれら両実体をどれほど密接に合一せしめたとしても、以前に両者を分離させるために、すなわち一方を他方なしに保存 concervo するために持っていた力 potentia を、そのために放棄してしまうなどということはありえないが、神によって分離され、別々に保存されるものは、実在的に区別されたものなのであるから。

（『原理』1-60）

神は心身を密接に結合して人間を構成するとしても、他方で神は心身を分離し、別々に保存する力を持っている、とデカルトは考えている。神の力は、心身の合一においてよりも心身の区別において優るのである。この力は、たえずものに存在を与えることによって、ものをものとして成り立たしめ、ものを保存している。「第三省察」の連続的創造説が示すように、ものを保存する力はものを創造する力と異ならず、この力なしにはものは無に帰してしまう。ものの存在は「神の力 puissance に依存せざるをえず、神なしには一瞬間も存続 subsister しえないであろう」（『序説』AT. VI, 36）とも言われる。それゆえ神の力とは、ものを創造する力であると同時に、心身を独立なものとして保存し、存続させている力にほかならない。

ところで、事実のレベルでは心身は私において実体的に合一しているが、それは異質なものの偶然的な連結にすぎない。その合一は「複合物の一性」によるのであって、同質なものの「本性の一性」によるのではない（「第六答弁」AT. VII, 423）。これに対して、本質のレベルでは心身は互いに他を要しない実体として、実在的に区別される。心身は密接に合一した形で現象として表れてはいても、その本質においては存在論的に深く相違し、互いに相容れない。この意味で心身の区別の方が、合一よりも本質的であると言える。

以上のように、大前提（a）の主張、すなわち私が精神を身体なしに判明に理解することから、それらが神によって別々に定立されうることが確信できるのは、その背景にものを存在せしめる神の協力があり、またものを保存・維持する神の力を媒介にしているからである。

このことは、いわゆるデカルト的二元論とは異なる重要な論点を提供していると思われる。すなわち、心身の区別が神の力に依存するとは、逆にいえば、心身はたしかに異質なものだがその原因として神の力を共有し、その点において根源的につながっているということである。その存在の源はともに神に求められ、その区別は神に起因すると考えられているからである。そこで精神と身体とは認識論的には区別されても、存在論的には一なる神に還元されることになろう。

問題はそのことの意味である。精神と身体の等根源性ということをスピノザ的に理解するなら、心身は神という一つの実体の二属性として位置づけられよう。またライプニッツやマルブランシュのように、心身は神という超越者の予定ないし仲介により相互作用を行うと解することができよう。かくしてデカルトの説は、心身並行論ないし機会原因論の方向に徹底される余地がある。だがデカルト自身はそうは理解していない。神における心身の根源的なつながりは、ただ理論的に暗示されているのみである。むしろかれは、心身合一という実践の場面で、それを具体的に考えていると思われる。すなわち、神が人間を創造したということは、神がはじめに心身複合体という状態を人間に与えたということである。その結果われわれは、心身合一という事態を「自然の教え」として受けとめている（『省察』AT. VII, 82）。心身は本来異質なものであるにもかかわらず、現象面において、私の存在のはじまりの時点から緊密に混淆し、一つのものを成している。それが神から賦与された「私の自然」にほかならない。してみれば、問題は心身の区別が神に淵源するということだけではない。心身の理論的な区別を定立している同じ神の力が、生における心身の実践的合一をも教えていると解釈できる。心身は、区別においてであれ合一においてであれ、ともに神の力に源を発している点で存在論的に同根であることになる。これを、神を原理とする一元論と呼ぶこともできよう。デカルト的二元論の深部にはこうした根源的な一元論があることに注意しておきたい。

現代において二元論的発想に対する風当たりは、ウィトゲンシュタインをはじめとしてはなはだ強い。たしかに心身は生理学的に見てもそう簡単に区別できないし、ハイデガーの指摘するように、二元論が世界の見方を歪めていることもありえるだろう。精神や心という、何かよく分からないものを実体化することも問題かもしれない。現代では一元論的なマテリアリズムが支配的であるかに見える。二元論が多くの問題をかかえていることは事実である。だがデカルトが世界を、ものと心、実在と意識という風に区別するのは、表層レベルでの認識論的構図の下においてであって、実際に世界の深部がそうであると言っているわけではない。デカルトの議論の全体をみるかぎり、それは少なくとも世界を存在論的に二分割してしまう構造にはなっていない。ものと心は人間において実践的には合一しているし、理論的にも根源的に一致している。なぜなら神の力（神の誠実）が安全装置になって、世界の同一性を根本から支え、かつ心身合一を教えているからである。現代哲学の目で見て神の力という超越的なものをどう解釈するかは大きな問題だが、少なくともそれは心身問題を存在論的な広がりにおいて捉えることの重要性を示していると言えるであろう。

心身が以上のように区別されるとしても、「精神が身体のどこかの部分と結ばれていなければならないことは確かである」（メルセンヌ宛 1640. 7. 30. AT. III, 123）。ではその相互関係はどう説明されるか。それは松果腺という生理学の問題に委ねられている（本書 pp. 413-414 参照）。

三　松果腺仮説

松果腺に相当する記事は、『人間論』や『序説』第五部にすでに登場しているが、松果腺 conarium という医学用語の初出は、ある医者に宛てた書簡においてである。「私の意見では、松果腺と呼ばれるこの腺は精神の主要な座 siège であり、われわれのあらゆる思考がそこで行われる場である」（メイソニエ宛 1640. AT. I. 29. III, 19）。その理由として、脳全体のなかでこの器官だけが対になっておらず、視覚や聴覚など対になった器官から入った形質が、ここで一つになるにふさわしい生理学的な位置を占めていることが挙げられている。また、それは思考の座にしてはグラグラしすぎではないかという批判に対して、さればこそ松果腺は感覚の全印象を伝える動物精気によって容易に動かされる（メルセンヌ宛 1641. 4. 21 AT. III, 361-362）と答えている。こうした説明は、現代ではしばしば揶揄の対象にさえなっているが、それはけっして不用意な議論ではない。当時の最先端の医学を踏まえ、自らも解剖実験するなど、周到な自然学研究の素地の上に提出されたものである。『人間論』では、脳の中の理性的精神が、機械仕掛けの噴水庭園において、水の流れや装置の動き具合を制御するコントロール・センターの技師に比されている（AT. XI, 131）。松果腺仮説は、身体のはたらきを機械論的に説明する途上での、必然的な帰結の一つとして出されているのである。

松果腺の記事に関しては、機械論的観点に立ってその生理学的メカニズムを述べた『情念論』（一六四九）が最も詳しい。

精神は身体全体に結合してはいるものの、それでもやはり身体のうちにはある部分があって、そこでは精神が他のすべての身体部分におけるよりもいっそう直接的に immédiatement その機能をはたらかせている。……精神がその機能を直接にはたらかせる身体部分は、けっして心臓ではなく、また脳の全体でもなく、脳の最も奥まった一部分であって、それは一つの非常に小さな腺であり、脳の実質の中心に位置し、脳の前室にある精気が後室にある精気と連絡する通路の上にぶらさがっていて、その腺のうちに起こるきわめて小さな運動でも、精気の流れを大いに変化させることができ、逆に精気の流れに起こるきわめて小さな変化でも、この腺の運動を大いに変化させることができるようになっている。（『情念論』31）

以上の議論を、『情念論』の他の記述（第三四節）をも勘案して図式化してみると、精神と身体という異質なものを連結する装置をCと考えることができる。外界からの身体的情報（たとえば足の痛み）は、神経、精気、血液を介してCを動かし、Cから直接精神に伝達される（精神はCの動きから足の痛みの合図を受け取る）。逆に精神的情報（その痛みを排除せよ）は直接Cに伝えられ、精気の流れを変化させ、神経を介して全身体に伝えられる（痛みを取り除くよう肢体を動かす）。Cの中身はブラック・ボックスになっているが、とにかくそれが心身を連結するスイッチになっている。心身の相互関係は、Cと精神との直接の結びつきに還元されよう。

だが問題は、その結びつきのメカニズムが解明されないことである。つまり身体的器官であるCの物理的運動が、いかにして非物質的な精神に伝えられるのか、逆に精神の志向性がいかにしてCを動かすのかは不明である。Cは身体器官でありながら心身を結ぶインター・フェイスとして立てられているのだが、Cと精神との相互関係の細部は分からないままである。スピノザなどがそれを「隠れた仮説」（『エチカ』第五部序文）と批判したのは、もっともなところがあるとしなければならない。最近のデカルト生理学の研究書を見ても、松果腺仮説を弁護したものは見当たらない。デカルトはガレノスの時代から知られていた松果腺を、心身の連結点と見立てたわけだが、そのこと自体は医学的に荒唐無稽であろう。現代医学では、松果腺はある種のホルモンを分泌する大きさ8×5ミリの器官にすぎない。この仮説は今日では崩れたと言わざるをえない。もっとも現代の大脳生理学は、ペンフィールドやエクルズらの努力にもかかわらず、松果腺仮説の決定的な代替案を持ちあわせているわけではない。仮説Cを科学的に精緻に仕上げれば仕上げるほど、心身の接点は無限背進的に後退して行くであろう。多くの大脳生理学者は、心は脳に還元されるかと問う以前に、肝心の脳の機能自体がまだよく分かっていないと謙虚に報告している。

デカルトのように心身を機械論的に二つに区別することから出発するかぎり、仮説モデルとして松果腺に準じたものがどうしても必要になることは避けられないであろうが、それによって心身の結び目の内実が具体的に明らかになるわけではない。ただデカルトがそれ以上を語ることをしていないことからすれば、心身の相互関係の理論的説明としてはこれ以上を要求できないと考えていたようである。二元論をとるかぎり、心身の接点を生理学的に特定し、相互関係を説明するのに苦心せざるをえない。これは二元論の宿命ともいえよう。もっともデカルトは、次に見るように相互関係を理論の問題としてではなく、実践的な心身合一の問題として説明する余地を残している。

四　心身の合一

精神と身体とが以上のように区別され、かつ理論的には松果腺による媒介があるとして、実践の場面でその相互関係をどう考えるか。デカルトとエリザベトとの往復書簡（一六四三）に沿って心身関係を考えたい。

心身問題に関する現存の書簡は全部で五通しかない。この若いボヘミア王女の質問によって、デカルトが、かねてからの問題であった心身の相互関係を真剣に考えるようになったことは広く知られている。エリザベトの最初の書簡は、人間の精神は、いかにして身体の精気 esprit を意志的に運動するよう決定することができるのか、精神的実体のなかにも思惟以外のもの（たとえば延長）が含まれるかもしれないではないか（デカルト宛 1643. 5. 6/16. AT. III, 661）、と単刀直入に問うている。これは正に心身問題の発端である。この問いに促されてデカルトは返書を認め、精神には思惟する面と身体と働き合う面とがある、後者つまり心身の相互作用は心身合一の概念に依存する、この概念によってあたかも物体に内在する重さが物体を動かすように、精神が物体を動かす仕方が理解される（エリザベト宛 AT. III, 664-668）、と簡単に答えた。だがこれにエリザベトは納得せず、二の矢を放っている。精神がいかにして物体を動かすのかは重さの例などでは理解できない、非物体的なものに物体を動かす能力を帰するよりも、精神に物質や延長を帰する方が容易ではないか、非物体的な実体が物体と相互に作用し合う仕方を説明してもらいたい（デカルト宛 1643. 6. 10/20. AT. III, 684）、と。

これに対してデカルトは、前の手紙が説明不十分であったことを認め、心身の相互関係を心身合一の問題として詳論する。その趣旨は、精神、身体、心身合一の三概念を区別すべきである、心身の区別は知性によって捉えられるが、合一は感覚によって明晰に捉えられる、心身合一は、自ら常に体験されていることであるから、省察することを差し控え、生と日常の交わりにおいてはじめて理解される、区別と合一とを同時に判明に理解することはできない、精神に物質や延長を帰することは、正に心身を合一したものと理解することにほかならない（エリザベト宛 1643. 6. 28. AT. III, 691-695）、ということである。しかしエリザベトは、合一は感覚において明晰に理解されているといった実践的説明になお満足しない。第三の書簡では、感覚は精神が身体を動かすことを私に示すが、どういう仕方でそうするのかは教えない、むしろ精神にはわれわれにはまだ知られていない特性があり、延長と合致する機能があるのではないか（デカルト宛 1643. 7. 1. AT. IV, 2）としている。「延長と合致する機能」とは松果線を暗示しているとも読めるであろう。ともかく彼女はあくまで理論の問題として心身関係をとらえ、相互作用の理論的な説明をどこまでも要求している。五つの書簡は以上で終わっており、この要求に対してデカルトはもはや何も答えていない。

デカルトが心身の関係を説明するのに、心身合一という「曖昧な概念」（エリザベト宛 1643. 6. 28. AT. III, 693）を援用したのに対し、エリザベトはデカルトよりも徹底して理論的であり、二元論の問題点を鋭く指摘していることが興味深い。精神と延長とがどこかで合致する点を見出さないかぎり、心身問題はどこまでも並行線をたどることを、エリザベトも気付いていたであろう。心身の接点としての松果腺については、すでに『人間論』や『省察』で言及されているにもかかわらず、なぜかこの往復書簡ではまったく触れられていない。デカルトはもっぱら心身合一の説明に終始するのみであるが、これは二元論から出てこざるをえない心身の相互関係の問題を、理論的に説明することをある意味で放棄することである。問題を形而上学的に分析することをやめ、哲学以前の生の問題に切り替えることである。心身合一の世界は、哲学すればかえって理解できなくなるとまでデカルトは言っている。心身関係の問題は、その後スピノザ、ライプニッツ、マルブランシュが理論的に問題としたことを考えると、デカルトのこの態度には首を傾げたくなる。しかし、おそらくかれはエリザベトの出した方向での問題の限界を知るが故に、松果腺による理論的解決の道を示さず、もっぱら心身合一の道を主張したと考えられる。

結局デカルトは、理論的には心身の区別を説きながら、実践的には心身の混淆した世界を、感覚が明晰に示す生の根源的事実として肯定しているのである。それは精神でも身体（物体）でもなく、第三の概念としての具体的な「人間」の世界である。これは「曖昧な概念」かもしれないが、現象学でいうところの「生きられた世界」の概念に通じるところがあろう。デカルトは心身の区別を理論として確認したうえで、心身の合一において心身問題を事実上解こうとしている。これを矛盾と見るか否かは問題であるが、ともかくデカルトの心身問題というとき、これらの諸問題が内蔵されており、公式の心身二元論にけっして収まるものではないことは確かである。

むすび

デカルトは神の力を背景にして、心身の実在的区別を立てることに成功している。しかし、心身の相互関係については、松果腺仮説を提出することで理論的究明を打ち切り、相互関係は神から与えられた心身合一の次元で体験すればそれでよい、という説明に終わっている。これは心身問題を実践的に説明することではあっても、理論的に解くことではない。その最終的解決は神に預けられているわけだが、問題の根本に神の誠実という安全装置が置かれることによって、少なくとも心身が実際に分裂したり、世界がものと心とに二極分解しない構造になっていると思われる。これは問題を神という人間知性で合理化できないものによって合理化することであって、十七世紀合理主義の態度にほかならない。

最後に、現代哲学との関係を展望しておく。現代においてデカルト的二元論には賛否両論がある。ポパーは実体概念は拒否するものの二元論をとり、心的なものと物的なものとは互いに還元できないとする（ポパー・エクルズ『自我と脳』第一部）。だが、それらの相互関係についてはデカルトほど明確な考えを出しえていない。随伴現象説も同様だと思われる。これは身体から精神への一方向の因果関係のみ認めるものだが、その相互関係の詳細は明らかにできていない。また精神から身体へという逆方向を認めないのはおかしい。たとえば腕を伸ばそうという心的意志が原因となって、われわれは実際に腕を伸ばしているからである。他方、心身を二つに区別しない議論は山ほどある。古くはマルブランシュやバークリの非物質主義があり、ベルクソンのイマージュ論がある。現代では一元論的なマテリアリズムが盛んである。スマートやファイグルを始めとする心脳同一説、およびその一変形（トークン同一説）であるディヴィドソンの無法則的一元論がある。後者は、心的出来事と物的出来事の同一性は認めるが、両者を結ぶ厳格な法則はなく心的なものは無法則的であるとするものである。しかし心身の同一性を認め、身体に法則を認めておきながら、心には法則を認めないのは奇妙である。その他の一元論としては、ライルの行動主義、パトナムやルイスの機能主義などがある。だがこれまたクリプキなどの批判に遭い、維持するのが困難な茨の道のようである。現象学でもメルロ＝ポンティのように心身を一元論的にとらえ、心身問題を消去しようとする人が多い。だが一元論においては同一性ということの意味が問題であり、二元論と同じくらい多くの難問を抱えこんでしまっている感がある。

デカルト的な二元論を採用するにせよしないにせよ、やはり心身問題は問題であり続けるというのが、筆者の印象である。

第五章　デカルトの神
――自由と決定――

その昔アウグスティヌスは、私はただ「神と魂とを知りたい」Deum et animam scire cupio（『ソリロクィア』I-I-7）とした。ライプニッツは「なぜ何もないのではなくて何かが在るのか」Pourquoi il y a plus tôt quelque chose que rien（『理性に基づく自然及び恩寵の原理』7）と問うた。ファウスト博士は「この世界を奥の奥で統一しているものを知りたい」Daß ich erkenne, was die Welt im Innerersten zesammenhält（ゲーテ『ファウスト』一、夜）とつぶやいた。多くの哲学者や思想家の熱望するところは、結局これらの句に集約されるのではなかろうか(97)。デカルトもまた神を志向した哲学者の一人であった。デカルトの神についてはさまざまな論点があるが、本稿では人間の自由と神の決定の問題にしぼる。考察の順序としては、西洋十七世紀哲学の状況のなかで、デカルトにおいて神がものの存在と認識の根拠になっていることを確認する（第一節）。次いで、自由と決定の問題をテキストにしたがって分析し、両者の調停がどうなされているかを見る（第二、三、四節）。最後に、その調停の意味をラポルトやチャペルの研究を批判しつつ考え、そこに合理主義的な態度決定が見られることを指摘したい（第五節）。

一　デカルトと西洋十七世紀の神

西洋近世哲学においては、神ということばがしばしば暗黙の了解事項のごとく登場する。しかし、なぜ神なのか、なぜ神を必要と考えるのか。神ということばでいったい何を理解しているのか。神を哲学において語りうるとするなら、どういう形の哲学になるのか。こうした問いがただちに湧き上がるであろう。

問題を十七世紀に限って概観するに、この時代の多くの哲学者はトマス・アクィナス Thomas Aquinas は無論のこと、スアレス F. Suarez などの後期スコラ哲学の影響の下に、万物の創造者にして根本原理である神を考察の中心に据え、神を根拠にした世界解釈を行ったと考えられる。その典型を近世スコラ哲学者ユスタッシ・ド・サンポール Eustache de Sain-Paul の『哲学大全』*Summa Philosophica Quadripartita, de rebus dialecticis, moralibus, physicis et metaphysicis.* 1609 に見出すことができよう。周知のように、これはトマス的伝統のエッセンスを縮約したスコラの教科書で、一六四八年まで版を多く重ねた。デカルトも「この件でこれまでに書かれた最高の書物」（メルセンヌ宛 1640. 11. 11. AT. III, 232）としている。それは弁証論、道徳論、自然学、形而上学から成り、第四部の末尾で哲学の要として、神の概念が九項目にわたって簡潔に整理されている。すなわち、神はいかにして認識されるか、神の存在はいかにして証明されるか、神の存在は本質であるか、いかにして神の本質は複合を免れているか、神の本質は存続といかに関係するか、神はいかにして遍在するか、神に力ないし能力を認めるべきか、神に帰される作用の種類はなにか、神の主要な属性はなにか、である。神から始めたトマスの『神学大全』とは異なり、すべての議論が最終的に神に収斂する構成になっている。デカルトは著者に敬意を払いながらも、そのスコラ的土台を批判し、神についても異なる見方をしている。この書に対抗して『原理』を書く計画だったことはよく知られている。これ以外の重要なスコラ文献としては、シピオン・デュ・プレックス Scipion du Pleix[98]、ゴクレニウス R. Goclenius、ヴァスケス G. Vasquez などがあり（当然ながらそこでも神を中心とした哲学が展開されている）、デカルトはそれらを批判の対象にしていた可能性がある。さらにデカルトが踏まえていたと思われる書としては、マザランの秘書にして学者であったシロン J. de Silhon の *Les Deux vérités*. 1620、オラトワール会の論客ジビュー G. Gibieuf の *De libertate Dei et creaturae*. 1630 がある。前者からは神の摂理と精神の不死について、後者からは神と人間の自由についてヒントを得ていた可能性がある。

これら十七世紀前半に出た書を踏まえて、デカルト自身の神の議論が来ていると考えられる。「われ」の自覚にはじまる新しい認識論と存在論が創設されると同時に、神についても新しい捉え方がなされていることはしばしば指摘される。すでにジルソン[99]はデカルトの神の新しさとして、神の観念の生得性、神の積極的な力などを挙げている。また近年のドゥヴィレールは、永遠真理創造説において神の知性と意志とを同一視するのはトマス主義よりもアウグスティヌス主義だとしている[100]。実際、近世的な神をスコラとは異なる大きな文脈の下で考えたのはデカルトが最初であろう。

デカルトは、十七世紀の哲学者たちがそうであったように、神の存在証明とその本質規定をするのに多くのページを費やしている。存在証明については、「第三省察」と「第五省察」において繰り返し論じられ、形而上学において神の存在ということがいかに重要な問題であるかを物語っている。たとえコギトが確立されても、神の存在が確保されないことにはデカルト哲学は一歩も踏み出せない構造になっている。いま存在証明は措くとして、本質規定の方を見ておこう。

デカルトにおいて「神」は重要語の一つであるが、そもそも神とは何であるか。かれはそのことばで何を理解していたのか。「私が神という名で意味しているのは、ある無限で、独立した、全知で、全能な実体であり、私自身を創造し、何か他のものが存在するならそのすべてを創造した実体である」（『省察』AT. VII, 45）。これは神についての最も一般的な定義である。それに加えて神は「真理の源」fons veritatis（同22）であり、「最高に完全な存在者」ens summe perfectum（同54）にして「必然的存在」existentia necessaria（「第五答弁」AT. VII, 383）でもある。このかぎりではスコラの神と異なる点はないが、神を「自己原因」causa sui（「第一答弁」AT. VII, 109）としたり、「第一省察」で欺く神を構想したりしている点ではスコラ的な神の概念規定を超えている。

では、なぜ神が必要とされるのか。それはデカルトにおいて、神がものごとの根本であり、源であり、根拠であるからである。「神に依存しないようなものは何もありえず、……真と善のいかなる根拠もありえない」（「第六答弁」AT. VII, 435）と考えるからである。「まず神の認識から始め、次いで他のすべてのものの認識がこの一事に従属させられるべきである」（同429-430）と言うように、神という根本原理を抜きにした世界解釈は成立しないと見ている。「神の協力が拒否されればものは無に帰される」（『省察』AT. VII, 14）のであるから、神なしにものを考えるということはニヒリズムに直結し、学問的な知は成立しないことになる。そこには、神を基点としてすべてのものを神との従属関係において捉えようとする構想が読み取れる。そうした思考方法を採用するのは、経験や感覚が疑われている以上、経験的データからの帰納という方法はとれず、第一原理からの幾何学的な演繹しか残されていないことにも関係するであろう。

しかし哲学において神を問うことはそもそも可能なのか。デカルトは可能だと考えている。たしかに有限な人間は無限な神の全体を包括的に理解することcomprehendoはできない。だが「神が無限であるということ自体は明晰に知解すること intelligo ができる」（「第一答弁」AT. VII, 112）。デカルトはトマスの伝統にしたがって、人間理性に許された範囲内において、アナロギア（類比）という限定された仕方ではあるが神を語ることはできる、したがって「神についての言説」（Thomas Aquinas, *Summa Theologiae*. I. Q. 1. a. 7）は論理的に十分可能である、と考えている。

デカルト哲学における神の本質の大きな柱として、神がものの存在の根拠になり、認識の根拠になっているということが挙げられる。第一に存在の根拠とは、神は「万物の創造者」（『原理』I-22）であって、神がものに存在を与え、ものを創造したということである。いわゆる連続的創造説はそれを象徴的に物語っている。ものが保存されること conservatio は再び創造されること creatio nova であり（『省察』AT. VII, 49）、この意味ですべてのものは「その存在を神の力に依存せざるをえず、神なしにはただの一瞬も存在できない」（『序説』AT. VI, 36）。そこには、善なる神がものの存在を基礎づけており、神の力なしには「神が創造したすべてのものはただちに無に帰す」（某宛 1641. 8. AT. III, 429）という強烈な世界観がある。結局、神がものの存在の根拠であるということは、被造物たるものは因果的に創造者たる神に依存してはじめて存在しえるということである。これは創造という想定に基づく一方的な存在論と言わざるをえない。創造論という立場を取らないときこの論理は瓦解する、という批判がありえるだろう。これに対してデカルトは、現にこの世界があるかぎり、「無からは何も生じない」（『原理』I-75）がゆえに、はじめに何らかの創造がなければならない、と答えるであろう。

第二に認識の根拠とは、神がわれわれの真なる認識の絶対的な保証になっているということである。われわれの明晰判明な認識も誤謬である可能性があり、それが真であるのは「神が在り、存在するがゆえにのみ確実である」（『序説』AT. VI, 38）。神はものに存在を与えただけでなく本質（ものの真理性）をも与えた。この考え方は永遠真理創造説に象徴されている。真理の作者は神であるがゆえに、あるものが真であることの根拠も神に基づいている。それゆえ「神が存在するか否か、神が欺瞞者でありうるか否か」(『省察』AT. VII, 36)は、早急に検討されるべき重要課題であった。そして、「知識の確実性と真理性とはひとえに真なる神の認識に依存する」(同71)ということが最終的に取り出されてはじめて、われわれの認識が基礎づけられることになる。知識の基礎づけはできないという現代の批判に対しては、「神の存在を前提しないかぎり」懐疑論を脱することはできない(『序説』AT. VI, 38)、とデカルトは答えるであろう。かれは知識の相対主義に甘んじることをしない人であった。

十七世紀後半、デカルトの神を批判的に継承、あるいは謝絶する思想家たちが現われた。周知のように、スピノザの哲学はデカルト主義の徹底であり、神についてもより透徹した考察がなされている。すなわち神は、ものの存在の原因であるだけでなく本質の原因でもある。存在の原因について言えば、ものは神に全面的に依存している。「すべてあるものは神のうちにおいてあり、神なしには何ものもありえず、また考えられもしない」(『エチカ』第一部定理一五)。神は無限なる実体であって、他のすべては神の属性ないし様態として存在理由が与えられるということである。本質原因について言えば、ものの本質やあり方も神によって決定されている。「自然のなかには一つとして偶然なものはなく、すべては一定の仕方で存在し作用するように神的本性の必然性から決定されている」(同定理二九)。世界は現にあるような仕方でしか産出されず、この世界(所産的自然)は神の必然性(能産的自然)の表出にほかならない、とされる。ここには深く澄んだ決定論の世界があると言えよう。

ライプニッツの場合、神はすべてを包含する生きた実体である。そこには有名な予定調和の考え方がある。すなわちモナドという個体的実体には窓がなく、実質的な相互作用はない。「あるモナドが他のモナドに及ぼす作用は単に観念的なものであって、それも神の仲介がなければ効果をもちえない(『モナドロジー』五一)。そこで、神が創造に先立ってあらかじめモナド相互が調和するように設定した。モナドが「互いに関係をもつためにはこの方法によるしかないからである」(同)、と言う。ライプニッツの神は、すべての多様を全体として有機的に統一し調和させる神、あらかじめ決定する神である。この考え方が心身問題などに適用されたことはよく知られている。さらにまた、世界が別様ではなくこのように存在することの「ア・プリオリな理由」(同六〇)は神の最善の選択に求められる。つまり神が共可能的世界のなかから最善の世界を選んだ結果であるとされる。ここにも神の摂理がはたらいており、総じてライプニッツはゆるやかな意味での決定論をとっていると考えられる。

他方、パスカルはデカルトの考える神そのものを拒否し、理性による神の存在証明も救済には役立たないとする。パスカルによれば、そうした神は「哲学者の神」[101]であって「幾何学的原理や諸元素の秩序の創造者にすぎない」(『パンセ』B556/L449/S690)。デモクリトスやエウクレイデスなど古代の哲学者・数学者の神がその例である。ソクラテスやセネカの神も同じである。デカルトは「無益で不確実である」(B78/L887/S445)、「神なしで済まそうとした」のは許せない(B77/L1001)、とパスカルが批判するのも同じ観点からであろう。かれ自身は「キリスト者の神」、つまり愛と慰めによって人間に救済をもたらす神、信仰の対象としての神を求めた[102]。しかし、デカルトの神は単なる哲学者の神であろうか。真理探究を信仰に委ねない、哲学に宗教的な愛とか慰めを求めないという意味では、それは哲学者の神であろう。だが意志をもって世界と真理を創造し、ものが存在し存続することの根拠となり、知識の確実性の根拠となるという意味では、それは単なる幾何学者の神でも、哲学者の神でもない。むしろ「形而上学者の神[103]」というべきである。

以上のように、デカルトの神は存在と認識の双方にわたって根拠を与える神である。スコラの伝統を継承してはいるものの新しい神であり、またキリスト者の神ではなく形而上学者の神である。ニーチェの言うように前者の神は死んだかもしれないが、後者の神は死なずに哲学の原理であり続けているのではないか。

二　人間の自由

本題に入る。人間の意志は本来自由であると言われる。しかし、ものごとの根拠となる神がすべてを決定[104]していいるとするなら、自由の余地はなくなるのではないか。この伝統的問題をデカルトはどう扱っているだろうか。デカルトは若い頃から、人間が本来自由であるとの認識を持っていた。一六一九—二一年のノートには、「主は三つの驚異をなした。無からの創造、自由意志 liberum arbitrium、神・人」（『思索私記』AT. X, 218）という言葉が記されている。驚異 mirabilia とは、人間が有限な被造物でありながら神に劣らない無限の自由意志を持つことへの驚きを指すのであろうか。それほど自由は人間の本質として尊重すべきもの、という認識が基本的にある。さてデカルトの主張する人間の自由については、少なくとも三つの特徴点があろう。

第一に、人間が自由であるか否かは問題ではなく、自由は疑いえない事実としてすでに自分自身のうちに経験されていると考える点である。デカルトは、

> われわれの意志に自由があり、われわれが多くのことに、意のままに、同意することも同意しないこともできるということは、きわめて明白である[105]（『原理』I-39）

と言い、この自由はとりわけ懐疑の場面において経験されていると説明する。すなわち、われわれには「偽なる

ものにはけっして同意しない」（『省察』AT. VII, 23）という自由がある。かりにわれわれをつくったものが有能な欺き手であるとしても、「われわれは、確実でないもの、明らかでないものに信を置くことをつねにさし控え、かくしてけっして誤らぬよう用心させる自由があることを、われわれのうちで経験している」（『原理』I-6）。疑わしいものについてノーと言えるこの自由によって、われわれは欺く神にも抵抗でき、誤謬に陥ることから免れる、とされている。このように懐疑の遂行は「精神に固有の自由 propria libertas」（『省察』AT. VII, 12）を用いたものである。そこから得られるコギトもまた自由なる思索の結果であり、自発性の自由のモデル・ケースになっている（『省察』AT. VII, 58–59）。われわれのうちにすでに経験されているこの自由は、いわば生きられた自由と言うべきものであろう。それは経験のなかで後天的に獲得されるものではない。むしろ先天的なものであって、「われわれに生得的 innatus である最初の最も共通的な概念 communis notio のうちに数えられるべきである」（『原理』I-39）と解されている。[106] このように、人間の自由（その意味は今は問わない）は自明のこととしてア・プリオリに経験されているという点に特色がある。自由意志と神の決定との絡みは、この点ではさしあたって問題とはならない。

第二に、人間は自由意志を持つ点で神に比せられるという点である。人間に神の似姿を見るという思想は、もとよりキリスト教の思想を受け継ぐものであるが、[107] その意味は多様である。『省察』においてはとくに意志の大きさが主題になっている。

ひとり意志つまり自由意志だけは、それ以上大きなものの観念が考えられないほど大きいものであることを私において経験している。したがって、私が神のある像と似姿 imago et similitudo を担っていると理解して

いるのは、主として意志を根拠としてである。（『省察』AT. VII, 57）

すなわち知性の理解力が限られたものであるのに対して、人間の意志の力には無限の広大さがある。それは「その類において完全」（同58）であり、これは「注目すべきこと」（同56）だと言う。意志の無限の広がりにおいて神との相似が見られるとの主張である。

他方『原理』以降では、自由意志が道徳的意味を発生させることに目が向けられる。意志が広範囲に向かうということは「意志の本性にふさわしいことである。人間が意志によって per voluntatem すなわち自由に libere 行為し、したがってある特殊な意味では自己の行為の作者であり、かつまたこういう行為のゆえに賞賛に値するということは、人間におけるいわば最高の完全性[108]なのである」（『原理』I-37）。道徳の起源を自由意志による主体的な行為において見るのは、けだし自然である。それは晩年の『情念論』でも同じである。「われわれに自らを尊重する正しい理由を与えうるのは、……ただひとえに自由意志の使用であり、みずからの意志作用に対して持つ支配である。事実、われわれが理由ある賞賛や非難を受けうるのはこの自由意志に依存する行為についてのみである」（『情念論』152）。いわゆる高邁の徳は自由意志の使用に存する。人はこの自由意志を自ら善用して責任ある行為をなし、自分自身の支配者になりうる。この点で自由意志は「われわれをある意味で神に似たものにする」（同）と解されている。

クリスティナ女王に対しては、よりストレートな表現になっている。「自由意志はそれ自身われわれのなかにあって最も貴いものです。その理由は、それはわれわれをいわば神に似たものとし、神への従属からわれわれを放免してくれる exempter de lui être sujet と思われ、その結果、その善用こそわれわれのもつすべての善の最たるものであるからです……」（クリスティナ宛 1647. 11. 20. AT. V, 85）と。だが、人間の自由意志を神にも比すべき偉大なるものとするのはよいとしても、それが神への従属から人間を放免するとはどういうことか。人間は神と比肩されるものになるので、自由という点で主従関係はなくなるということであろうか。であるなら、この発言は、人間の自由か神の決定かという二元対立を弱め、両者を両立させるものと読めるであろう。

第三に、人間的自由の本質が、非決定 indifferentia の自由でなく自発性 spons の自由にあるとする点である[109]。神の場合には自由の本質は非決定にある。つまり、創造に先立って神の意志が何かに決定されているわけではない。この意味で「神におけるこの上もない非決定は神の全能のこの上もない証拠」（「第六答弁」AT. VII, 432）である。ところが人間の場合には「すべての善と真の本性は神によって決定されている」（同）。にもかかわらず、この期に及んで人間が非決定である（つまり選択や判断に迷う）のは、ものごとが明断に見えていないか、あるいは無知であることにもとづく。したがってこの意味での「非決定は人間の自由の本質には属さない」（同 433）。どちらの側にも押しやる理由がない場合にわれわれが経験する非決定は「最も低い段階の自由」（『省察』AT. VII, 58）である。それは、何を選ぶべきかが分からないからであって、「認識の欠陥あるいは否定」（同）にほかならない。この言明はスピノザ[110]を思わせる。

これに対して、明断に認識されるものにおのずから心を傾かせ、外からの強制力なしに一方を選び取るのが自発性の自由である。そのエッセンスは「第四省察」に見出される。

……私が自由であるためには、そのどちらの側にも動かされることができることは必要でない。むしろ逆に、私が一方の側に傾く propendeo ことが大きければ大きいほど、そちらの側において真理と善の根拠を私は明証的に理解しているからであろうと、あるいは神が私の意識の内部をそのように配置したからであろうと、それだけいっそう自由に liberius 私はその側を選ぶのである。また神の恩寵も、自然的な認識もけっして自由を減少させるのではなく、むしろそれを増大させ、強化するのである。(『省察』AT. VII, 57-58)[111]

この引用文は、自由と決定とが背反するのではなく協調することを示唆している。だが、明らかに自由の方に力点がある。そこには、いわゆる「強いられずして傾く[112]」ということに関して、多くの情報と問題が提起されている。まず、非決定が退けられるのは上の文脈からして自然であろう。そして、かりに真と善の明証的な認識から来る世界の規定(所詮はそれも神による決定である)があり、神による私の意識の内的決定があるとしても、私は意志の傾きによって自由に一方を選ぶことができ、神の恩寵もそれを支援すると言う。先述したように、コギトはこうした自発性の自由の好個の例であって、それは外的な力による強いられた判断ではなく、「知性における大きな光から、意志における大きな傾向性が生じたからである」(同59)とも言われる。いわゆる照らされた自由がそこにある。人間の自由を強調するこれらの言説を、決定との関係でどう解釈すべきであろうか。

自発性の自由とは、外からの強制なしに内からの傾向にみずから従うことである。あたかも水がおのずから低きに流れるように、人間の意志は明証的なものに不可抗的に同意する[113](同65)ということであろう。明証的なものに同意しないことは、注意の目をそらさないかぎり「困難であり不可能でさえある」(メラン宛1644. 5. 2. AT. IV, 116)。だが強いられているかぎり、また意志が一方向に傾くかぎりは、自由でなく決定されているのではないのか。自発性や傾向性が決定への内的志向であるとするなら、それを自由と言えないのではないか。否、デカルトは、内的な傾きは自由を阻害しないと考える。傾くことは外的強制ではないので束縛されることではない。

かりに決定されていることではあれ、内的な意志によってある方向へとおのずから傾くこと、そちらの側を自発的に選択すること、それが自由の本義であると考える。「自由は、みずから決定する実在的で積極的な能力のうちにある」(同)。

どちらにも傾かない、あるいは傾きとは正反対のことを選ぶという自由がありえないわけではない。デカルトは、のちにメランに宛てて「きわめて明証的な論拠がわれわれを一方の側に動かすとき、道徳的 moraliter には反対の側へ向かうことはほとんどできないが、絶対的 absolute にはできる」。そうすることが自由意志の証明になると考えるなら、われわれは明晰に知られた善や真に向かうことを常に止めることができるからである（1645. 2. 9. AT. IV. 173）としている[114]。そして「善を知りながら悪を追求する積極的な能力の行使」（同 174）を自由の証しであるとさえしている。これは、意志が悪や偽に向かうことは実際的には不可能だが、理論的に可能だということであろう。だが、それは積極的な意味での非決定であっても、本来の意味での自由ではないだろう。すなわち自発性の自由とは恣意的な自由でもなければ、無制限の自由でもない。明証的にそう定められたものを意志が自由に、かつ容易に選びとることにほかならない。そのかぎりで、決定のなかにも自由の余地が広く残されていると考えている。

では神の恩寵も自由を減少させないとはどういうことか。「神の恩寵はわれわれを他方よりも一方の側へと傾ける。それゆえ神の恩寵は自由を減じないけれども非決定を減じる」（メラン宛 1644. 5. 2. AT. IV. 118）と説明される。神の「恩寵」という柔らかい表現が使われているが、その意味は神の「決定」と変わらない。ここでも神の決定が傾かせることとは人間の自由（非決定でなく自発性の自由）と両立するという立場が取られている。デカルトはおそらく次のように考えているのであろう。神の決定ないし恩寵は、外的強制ではなく人間の意志の内的必然性に関わるもので、自由とは背反しない。そうした必然性までも拒むことは本当の自由ではない。神はすべてを決定しているにもかかわらず、なぜか恩寵によって人間に自発性の自由を認め、それを後押ししている、と。

しかし問題は、決定のなかでの自由を本当の自由とすることに矛盾はないかどうかである。つまり、こうした自由の積極的な主張がはたして神の決定を理論的に弱めることになるのかどうか、そして自由と決定とが一元的に調停されるかどうかである。

三　神の決定

デカルトは人間の自由意志を認める一方で、神の決定をも大きく肯定している。

神の広大無辺さに注意する者にとっては、神に依存 dependeo しないようなものはおよそ何もありえないこと、すなわち存在しつづけているものが何もありえないだけではなくて、またいかなる命令も、いかなる法も、あるいは真と善のいかなる根拠もありえない、ということは明瞭です。(「第六答弁」AT. VII, 435)

神は世界の創造者であり、存在や真理の起源である。神は「われわれのはたらきのすべての作者である」(『世界論』AT. XI, 46)。そのかぎり被造物のすべては、その本性上、神に依存することになる。「人間はすべての真と善の、すでに神によって決定された determinatus 本性を見出しており、それとは別のものにその意志を向けることができない。それゆえ人間は、善と真をより明晰に見れば見るほど、それをより快く、したがってまたより自由に抱懐する」(「第六答弁」AT. VII, 432)。こう考えるデカルトの世界観の根底には、基本的に伝統的な決定論が敷かれていると言えよう。これを裏付けるテキストは数多くある。前節で引用したところからすれば、すべてのものが神の力に依存し、神なしにはただの一瞬も存在できず、被造物のすべてはただちに無に帰す。明晰判明の規則も神が存在するがゆえにのみ確実である。知識の確実性と真理性はひとえに真なる神の認識に依存する、とされた。これらの言明は、神を中心とするスピノザの形而上学(115)を彷彿させる。

その他にも神の決定を強調するテキストは多いが、ここではエリザベト宛の書簡を取り上げよう。王女に実践的な世界観を説いた際に、デカルトは「第一で主要なことは、神があること、そしてすべてのものが神に依存 dependre し、その完全性は無限であり、その力は無限であり、その命令は不可謬であるということです」(エリザベト宛 1645. 9. 15. AT. IV, 291) としている。神に依存するとは、「われわれが苦しみを受け取るのは神の意志によると考えることによって、われわれは苦しみからさえも喜びを引き出す」(同 292) という決定論的なコンテキストの下でのことである。この書簡は薄幸の王女を慰めるためのものではあれ、すべてが存在論的にも認識論的にも神の意志に依存するということが、デカルト自身の基本的な一貫した考え方であることを示している。だが、このようにすべてが神に依存しているなら、人間の自由もまた神に依存していることになりはしないか。神への依存ということのより詳しい説明は、別のエリザベト宛書簡においてなされる。神は人間の自由意志に依存しないことの第一原因であるだけでなく、自由意志に依存するすべてのことがらの原因でもあるとした上で、次のように言われる。

もし神に全く由来するわけではないものが、この世界になにか起こりえるとするなら、神は最高に完全ではなくなります。……人間の精神に入ってくるどんな小さな思考も、すべて神がそのように欲し、永遠の昔からそう欲していたことばかりであることは、哲学によっても十分知られます。……スコラの学院でなされる普遍的原因と特殊的原因との区別はここでは適用できません。……神はものの全体的な原因であるのと同じ仕方で、すべてのものの普遍的な原因であり、かくして神の意志なしには何も起こりえないのです。(エリザベト宛 1645. 10. 6. AT. IV. 314)(116)

すべてが神に依存することは神の完全性の一つである。人間の思考もまた神の意志に由来する。神はすべてのものの普遍的原因であり、それが人間の自由意志に依存するか否かに拘わらず、すべては神の意志によって生起する。こうした考え方はハードな決定論による世界の説明とも読め、それがデカルトの思想の根底にあることは否定できない。

こうした決定論的な世界観は上に述べた「人間の自由」の主張とは明らかに背反するように見える。人間の自由と神への依存との関係はますます問題となろう。自由意志の原因もまた神であるので、自由なるものも所詮は神の決定によって与えられたものということになるからである。そこに自由の余地が本当にあるのか、という根本の問いが生じるだろう。たしかに個人の意識の上で自由があると感じられてはいても、それは定められた傾性に従っているだけである。理論の問題としては決定されていると言わざるをえない。孫悟空は自分には自由意志があると思ってはいても、かれのすべての行為は釈迦の掌の上で決定されているのである。デカルト自身、決定が人間の自由を損なうという別の考え方をも表明している。すなわちライプニッツの伝える写本「カルテシウス」*Cartesius*(117)によれば、精神の自由とは、何かに妨げられているという意識なしに意志することである。だが、何か力能のあるものの恣意によって私の意志がある方向に決定されているのだとするなら、この自由の定義は被造物の身分とは両立しない（AT. XI, 648）、とされている。

決定論そのものに対する外からの批判は容易に想起される。すなわち、善なる神がすべてを決定したとするなら、神の創造に反するように見える事実（悪や誤謬）が世界に存在するのをどう説明するか。「第四省察」の弁神論をそのまま納得することは難しいのではないか。さらに、人間は一個の生物として物理的には決定されているが、それ以上には何も決定されていない。現在や未来の出来事が決定されているか否かを問うことは、神が世界を創ったという世界観のなかでのみ有効であり、その世界観を脱するや否やただちにナンセンスになるのではないか、と。このような批判にデカルトはどう答えるであろうか。

自由と決定とは、論理の上では本来矛盾する概念である。同じものが同時に自由でありかつ決定されていると言うことはできないからである。これはデカルトも了解している（『原理』I-40）。かれは一方で人間に自由の余地が残されていると主張しながら、他方で神の決定という大きな枠を定めている。これをどう調停するかが大きな問題である。

四　調停の試み

人間の自由意志と神の決定とを両立させようとする試みは、すでに幾つかのテキスト上に現われている（『省察』AT. VII, 57-58、メラン宛 1644. 5. 2. AT. IV, 118、クリスティナ宛 1647. 11. 20. AT. V, 85）。両者は理論的には矛盾するが実践的には調停可能である、とデカルトは考えているように思われる。その意味はどういうことか、それで本当の解決になるかどうかが問題である。以下、『原理』、「エリザベト宛書簡」、『情念論』の議論を分析しつつ、考えて行くことにする。

まず『原理』でデカルトは問題の困難さを率直に認めている。

すでにわれわれは神を知り、神のうちにはきわめて広大な力があることを認識しているのであるから、神によって前もって予定praeordinoされていなかった何かを、われわれがなしうると考えることは、罪悪だと思われるほどである。それゆえ、この神の予定praeordinatioをわれわれの自由意志と調和させ、両者を同時に把握しようと努めるならば(118)、われわれはすぐに大きな困難に巻きこまれかねないのである。(『原理』I-40)

すべてが神によって決定されているとするなら、神の決定と人間の自由とは両立できるか否か。この古来の問題に対して、デカルトはそれを同時に把握することは困難であるとしている。すなわち、ある事態が決定されていると同時に自由であるということは論理的に両立しない。それはまさに、心身が区別されていると同時に合一していると主張するのが「矛盾である」(エリザベト宛1643. 6. 28. AT. III, 693)のと同じである。これはカントの言う第三アンチノミーそのものであり、世界の現象には自由な原因が存在するという主張と、一切は因果的に必然的に決定されているという主張とが、同時に同等の権利をもって相対立することになる(カント『純粋理性批判』B472-)。この問題に対して『原理』のデカルトは、神の決定の意図は不可測だが、神はなぜか人間の自由を非決定のままにしている、というやや曖昧な解答を与えるのみである。

しかし、次のことを思い起こすならば、われわれはそれらの困難を免れるであろう。すなわち、われわれの精神は有限であるが、神の力は無限であって、その力によって、すべて存在するものおよび存在しえるものをすべて、単に永遠の昔から予知 praescio していただけでなく、意志し volo かつ予定 praeordino していた。……しかし、われわれはなぜ神が人間の自由な行為を非決定のままにしたのかが分かるほどには、その力を十分に把握していない。ところが、われわれのうちにある自由すなわち非決定については、これをわれわれは、これ以上明証的にかつ完全に把握しているものは何もないほどはっきりと意識している。というのも、われわれが、その本性からしてわれわれには不可解 incomprehensibilis であるはずだと分かっている、ある一つのものを把握しないからといって、内的に把握され、われわれ自身において経験されている他のものをも疑うことは、不合理だからである。（『原理』I-41）

神にすべてを予定する意志があること自体は明晰に知られる。また人間に自由意志が与えられていることも経験において明証的に意識されている。なぜ人間に自由の余地が残されたのかは有限な精神には分からないが、しかし、それが不可解であるからといって、実際にわれわれ自身において経験されている自由まで疑うべきでない、としている。これを要するに、自由の規定根拠は理論的には不明ではあるが、実践的には内的に経験されている。理論としては決定との間に問題が残っても、現実に経験されている自由意志の事実を重視すべきだ、という主張である。ここには「不確実なもののために確実なものを見捨てるべきではない」（エリザベト宛 1645. 11. 3. AT. IV. 333）という、デカルトの基本姿勢が表れていると言えよう。心身問題において、理論的解決を捨てて実践的解消を目指したのも同じ思考方法によるものであろう。しかし、それは自由と決定との間に理論的な調停の橋を架けるものではないだろう。

これに対してエリザベト宛書簡では、もっと踏み込んだ解釈がなされる。

自由意志については、われわれ自身のことだけを考えるなら、それが独立 indépendant であると見なさないわけにはいかないことを認めます。しかし神の無限の力を考えるとき、すべてのものは神に依存 dépendre し、その結果われわれの自由意志もその例外ではないと、信じないわけには参りません。[119] というのは神が、人間の意志による行為が神の意志に依存しないようなものとして人間を創ったと言うことは、矛盾 contradiction を含むからです。しかし……われわれにおいて経験し、感じている独立性 indépendance は、われわれの行為を賞賛または非難するに十分ですが、それは、すべてのものは神に服するという、それとは異なる性質[120]である依存性 dépendance と両立しないものではないのです。（エリザベト宛 1645. 11. 3. AT. IV, 332-333）

二つの観点がある。われわれ自身の観点からは、自由意志は他に依存するものではない。しかし神の観点からは、自由も神に依存する。さもなければ神は無限である（神に依存しないものはない）という定義に反することになるからである。われわれ自身の観点とは、神を考えずに、われわれにおいて実際に経験されていることだけからものを見るということであろう。だが理論的には、つまり観点を区別せずに、人間と神の無限の力とを同時に同一平面上で考慮するなら、自由意志を含めてすべてが神に依存するとしなければならない。しかしデカルトは、われわれの自由意志の独立性と神への依存性とは別のことであり、両立可能であるとしている。それはどういうことか。エリザベトはすぐに、「意志が自由であると同時に、摂理による決定に縛られていることは不可能です」（デカルト宛 1645. 11. 30. AT. IV, 336）と反論している。これに対して、デカルトは依存性と自由を一つのたとえによって説明している。

ここに一人の王がいるといたします。かれは決闘を禁じていますが、その王国の別々の町に住んでいる二人の貴族が喧嘩をし、かれらがもし出会うなら、互いに剣を交えることをだれも制止することができないほどに、ともにいきり立っていることを王はきわめて確かに知っているといたします。この王が、ある日かれらの一人に、他方の人が住んでいる町になにか使いにやらせ、そして同じ日に他方の人にも、一方の人がいる場所へ使いにやらせるといたします。王は、かれらがかならず途中で出会い、剣を交え、かくして王の禁令に背くことになろうことを確実に知っていますが、だからといって王はかれらにそれを強制しているのではありません。王の知識や、かれらをこのように決定した王の意志さえも、かれらが出会うようになった場合、自由にかつ意志的にかれらが決闘することを妨げません。それは、王がなにも知らず、かれらが出会ったのはなにか他の機縁による場合にそうなるのと同じです。そしてかれらは、禁令に背いたのですから同様に正当に罰せられることができます。（エリザベト宛 1646. 1. AT. IV, 352-353）

このたとえによれば[121]、依存性（決定）とは王が決闘を禁止していること、貴族を使いに遣らせることである。これが大きな背景としてある。王の相対的意志としては、決闘を禁じているのだから、決闘を欲しなかったと言える。しかし、二人の貴族が途中で出会い決闘することは、派遣を命じた時点で含意されているので、王の絶対的意志としては、決闘を欲したとも言える。他方、自由とは二人がみずからの自由意志で決闘し、強制されもしなければ、妨げられもしないことである。その結果、かれらは罰せられることになる。神はこの王と同じことをなす。神は「われわれをこの世に送り出す前にわれわれの意志のあらゆる傾向 inclination を知っている。それらの傾向をわれわれのなかに置いたのも、他のすべてのものを配置したのも神自身である」(同 353)。だが神は絶対的意志として「ものがそのようにあることを欲したけれども、だからといって神はそれを自由意志に強制することは欲しなかった」(同 354)。このように説明される。

要するに、大枠で大体のことは決められてはいるが実際の個々の行為の選択は自由であり、決定は人間の自由意志までには関与しない、という趣旨である。神の絶対的意志と相対的意志とを区別するなど、ここには『原理』よりも一歩踏み込んだ分析が見られる。だがこれを以って、自由(独立性)と決定(依存性)とが両立可能であると言えるであろうか。おそらくエリザベトは満足しなかったであろう。神の決定は人間の自由意志には踏み込まない、という点が最も問題であろう。自由意志そのものが決定の所産であると言えるからである。かりに二人の貴族が自由意志で決闘するにせよ、かれらにいがみ合う傾向を与えたのは所詮神である。人間は生まれ持った傾向性を拒否できず[122]、それを跳ね返す自由はないということになる。基本的な方向は最初から決定されている。このかぎりでは自由意志に独立性はなく、神の決定に依存していることになろう。

最晩年の『情念論』でもこの問題が別の角度から扱われる。ここでの特徴は、偶然の運 Fortune と神の摂理 Providence とを区別する点である。すなわち、偶然の運とは無知による虚構にすぎない。そして「いかなる事がらも、この摂理によって永遠の昔から決定 déterminer されているのとはちがった仕方で起こることは不可能であり、摂理を宿命 Fatalité あるいは不変の必然性 Nécessité のごときものであると考え、これを偶然の運に対抗させる」（『情念論』145）べきである。かくして偶然の運を虚構として捨てた上で、次のように宣言される。

すべては神の摂理に導かれており、摂理の永遠の決定 décret は、まったく不可謬かつ不可変であり、したがって、この決定そのものによってわれわれの自由意志に依存せしめられた事がら以外は、われわれにとって必然的でいわば宿命的でないようなことは何も起こらない……と考えねばならない。（『情念論』146）

この宣言の背景には「われわれに依存するもの」と、「依存しないもの」というストア的な区別がある。自由意志はもとより前者に属し、神の決定は後者に属する。われわれに依存しないものについては、それは宿命的で変更不可能であるのでこれを放念し、欲望がそこに及ばないようにすべきである。かりに摂理の決定に従って悪を蒙っても、それは理性の命令に従った上でのことであるから、それはそれで合理化される（同 439-440）と考える。

さて、この引用においても強い決定論が支配している。すべては神の摂理に導かれており、神の決定そのものによってすべてが必然的である。ただし、われわれの自由意志に依存せしめられた事がら以外は、である。[123] 決定論でびっしりと色づけされた世界のなかで、自由意志の部分だけが何も書き込まれずに白地のままに残されている、という構図である。これは自由と決定の調停などではない。なぜか自由は空白になっているという事実を言っているのみである。重要なことは、自由もまた神による決定事項の一つであるということである。まさにサルトルが言ったように「人間は自由であるべく運命づけられているcondamné」[124] とすべきであろう。

デカルトの調停案は、理論の次元と実践の次元を区別し、大枠は理論的に決められているが、具体的な内実は実践的に自由である、つまり自由は実際に経験されている、というものである。しかしそれは、次元を異にして説明しているだけであって、同じ土俵の上で二つのものを一元的に調停するものではない、としなければならない。

五 「調停」の解釈

デカルトの基本的な考え方は次のようなものである。人間の自由意志は実際に経験されている事実である。それはわれわれを神に似たものにし、神への従属からわれわれを放免する。自由の本質は内的な傾きによってものを自発的に選び取ることにあり、神の決定もそれを後押ししている。しかし他方で、すべてが神に依存し、神の意志なしには何も起こりえないということがある。神の決定が人間の自由を損なう場合もありえる。たしかに神による決定と人間の自由とを同時に理解することは理論的に矛盾する。だが、神が人間に自由の余地を与えている事実を疑うべきではない。両者は別の次元であり、神の決定は人間の自由意志にまで干渉しない。その意味で両立可能である。

この考え方をわれわれはどう受けとめればよいであろうか。よく指摘される哲学史的な理解は次のようなものである。デカルトは自由と決定の調停には至っておらず、問題の解決は留保されたまま次世代のスピノザやライプニッツに引き継がれる、と。この理解は間違いではない。しかし、デカルトの立場は単なる留保にとどまるものではなく、そこには合理主義的な態度決定があったと思われる。もっと踏み込んで考えてみたい。

まずデカルトの「調停」に関して、どういう解釈がなされてきたかを概観しておく。ジルソンは自由意志をめぐる当時の神学論争を背景に、『ビュルマンとの対話』とエリザベト宛の書簡を分析する。そしてデカルトはそのときどきの状況に応じてトマス説を採用したりモリナ説で説明したりするが、デカルト自身には何の党派性もなく「この神学的問題について厳密には何も考えていなかった[125]」とする。たしかに、オランダでのデカルトは神学論争の渦中にあり、ゴマール派、アルミニウス派、そしてイエズス会に言及している（『ビュルマンとの対話』AT. V, 166）。しかしそれはあくまで背景にすぎない。また、何も考えていなかったとは理論的な調停をしていないという意味であって、それ以上であるなら言いすぎであるだろう。現在では、デカルトの思想の根幹は反モリナ（イエズス会）、親ジビュー（オラトワール）であり、独自の自由論を展開したと解釈されている[126]。

これに対してラポルトは次のように解している。心理的・実践的平面と形而上学的平面とを分けることで解決がなされている[127]。アウグスティヌスが言ったように、いかにして人間の意志の最奥部に神の意志が入っているかは謎であり、自由意志と摂理との両立は「不可解」である。なぜなら、共に無限なものを同時に理解することは、それらを限定することになるからである。われわれが神の諸属性を把握する場合、それぞれの属性を他の属性と一緒にせずに切り離して把握する（実際には切り離せないのだが）。それと同様に、人間の自由と神の摂理を同時に把握するのでなく、互いに他を考慮することなく、切り離して把握するところに答えが示されている[128]、と。この解釈は、デカルトの意図を言い当てていると思われる。だが問題は、自由と摂理との次元を区別し、それらを別々に考慮することで、はたして本当の解決になるのかどうかである。エリザベトの関心は、両者を同一の次元で統合的に見るなら（そう見なければ意味がない）結局どういうことになるのか、矛盾になるのではないのか、ということにあった。それが不可解だということは、理論的には不可知であるということであり、議論として断念するということだろう。このかぎりでは、ジルソンがデカルトは何も考えなかったとしたのも一理あることになろう。また基本的にラポルトの解釈は正しいが、もう一歩踏み込んでデカルトのそうした態度決定が何を意味するかを検討しておらず、そこに積極的なものを見ていないと思われる。

他方チャペルは、デカルトのテキストは自由と決定との両立論 compatibilism を主張していると見る[129]。かれによれば、しかしそれをどう正当化するかは別のことであり、二つの問題が残されている。その一つは、明断な認識がその遂行を強要するならはたして意志が自由と言えるのか。他の一つは、すべての出来事が神に全面的に依存するなかで自由があると言えるのか、である。前者に対しては、明晰な認識の強要は絶対的な意味でなく「道徳的な意味」であるということで解決される。後者はデカルトも認める難問であるが、神の行為は意志の遂行のための十分条件ではなく、必要条件であると考えることで解決されるとする。チャペルのこの解釈は両立論を積極的に打ち出している点に特徴がある。しかしデカルトは議論を論理的に整合させているのではない。ある場面では自由を強調し、別の場面では決定を主張し、しかも両者は矛盾するとしている場面もあるのである。それを両立論として正当化できるであろうか。また、すべてが神に依存するとは単なるレトリックや誇張などではない。神なしには何もありえないと考えることであるから、神の決定は必要条件や十分条件どころか絶対条件と言うべきであろう。とするなら、両立論は論理的には成立しないとせざるをえないであろう。

では、われわれはデカルトの「調停」をどう考えるべきであろうか。かれ自身も言っているように、自由と決定を同時に把握することはできない。この困難を避けるためには、何らかの仕方で両者の次元を区別する工夫をしなければならない。これが調停の意味である。周知のように、カントは現象界ともの自体の世界を峻別し、前者においてはすべてが決定されているが、後者においては人間は自由だと裁定した。デカルトの答えも、道徳的

moralis つまり実践的な次元と、絶対的 absolutus つまり理論的な次元とを分けて考えることであった。[130] すなわち、実際に経験されているわれわれの自由という地上的な意識と、神の全体的決定という天上界の摂理とを交差させずに、切り離して考える。交差させて考えればそれはただちに不可解となる。なぜなら有限な人間は、天と地を同時に包括的に捉える目を持たないからである。

　この考え方の根底にある論理は、本来が次元を異にするものを同列に論じるならば矛盾を来たす、ということである。これはデカルトのテキストなかでしばしば顔を出している。たとえば懐疑の場面では、人間理性の次元では$2+3=5$は疑えない。しかし欺く神という異次元のものから見れば$2+3\neq 5$でありえる。それは明らかに矛盾であり（『省察』AT. VII, 36）、同じ次元では両立しないということである。また心身問題の場面では、形而上学の次元では心身は区別されるが、それとは異なる生の次元では心身は合一しているものと認められる。両者を同時に捉えようとするとそれは矛盾になる（エリザベト宛 1643. 6. 28. AT. III, 693）。そこでデカルトは心身の対立関係を理論的に分析するのではなく、それらが相互に働き合っている実践の場を問題にしたのである。

　これと同じことが自由の問題についても言える。意識の次元では人間は自由である。だが神の意志という次元からすればすべてが決定されている。それを同一平面において把握しようとするなら矛盾に陥る（『原理』I-40）。そこで人間の自由を論じる場合には、神との関係を問わずに、実際に自由が経験されている実践の次元を問題としたのである。要するにデカルトの答えは、「地平の融合」をしない、つまり次元を異にするものを同列に論じない。両者を結ぶ理論の橋を架けないで別々に取り扱う、ということになろう。これは、同じ平面では矛盾するものも、別の次元から立体的に捉えれば矛盾でなくなるということであろうか。それを、ユークリッド平面では矛盾になる命題が、非ユークリッド幾何学ではそうではないという事例にも比すことができよう。これがデカルト的な合理主義の考え方である。

もとより、次元を区別するだけで済まされるかどうかは問題であろう。エリザベトが問うたのは、いま自分が自由意志で行っているこの行為が決定されているのかどうか、である。常識では、すべてがあらかじめ決定されているとは考えにくい。スピノザの言うような必然的決定を日常的生において理解することは困難である。歩くときに右足から踏み出そうが、左足から踏み出そうが自由であり、それが決定されているとするのはナンセンスのように思われる。自然法則以外には何も決定されていないというのが、普通の素朴な考え方であろう。それに対してデカルトは直接的な答えを出していない。実は、自由か決定かという二者択一的な問題設定そのものがデカルトにおいては成り立たない。秩序を異にするものを同時に論じることはできないと考えるからである。ただ、すべては理論的には決定されているはずだが神意は不可解であり、実際に自分は自由を意識しているとするのみである。これは問題を棚上げして議論の俎上にあげないことである。その意味で問題解決の留保ないし断念とせざるをえない。これに対して、次元を区別することなく整合的に理解する方向で調停を試みるものとして、スピノザの決定論やライプニッツの予定調和が出てきたのはむしろ当然であろう。デカルトも予定という言葉を使ってはいるが、問題を徹底させることをしなかった。エリザベトの考えたように、これをデカルトの不徹底とすることは簡単である。

だが、この問題に対するデカルトの姿勢を知るためには、むしろ判断停止の積極的な意味を考えるべきであろう。その意味は、人間理性で明証的に理解されるものとそうでないものとを峻別し、明らかでないものについては語ることを控える（『原理』I-6）という、合理主義の態度決定に求められるだろう。すなわち理論の問題として、神の決定はいわば垂直方向に私を全体的に規定しているはずである。すべてが神に依存し、神によって決定される。神の意志なしには何もありえないし考えられもしない。ここまでは広大無限な神の力という本性からの帰結として理解される。「第四省察」に言う「神の恩寵が人間の自由を増大、強化する」とは、神意を忖度しているのではなく、本来が自由である神はその本性からして人間の自由意志を阻害しないということだろう。しかし人間の個々の行為の場において、神の摂理や恩寵がどうはたらくかという個別的な決定の内容は、人間理性によっては理解されない。神の決定や摂理は現象面では見えてこず、神の意図は人間の明晰な認識の対象にはならない。したがってそれについては判断停止するほかはない。予定調和などはデカルトからすれば人間の越権ということになろうか。他方、実践の問題として自由は水平方向（私の経験のレベル）において明確に意識されている。この世界に生きている私は、垂直と水平の両方向の接点に身を置きながらも、軸足はつねに水平面に置いている。垂直面（神の決定）は見通せないが、今ここでの私の行為が自由であることは明晰であり完全に理解できている。垂直方向で理論的によく理解できないものがあるからといって、水平方向で実践的に明証的なものまでをも疑うべきではない。これが合理主義の態度というものであろう。

デカルトの立場は次のようにまとめられる。神はものに存在だけでなく本質をも与え、ものを決定している。ただ、その決定は超越的なことがらであり、本来が神学に属することである。その決定内容の詳細を吟味することは哲学の役割ではないし、人間の自由との理論的な調停も哲学的にはなしえない。現実の問題として哲学的に意味があるのは人間の自由のみであり、決定と自由とを分離して扱い、実践的な両立を図ることで十分である、と。

これは、決定と自由との理論的なすり合わせをしないで、自由も決定も共に確保しようとする戦略である。スピノザのように神の必然性というハードな決定論ですべてを覆わないし、ライプニッツのように予定調和という超自然的な原理を持ちこむのでもない。理論的には神の決定を大きく認めながら、現実に人間の自由は経験されているという実践論で問題を処理し、合理主義の観点からそれ以上は判断をさし控えるのである。このような仕方で、自由の余地を残したソフトな決定論で問題の収拾を図るのがデカルトである。もとよりそれは、決定か自由かという問題の理論的解決になるものではない。むしろデカルトは、人間のすべての営為の背景に神の決定があるにもかかわらず人間に自由意志が与えられていることに素朴に驚き、それを神のなせる驚異と受けとめることで十分としたのである。

第六章　神と精神

――デカルトの形而上学と世界観――

神と精神という主題が、西洋十七世紀の哲学の根本問題であったことは言うまでもない[131]。デカルトにおいても、それは形而上学の出発点でありかつ到達点でもあった。そして、その形而上学に基づいた世界観や道徳論の展開があったと思われる。ここで「世界観」とは、自己と世界との関わりを問題にすることであり、道徳の問題にとどまらず広く世界の見方や人の生き方を指すものと理解する。したがって、本稿ではデカルトの形而上学の歩みを振り返るとともに、かれがこの世界をどのようなものと理解し、人としてどう生きるべきと考えたかを問題とすることになる。明らかにしたいのは次の点である。

1　デカルトが一六二九年に形而上学を考えはじめるまでの時点で、神と精神の問題はどのように扱われ、いかにして重要問題になって行ったか。

2　そこからどのような思想が展開され、その到達点としてどのような形而上学が形成されたか。

3　神と精神を問うた形而上学のアウト・プットとして、初期思想から『原理』までの時期において、どのような世界観が形成されたか。

4　晩年の道徳書簡や『情念論』などにおいて、世界観は神と精神をめぐってどのように展開されたか。結論として、形而上学における心身二元論などの理論的諸問題がそのまま世界観において引き継がれ、実践の場でも同じ問題状況を生んでいるが、デカルト自身はその解決の方向を示していることを指摘する。最後に、現代のわれわれは神と精神という十七世紀の主題をどう受けとめるべきかを考えておきたい。

一　形而上学の出発点

二十代の若いデカルトがスコラに代わる新たな哲学の建設を目指したとき、かれがその土台としたのは形而上学であり、「形而上学の基礎」に置いたものが、神と人間精神の問題であった（『序説』AT. VI, 1）。では、その問題を哲学の出発点と見なしたとき、かれの胸のなかには何が去来していたのか。他の主題でなく、なぜとりわけ神と精神が重要なのであろうか。また、そもそも神と精神は、どういう問題意識に由来しているのであろうか。それは、ものごとの根源を究めたい、ものごとがこのように存在している究極の理由を知りたい、という純粋な知的要求から来るものなのか。つまり、デカルトは「それがなぜ存在するかの原因をたずねることができないようなものは何もない」（「諸根拠」AT. VII, 164）ということを公理の一つに数えているが、それは、ものごとの根拠への問いを重ねて行くと、最後には必然的に神と精神とに行きあたるということなのか（のちにライプニッツはこうした知的探究の道をたどることになる）。あるいはそれは、時代の要請[132]に応えて、神と精神は「神学よりも哲学によって論証されるべき」主題である（『省察』「ソルボンヌ書簡」AT. VII, 1）とするところから来るものであろうか。つまり、万物の創造者たる神の存在と、非物質的な精神の存在を、理性によって合理的に説明することが哲学者の使命だとデカルトは考えていたのだろうか。

若いデカルトが神と精神の問題を志向した経緯については、筆者は幾つかの論文[133]ですでに触れたところであるが、いわばその発心については、なおはっきりしないところがある。ここでは、デカルト形而上学の出発点である一六二九年までにおいて、神と精神の問題がどのように扱われ、いかにして重要問題になって行ったかを、時系列にしたがって簡単に振り返っておく。

（1）ラフレーシ学院に学んだ少年時代、神や精神への特別な関心は見当たらない。だが、十七世紀フランスのイエズス会の学校において、神の存在と精神の不死は信仰の根本であり、生活の上でも常識をなしていたと推察される。その原型をなすアウグスティヌス的な「神と精神」はキリスト教の真髄であり、神学が教える最高理念であったであろう。デカルトは子供時代から神のことを聞かされてきたと言う。「私の精神のうちには、ある古い意見が刻み込まれている。すなわち、すべてをなしうる神が存在し、この神によって私はいま存在するようなものとして創造された、という意見である」（『第一省察』AT. VII, 21）。この意見は、のちに懐疑に付されることになるとしても、「信仰の真理」として若いデカルトの「信念のうちでつねに第一のものであった」（『序説』AT. VI, 28）。そして「神の恵みによって子供の頃から教えられた宗教をもち続ける」（同23）ことは、長じても道徳の第一格率であった。ラフレーシの卒業生の多くは聖職者や神学者になり、先輩のメルセンヌ神父などはその鑑であったろう。しかし、デカルトは信仰に十分敬意を払うものの、宗教的献身よりも数学や哲学など自然的理性による学問に興味を抱いていた。そして神学に対しては、「神学は天国にいたる道を教える」（同6）が、その道は「学問のない人にも開かれているはず」（同8）と批判的であった。

学校を出てからの遍歴時代、ときとして神や精神に言及されるのは、通常の日常的感覚においてであり、形而上学の対象としての神でも精神でもない。一六一八年のブレダでの軍隊生活、ベークマンとの交友、『音楽提要』

などを通して分かることは、デカルトの関心が数学、方法、自然学、機械学に向かっており、神も精神も眼中になかったということである。一六一九年十一月十日ドイツの炉部屋での夢の解釈において、ようやく神が登場する。バイエによれば、デカルトはこの夢を真理の霊による知的啓示であると解し、神の導きによって真理を探究しうるとの霊感を得たと考えた（『オリュンピカ』AT. X. 186）。だが、それは研究のきっかけを得たということであって、それが神への省察に直接つながるわけではない。またこの時期の断片には、「主を畏れることが知恵のはじまりである」（『プレアンビュラ』AT. X. 8）、「神は光を闇から分った。……神は純粋な知性である」（『思索私記』AT. X. 218）、「主は三つの驚異すべきことをなした。無からの創造、自由意志、人・神である」（同）といったことばが見出される。これらは若いデカルトの『聖書』解釈とも読めるが[134]、これまた神についての形而上学とは言えない。

同じ時期、デカルトは炉部屋で、みずから考案した方法を武器として学問再構築の「計画」（『序説』AT. VI. 17）を構想している。そして「学問の原理はすべて哲学に由来するはずであり、しかも哲学においては私はまだ何も確実なものを見出していないことに注意して、私は何よりもまず哲学において確実な原理をうちたてることに努めるべきだ」（同 21-22）と考えている。だが、ここで哲学の確実な「原理」（原文は複数形）というとき、神と精神の問題が明確に捉えられていたとは思われない。もとより一般論としては、学問の原理を考える計画のなかには、「神性と理性的精神という、知らぬ者とてない有名な命題」（『真理の探究』AT. X. 503-504）が当然入ってくるはずである。しかし、この時期そうした主題がかりに胸にあったとしても、二十三歳という未熟な年齢においては簡単に決着をつけるべきでない（『序説』AT. VI. 22）とデカルト自身は考えていたのである。一六二〇年、デカルトは炉部屋を出て、懐疑を重ね、経験を積み、方法を練磨すべく、さらに遍歴を続けた。しかし「確実な哲学の基礎をまだ求めはじめもしないうちに九年の年月が流れた」（同30）という。神と精神には、依然として手が付けられていないのである。

遍歴時代に重なる時期一六一九―一六二八年に準備されたと思われる著作として、『規則論』がある。そこにはかれの形而上学の萌芽とも見なしうる重要な命題のいくつかが登場する。「すべての人は、自らが存在すること se existere、自らが思惟すること se cogitare……を精神によって直観することができる」（AT. X, 368）。「ソクラテスが「自分はすべてについて疑う」というとき、そこからしてやはり次のことが帰結する、すなわちソクラテスは、そのゆえに少なくとも自分が疑うということを理解していること、また、かれはそのゆえに真あるいは偽なる何ものかが存在することを知る、ということ。なぜなら、これらは疑いの本質に必然的に結合しているからである」（同421）。「われあり、ゆえに神あり sum, ergo Deus est。私は知性認識する。ゆえに私は身体とは区別された精神をもつ」（同421-422）。しかしながら、それらは直観の対象の例として、あるいは必然的結合の例として[135]、単発的に挙げられているにすぎない。それらは、遍歴時代のものであれ、帰国後のものであれ、まだ形而上学の十分な吟味を経た命題ではないと解すべきであろう。

（2）遍歴時代を終え、帰国してからの重要な出来事は、一六二七年十一月にパリで、枢機卿ベリュールから上記の学問の計画に関して激励されたことである。この時点ではじめて神と精神とが、研究課題として大きくクローズ・アップされた可能性がある。すなわち、バイエによれば、デカルトはパリの法王使節の邸で開かれた会合に招かれたおり、シャンドゥーなるペテン師の演説を批判し、数学に基づいて命題の真偽を吟味する新しい方法を提示して満座の注目を浴びた。後日ベリュールに呼ばれて、自分の哲学から得られるであろう帰結と実際的効用とを詳しく説明すると、ベリュールは、神から才能を与えられた者の「良心の義務」として、是非その計画をなし遂げるよう激励したという[136]。この出来事については複数のテキストが報告している。『序説』は、方法と新学問の計画について「私が談話をしたことがうわさになったが、……それは自分が知らないことを知らないと告白し、……また他の人が確実と思っている多くのものについて疑う理由を示したからに相違ない。……しかし私は人から与えられた名声に値するよう、あらゆる手段を尽くして努力しなければならないと思った」（AT. VI. 30-31）と語っている。また『省察』冒頭のソルボンヌ書簡は「私が学問において困難を解決するためのある方法を開発したことを知った若干の人たちから、その仕事を手がけるように強く要望されたので、そのことに努めるのが私の義務だと思った」（AT. VII. 3）としている。

これら複数の記述は、デカルト自身がこの出来事を重要視していることを物語っている。そもそも、学問の組織改革などは「一私人が計画すべきではない」（『序説』AT. VI. 13）とデカルトは考えていた。しかし、ときの宗教的最高権威から直々に激励されたことは、スコラ嫌いのはずの若者にとっても大きかったように思われる。フランスのオラトワール会（この会は学究を以って知られる）の創設者で、枢機卿になったばかりのベリュールにとっても、学問を改革せんとする有為の青年に期するところがあったであろう。「良心の義務」としてこの仕事に取り組むようにとの強い示唆には、当然なにがしかの公的な研究支援が含意されていたであろう。この時点で、諸国を遍歴したが十分な成果をまだ挙げていない無名の青年の志が公式に社会に認められ、デカルトはミッション[137]を得たことになる。かくなるうえは、年齢や経験の不足を慮ることなく、堂々と研究に打ち込み、神と精神という根本問題からはじめようという気にデカルトがなったとするなら、それはきわめて自然なことであろう。

デカルトがベリュールの導きの下に新しい哲学を考える決心をしたということ自体は、バイエをはじめ多くの歴史家が一致して主張するところである。本稿が付加したい点は、ベリュールの督励によって神と精神に関する形而上学的研究が強く動機づけられたことが、オランダへの転住、最初の九か月間の研究、「小論文」の執筆という三つの事実を見直してみることによって、ますます証拠づけられるということである。

第一は、デカルトはパリでの会合から一年後にはもうオランダの住人になっていることである。すなわち、一六二八年十月八日ドルトレヒトを経由して、おそらく冬になる前にはフリースランドのフラネケルに移り住んでいる。そして翌二十九年四月二十六日に当地の大学に登録している(138)。家族や友人たちのいるフランスを遠く離れ、宗教も気候も習慣もまるで違う北国に単身移り住むには、よほどの準備と決心があったはずである。準備については、寒さと独居生活に順応するための予行演習としてフランスの田舎で一冬を過ごしている（A. Baillet, I. p. 169）。決心の理由はいろいろあるだろうが、根本には計画を実行して名声に値するよう全力を尽くしたいという「願望」（『序説』AT. VI, 31）があったであろう。デカルトには新学問のプランはあっても、まだ哲学の基礎たる形而上学はなかった。そこで、わざわざ知人のあまりいない最北の大学町を選び、城館に隠れ住んで猛勉強することになる。それを短時日で実行に移したのは、単に孤独な生活を好むからでも、私的な探究心だけからでもない。ベリュールから教示されたミッションへの強い自覚があってのことであろう。そして、内にはしっかりした心構えと周到な準備があると同時に、外には移住を可能にする潤沢な公的支援があったと推察される。

第二は、オランダ転住の直後から、とくに神と精神とが集中的に問題にされ、形而上学が考えられはじめたことである。しかし、これは周到な準備の上でのことであって、決して突然のことではない。『序説』が証言しているように、私の内なる古い意見の取り壊し作業は進んでおり、学問の基本となる方法もすでにできている（AT. VI, 29）。あとはそれを形而上学に適用するだけである。また『規則論』に見えるように、神と精神についての命題が断片的ながら形成されつつあり、神性 divinité についての論文もパリ時代に構想されている。[139] これらを踏まえ、満を持して、神と精神があらためてフラネケルで俎上に登るのである。その間の事情をメルセンヌ宛書簡が印象的に説明している。

神から理性の使用を授けられた者はすべて、なによりも神を知るために、また自己自身を知るために、理性を使わなければならないと思います。私が研究をはじめようと努めたのはまさにそこからであります。そして、もし自然学の研究をこの道によって探究しなかったならば、私はその基礎を見出すことができなかっただろうと申しあげておきます。しかしそれは、あらゆる問題のうちで私が最もよく研究した主題ですので、おかげさまでいくらか私は満足しています。少なくとも私は、どうすれば形而上学の真理を、幾何学の証明よりももっと明証的な仕方で証明できるかを見出したように思います。……この国へ来た最初の九か月は、もっぱらそのことだけに携わりました。（メルセンヌ宛 1630. 4. 15. AT. I, 144）

神と自己自身（精神）を知るという、アウグスティヌス的な重要主題が初めて登場する。それらの主題こそ、ものごとの根本原理であって、ここにデカルト形而上学の基礎があり、その出発点がある。理性を与えられた人間は理性を使ってそれを研究すべきだという言い方には、青年の精神的高揚が読み取れると同時に、ベリュールの激励のことば[140]を彷彿させるものがある。枢機卿の影響はここまで及んでいたことが注目されよう。引用文にはないが、フラネケル滞在時のデカルトは自然学や望遠鏡のレンズ製作にも強い関心をもっていた。[141] しかし、期待したレンズ職人フェリエとの共同研究も実現せず、結局一六二八―二九年の九か月を一人でもっぱら形而上学に専心した。デカルトの着想は、神と精神という古い問題を数学的な方法で厳密に論じる、あるいは数学以上に明証的な仕方で証明するということであった。この集中によって満足できるほどの進捗をみたようである。

第三に、実際にデカルトは研究成果の報告として「形而上学小論」*petit Traité de Métaphysique* を書いていることである。それは「私がはじめた小論文」としてジビュー宛書簡（1629. 7. 18. AT. I, 17）で最初に触れられ、それは二、三年では終わらないこと、ジビューはそれを加筆訂正する約束をしていたことが分かる。いわば現場からの第一声がオラトワール会の友人に向けられていたことは注目に値するだろう。一六二九年十月、恃みとするベリュールは急死し（フェリエのデカルト宛書簡 1629. 10. 26. AT. I, 52）、弟子のジビューが師の意向を受け継いでデカルトと研究上の連絡を取っていた可能性がある。[142] それゆえ真っ先にジビューにミッションの中間報告をし、加筆訂正まで依頼していたのであろう。いずれにせよ、ベリュールの激励の結果がこの小論文に結実していることになろう。その概要については、次のメルセンヌ宛書簡から窺い知ることができる。

> フリースランドにいたときに書きはじめた形而上学の小論文を、私はいつか完成するでしょう。その主要な論点は、神の存在と、身体から切り離された場合の精神の存在証明とであり、そこから精神の不死が帰結するのです。というのも、神に戦いを挑むほど不謹慎で厚顔無恥な人が、この世にいるのを見ると怒りを感じるからです。（メルセンヌ宛 1630. 11. 25. AT. I, 182）

この書簡の直前では、無神論者を論破するには神の存在を万人に納得させる証明が必要であるが、私は満足が行くような証明を見出したことを自負する（同 180–182）、としている。これは『省察』の「ソルボンヌ書簡」と同じトーンであり、これがデカルトの基本的スタンスである。そのアウト・プットとして右の引用が来ている。すなわち神の存在と、身体から区別された精神の存在とを、幾何学以上に明らかな仕方で証明しうる、つまり自分の考えた方法を使えば自然的理性のみで証明できる、というのがその核心である。これが形而上学の出発点においてデカルトの脳裏にあったことである（引用の最後で、神に反対する人に怒りを感じるというのは、デカルトの率直な感情の吐露と読める。形而上学を開始する背景には護教論的な意図もあったことを示すものであろう）。この小論文はのちに再び想起されている。「私は八年前にラテン語で形而上学のはじまりを書きました。そこではかなり詳しく展開されておりますので、この書（『序説』）のラテン訳が出るなら、それをそこに挿入することもできます」（メルセンヌ宛 1637. 3. AT. I, 350）。この記述から、「小論文」は『序説』第四部よりも内容が豊かであったことが分かる。それが『省察』の原型となっていることは言うまでもない。だが、どれだけのことが論じられていたのかについては諸説があり、推察の域を出ない。ロディス＝レヴィスの仮説[143]にしたがって、第一、第二、第三省察と第五省察に相当するものがその骨格だったとするなら、形而上学の出発点で、懐疑、精神、神の議論が出そろっていたことになろう。

以上のように、神と精神は、ラフレーシ時代や遍歴時代には特に問題とされていなかったが、ベリュールの動機づけによって大きくクローズ・アップされ、形而上学の出発点における重要問題となるのである。はじめに掲げた、なぜ神と精神なのかについては、それをきちんと論じることが形而上学の原点であるから、ということだろう。神と精神は、哲学を考える上での基本であり、根本原理であるという意味で、形而上学の基礎であるとされるのである。すなわち、神という創造者が存在し、それがものの存在の根源であり、人間の認識の原理となっていること。(144) また、人間には精神という非物質的なものが与えられており、それは身体とは本質的に異なった実在であること。これらのことを自分が開発した方法によって証明することができる！ これが若い哲学者デカルトの最初の直観であったであろう。のちの証言からしても、デカルトが「形而上学的事物について用いる原理」は、世界の創造者である誠実なる神が存在すること、思惟を本質とする精神があること、の二つのみである（『原理』AT. IX-2, 10）。また、それがどういう問題意識から来ているかに関しては、哲学において確実な原理を求めたいという純粋な真理探究に由来すると同時に、哲学者の使命として時代の要請に答えたいという気持ちもあったであろう。神と精神の二つを原理とするということは、逆に言えば、それらを否定するなら形而上学も哲学も成立しないと見なすことである。ガッサンディのような唯物論的な感覚主義は、デカルトにとっては真っ先に疑われるべきものであり、とうてい肯定できないものであった。このことから、かれの形而上学はその出発点からして精神性に富んだものであったことが分かる。結果的に見れば、デカルトの業績の多くは圧倒的に数学や自然学に関するものであり、フラネケル滞在前後でも光学、レンズ製作、幻日現象、代数学、解剖学などに熱中していた。だが、それらの研究も形而上学あってのものであり、形而上学の道を経ずには「自然学の基礎を見出すことができなかった」（メルセンヌ宛 1630. 4. 15. AT. I, 144）という。デカルトの哲学体系はふつう二元論であるとされるが、出発点からして軸足はつねに神と精神に置かれていたと考えられる。

二　形而上学の到達点

神と精神を主要な論点とする「小論文」から出発して、どのような思想が展開され、その到達点としてどのような形而上学が形成されたか。ここでの目的は形而上学の全体像を復習することではない。「神と精神」というキーワードを中心に、時代順に主要著作の特徴と評価を簡単にまとめておくにとどめる。

（1）　一六三三年に書かれた『世界論』と『人間論』は形而上学の著作ではないが、それらは自然学の次元でも神と精神が視野に入っていたことを示している。すなわち、『世界論』の多くの箇所で、神は世界を創造し、世界に自然法則を与えたとされている。人間精神については、「知性的実体 Intelligences や理性的精神というものが存在し、自然というものの普通の過程をいかなる仕方であれ乱さない」と仮定している（『世界論』AT. XI, 48）。また『人間論』では、「神がこの機械［身体］に理性的精神を結びつける時には、そのおもな座を脳中に置き、……精神がさまざまな感情をもつように精神をつくるだろう」（『人間論』AT. XI, 131-132）[145]としている。同様な考え方は、『序説』第五部以下でも繰り返されている。神と精神の問題は、形而上学の基礎であると同時に自然学の基礎でもあったのである[146]。一六三五年以前に書かれたとされる『真理の探究』[147]は、懐疑、夢、コギトなど、形而上学のテーマに沿った多彩で具体的な記述を豊富に含んでいる。この未刊の対話編は、研究の順序として「理性的精神からはじめてその本性と作用を考察し、しかるのちにその作者へと向かう」（AT. X, 505）としており、デカルトの形而上学が「精神から神へ」という道程をたどるべきことを教えている。

『序説』（一六三七）にいたって、これまでの形而上学研究の内容がはじめて公にされる。それが長年の宿題の報告として、早速ジビューに送られたのは当然であろう。「小論文」に比すれば『序説』は形而上学の略述にすぎないと言われるが、それなりの独自で明快な思想の展開がある[148]。序文において、「第四部では、著者が神と人間精神との存在を証明するに用いた諸理由、すなわち著者の形而上学の基礎が示される」と言われ（AT. VI, 1）、神と精神が論題であることが明瞭に示されている。神の存在に関しては、完全でもない私が「私よりも完全な何かについて考えることをどこから学んだか」（同33）という平易な問いかけを出発点として、その証明がなされていることにも注目してよいであろう。被造物の神への依存については、「ものは神なしには一瞬もありえない」（同36）とピシャリと言っている。また、神を知るのが困難だという人は「自分の精神を感覚的な事物以上に高める」ことをしないからだ（同37）、「神の存在を前提しないかぎり懐疑は解けない」（同38）と言われるのも、啓蒙書たる『序説』ならではの歯切れのよさである。他方、私の精神性に関しては、「それによって私が私であるところの精神は、物体（身体）から完全に区別されており、……たとえ物体（身体）がないとしても、精神はやはり精神でありつづけるであろう」（同33）と明確に規定される。さらに精神の認識に関しては、第三部で「神はすべての人に真偽を識別するある光を与えている」（同27）、第六部で「われわれの精神に生まれつき備わっている真理の種子」（同64）と語られる。第五部で精神の不死性が示唆されている（同60）のも、独自な点であろう。

もっとも『序説』の形而上学には難点があることをデカルトは承知していた。すなわち、「精神は身体とは区別された実体であり、その本性はただ考えることであるということが、どこから知られるかを十分に説明しておらず、そのため神の存在証明が分かりにくくなっている」（メルセンヌ宛1637. 3. AT. I, 349-350）という批判を認めている。同じ批判がシロンやヴァチエからも寄せられ、デカルトは「自分にとって身近で明証的な概念は、だれにとってもまたそうであるにちがいないと思っていました」（ヴァチエ宛1638. 2. 22. AT. I, 560）と反省の弁を残している。そして、自分としては純粋知性のみによる判断がいかに明証的であるかを示したはずであるが、「精神を感覚から引き離す」ということを十分に説明し切れなかった（同）としている。実際、感覚を捨てて精神のみでものを考えよという要求は、普通の読者にはすぐには了解されないことであったろう。そこでかれはより詳細な説明の要ありとして、『省察』を書くことになる。いずれにせよ、一般向きにやさしく書かれた『序説』の形而上学が専門家の目にはかえって晦渋であったという事実は、神と精神という主題がそれほど困難で扱いにくい問題だったことを物語っている。

（2）『省察』（一六四一）には、神と精神に関する問題の十分な展開があり、「反論と答弁」には問題の深化徹底が見られる。これを以ってデカルト形而上学の最高到達点とすることには異論がないであろう。冒頭のソルボンヌ書簡は、「神と精神の二問題は、神学よりも哲学によって論証されるべし」（AT. VII, 1）として、議論の位置づけを明確にしている[149]。それは、自然的理性による証明こそが無神論者に対する有効な反駁となるという趣旨である。『省察』第二版（一六四二）の副題「神の存在と精神と身体との区別[150]が証明される」（AT. VII, 17）が示すように、そのテーマはまさに神と精神そのものである。自分が開発した方法を以ってすれば、だれもが幾何学以上の明証的な根拠によって神と精神の認識に導かれるはずであり、「この一事を証明することが六つの省察で意図されたことである」（「概要」AT. VII, 16）という。「第一・第二省察」において、懐疑を媒介にして私（精神）の存在が第一原理として析出される。だが、それはただ私が存在することを言っているだけでなく、考えるもの（精神）としての私が物体（身体）とは異なる本性をもつこと、そして精神の認識は物体の認識に先行することを示している。「第三・第五省察」に提示される神についての議論も、神がただ存在することを述べているだけではなく、「第四省察」の誤謬論や自由論（『序説』はこれらを欠く）を踏まえて、その神がつねに誠実であり、われわれの明晰な認識を保証するということを含意している。神は万物の創造者なのであるから、すべての知識が真なる神の認識に依存し（「第五省察」AT. VII, 71）、神に依存しないものは何もない（「第六答弁」AT. VII, 435）と繰り返し語られる。「第六省察」では実体論を背景に心身の実在的区別が立てられるが、それも「神の力」（AT. VII, 78）を媒介にしてのことである。[151] この省察には本来の主題のほかに、感覚の見直し、物体の存在証明、心身合一、自然の教えという新しい話題が入ってきているが、これらは『序説』では必ずしも明瞭にされなかったものである。『省察』の議論を幾何学的仕方で配列して、その帰結だけを取り出せば「諸根拠」の定理Ⅰ—Ⅳ（AT. VII, 166-170）になろう。すなわち定理Ⅰ—Ⅲは神の存在証明、定理Ⅳは心身の実在的区別に関するものであり、これが『省察』の骨子である。結局、論題はやはり神と精神に尽きるのであり、それが卓抜な着想と緻密な論理構成とによって彫琢され、完成度の高い形而上学になっていると言えよう。

ただ、『省察』出版当時から指摘されていた問題は、これによって果たして心身の区別や神の存在が証明されたことになるのかどうかであった。デカルトの戦略は、観念というものを媒介にしてそれらを証明することであり、精神の観念にせよ神の観念にせよ、それは想像上の物体的イメージではないとかれは注意している（メルセンヌ宛 1641. 7. AT. III, 393）。だが、想像力でなく知性のみによるものの把握ということがどこまで一般の理解を得られたかは不明である。「反論と答弁」の多様性は、デカルトの議論がその時代の学者においても容易に受け容れられるものではなかったことを示している。神と精神の問題は、神の観念の生得性についてであれ、精神がつねに思惟するか否かについてであれ、論のやりとりが深まれば深まるほど、逃げ水のように無限後退してついには迷宮入りするような印象があるかもしれない。しかし、それはこの問題が安易な検証を許さないことを物語っていると同時に、形而上学の到達点にはきわめて内容豊かな議論の水源があることを示していることになろう。

（3）『原理』（一六四四）の第一部では、「認識の諸原理として、神の主要な属性と人間精神の非物質性」（AT. IX-2, 14）が取り上げられる。その「仏訳序文」（一六四七）において、形而上学の到達点の状況が短いことばで説明されている。

自分自身については疑えないが他のものをすべて疑っている当のものは、われわれの精神 âme あるいは思惟 pensée と呼ばれるものであること、これらのことを考慮して、私は、この思惟があること、つまり存在することを第一原理として立てたのです。そして、そこから他の原理をきわめて明晰に演繹しました。すなわち、この世にあるものすべての作者である神があること、神はあらゆる真理の源泉であるので、われわれの知性がきわめて明晰できわめて判明な認識をもつ事物について下す判断において、知性を誤るような性質にはけっして創らなかったということです。これらが、非物質的事物つまり形而上学的事物について私が用いる原理のすべてです。（同 10）

身体ではなく精神としての私が存在すること、そして万物の（したがって真理）の作者たる神は誠実であること。この二つが形而上学の原理であり、そこから他の認識が演繹される根本原理であるとされている。『原理』第一部の副題にある「人間的認識の原理」の説明は、第一部第七五節にいたってはじめてなされるが、「仏訳序文」はその原理を、神と精神の二つのみに絞っていることになる。しばしば指摘されるように、たしかに『原理』はこれまでの形而上学の整理ないし要約にすぎず、質的にも『省察』の到達点を越えるものではない。しかし、神と精神の問題が認識の原理という角度から捉え直され、それがスコラ的な形式の下に整然と語られるのが

『原理』の特徴であろう。(152)

以上を要するに、デカルトの思想が展開された結果、神と精神を根幹とする形而上学が形成されたことになる。その核心は、精神に関してはコギトとしての精神の非物質性と心身の区別であり、神に関しては神の存在とその本性の誠実性である。結果的にその哲学は明瞭な二元論をなしてはいるが、基本になっているのは神と精神であり、二元論も神という原理の上に立っている。これが、神と精神の問題から出発した形而上学の最終的な到達点で得られたことである。その評価に関して言えば、デカルトの思想は一時期オランダで大学のテキストにもなっており、一つの考え方の典型として認められたことになろう。歴史的に見て、その形而上学が神と精神についての思索の頂点を極めたものとして一つの新機軸をうち出したことは、いくら強調してもしすぎることはないであろう。(153)だが「反論と答弁」が示すように、それは当時においても毀誉褒貶相半ばして議論が多く、その結論が必ずしも多くの学者の賛同を得ていたわけではない（学説の運命としてはそれが世の常ではあろう）。デカルトの形而上学が、心身問題をはじめ多くの困難な問題や容易に解明されない論点を含んでいたことは否定できない。だが、のちにデカルトはエリザベト宛の書簡などにおいて、二元論の含む問題をどう乗り越えるかを示すことになる。

三　世界観の形成

では、神と精神を問うた形而上学のアウト・プットとして、どのような世界観ないし道徳がそこから形成されているか。デカルトにおいて「世界」そのものは機械的・物体的自然と捉えられているが、そうした世界を人が生きるとはどういうことなのか。人も所詮は物質のみからできているという考え方もあるなかで、物体や感覚を志向するのでなく「神と精神」の探求に生きることに、どういう意味が認められるのか。以下、デカルトの世界の見方や生き方にかかわる問題を便宜上、二つの時期に分けて考える。本節では初期思想から『原理』（一六四四）に至る時期をとりあげる。

（1）　生における実践や生き方への関心は、若き日のデカルトにおいてすでに見え隠れしている。ラフレーシ学院で人文学を学ぶに当たっては、「それによって、人生に有用なすべてのものについて明晰で判明な認識を得ることができると聞かされていたので、私はそれを学ぼうとの強い欲求を抱いていた」（『序説』AT. VI, 4）と言う。学問は実際の用をなし、人の役に立つべきだという最初の認識がここにある。また「私の行為において明らかに見、確信をもってこの人生を歩むために、真と偽とを区別するすべを学びたいという強い欲求をつねにもっていた」（同 10）とも言っている。私は何をなすべきか、どう生きるかの判断の指針を学問に求めているのである。そこには理論よりも実生活の行為や実践への志向がある。この志向性は後に「よく行うためにはよく判断すれば十分である」（同 27）という知行合一の思想を生むことになろう。だが、デカルトは学院での学問（道徳も含む）には満足を見出せなかった。それが実際の用をなさず、確実ではないと思われたからである。そこで遍歴の旅に出る。青年時代のノートには「いかなる生の道をわれは選ばん」というアウソニウスの一句を一六一九年十一月の夢で見たことが記されている（『思索私記』AT. X, 216）。まさに生の選択、生き方の模索がなされていたことを思わせる。結局デカルトは哲学者として生きることを選んだ。そして、真理探究に際して心がけることはただ「理性の自然的光を増すこと」であり、「しかもこれは、学院のあれやこれやの難問を解くためではなく、生活の一々の状況において、知性が意志に何を選ぶべきかを示すようにするためなのである」（『規則論』AT. X,

361）としている。哲学をはじめとする学問研究の最終目的は、問題の理論的分析に終わるのではなく生の場での実践を導くことでなければならない、という考えがここに読みとれる。この考えは、のちに『序説』や『原理』（「仏訳序文」）において実践的な哲学観として確認される。ただ、こうした若い日の実践への関心は形而上学に基づくものではないし、神と精神という問題意識から生じたものではない。むしろ実際に日常を生きる若者の機敏な直観(154)によるものであろう。

道徳に関する最初のまとまった記述は、言うまでもなく『序説』第三部の暫定的道徳（それは一六一九年のものである）において見出される。この道徳の示す生き方とはどのようなものであったか。第一の格率は、自分が生きている社会の法律や習慣にしたがい穏健な立場をとることを教える。第二の格率は、蓋然的な意見であっても、いったん決めた以上は決心を変えずにそれにしたがうべきことを教える。第三の格率は、必然の運命よりもわれわれの欲望を変えよと教える。結論として、真理探究を仕事とすることが最高の生き方であると締めくくられる。これらについては多くの解釈(155)があるが、本稿の関心はこの道徳と形而上学（神と精神）との関わりにある。注意しなければならないことは、これは形而上学を探究するに先立って、行為において非決定に陥らないための仮の指針にすぎないことである。「まず生活し、次に哲学す」Primum vivere, deinde philosophari という昔のことわざの通り、それは神と精神の認識を踏まえた道徳ではなく、それ以前の個人の生活上の倫理規定である。たしかに、そこにはデカルト的道徳の基本がすでに顔をのぞかせているとも読める。すなわち、第二格率の決心の固さは、理性的精神が教えるところをそのまま遂行することになるので、後にそれこそが徳であるとされる（エリザベト宛 1645. 8. 4. AT. IV. 265）。また第三格率は、すべては神の摂理の決定に導かれているので人間精神はみずからの最善を尽くせばそれでよい（『情念論』146）という世界観に重なってくるであろう。そして、自分の欲望を変えるということは、情念の統御という『情念論』のテーマと関係してくるであろう。しかし、これらはあくまで形而上学を知らない時点での暫定的な世界の見方であり、とりわけ第三のものは神の存在を前提してはじめて有効になる。[156] これらの道徳の再検討は、後述するエリザベト宛の修正版をまたなければならない。

一六三〇年の一連のメルセンヌ宛書簡において永遠真理創造説が話題になるが、このときすでに「形而上学の真理」の証明は見出されており（1630. 4. 15. AT. I. 144）、神と精神の存在は確保されていたと考えられる。この時点ではじめて、形而上学に基づいた世界観が形成されはじめたと言える。ここではとくに神が主題になっており、この世界のすべてのものが神に依存しているという根本の認識がある。すなわち、「数学の真理は神によって定められ、他の被造物と同じくことごとく神に依存している」（同 145）。およそものごとの真理は神に由来しており、神と独立に真理があるのではない。神は「他の一切の真理がそこから出てくる唯一の真理」であり、神を「万物が依存する唯一の作者」と見なさない人は容易に無神論者になりかねない（1630. 5. 6. AT. I, 150）。このように神は「被造物の存在の作者であるとともに本質の作者」（1630. 5. 27. AT. I, 152）でもある。その際、神は被造物のすべてをその完成へと導いていると考えられるが、それは「集合的にであって各事物を個々にではない。なぜなら、個々の事物は滅び、そして他の事物がその代わりに再び生じるというそのこと自体が、宇宙の主要な完成の一つであるから」（同 154）。ここには全体的・有機的世界観[157]が表明されている。以上のように、事物の神への全面的依存ということがデカルトの世界観の根底にあり、神なしにはものの存在も認識もありえないことになる。かれはこの世界観のなかで生き、かつ哲学をしていたであろう。それゆえ、神に戦いを挑むほどの無神論者には心底から「怒りを感じ」（1630. 11. 25. AT. I, 182）たのであろう。

（2）前節にも述べたように、『序説』においてはじめて形而上学は公にされたが、そこに何らかの世界観の表明が認められるであろうか。自然学的な世界観（それは『世界論』において展開されるはずであった）は第五部に示されているが、形而上学に基づく世界観と言えるものはとくに際立っているわけではない。しかし二つの論題があると思われる。第一は精神の不死である。第四部では、精神は身体から区別された実体なので「身体なしにも精神であり続ける」（AT. VI, 33）とされているだけだが、これを受けて第五部で少し議論が展開される。すなわち、人間もハエやアリと同じだと考えて「この世の生のあとで何も恐れたり望んだりすることはないと想像することほど……徳の正道から遠いものはない」（同59）。動物とはちがって人間には身体から独立な理性的精神があり、それは身体とともに死すべきものではない。そこから「精神は不死であるとおのずから判断するようになる」（同60）としている。これは不死の厳密な証明ではないにせよ[158]、「小論文」の論点の一つであった不死の議論がここではじめて明らかにされたことになる。それは神の存在とともにデカルトの世界観の根本をなしており、心身の区別および人間と動物との区別は、精神の不死を帰結するための重要な戦略であったことが分かる。

第二は人間が「自然の主人にして所有者になる」（同62）という発想である。人間も自然もともに創造物であるが、人間精神は神がつくった自然的世界の「力と作用を知り」（同）、技術によってそれを制御して人間生活の実用に役立てることができる。これは「実際的哲学」（同）と称されるものだが、自然の主人になるとは精神が自分の身体的自然を制御することでもある。そのためには精神と身体とをよく知ることが必要であり、それゆえ「医学」（同）が重要となる。こうした発想には二元論的世界観がよく現われていると思われる。すなわち、人間精神が意識的実在として一方にあり、それが他方にある身体的・物体的自然をプラグマティックに支配するという構造になっている。『序説』は、精神と身体（物体）の区別という形而上学の原理を導入すれば、結局人間はどう生きることになるのかを示していると言うことができよう。

一六三九年、四十三歳のデカルトはメルセンヌに宛てて人生雑感を述べた印象的な書簡を残している。すなわち、自分は三〇年来病気をしていない、若者の情熱が消え臆病を看板としている、医学の素養もできて身体をいたわるようになった、若い頃よりも今の方が死に遠いような気がする、身の衰えを堪え忍ぶだけの暇を神から与えられている、としたうえで次のように言っている。

すべては神の摂理に依存しております。……私の道徳の要点の一つは死を恐れずに生を愛すること aimer la vie sans craindre la mort です。(1639. 1. 9. AT. II, 480)

これはシンプルではあるが、デカルトの世界観のエッセンスを最も簡潔に言い表していると考えられる(同じ表現は後のホイヘンス宛やシャニュ宛書簡[159]にも見出される)。すなわち、この世界を創造したのは善なる神であるから、この世界には、ちょうど王がその国に善政を施すがごとく善なる摂理が敷かれており、すべてが摂理に依存している。人間にはそれが解読できないだけである。それゆえ私は、被造物としてこの生を無条件に愛でることになる。そして、死によってこの身は滅びても、精神は不死であるので、死はなんら恐怖の対象にはならない。与えられた生をただ慈しむのみである。これはオプティミズムを基本とする道徳であり、デカルトの世界観の基盤をなしていたであろう。ライプニッツの最善観はこの方向を徹底したものであろう。当時、信仰をもつ人はみな素朴にそう理解していたであろうが、デカルトはそれを形而上学によって基礎づけようとしていたと思われる。ただ、これはいわば頭出しであって、まだ十分な議論の展開にはいたっていない。たとえば、摂理と偶然の運とはどうちがうのか、人間の自由との関係はどうなるのかは、のちに『情念論』などでとり挙げられることになる。

（3）　先にも述べたように『省察』は形而上学の到達点であり、そこには神と精神に関する潤沢な議論があるわけだが、デカルト個人の生き方や世界観は本来のテーマではなく、必ずしも展開されていない。だが、少なくとも次の三つを指摘できる。第一は、神の存在と精神の不死が道徳の基礎になっていることである。『省察』冒頭の「ソルボンヌ書簡」で、「この世ではしばしば徳よりも悪徳の方により大きな報酬が与えられますので、神を畏れず来世[160]も期待しないなら、利得よりも正義を選ぶ人はごくわずかでしかないでしょう」（AT. VII, 2）と言われている。周知のように、これはパリ大学神学部に宛てて書かれ、その趣旨は、無神論者たちは正義を知らず悪徳を追求して利を得ているが、かれらを論破するためには神と精神を哲学によって論証することが必要であるということである。弁証論的な事情を差し引いても、ここで精神の不死と神の存在が正義を根拠づけるものと考えられていたことは間違いないだろう。神も来世もないとするなら、現世で何をしてもその場かぎりのことになり、絶対的な正義は成立しなくなる。それゆえ、恒久的な道徳規範が成立するためには、神と精神の不死が必須であるという発想である。道徳の基礎に絶対的・普遍的なものを求めるのは、キリスト教倫理をはじめ規範倫理学の定石[161]であってとくに珍しいものではないが、デカルトの胸のうちなる世界観の一端が期せずして現われたものと言えよう。

第二は、神の観想というテーマである。「第三省察」の最後で、神そのものの観想に深く立ち入ることが要請される。「というのも、ひとり神的荘厳のこの観想においてこそ、来世の最高の至福があることをわれわれは信仰によって信じているように、現在においてもまた、はるかに不完全ではあるが、同じ観想から、現世において可能なかぎりの最高のよろこびが享受されうることをわれわれは経験しているからである」（AT. VII, 52）と言われる。これは一体なんのことであろうか(162)。神についての宗教的瞑想は来世の至福を約束するが、神の哲学的省察は現世における幸福をもたらすと考えられている。すなわち省察の目指すところは、精神を感覚から切り離し、純粋に知性的なものを志向させ、ついには神へと至らしめることである。デカルトは一種の哲学的な回心をわれわれに要求している。それは世界観の問題としては、神を目指して生きることが地上における最上の幸福であると教えていることになろう。この意味での神の観想は、晩年に「神への知的愛」（シャニュ宛 1647. 2. 1. AT. IV, 607）として詳しく説かれることになる。これはスピノザの「神への知的愛」（『エティカ』V．定理三二系）に通じるものであろう。

第三は、先述した全体的世界観である。「第四省察」では、私はこの世界のなかで主要でも完全でもない役割しか担っていない（AT. VII, 61）などと人間の有限性について神に不平を言ってはならない、とされている。また「第六省察」では、神の善性と自然（私の自然本性）の欺きとは矛盾しない（AT. VII, 88）とされている。これらの弁神論的な議論を通じて言えることは、世界の全体から人間を見るという視点があることである。すなわち、人間は一個の被造物としては有限で不完全であるが、世界の営み全体のなかではそれなりの地位をもっている。というのも、「単独ではきわめて不完全に思われてもおそらく不当ではないものでも、この世界の部分の役割をもつものとしては、きわめて完全であることがあるからである」（「第四省察」AT. VII, 56）。私を単独なものではなく全体の観点から捉えるなら、私は一つの重要な部分を占めている完全者である。ここには、私は神の摂理という大きな全体のなかで意味を与えられ、存在しているという世界観がある。

（4）前節でも見たように、人間認識の原理が問題にされる『原理』第一部においても、デカルトの世界観などは直接の話題にはなっていない。だが「仏訳序文」をも併せ考えるなら、いくつかの論点を抽出することができる。第一に、人生との関係で哲学の意味づけがなされることである。「哲学は知恵の探究を意味するが、知恵とは単に日常生活の分別だけでなく、自分の生を導くためにも健康の維持や技術の発明のためにも、人が知りうるあらゆることがらについての完全な認識を指す」（「仏訳序文」AT. IX-2, 2）と定義されている。ここで考えられているのは思弁をこととする哲学ではなく、「われわれの行動を律し、この生においてわれわれを導くため」pour régler nos mœurs et nous conduire en cette vie（同 3）の哲学である。実際の生においてわれわれの行為を導くための知恵を探究すること、これが哲学の使命である。動物は身体を養うことのみに従事するが、精神をもつ人間は知恵を糧として生きるべきである（同 4）。哲学は世界における人の生き方を探究するものであるから、一国においてどれだけ多く哲学がなされているかが文明の基準となる（同 3）。ここには、哲学を人間の生との直接的な関わりのなかで捉えるという実践的な見方が強く示されていると言えよう。

第二は、知恵の最高段階としての道徳が志向されていることである。有名な哲学の樹の比喩によれば、道徳は哲学という学問から最後に収穫できる果実の一つである。「ここで道徳というのは、他の諸学の完全な認識を前提とし、知恵の最高段階である最も完全な道徳のことである」（同 14）。知恵の最高段階とは、知恵の第五段階すなわち「第一原因と真の原理を探究して、そこから人が知ることができるすべてのものの根拠を演繹すること」（同 5）であり、「人生の最高善はそこに存する」（同 9）。多くの哲学者はこの段階に達しようと努力して成功しなかったが、デカルトの考える原理を展開させた暁には「知恵の最高段階へと登りつめることができる」（同 18）としている。デカルトの考える道徳は、哲学の究極のアウト・プット[163]であり、そこに至るのにはきわめて高いハードルを要求していたことになる。逆に、『序説』の道徳の暫定的という意味がかえってよく分かるであろう。『原理』の段階では、デカルト哲学はまだ建設中であり、諸学の完全な認識には達していない。したがって「最も完全な道徳」は理想であり、努力目標として設定されているにすぎない。この意味では、いわゆる決定的道徳なるものは存在しない。だが、後のエリザベト宛書簡などでは、意志の決断、精神の自律、自由意志、理性使用、神への愛などのデカルト的道徳の基本が論じられ、それらは全学問の認識を踏まえたとしても変わらないであろうと考えられる。

第三は、行為における意志が強調されることである。「みずからの理性をよく使い、最善と判断したところをすべて行うという固く強い意志をもつ人はみな、その本性に可能なかぎりで真に知恵ある人である」(「エリザベトへの献辞」AT. VIII-1, 2-3)。これは、決心を変えないという意味では暫定的道徳の第二格率と重なるだろう。知恵には知性と意志との二つを要するが、知的認識において優れていない人でも、正しいと判断したことを行う不動の意志を持てばそれで十分であると言う(同3)。ここに言われる知恵とは最善を断行する意志の強さであるが、それは同時に徳である(同2)とされる。のちに語られるように「徳とすべきはこの決心の固さである」(エリザベト宛1645. 8. 4. AT. IV, 265)。これは、デカルトの道徳が知性よりも意志に力点を置いていることを物語っている。

第四は、哲学は自然的世界の作用因を探究するにとどまることである。われわれは「神あるいは自然が自然的事物をつくるときに立てた目的から、その根拠をとりだそうとはしない」(『原理』I-28)という。アリストテレス＝スコラは目的因の探究を重要と考えたが、デカルトはそれを哲学から追放する。自然研究は神の計画に参与することではない。神の目的を考えることは道徳では意味があるかもしれないが、自然学では愚かしいことである（「第五答弁」AT. VII, 375、『原理』III-3)。むしろ神を作用因として、そこからの帰結を探求することで十分である。これは機械論的自然観から来るものであろうが、世界観に目的因を入れない、世界の目的論的探求はしない、という凛とした姿勢がここにある。

以上、初期思想から『原理』までを通覧するに、道徳や世界観はデカルトの著作の直接の主題にはなっておらず、形而上学との関係も見えにくい。だが、神と精神を踏まえた世界の捉え方や生き方に関して、その所見のいくつかを取り出すことができる。すなわち、若い時の実践への関心や暫定的道徳は別として、事物の神への全面依存、精神の不死、自然の所有者としての人間、死をおそれずに生を愛すること、道徳規範としての精神の不死と神、神の観想と幸福、全体的世界観、哲学と生との関わり、知恵の最高段階としての道徳、意志的道徳、目的因の排除などである。これらの主題は、神が存在して万物の上に摂理を敷いている、精神は身体（物体）とは異なる本性をもつ、という形而上学の原理を基礎としてはじめて意味をもつ。それゆえ、デカルトにとって神と精神の省察のうちに生きることは、道徳や世界観を形成する上でもきわめて重要なことであったと考えられる。

四　世界観の展開

神と精神を課題とする世界観や道徳についてのデカルトの思想は、一六四五年以降のエリザベトとの往復書簡を機会に本格的に展開し、晩年のシャニュやクリスティナ宛書簡（一六四六―四九）にいたるまで続いている。[164]それらはしばしば道徳書簡と呼ばれるが、そこでは最高善、至福、道徳の規則、実践的世界観、神への愛などの重要な問題が論じられる。さらに『情念論』（一六四九）においても、情念の統御、自由意志、高邁などの道徳的主題が論究されている。デカルトの世界の見方や道徳が最も豊富にかつ鮮やかに描かれているのは、これらのテキストにおいてである。以下、順を追ってそれらの特徴を分析し、問題点をも考えておく。

（1）　一六四五年、デカルトはエリザベトに宛てて暫定的道徳の修正版を出している。セネカの幸福を論じる延長線上で、運命に恵まれない人でも自分の欲求を理性によって制御すれば完全な満足を得ることができるとし、その文脈のなかで次のように言っている。

人は、私が『序説』のなかに入れておいた道徳の三規則に関する三つのことがらをただ守りさえすれば、他をまつことなく自らによって自分を満足したものにすることができると思われます。第一は、生のあらゆる場面で、なにをなすべきかあるいはなすべきでないかを知るために、つねに自分の精神をできるだけよく使うことです。第二は、理性が勧めることを、情念や欲望に妨げられることなく遂行するという固く変わらぬ決心をもつことです。徳とすべきだと思われるのはこの決心の固さです。……第三は、できるかぎり理性にしたがって自分を導きながら、自分の所有していない善はどれも全く自分の力の外にあるものと考え、こうしてそれをけっして欲しがらないように習慣づけることです。（エリザベト宛 1645. 8. 4. AT. IV, 265–266）

二十六年前の古い道徳が捨てられずに保存されていたことに、われわれは驚かされる。だが、もとよりこれは暫定的道徳と同じものではなく、いくつかの書き換えがなされている点に注意すべきである。すなわち、第一格率では他人の穏健な意見や習慣にしたがうとされていたことが、ここでは何をなすべきかを知るために「自分の精神をよく使う」と修正されている。第二格率は行為の選択は蓋然的ないし偶然的であってもそれを変えないとしたが、ここでは偶然性が排除され「理性がすすめることを遂行する」とされている。われわれが［つまり理性が］最善と判断したことを不抜の意志をもって遂行することが徳である（同宛 1645. 8. 18. AT. IV, 277）とも言われる。第三格率はわれわれの欲望を変えて運命の必然にしたがうことを教えたが、ここでは「理性にしたがって自分を導く」と書き換えられている。こうした修正は『序説』の時点ですでに予想されていたことでもある(165)。

この修正版に特徴的であることは、精神を使う、理性の教えることをする、理性のすすめにしたがうと言われるように、理性と精神との強調である。『序説』の道徳に比べて基本的な枠組みは変わっていないが、規則がより自律的になっていることが特記されよう。自分で自分を導くこと、みずからの理性や精神にしたがって人事を尽くすことが大切だと考えられている。そのうえで事が成功しないなら、それはもはや自分の力の外にあるもの（いわば天命の必然によるもの）と見なして後悔すべきではない。かくして他律によることなく自分で充足することになる。至福とはこの意味での「精神の満足」（エリザベト宛 1645. 8. 18. AT. IV, 277）にある。この段階では、暫定的道徳とちがって、精神は存在するという形而上学の原理が確保されているので、精神を道徳の基礎として正当に主張することができる。また神の存在もすでに知られているので、第三格率も根拠づけられる(166)。しかしながら、エリザベトは必ずしもこの自律的道徳に納得していない点がむしろ興味深い。王女は、自分の意志だけで至福にいたることができるのか、病気は理性のはたらきを妨げるではないか、エピクロスは尿石で苦しいのに痩せ我慢を張った、と反論している（デカルト宛 1645. 8. 16. AT. IV, 269）。デカルトがどこまでも心身の区別（精神は身体を制御できるとする理論）をもとに議論をしているのに対して、エリザベトは心身合一という事実の側から反論していることになろう。デカルトの道徳はたしかに形而上学を基礎にもつが、同時に心身二元論の難問をも抱え込んでいるのである。

(2)　一六四五年九月、デカルトの実践的な世界観がはじめて明らかにされる。デカルトが知性を用いて最善を判断し、意志によって遂行せよ（エリザベト宛 1645. 8. 18. AT. IV, 277）としたのを受けて、エリザベトは「生のあらゆる行為において最善のものを見分けるために、知性を強化する方法」を教えて欲しい（デカルト宛 1645. 8. AT. IV, 280）と要望した。これに対して哲学者は胸襟を開き、みずからの世界の見方を四項目にわたって詳細に述べている。

第一で肝心なことは、神があること、そしてそれにすべてのものが依存し、その完全性は無限であり、その力ははかり知れず、その決定は誤ることがないということです。……第二に知るべきことは、われわれの精神の本性です。精神が身体なしにも存続し、身体よりもはるかに高貴であり、この世では見出されない無限に多くの満足を［来世において］享受しえるかぎりにおける精神の本性です。……［第三に］宇宙の広がりについての広大な観念を持つことです。……［第四に］われわれの各々は他の人から分離された個人であるにせよ、……人は独りでは生存することができず、実は宇宙の一つの部分である……とつねに考えねばならないことです。（エリザベト宛 1645. 9. 15. AT. IV, 291-293 括弧内は筆者による挿入。）

エリザベトはこれを「私生活に関する主要な格率」（デカルト宛 1646. 4. 25. AT. IV 405-406）と見るにとどまるが、

これこそデカルトの世界観の全体像にほかならない。神と精神の存在という形而上学の原理を踏まえた世界の見方が、ここに最も直截かつ明瞭に述べられていると思われる。実際、それはわれわれがこの世界を実際に生きるうえでの「最も有益な真理」（エリザベト宛 1645. 9. 15. AT. IV, 291）と考えられている。

その第一は神の存在である。その諸属性は「神の善性」（同 292）とまとめられ、ここで神についての形而上学が要約されている。[167] すでに述べたように、ものが神に全面依存するという主張の基礎には永遠真理創造説があるが、それは同時に連続的創造説も踏まえているだろう。すなわち、ものが存在するということは神によってつねに新たに創造されることであり、この意味で「ものは神なしには一瞬もありえない」（『序説』AT. VI, 36）。また、摂理の決定は神の完全性や不動性に基づいてのことであり、その必然性は『情念論』（145-146）で分析されるように「偶然の運」を幻として排除することになる。それはすべてが神からの贈与と考えることであり、この世界は神の善なる意志によって然るべく存在していることになる。そして、人間が精神を高めて対象をあるがままに考察するなら、おのずからその対象を愛するようになると言う。こうした思想からのアウト・プットとして、「われわれは苦しみからさえも喜びをひき出す」（エリザベト宛 1645. 9. 15. AT. IV, 292）という世界の見方が生じる。つまり、われわれが苦しみを受けるのも神の意志によるものとみなし、[168] 神に自分の存在を預けることで心の安息を得るのである。これは明らかにストア哲学に近い世界観であり、「数々の苦しみや貧しさのなかにありながら、神々と幸福を競い合うことができた哲学者たち」（『序説』AT. VI, 26）のことが想起される。だが、それはある意味でこの世を捨てることであり、現実に生きている人間にはできない相談かもしれない。すべてが摂理の決定によるとするなら人間の自由の余地はなくなるのではないか、この世界に悪があることは摂理と矛盾するのではないか、といった批判がただちに生じるであろう。エリザベトはその急先鋒であった。これに対してデカルトは、自由と決定とは両立する、悪は欠如にすぎないと弁明に努めることになる。

第二は精神の不死である。精神は身体とは本質的に区別された実体であり、「身体なしにも精神であり続ける」（同33）ことが形而上学の原理としてすでに確認されている。それゆえ、精神は「その本性からしてまったく不滅である」（『省察』「概要」AT. VII, 13）。このことから帰結する世界の見方として、死を恐れない、現世への愛着を断つ、運命の営為を突き放して眺める（エリザベト宛1645. 9. 15. AT. IV, 292）ということが浮上する。死を恐れないとか、死後に穏やかな生があるという所信は、神の摂理を背景としてメルセンヌやホイヘンス宛書簡ですでに表明されたことである。この世への愛着を断つということは人生の否定ではなく、偶然の運に属するものには執着せず、摂理の必然にしたがうということであろう。そのかぎりで与えられたこの生を愛するのである。もとより、精神が本当に不死かどうかは保証のないことであり、希望的な憶測にすぎないことをデカルトは承知していた。不死は形而上学的確実性を伴うことではなく、道徳的確信 assurance morale（『序説』AT. VI, 37-38）にすぎない。だが他方でデカルトは、精神の不死には絶対の保証はないにせよ信頼すべき十分な論拠があると考えている。というのも、それは心身の区別からおのずから帰結しうることであり、また実体の本性からしても「精神は、自然哲学によってそれが認識されうるかぎり不死であると結論するには十分である」（「第二答弁」AT. VII, 153-154）からである。そして来世という「不確実なもののために、［現世の善という］確実なものを犠牲にすべきではない」（エリザベト宛1645. 11. 3. AT. IV, 333）とも言われている。結局かれの立場は、不死の究極の判断は神に預け、神の善性を信頼しつつ死を忘れて現実の生を愛せよ、ということになる。だが、ここでもすぐに反論がありえるだろう。すなわち、この世界は善であるどころか邪悪な人間に満ちており、けっして愛すべきものではない、また、生への愛着を断って必然に身を任せることは、身体を保存しつつ生きなければならない人間には不可能なことである、と。これらはエリザベトの反論でもあるが、これに対してデカルトは、この世界には悪よりも善が多くあり（同）、また精神によって身体は原理的に制御可能であるとのオプティミズムを以って答えることになる。

第三は、世界がアリストテレス＝スコラが考えたように限界を有するものではなく、無際限であることである。これはデカルトの自然学の一つの帰結であり、当然ながら、延長実体たる物質が存在し、物質を含まない空虚な空間はないとする形而上学の原理を踏まえている。だが、それは神の作った宇宙の物理的広大さを言っているだけではない。そこからのアウト・プットに注目すべきである。すなわち、有限宇宙説の下に「すべての天空は地球のためにのみ作られ、地球は人間のためにのみ作られていると思い込むならば、この地上がわれわれの主たるすみかであり、この世の生がわれわれの最良の生であると考えるようになる」（同 1645. 9. 15. AT. IV. 292）。だがこれは誤りである[169]。世界は無際限なのだから、地球は世界の中心でもなければ、人間のためにあるのでもない。われわれはこの地上に生きてはいても、また「この世にはつねに悪よりも善が多い」（同 1645. 11. 3. AT. IV. 333）としても、この世の生が最善であるとは考えてはならない。結局、人間は被造物の上に立って神の顧問として世界を導く存在ではない、とされる。要するに第三の論点の言わんとするところは、われわれは相対的世界のなかで存在しているということである。デカルトは現世と来世を見通した世界観に立って、人間の不遜な思い上がりを戒め、人間中心主義的なオプティミズムを排除している。これはすでに述べた目的因の追放とも呼応することであろう。だが、それでは人間は無限の相対的世界のなかで自分の存在理由を見失うことにならないであろうか。カントは星辰の動きの荘厳さに心を打たれたが、それは背後に神を読み取っていたからであろう。パスカルは、神を知らない人間は無限宇宙の永遠の沈黙の前に戦慄を覚えるとした（『パンセ』B206/L201/S233）が、ロディス＝レヴィスによれば、神への愛があるゆえにデカルトには戦慄はないという[170]。たしかに「神を愛する」ということはエリザベト宛のこの書簡でも言及されてはいるが、しかしまだ十分に明らかではない。それは二年後のシャニュ宛書簡（1647. 6. 6. AT. V. 56）ではじめて展開されることである。また『原理』は、すべてが神によってわれわれのためにつくられたとするのは、それによって神への愛に燃えるためかもしれない（III-3）と言っており、それは目的因を追放するなら神への愛もなくなることを意味しかねない。無限宇宙を観想するなかで人は創造者の愛を感じ取るよりもむしろ、世界のなかに投げ出されている人間存在の孤絶と虚無を感じるのではなかろうか。エリザベトも、デカルトの考えはこの世への愛着を断つと同時に、神の摂理をも断つと批判している（1645. 9. 30. AT. IV. 303）。

第四は、人が有機的・全体的世界のなかにおいてあることである。すなわち、人間は宇宙・地球・国・家族という順序で世界の構成要素の一部であり、有機的な相互連関のなかにある。そして個人よりも全体の利益が優先する、と言う。全体との関連でものを見る視点は、先に述べたように『省察』などに登場している。世界における人間の位置づけという問題は、形而上学よりも実際の生の事実に基づくとも考えられる。心身の合一した生の次元において、それは当然のことであるからである。だがそれが哲学の問題になりえるのは、やはり形而上学が基礎にあってのことである。周知のように、私が存在することをコギトによって発見したあとで、デカルトは神の存在証明に向かい、「私ひとりがこの世界にあるのではなく、その観念の原因であるところの何か他のものもまた存在する」（「第三省察」AT. VII. 42）ことを確認した。そして、その上で外界を構成する「物体的事物は存在する」（「第六省察」同 80）と結論している。世界があるということは、こうした形而上学の議論を踏まえた上ではじめて学問的に基礎づけられることである。このように、個人としての人間を世界との有機的なつながりのなかで捉え、いわば世界内存在としての人間として見ることは、上に指摘した孤絶した人間存在への救済措置となるかもしれない。少なくとも人間の日常性を見るかぎり人は実際に世界全体との密接な関係のなかで生きており、そこに神の摂理を読み込むこともあるいは可能であるからである。他方、それでは個人が全体の犠牲になり、悪しき全体主義に陥ることにならないかとの反論がありえよう。だがデカルトは、全体の犠牲と言っても「節度と慎重さ」を以ってすべきであり、小さな善のために自分を犠牲にしたり、自らの利益のために他人を犠牲にするのはよくないが、場合によっては万人の善のために自分の生命を危険にさらすことがあってよい（エリザベト宛1645. 9. 15. AT. IV. 293）、と考えている。しかし、何をもって善とするかについては人によって相違があり、全体の利益とは何かについても曖昧さが残る。また、どういう場合に、どこまで全体の犠牲になってよいかの基準も明確に示すことは困難であろう。エリザベトもこうした点を突くことになる。

以上の四つの実践的な世界観についてエリザベトは徹底的に批判的であり、王女は一つの別の世界観を代弁しているとも読める。すなわち、人間の自由と神の決定は矛盾する、デカルトの見方はこの世の悪を見ていない、神の摂理から離れる、現実の生に適合した規範たりえない、などである。これらの問題をめぐって論争が続くことになるが、デカルトは形而上学の原則の下に、自由と決定は調停できる、世界の善は確信される、摂理は世界に敷かれている、理性によってこの規範は現実の生に適合可能、と考えた。エリザベトが現実に経験される世界をリアルに捉え、心身合一の事実に立ってものを考えたのに対して、デカルトは神の存在と心身の区別を踏まえ、広大なこの世界をどこまでも善とみなし、全体との関連のなかでものを合理的に処理するのである。これがデカルトの世界の見方の原則であり、「最善を見分けるために知性を強化する方法」にほかならない。のちに王女は「私生活に関する主要な格率」だけでは飽きたらず、マキャベリの『君主論』をとりあげて「社会生活の格率」

（デカルト宛 1646. 4. 25. AT. IV. 405-406）を哲学者に質したが、それに関してもデカルトは性善説に立って理性や正義や善を擁護する立場を貫くのである（同 1646. 9. AT. IV. 486-493）。ただ、この世界観論争は哲学の理論と生における実践、心身の区別と合一など、二元論の課題がなお残されていることを結果的に明らかにしていると思われる。

（3）晩年のデカルトは、シャニュやクリスティナ宛に一連の道徳書簡（一六四六―四七）を残しており、そこでも世界観が論じられる。在スウェーデンのフランス大使であったシャニュは道徳に関心があり、デカルトによればみずからの見解を次のように語っていた。「いかに生きるべきかを知るための最も確実な方法は、まずその前に、われわれが何であるか、またわれわれの生きているこの世界がいかなるものであり、この世界の創造主つまりわれわれの住んでいる家の主人は誰かを知ることである」[171]（シャニュ宛 1646. 6. 15. AT. IV. 441）と。デカルトは、自分は道徳ではなく自然学を事としているとしながらも、この考えに必ずしも否定的ではなかった。われわれ・世界・神の三つの問題を踏まえてはじめて人いかに生くべきかが知られるという見方は、上記の実践的世界観と共鳴するものであろう。問題への答えが、精神としての私、無際限の宇宙、善なる神、となることは言うまでもない。シャニュの捉え方は単純ではあるが、問題を明快に整理していて印象的であり、また近代的な形而上学の発想[172]をも予感させるものがある。

宇宙の無際限と神への愛に関してはさらに議論がなされる。すなわち、宇宙が果てしないとするならキリスト教的な「人間の特権」が損なわれるのではないか、という反論がありえる。しかし、神の創造の目的は人間だけではないはずであり、これによって人間の価値が目減りすることはない。むしろ、「われわれが神を愛し、神によって自分と全被造物とを進んで結びつけるとき、われわれは自分より完全な一個の全体のなかにあって、その部分にほかならない」ことになるので、自分自身をも高く評価することになり、「神の作品の広大無辺に心を打たれ、ますます神を賞賛する」ようになる（シャニュ宛 1647. 6. 6. AT. V, 56）としている。神への愛に基づく全体的世界観を以ってすれば、無際限な宇宙ということもキリスト教の倫理には反しないと考えるのである。逆に言えば、神への愛がデカルトの世界観の切り札になっていることになる。

だが、信仰でなく理性の立場で神への愛ということが果たして成立するのか。この点はいわゆる「愛の書簡」で詳述される。すなわち、神もまた考えるものである点でわれわれの本性に類似していること[173]に留意すべきだが、他方で、神の創造、広大な摂理と不変の決定、被造物の大きさとわれわれの小ささを省察するとき、人は極度の喜びに満たされる。そして「みずからの意志によって自己を全体的に神に合一させ……この世では神の意志が実現せられること以外に何ごとも望まなくなる。……愛とは、なんらかの対象にわれわれ自身を合一させようと意志することであって、神に関しては、われわれ自身を、神の創造した事物のかぎりない全体のきわめて小なる部分とみなすことなのである」（シャニュ宛 1647. 2. 1. AT. IV, 609–610）。要するに、被造物の全体における人間の占める部分を考え、そこから神との合一を意志することによって神への愛が成立すると考えるのである。これはスピノザの「神への知的愛」を容易に彷彿させる。先に指摘したように、実践的世界観（とくにその第三、第四）も神への愛ということがあってはじめて首尾一貫したものになる。神への愛はデカルトの世界観を締めくくる画竜点睛のごときものであろう。

しかし、ここにいう神への愛がすぐに万人に受け容れられるとは思われない。デカルトは、ものの道理を極めれば「自然の光だけによって神を愛することができる」という考えに立っているが、だれもがそう考えるわけではないからである。大なる宇宙の中で小なる人間を省察して、宇宙や神との一体感を感じ、喜びに満たされる人もいるだろうが、逆にパスカルのように、その「不均衡」（『パンセ』B72/L199/S230）に戦慄を覚える人も多いだろう。ハイデガーも世界内存在の根底に、人間の頽落と披投性と不安とを感じ取っている（『存在と時間』§38, 40）。たしかに、生きものとしての人間が自然的世界との有機的な一体感を持つことはあるだろう。人間相互の愛情や連帯感の下に、自分の善よりも他人の善を尊重する（エリザベト宛 1645. 10. 6. AT. IV, 316）ということもあるだろう。だが、この世界のうちに神への愛を見出そうとすることは、かりにそれが「知的愛」であっても、対象が神であるかぎりそれは自然的理性の域を超えることではないのか。普通の人は、むしろ世界における人間の孤独をまず経験するであろう。いずれにせよ、人間がこの世界に存在していることは、「きわめて注意深い省察」（シャニュ宛 1647. 2. 1. AT. IV, 608）を以ってしても、必ずしも神との合一に直接つながることではない。信仰の立場は別としても、理性の立場で神への愛を万人に納得させるのは困難ではないかと思われる。上に述べたデカルトの実践的世界観にはなお多くの問題があるとせざるをえない。

他方、クリスティナ宛の書簡では、最高善と自由意志が論じられる。すなわち、最高善とは善をなそうとする固い意志と、そこから生じる満足にある。というのも、自分が絶対に支配できるものは意志しかないので、最善を行おうと固い決心を抱いているときにこそ、徳は成立するからである。自由意志はわれわれを神に似たものにし、自由意志の善用から精神の安らぎと内的な満足が生まれてくる（クリスティナ宛 1647. 11. 20. AT. V, 82-85）という。これはデカルトの道徳の核心をコンパクトにまとめたものであろう。自由意志についての思想はすでに『序説』の頃からあり、「第四省察」、『原理』第一部を経てエリザベト宛書簡にも散見する。そして、それは晩年になるにしたがってますます重要になって来ていると思われる。この書簡で言及されている、自由意志の善用、神との類似、決心の固さなどは『情念論』の高邁（152-3）にも通じることである。自由と決定、非決定の自由など問題の余地は残されているが、自由意志がデカルトの道徳の根幹をなしていることは確かなことである。

（4）『情念論』（一六四九）における世界観や道徳はどのようなものであったか。最晩年のデカルトの最終的な考えが出ている観がある。その特徴的な論点[174]のいくつかを見ておく。

第一に、上に述べた自由意志と神への愛が再び取り上げられる。「自由意志を善用しようとする確固不変の決意をもつこと」（『情念論』161）は、習慣の次元を超えてそれ自身が高邁の徳とされる。決心の固さが徳であることは既出（エリザベト宛 1645. 8. 4. AT. IV, 265）であるが、それがここでは高邁という最高の道徳概念として捉え直されていることが注目される。この自由意志は、われわれを自分自身の支配者とすると同時に「そのことによって、われわれをある意味で神に似たものとする」（『情念論』152）とも言われる。神に似るとは、われわれが意志に関してみずからの主となるという意味であることがここから分かる。他方、愛するものとの結合と言うとき、われわれは「自分は全体の一部分にすぎず、自分が愛しているものがもう一つの部分である」と考えている（同80）。ところで、神は部分ではなく全体であり、愛の対象として自分よりも高いものと評価される。それゆえ[175]「神を正しく認識するなら神に対して献身的であらざるをえない」（同83）。神への愛が、ここでは献身dévotionという一歩踏み込んだ言い方になっている。

第二に、摂理の必然性と偶然の運との峻別である。これは、われわれの力のうちにあるものと外にあるものの区別（『序説』AT. VI, 25）として、これまで議論されてきたことの総括になっている。すなわち、すべては摂理によって導かれており偶然の運なるものの入りこむ余地はない。運を恃んでわれわれに依存しない善をも可能だとすることは、知性の誤りによる幻影である。むしろ、摂理の決定によってわれわれに依存するとされた善のみが可能であり、もっぱらこれを欲求するようにすべきである。摂理と運とをいかにして見分けるかは練習と習慣の問題である。あることがらが理性の命令にしたがってもなお不首尾に終わった場合、われわれは知性の認識しえた最善を尽くしたのであるからそれは不可避であったと考え、かくして欲望を統御する習慣を得ることができる（『情念論』145–6）という。要するに、理性の導きの下でベストを尽くし、それでも獲得できないものは自分の力の外にあるもの（最初から縁がなかったもの）と合理化することで、欲しがらない習慣をつける。かくすれば後悔も悔恨もなくなると考えている。これがストア主義者デカルトの戦略であり、世界の見方である。それはエリザベト宛書簡のことばで言えば、「ものごとを自分に好ましく見える角度から見る」（1645. 6. AT. IV, 237）ことである。つまり、好ましくないことからは想像力を反らせ、ちょうど舞台の上演を見るように、知性だけでものを突き放して見ることである（1645. 5 ou 6. AT. IV, 218–219）。これによって悪や不幸の最中にあっても精神の満足を得ることができるとする（1645. 5. 18. AT. IV, 203）。だが先述したように、それは世界のなかに身をさらして生きる人間には容易なことではないであろう。デカルト自身「この点に達するまでには、きわめて哲学者であらねばならない」（1646. 1. AT. IV, 355）と認めている。

第三に、情念の統御ということである。たしかに、欲望をはじめとする情念はものの本性を正確に示さないことがあり、つねに善であるわけではない（『情念論』138）。しかし「情念はその本性からいえばすべて善いものであり、情念の誤った使用またはその過度を避けるだけでよい」（同 211）という。善いものとは、それが人間の生にとって必須のものであるという意味であろう。したがって問題は、ストアのアパテイアのごとく情念を否定し去ることではない。むしろ情念を積極的に肯定し、それをいかに統御し、いかに善用するかである。そのためにデカルトは、心身の生理学的な相互関係のなかで情念を捉え、統御のメカニズムを考えた。「自然学上の概念が道徳の硬固な基礎をうちたてるのに役立った」（シャニュ宛 1646. 6. 15. AT. IV, 441）とはこのことを指すのであろう。情念のうちで最も統御を要するのは欲望であり、「欲望の統御にこそ道徳の主要な効用は存する」（『情念論』144）ともいう。そのためには、われわれの自由意志に依存することがらを明晰に認識し、それのみを欲するようにすればよいのである。かくして「知恵の主要な効用は、それによってみずからの情念を支配させ、情念を処理させること」（同 212）である。情念を統御するのは知恵によることであり、「高邁の徳はあらゆる情念の迷いに対する万能薬である」（同 161）という。「情念によって最も多く動かされうる人々が、この世の生において最も多くの楽しさを味わいうる」（同 212）のであってみれば、欲望を統御しつつ、この人生をあふれる情感を以って享受すべきである。結局「死をおそれずに生を愛すること」（メルセンヌ宛 1639. 1. 9. AT. II, 480）、それが賢者の生き方であると考えられている。

『情念論』の示す道徳は、デカルトの世界観の締めくくりになっていると考えられる。そこにはストア主義やキリスト教の世界観などの影響を読み取ることができるが、基本には精神ないし理性によって身体的世界を制御できるとする合理主義の考え方があるだろう。だが、問題はまさにその点にある。たとえば摂理と運との区別や、自分の力の内にあるものとないものとの区別がいかにして可能であるか、心身を併せもつ人間にとって理性で情念を統御することは困難なのではないか。これらはエリザベトの一貫した反論であり、『情念論』はそれに答える形で書かれたはずである。だが、合理主義に簡単に与することのできない人には、それが必ずしも納得できるものでないことは否定できない。

以上、デカルト晩年の道徳や世界観を、道徳書簡や『情念論』によって見てきた。そこでは、道徳の規則、実践的世界観、神への愛、自由意志、摂理、情念の統御、高邁などの主題が潤沢に展開されていることを確認した。このうち実践的世界観の四つは、デカルトのものの見方や生き方の基本が率直に表明されたものとして印象的である。また、神の摂理の下で理性を用いて自律的に生きること、自由意志で決断したことを曲げないこと、情念を善処して生を愛すること、これらがデカルトの世界観の特徴であろう。だがそこには問題点がいくつかある。つまり、心身二元論、自由と決定、などの形而上学の諸問題が、解決されないまま世界観や道徳に投影されていることである。それゆえ、情念の統御、摂理と自由、神への愛などが難しい問題となっていると思われる。

たしかにデカルト自身は問題解決の方向を示している。すなわち、哲学の次元と生の次元とを区別し、理論的な解明ではなく実践の場で問題を説明することで解決しようとしている。たとえば、心身の区別は形而上学と知性の次元のことであり、心身の合一は生と感覚の次元のことである。それらを同じ次元で語るならば理論的に矛盾するであろう（エリザベト宛 1643. 6. 28. AT. III, 693）。合一については、事実としてわれわれは心身合一の世界を生きているという実践的な説明で十分であると考えている。同じ論理によって、理論的にはすべてが摂理によって決定されているが、ただ自由のみはわれわれにおいて実際に経験されていると考えている（『原理』I-41）。また、情念を統御する方法や摂理と偶然の運の区別に関しては、それは理論による定式化よりも実践の場における習慣づけの問題であり、知性の認識にしたがって最善を行う練習を重ねることでその習慣が獲得される（『情念論』146）としている。このような姿勢自身がかれの生き方や世界観の一つの特徴をなすものであろう。こうした実践的解決を可能にしているのは、ほかならぬ神の誠実である。たとえば、人間に自由な行為の余地を残し、実践において自由を経験するようにしているのも、善なる神の摂理によることである。また、神が心身をいかに緊密に合一させていたとしても、心身は神の力によってやはり実在的に区別される（『原理』Ⅰ-60）といわれる。心身を理論的に区別するのも実践的に合一するのも、ともに誠実なる神の力によるのである。神が欺くならばこうした事態はありえないだろう。区別を踏まえながら所与としての合一を明らかにすることで十分であるとする実践的な確信の根底には、善なる神への信頼があるといえよう。

ただ、実践的説明によって問題が根本的に解決されるかどうかは別である。エリザベトとの論争が示しているのは、デカルトの道徳や世界観がまさに実践のレベルにおいて多くの問題を残していることである。実践的な解決の方向は、たとえ神への信頼に基づいてはいても、けっして問題の根本的解決を意味しないと言わざるをえない。

おわりに

われわれはデカルトの形而上学と世界観を、神と精神の問題を中心に見てきた。これまでの議論を振り返り、現代のわれわれはその問題をどう受けとめるべきかを考えておく。

以上の議論を整理すれば以下のようになろう。デカルトの形而上学は出発点からして、つねに神と精神が主題であった。その到達点においてこの主題は心身二元論という一つの頂点に達しているが、多くの問題を含んでいたことは否定できない。ところで、神と精神についての省察はデカルトの世界観の基礎をなしており、形而上学で得られた知見がかれ自身の世界の見方ないし生き方に投影されている。すなわち、善なる神が存在する。神の摂理を見極め、その神を愛すべきである。万物は神によって存在するが、人間が宇宙の中心であるわけではない。

この世界は本来善であるが、人間は全体のために自己を犠牲にすべき場合もある。精神は身体（物体）とは異なる実在である。理性によって情念を然るべく統御し、自由意志を善用してこの世を決然として生きるべきである。要するに、死を恐れずに生を愛することが知恵である、といった見方である。そして、こうした世界観においても二元論の抱える難しい問題状況がそのまま継承される結果となっている。だがデカルト自身は、神の誠実ということを根拠として問題の実践的な解決の方向を指し示している。

ところで、十七世紀の哲学者の多くは神と精神という主題に真正面から取り組んでおり、それが方法論的にも可能だと考えていた。デカルトも、精神というものがあり、緻密な省察を重ねるならば精神から神に達しえると見ている。『省察』の課題の一つは、その論理的な道行きを語ることであった。世界観の根本にあるこうしたものの捉え方を、現代のわれわれはどう受けとめるべきであろうか。

精神については比較的考えやすい。それは現代でも「こころの哲学」として形を変えて論じられているからである。人間の精神は身体（物体）とは本質的に区別されたものであるというデカルトの主張は、現代では、精神（意識）が身体的なもの（脳）に還元されるか否かという問題になろう。この世界のすべては物体のみによって一元的に構成されており、精神と呼ばれるものは脳あるいは脳の機能にほかならない、という考え方がある。だが、これに対しては反論がある。もしそうであるなら、すべてが物理的・客観的に説明されるはずである。しかるに、トマトの赤い感じといった主観的な意識内容（クオリア）は物的一元論では説明し切れない。意識は必ずしも物理的法則にはしたがわない、という反論である。この議論に立てば、物体とは異なった精神的な実在の領野を認めることになる。それは幻でも幽霊でもなく、ただ物理的に説明できない何かとするのである。このよく知られた例からしても、精神は身体から区別されるというデカルトの考えは、現代でも有意味であると言えよう。

問題はむしろ神である。精神を手がかりにして神を論じるその手続きが、哲学の議論として有意味と認めうるかどうかである。人により立場により賛否両論がある。十七世紀の思想家の多くはむろんそれを認めているが、ただニュアンスの違いがある。パスカルは、それは哲学としては有意味かもしれないが、人間の救いのためには無意味であると評した。スピノザは神を出発点として議論をもっと整理徹底できるとし、ライプニッツはモナドという精神的原理から神と世界を別のように説明できるとした。他方十八世紀の哲学者ヒュームやカントは、その議論が論理的に間違っているとした。人間精神がいくら思弁を重ねても神の存在を導き出すことはできないと考え、神という主題は理論的な哲学から信仰に譲渡すべきだとした。

現代においても、神についての議論を論理的に有意味とは認めない意見は多いと思われる。その理由としては、哲学の議論のなかに検証できない超越者を持ち込むべきではないということがあるだろう。すなわち、神を哲学の主題にするのは宗教の影響が強かった時代の名残である。たとえば神の世界創造ということにはすでに一定の信仰が含意されているだろう。ヒュームやカントが示唆しているように、神を哲学で論じることには論理的な無理があり、むしろ信仰の問題とすべきである。ものごとの存在の原因や根本の原理は何かという問題の終局に神を置くことは、人間の素朴な知的要求を満足させはしても、哲学的に有意味なことではない。かりに神を認めたとしても曖昧な原理になりかねない。たとえば心身二元論の不備を、神を媒介にして説明することは、機械仕掛けの神を導入することである(176)。西田幾多郎のことばで言えば、分からないものを更に分からないもので説明することである(177)。フッサールが考えたように、哲学研究においては神という超越者を遮断すべきである（『イデーン・Ⅰ』§58）。このような批判がありえるだろう。

しかし、現代において神を論じることに重い意味があるとする意見は、それに劣らず多い。たしかに物理主義や現象学の主張は明快であり、神というものを考慮せずに済むならそれに越したことはない。だが、哲学の問題はそれだけでは済まされないだろう。形而上学の問題として神を問わざるをえなかった理由を、ライプニッツが最も明確に述べている。「[若いときに実体的形相か機械論かの選択に迷ったが]機械論が勝利を収めて数学をやることになった。……だが機械論と運動法則そのものの究極の理由を求めたとき、数学においてはそれが見出されえないことに私は驚き、形而上学に戻らねばならなかった[178]」。物理的・機械的な説明だけではものの根本が分からない、究極の理由を知るためには神を問題とせざるをえない、ということである。多くの現代人は、いきなり神と言われても当惑するかもしれないが、しかしそれはけっしてナンセンスな死語ではなく、今なお傾聴に値するポジティブな内容をもっていると思われる。デカルトの言う「神」を現代用語で理解するなら、世界を根源的に説明するための一つのパラダイムということになるであろうか。

デカルトの考え方の基本には、神は認識可能であるという思想がある。デカルトの神はしばしば無限にして完全な存在と規定される。だがその神は、有限で不完全なわれわれとは無関係にこの世界の外に超越するものではない。神は超越すると同時に、われわれの内に観念として内在すると考えられている。すなわち神の観念は、われわれの本性の内に生まれつき刻み込まれている生得観念である。レヴィナスがわれわれの「観念に到来する神[179]」と言うごとくである。内在としての神の観念を手がかりとして、われわれは無限な神についてある程度認識をもつことができる。神の全体はむろん把握できないが、無限であるということ自体は知りえる。かくして、われわれは有限でありながら神の属性の一端を知り、その本質や存在を知ることができる、と考えられている。

ここからデカルトの神の特徴点が浮かび上がってき、それは上に述べた批判への解答となるだろう。第一に、哲学者デカルトは、神を語る際、パスカルのように宗教的な超越には向かわない。啓示神学でなく理性神学として語り、信仰の領域でなく哲学として問題にしているのである。その目的は宗教的な救済を求めることではなく、神と精神を基礎とした合理論的な形而上学を形成し、それに基づいて道徳や世界観を定めることである。デカルトの哲学は、スピノザのような必然性の道もとらないし、ライプニッツ的な予定調和に甘んじることもしない。カントは神の議論に論理的な誤りを指摘したが、それは経験論的な立場からの批判にすぎない[180]。

第二に、経験的な検証ができないものを論じるなという主張も、経験論という哲学の一つの立場にすぎない。哲学は経験科学ではなく、観察不可能なことや、実験的に確かめることができないものをも問題にする。そして、ある説明原理が理論的に整合的であり、現実の問題に妥当しかつ有効であれば、その原理は検証されたと考えてよいであろう。デカルトの神は、プラトンのイデアやカントのもの自体と同じく、世界を根源的に説明するために想定された一つのパラダイム的な装置として受けとめることができよう。

第三に、たしかに神の世界創造 creatio ということはキリスト教の世界観であり、それがデカルトの念頭にあったことは否定できない。「すべてをなしうる神が存在し、この神によってわれわれは今あるようなものとして創造された」という古い意見（「第一省察」AT. VII, 21）を考慮しつつ、自分の起源や世界の作者、創造者としての神を想定している。だが、デカルトはそれを信仰でなく哲学の問題として再吟味し、いわば非神話化した形で語っている。たとえば、神のもつ積極的な力、自己原因、永遠真理創造説などは、新しい神の概念であることはしばしば指摘される。デカルトの主張によれば、無から何も生じないのであるから、現に観念やものがあるなら、それは何か他のものによって存在せしめられていなければならない。その存在の「究極の原因」（「第三省察」AT. VII, 50）を神と呼ぶのである。この神は人間を救済せんとするキリスト者の神ではなく、いわゆる哲学者の神あるいはむしろ形而上学者の神であろう。こうした考え方は、形而上学の基礎ないし原理の一つを神という実在に求めることであって、けっして無意味なことではないだろう。

第四に、世界の究極原因を神と見なしたり、神が心身の媒介をしているとするのは、機械仕掛けの神の導入のように思われるかもしれない。だが、心身論についていえば、心身関係を神の予定調和によって説明するのはライプニッツであってデカルトではない。原理的に区別されているはずの心身がなぜ相互に関係するかについて、デカルトは神によって問題を一刀両断しているわけではない。むしろ解剖学や生理学を援用して説明を行い、最終的には理論でなく実生活のレベルに問題の解決を預けている。このとき神の善性に信頼が寄せられているのだが、それはデカルトにとって曖昧でよく分からないものなどではなく、最も明証的なものにほかならない。

最後に、超越を遮断すべきだというフッサールの批判に対しては、先述したように、神は単なる超越ではなく内在（神の観念）としてわれわれの意識の内にあると答えることができよう。

デカルトは科学的な世界認識を保ちながら二元論を生きた人であり、それがかれの形而上学にも世界観にもあらわれている。その生き方は結局、無限と永遠を意識しながら有限な今を生きるということに尽きるであろう。有限を生きることは同時に無限な神を考えることでもある。人間存在の有限性や知識の相対性を本当に知るなら、ものを無限に大きな全体のなかで、永遠とのかかわりにおいて捉えるようになるであろう。この視点が現代のわれわれにとって大切であると思われる。この意味で、神を考えることがなければ世界観は浅薄になり、人間が神に代わるという驕りを生むであろう。デカルトの思想は今から四〇〇年も前のものだが、現代人に神と精神について考えることの重要さを教えていると思われる。

Ⅲ　カントのデカルト解釈

第七章　カントと「デカルト的観念論」(181)

一　カントと「デカルト的観念論」

デカルトは哲学を始めるに際して懐疑を以ってし、「神の存在を前提するのでなければ、この疑いを除く十分な理由を示すことはできない」（『序説』AT. VI, 38）と強い調子で結論した。このデカルトの懐疑については、神が欺く可能性をもつとする点で十七世紀当時から多くの議論があり、カントもそれを批判的に見ていた一人である。カントの趣旨を一言で言えば、経験 Erfahrung のもつ合法則性ないし確実性を根拠として、あらゆる懐疑論を論破できるということであろう。だがそれはどういうことか。はたしてかれの批判は妥当かどうかを、デカルトのテキストとの対比において考えたい。

カントはデカルトの外界についての議論を、蓋然的・懐疑的・経験的観念論であると批判している。すなわち、それは問題をはらむがゆえに蓋然的 problematisch であり、外界の存在を疑わしくかつ証明されないと見るがゆえに懐疑的 skeptisch であり、「われ在り」を不可疑とする経験的な主張であるがゆえに経験的 empirisch であると言う。要するにこれは、ア・ポステリオリな質料的表象を問題とする実質的 material な観念論であると考えている（『純粋理性批判』B274, A377、『プロレゴーメナ』A. IV, 293, 337）。これに対してカント自身はみずからの論を形式的・先験的・批判的観念論と呼ぶ。すなわち時間・空間やカテゴリーという純粋形式を問題とするがゆえに形式的 formal であり、認識とものとの関係でなく認識能力との関係を問題とするがゆえに先験的 transzendental であり、普通の観念論を覆す独特なものであるがゆえに批判的 kritisch であるとする（『プロレゴーメナ』A. IV, 293, 337）。

以上がカントの描いた二つの観念論の大まかな概念図である。本来の観念論は思惟する存在以外に何もないとするものであるが、カントが自らの議論をあえて観念論と名づける理由は、外界にものがあることは認めても、我々はものの表象を知るのみであって、ものがそれ自体として何であるかは知られない（同 289）と考えるからである。要するにカントの観念論は、バークリの独断的・夢想的観念論はむろんのことデカルトの観念論とも違って、「経験の対象について我々のア・プリオリな認識の可能性を理解するもの、……すべてのア・プリオリな認識がこれによってはじめて客観的実在性を獲得するようなもの」（同 375）であった。経験を根拠とする外的対象の基礎づけ、これがカントの目指した仕事と言えるだろう。だが、かれはデカルトの懐疑の全体像を視野に収めて詳しい議論を展開しているわけではない。自らの立場からする批判を散発的に示唆しているのみである。重要なことは、「欺く神」というデカルト的懐疑の決定的な要素をカントは考慮していないことである。神の存在を前提することなくして懐疑を解く「十分な理由」が示しえるかどうか、これが問題となろう。

「デカルト的観念論」に関するカントの主要テキストは三つある。『純粋理性批判』第一版における「第四誤謬推理」（A366–380）、『プロレゴーメナ』（§49. A. IV, 336–337）、『純粋理性批判』第二版の「観念論論駁」（B274–279）である。ここでは、より進化した議論が見られる、あとの二つのテキストを中心にカントのデカルト解釈を詳しく検討したい。この作業を通して、デカルトの議論がカントの批判に十分堪えるだけでなく、カント哲学の基礎をも脅かす強力なものであることを示したい。

二　『プロレゴーメナ』における「観念論」批判

「デカルト的観念論」についてのカントの批判の基本線は、『プロレゴーメナ』（§49）に最も明快に現われている。まずカントは、我々の外的知覚に外界のものが対応していることはもの自体レベルでは証明できないが、経験のレベルでものが空間における現象として外界にあることは十分証明される、とする。つまり経験法則に従う表象の結合が現象の客観的真理性を証明しており、外界の存在は外的経験を介して空間における現象として示される。それは時間における私の魂の存在が、内的経験を介して示されるのと同じである。そこには、外的経験―空間―物体の存在、内的経験―時間―魂の存在という図式がある。こうした準備をしたうえでカントはデカルトに言及する。

K(182)　それ故デカルトの観念論は、ただ外的経験を夢から区別し、そして外的経験の真理の規準としての合法則性を、夢の無規則性と誤った仮象から区別するのみである。彼は両者において、対象の存在の条件として空間および時間を前提し、そして我々が覚醒している時に空間の中におくところの外官の諸対象が、実際に空間において見出されるかどうか、そしてまた同様に内官の対象である魂が、実際に時間において存するかどうか、すなわち経験が想像から区別される確実な規準を伴っているかどうかを問うだけなのである。

（『プロレゴーメナ』§49. A. IV, 336–337）

カントの見るところ、デカルトは、対象の存在の条件として空間・時間を前提したうえで、目覚めている時に空間において見る対象が実際にそう在るかどうかを問うている。だがそれは要するに、（合法則的）経験と（無規則的）想像とを識別する規準を問うだけだとする。「だけ」nur という表現が示しているように、デカルトの懐疑は、時間・空間の本来の意味を十分に踏まえていないので、簡単に解けるとカントは考えている。すなわち、その規準とは外的事物の表象と普遍的法則との一致ということであり、それによって経験における諸現象の結合が確かめられる。日常生活においてこうした疑いは容易に除去されている。物体が私の外部に空間において存在することは、私が時間において存在することと同じように確実な経験である。そこでカントは、形式的観念論は「デカルト的観念論を廃棄するものである」（同 337）と考える。廃棄する理由は、空間が私の外なるものとすれば外界は証明できないが、空間は私の感性の形式であるがゆえに、私のなかの表象として、私の存在と同じく現実的であるからである。かくして外界への懐疑はそもそも成立しないとされる。以上がこのテキスト（§49）の骨子である。

ここでカントの議論の前提となっている三つの点に注意すべきである。

第一に、カントはデカルトと違って、日常経験におけるもの（現象としての外的対象）の存在を結果的にそのまま認める立場に立っている。カントにとって外界のものの存在を疑うことなどは思いもよらぬことであった。注意せねばならぬことは、だからといってカントは経験的 empirisch なものの現われを真の実在とする素朴実在論をとっているわけではないことである。むしろ経験的なものを形式によって基礎づけ、真の経験 Erfahrung とすることがカントの意図であった[183]。およそかれの観念論は感性的表象（つまり空間・時間）のみにかかわることであった。「空間・時間は我々の感性の純粋形式として、……経験に先だって我々に内在し、……すべての現象を可能にする」（同 375）。すなわち、私はすでに直観形式としての空間をア・プリオリに有しており、外界のものは空間における現象として（誤った仮象でなく確かな経験として）すでに明示されている。経験における現象が真であることの根拠は、時間・空間というア・プリオリな形式が私の内にあることである。「真理は経験のうちにのみある」（同 374）。これがカントの観念論の根本である。逆に、もし経験における現象の根拠にそういうア・プリオリなものがないとすれば、「経験は真理のいかなる基準も持ちえないということが帰結として生じる」（同 375）。バークリの独断的観念論はこの誤謬に陥ったとされる。

第二に、カントは現象の真理性を示すものとして、諸現象の結合が経験的・普遍的法則に一致していることだと言う。法則に一致するとは、現象がただ時間・空間という直観形式に見合っているだけでなく、因果性などの純粋悟性概念（カテゴリー）に当て嵌まるということでもあろう。夢における無規則な表象は、時間・空間という形式を破るのみならず、因果法則にも従わない。しかし現実の経験においては、因果性という概念によって表象と外界の実在とが結合され、現象の合法則性が示されている[184]。ある一つの経験的判断 empirisches Urteil があるとした場合、それが感性的直観の表象に基づき、主観的に妥当するにすぎないときは「知覚判断」Wahrnehmungsurteil である。しかし、それがカテゴリーの下に包摂され、客観的な妥当性をもつようになるときは「経験判断」Erfahrungsurteil である（同 297-298）。かくして外界の存在は空間における現象として確実なものと見なされ、経験のレベルでは疑う余地がないとされる。

第三に、カントは内的経験と外的経験とは「経験」という共通の地平にあって連結していると考えている。私の存在は時間・空間的に規定され、経験の世界に組み込まれている。それは抽象された純粋意識のごときではなく、つねに外的経験との連関の中で時間・空間的規定を受けている。それゆえ私が在るなら、私を時間・空間的に取り巻く外なるものもまた存在するとしなければならない。[185] 私と世界とは同じ一つの経験の上にある。ところで経験という地平の根本には形式がある。形式とは直観の形式（時間・空間）であり、悟性の思惟形式（実体や因果性）である。これらが経験的・普遍的法則としてア・プリオリに私に内在する。要するに、はじめに形式があり、それは最初から懐疑の対象にならない。

以上のような前提に立ってカントはデカルトを批判しているのだが、そこでは明らかに『省察』の議論が対象になっていると思われる。デカルトは「第一省察」においていわゆる夢の仮説を展開している。すなわち、私は実際は着物を脱いで床の中で横たわっているのに、夜の眠りのなかで、今ここで上衣を着て炉辺に座っていると信じることがしばしばあった。また私は、目覚めていてこの手を意識して伸ばしていることを判明に感じているのだが、同じことが夢の中でも起こったことがある。現実よりも夢の方が鮮明でありさえする。こうしたことを根拠として「覚醒と夢とを区別しうる確かなしるしがまったくない」（『省察』AT. VII, 19）と結論された。そして、「第二省察」以下で、思惟する私、誠実なる神、外界の存在を証明し、感覚の実践的意味を見出した後に（つまり真なる神の存在を踏まえて）、「第六省察」の最後でようやく夢と覚醒との区別を示すにいたっている。

D　夢は覚醒時に現われる事がらとはちがい、生涯の他のすべての活動と記憶によって結びつけられることがけっしてない。……しかし、それがどこからやって来たのか、どこにあるのか、いつやって来たのかを私が判明に認めるような事物、その知覚をなんらの断絶もなく、残りの全生涯に結びつけることのできるような事物が現われる場合には、それらの事物が、睡眠中にではなく覚醒時に現われているのだということを、私はまったく確信するのである。」（『省察』AT. VII, 89-90）

夢と覚醒との区別は要するに記憶の連続性にあり、知覚経験の整合性、無矛盾性ということが区別の規準となっている（ただし「神の誠実」がその規準の客観的な妥当性を保証している点を見落としてはならない）。それはカントのことばで言えば、夢の無規則性に対する外的経験の時間・空間的な合法則性ということであろう。区別の規準は経験における諸現象の整合的な結合であり、外的事物の表象と普遍的法則（そうした法則がデカルト哲学で認定されるかどうかは別として）との一致[186]である。時間・空間の概念は当然のこととしてデカルトにも前提されている。このかぎりでは、カントのデカルト理解は正確かつ妥当なものと言える。

しかしながら、周知のように、デカルトの懐疑には感覚への懐疑（夢の仮説）と数学への懐疑（欺く神の仮説）との二つの柱があり、どちらも神の存在を前提しなければ除去できない（『序説』AT. VI, 38）とされていた。カントはここで前者のみを問題としているわけだが、その夢の仮説でさえも「誠実なる神が存在し、神は欺瞞者ではない」という前提があってはじめて解かれることなのである。たとえばカントの提出した、知覚と経験的法則との一致（A376）という規準が、絶対的規準として妥当するためには、つまり知覚や法則そのものが純正であって歪んでいないことを保証するためには、神の保証が必要であるのである。このことはデカルトを理解する上で、いくら強調されても強調されすぎることはないだろう。

後者の欺く神の可能性にいたっては、まったく触れられていない。カントにおいても真なる神は当然前提されていると思われるが、カントはその前提を哲学の問題として論じることをしていない。そのかぎりカントの「経験」は、かりに夢の仮説を破りえるとしても、欺く神の仮説を論破できない。デカルト的懐疑の本当の問題は「欺く神」や「悪霊」をどうするかである。その力は数学的真理や因果法則をも危うくする強力なものであったから、カントの言う空間・時間という形式や普遍的法則も簡単に破ることができるだろう。またカントが絶対の信頼を置いている経験ということ自体、その基礎が危うくなるとしなければならない。デカルトの懐疑は、我々のもつ知識（真理）と神との根源的な関係を問い直し、経験そのものの成立根拠を問うからである。これがデカルト的懐疑の本義であり、同じく確実性を追求するカントの「懐疑的方法」（『純粋理性批判』B451）とは質を異にする。デカルトの懐疑は戦略上の手段であり仮説であって、あまり強くとるべきではないとする解釈もある。しかし彼の提出した懐疑は、それだけの深い含蓄を必然的に有していると考えられる[187]。

カントは真なる神の存在を確信してはいても、理論的には神を問題としない立場であり、観念論を論じる際にも神ぬきで議論をする姿勢を崩していない。しかし、これではデカルトの提起した懐疑は根本的に解決されないことになる。欺く神や悪霊が襲ってくる余地を残しているからである。その限り確実な学問的知にはならないというのがデカルトの立場である。カントが言うように、十分な証明の見出されないうちは決して断定をしないのが「徹底的な哲学的思考法」（同B275）であるなら、デカルトの懐疑はまさにそれである。懐疑の徹底性において、カントはデカルトに一歩を譲るとしなければならない。

こうした疑問に対して、カントの側から種々の反論がありえるだろう。すなわち、経験という確たる地盤があるので欺く神などは無用の仮説である、経験を疑うことはそう考えている自分の知性自身を疑うことになり自己矛盾である、カントはデカルトの『省察』が到達した地点（私、神、外界の存在）に立って哲学を始めているので欺く神の懸念はない、と。しかし、欺く神の真骨頂は磐石に見える経験や、明証的と思われる知性をも突き崩すことにあったし、カントは神の存在証明を認めないのであるから『省察』の到達点を拒否していることになる。もともとカントとデカルトとでは思想の根本を異にしており、同日の談ではなかろう。カントの辞書に「欺く神」の名は載っていない。それは形容矛盾であって、およそ考えられないことであったからだろう。だが、「デカルト的観念論」を問題にするなら、神は欺かないということを信念としてただ前提にするのではなく、哲学の問題として証明すべきなのではないか。さもなければ、およそ人間の知の営みが真理に達しえるか否かは定かでなくなるからである。かりにカントが「経験」をもって欺く神を駆逐できると考えていたとしても、その理論的な根拠は示されていない。カントは、この仮説の力をライプニッツ[188]にならって過小評価しているとの印象を免れることができない。このような基本的なことがらを踏まえれば、デカルト批判として当たらない点が多々あることに気づかれる。

（1）内的経験と外的経験との相関図式（内的経験―時間―魂、外的経験―空間―物体）は、デカルトではとうてい認められないことになろう。次節で詳しく検討するように、内的経験（意識、精神）は物体なしにも存在しえるという特権を有するからである。内的経験と外的経験とは、かりに同じ時間・空間という共通の経験を前提にしていたとしても、明らかに異質の経験である。空間が私の感性的直観の形式であるとしても、そこから外界の存在はダイレクトには出てこないのではないか。しかもデカルトのコギトには、直観形式としての時間・空間は入っていないと思われる。むしろコギトは数学的真理と同じく、「いつ・どこ」という時間・空間的視点を抜きにした真理である。エゴという主観は時間や空間に関係なく定立されている。外界は私とは切断されており、そのかぎりどこまでも疑わしく、存在証明を要するものである。はじめに外界ありき、はじめに経験ありきではない。カントは『純粋理性批判』第二版で、外界を疑う戦略として伝統的に提出される夢や狂気の議論も外界を前提している（『純粋理性批判』B278）と言うが、これは大いに問題であろう。

（2）時間・空間の捉え方もデカルトとは異なる。時間・空間を外界におけるもの自体でなく、我々の内なる直観形式とした点にカントの革新がある。そうした時間・空間の概念を通して、我々はすでに外的経験においてあることを示そうとするのがかれの戦略のようである。デカルトの夢の仮説は、まず「いま私がここにいること」jam me hic esse（『省察』AT. VII, 18）を疑うが、その時点で時間・空間の軸そのものは破られていない。しかし次に「これらの事物が存在する場所、持続する時間」（同20）といった普遍的なもの（延長、形、量、などのカテゴリーも含まれる）が疑えないかどうかが吟味されるに及んで、欺く神が登場してそれらを疑いうることが示される。なぜならこの神は「延長も場所もまったくないにもかかわらず、私にはこれらすべてが、現に見られるとおりに存在すると思われるようにしたかもしれない」（同21）からである。時間・空間（場所）の概念そのものは私の意識のうちにあるとしても、それは私の誤った想像であって現実には存在しない可能性があるのである。そこで「物体、形状、延長、運動、場所などは幻影にすぎぬとしよう」（同24）と結論される。

このように時間・空間も疑えるとするのがデカルトの基本的立場であるが、その概念をかれはどう理解していたであろうか。第一に時間は「思惟様態」と「一般的な意味での持続」との二側面をもつ。すなわち「運動の数」というときの時間は意識上のものであって、我々の内なる思惟様態ないし様式である。これは形式と言えるだろう。他方「一般的な意味での持続」（太陽の運動と比較して事物の持続を時間とよぶ）という場合は、時間とは外界における事物そのものの属性と考えられる（『原理』I-57）。「私の一生の全時間は無数の部分に分割されることができ、しかもおのおのの部分は残りの部分にいささかも依存しない」（『省察』AT. VII, 49）という有名な時間論は後者のことを指すと考えられる。第二に虚空間なるものは存在しないので、空間とは物体（微粒子の広がり）のことである。空間の概念は我々の内にあるとしても、空間そのものは我々の外なる延長実体である。「空間すなわち内的場所と、その中に含まれている物体的実体とは、ことがら自体としては異ならない」（『原理』II-10）。デカルトにおいては、時間（持続）にせよ空間（延長）にせよ、それらは単純本質であってそれ自身で判明に理解され（『規則論』AT. X, 19）、我々の内なる光によって直観される（同383）。かりに時間が事物の属性という側面をもつとしても、それは経験からの抽象によるのではなく生得的な獲得物であるがゆえに、数学的認識が可能な理由を示せないというカントの心配（『純粋理性批判』B57）は無用である。

（3）　カントの数学についての見方は、逆にデカルトの側から逆襲を受けるであろう。カントにおいて数学的命題（7＋5＝12）はア・プリオリな総合的判断として明証的であり（『プロレゴーメナ』§2. A. IV, 268-269）、経験から独立した数学的推論の自明性、必当然的確実性をカントは信じていただろう。それはデカルトで言えば、『規則論』の時代の数学的主知主義にすぎず、そう信じることの根拠（数学的真理が真理であることの根拠）が問題である。知識の形而上学的基礎を考えるようになるにいたって、デカルトは数学をも疑えると考える。欺く神は二に三を加えるたびごとに私が誤るように仕向けたかもしれないからである（『省察』AT. VII, 21）。この仮説に対してカントは答えるものを持たない。ただ、それでも人間知性にとって明証的なものは（かりに間違っていても）真であるとせざるをえない、経験を超えるものは関知できない、と言うのみであろう。問題は、明証的なものを普遍的に真理とすることの究極の根拠は何かということである。たしかにカントは、神なるものは超越的であるとして人間の経験的認識の対象とはしない。神を中軸にした伝統的形而上学を批判して、人間の立場から確実な学たる哲学を建設しようとしたその試みは評価できる。しかしカントはその背景として善なる神の存在を確信しているだけであって、その神がいなければどうなるのかという論点を欠いており、理論的には欺く神の仮説の可能性を否定できないはずである。カントはデカルトのようなラディカルな懐疑に与することをせず、神の知性でなく人間の知性に立って議論をする健全さを保っている。二たす三はあくまで五であり、自然の整合性を根拠として自然法則は真であると確信している。しかし欺く神という強力な懐疑を切り抜ける手段をもちえないかぎり、数学も自然も疑われるとしなければならない。

（4）「経験」をどう見るかという点で、カントとデカルトとでは大きな齟齬がある。カントにおいては、我々は外界について単なる想像 Einbildung でなく経験 Erfahrung をもつ（『純粋理性批判』B275）ということが重要であった。ここで経験とは主観的な知覚経験の類いではなく、感性と悟性の形式を伴った、ものの客観的な認識のことである。対象を過たず認識している状態、現にものをしかと把握している状態のことである。[189] それゆえカントは「ただ経験のうちにのみ真理はある」とか「ものの実在性は経験によって確証 bestätigen される」（『プロレゴーメナ』§16. A. IV. 296）という言い方をしている。経験は真理のものさしであり、人間の認識は経験を超えてはならない。感性的直観の対象にならないものは認識できないし、経験を超えてカテゴリーを適用できない。こうした立場がいわゆる経験の形而上学である。

デカルトにおいても「経験」experior という言葉はしばしば（たとえば『省察』で十七回）登場する。だがその意味はカントとはまったく異なり、内的および外的な知覚経験や観察による認知というほどのことである。それは多くの場合、曖昧な概念であって懐疑の対象の最たるものである。だが磐石に見えるカントの「経験」も、やはりデカルト的懐疑を免れないと思われる。というのも、経験の確実性や客観性を支えているものは、形式ないし法則への確信であるが、それは外界存在や人間知性への素朴な信頼の上に立つ論にすぎない。そうした信頼自体、究極的に根拠づけられないかぎり、欺く神によって容易に一蹴される余地があるからである。次節で述べるように、「観念論論駁」における「外界の現実存在」（『純粋理性批判』B275–276）も十分な証明をなしていないと考えられる。それをデカルト流に言えば、神なしに懐疑を除去する十分な理由を示すことは、はなはだ難しいということになろう。

「デカルト的観念論」としてカントが取り上げたデカルトの懐疑は氷山の一角にすぎない。その本体はカントの想像以上に根深く、解くのに厄介なものと思われる。

三 「観念論論駁」をめぐって

カントの観念論批判は『純粋理性批判』第一版（一七八一）の「第四誤謬推理」においてすでになされている。[190]ところが第二版（一七八七）においてはその全文が改変され、[191]代りに「観念論論駁」なるものが「経験における類推」の議論のあとに配置されている。その経緯については、ウルリヒなどとの論争が背景にあったと考証されている。[192]そのためか「観念論論駁」には「第四誤謬推理」や上述の『プロレゴーメナ』（一七八三）に比して、より進んだ主張があると認められる。すなわちカントはこれまでの立場をより先鋭化し、「デカルト的観念論」の中枢をなす内的意識の直接的確実性なるものを批判して、そこではすでに外的経験が前提されていると考える。これが問題とすべき点である。この問題についてはすでに多くの研究があり、さながら汗牛充棟の観がある。以下、デカルトを意識しながら筆者なりの解釈をしてみたい。

まずカントは、デカルトの観念論が蓋然的ではあっても、バークリのそれのように独断的ではないとして一応の評価を与えている。[193]

K　観念論［ここでは実質的観念論を意味する］とは、我々の外なる空間における対象の現実存在を、単に疑わしくかつ証明されないものと説くか、或いは誤謬であって存在不可能なものと説くものである。前者はデカルトの蓋然的観念論 der problematischer Idealismus であり、単に一つの経験的主張、すなわち「われ在り」をもって疑うべからざるものとするものである。……それはこの点［外界の存在が不可能かどうか］に関しては何ごとをも主張せず、単に我々の現実存在の外にある存在を、直接の経験によっては証明することはできないと主張するもので、合理的であり、そして十分な証明の見出されないうちは決して決定的な判断を許さないという、徹底的な哲学的思考法に合致したものである。（『純粋理性批判』B274-275）

カントの見るところ、バークリは外界をすべて虚妄としたが、それは経験ではなく仮象による独断的判断であって「夢想的観念論」der schwärmerische Idealismus というべきものである（『プロレゴーメナ』A. IV, 375）。それについては、感性論において、空間はもの自体ではなく人間の側の直観形式とすることで論駁しえたと考える。これに対してデカルトは、内的経験を不可疑と主張するのみで、外界は直接の経験によっては証明されないとして懐疑を貫いたが、疑わしきはこれを断定せずという態度は哲学的でよいとする。実際、デカルトは「第六省察」にいたってはじめて外界の存在証明を行い、外界が知覚経験から直接に知られるものではないことを示している。だが、カントはデカルトの合理性を認めながらも、その議論を批判する。

K　従ってここに必要な証明は、我々が外界の事物について経験 Erfahrung をももつものであって、単に想像 Einbildung のみをもつにとどまるものではないことを示すことでなければならない。このことはおそらく、デカルトにとって疑いえない経験であった我々の内的経験ですら、外的経験を前提してのみ可能なのであるということを、証明できる時にのみ示しうることであろう。（『純粋理性批判』B275）

ここでは二つの重要な命題が表明されている。第一に「我々は外界について想像をもつのではなく経験をもつ」という命題である。これはカント哲学の切り札のような重要な役割を果たしている。経験とは先述したように、単なる知覚経験ではなく感性や悟性の形式を伴った客観的な認識のことである（はたしてそれが妥当かどうかが本稿の主題でもあった）。想像とはそうした経験による根拠づけをもたない主観的表象であり夢想である。だがこの命題はいかにして根拠づけられるか。それは第二の「内的経験ですら外的経験を前提してのみ可能である」という命題が証明されてはじめて主張できるという。だが、伝統的な考え方の逆を行くような第二の命題は、そもそも証明できる類いのものなのだろうか。

周知のように、デカルトの場合、私の内への省察から神を経て外界の存在証明に至るという思惟の道をとった。すなわち「私は在る、私は存在する。これは確かである」（『省察』AT. VII, 27）としたあとで、「ただ自分だけに語りかけ、自己を深く掘り下げることによって」（同34）自己をさらによく知られたものとし、そこから神と外界の議論へと向かったのである。カントの言い方では、「われ在り」という内的経験（これは「意識」のことである）の不可疑性を出発点にして、外的事物の存在を推論した。本来、内的経験は意識に直接に与えられるものであり、外的経験は間接的であるとされる。そこで、主観の意識から出発していかに客観的な外界に至るか、これが普通の観念論のとる道であった。ところが逆にカントは、「外的経験こそ本来が直接的であり、この外的経験を通してのみ……内的経験が可能である」（『純粋理性批判』B276-277）とする立場に立つ。これは観念論から経験論への単なるシフト変えではない。内から外へという従来の思惟方向を逆転させながらも、観念論と経験論をともに生かそうとするカントの工夫の真骨頂である。(194) このテキストのうちで最も突出した鋭い議論がここにある。第二の命題をどう論証するかが問題である。そこでカントは、「私自身の現実存在という、単なるしかし経験的に規定された意識は、私の外なる空間中の諸対象の現実存在を証明する」（同 B275）という「定理」を立て、私の現実存在についての意識は同時に外界の現実存在を示しているとする。その「証明」は以下のようなものである。

K　私は私の現実存在を、時間のうちに規定されたものとして意識している。あらゆる時間規定は、知覚における或る持続するもの das Beharrliche を前提する。この持続するものはしかし、私のうちなる或るものであることはできない。なぜなら、まさに時間における私の現実存在は、この持続するものによってはじめて規定されえるからである。従ってこの持続するものの知覚が可能なのは、私の外なる物によってのみであって、私の外なる物の単なる表象によってではない。(195) それゆえ時間による私の現実存在の規定は、私が私の外において知覚している現実の物の存在によってのみ可能である。ところで時間における意識は、このような時間規定の可能性の意識と必然的に結合している。従ってこの意識はまた、時間規定の条件としての、私の外なる物の存在とも、必然的に結合している。すなわち、私自身の現実存在を意識することは、同時に私の外なる他の物の現実存在を直接に意識することである。（『純粋理性批判』B275–276　傍線は改稿の対象となる部分で、筆者による。）

すなわち、ある持続するもの（たとえば実体概念における物質）が私の外にあって、私の存在を時間的に規定している。ところでこの持続的なるものの知覚は、外界の存在によってはじめて可能である。それゆえ私の存在の時間的規定から、その規定の条件として外界の存在が取り出せると考える。以上の「証明」についてカントは三つの「注解」を付してなお説明している。すなわち時間規定は、空間中の持続するものとの相関（運動）によって成立するので、私の存在が時間的に規定され、内的経験が成立するためには、持続的なるもの（外的経験）が先天的に前提されている必要がある。このように外的経験が本来直接的なのであって、外界の事物の表象は必ずしもその存在を意味しないとしても、内的経験は外的経験を通してのみ可能となる（同B276-279）、と。

この証明の底流をなしている思想は、目の前にある現象を結果的にそのまま素直にあると認めるということである。先に述べたように、カントにとっておよそ外界の対象を疑うことなどは思いもよらぬことである。ここでの話は、現象としての外的対象が知覚されているということであって、外界の本質とは何か、蜜蠟の本性は何かという、もの自体の話ではない。外界が現象として経験されていること、ともかくそれをまず真として認める立場である。そして時間・空間、カテゴリーという形式がそうした思想の客観性を保証していると考える。これは外界の存在を当然のこととして前提したヒュームを受け継ぐものだが、単なる経験論でもなければ観念論でもない。先述したように、先験的観念論であると同時に経験的実在論である（同A370）とカントは胸を張っている。ただこうした立場が論理的にどこまで成立するかが問題である。

カントは上の証明について、第一版「第四誤謬推理」、第二版「観念論論駁」、第二版「序」における訂正と補足説明、という風にたび重なる改定を施しており、誤解を生まないよう議論を彫琢して行った跡が読み取れる。しかし逆にそれは、カント自身が問題の困難さを感じ取っていたことの表れでもある。実際、多くの解釈者が指摘するように、この証明には問題があると思われる。[196] 筆者の見るところ、かりに「持続するもの」が私の存在を時間的に規定しているとしても、持続するものの知覚は外界の存在によってはじめて可能になるとは思われない。外界の存在を問わない状況においてもその知覚は十分可能であろう。カント自身が注解三（同B278）で例として挙げているように、我々が夢を見ているとき過去の外的知覚の再生が行われていると言えるが、その場合でも外界の対象が現実に存在する必要はない。黄金の山は実在しなくても、その山を登っている夢を見ることができる。つまり夢や狂気は外界の存在を前提するわけではなく、その表象があれば足りる。またダイアモンドの知覚は、ダイアモンドという持続的な物質が自然界に存在しなくとも、その表象が私のうちにありさえすれば可能であろう。それゆえ内的経験の成立に外的事物の存在（外的経験）は必ずしも必要ではなく、その表象で十分であると思われる。外的経験を前提するとは、現象としての物体を私のうちに表象しているということであって、カントの言うように、そこから直ちに私が物体の存在を知っていることにはならないのではないか。私の存在を意識することと物体の存在を意識することとは、やはり別のものと考えられる。

総じてカントは、外的経験（空間規定）と内的経験（時間規定）とを「経験」というブラックボックスにおいて結合し、そこから外界の存在を導き出そうとしている感がある。しかし、私の時間的規定から、なぜ空間的な外界の（表象でなく）存在が出てくるのかは依然として明らかではない。空間（物質）は私とは独立に存在し、私の存在は空間なしに意識される、とすることも可能なはずである。結局「内的経験は外的経験を前提する」という命題の論証は、カントの努力にもかかわらず成功しておらず、従って「私の存在についての意識が外的対象の存在を証明している」という定理も成立しえないと思われる。

上の命題の是非を、デカルトとの対比において、もうしばらく考えたい。「夢や狂気」の引用が示すように、カントは「第一省察」などデカルトのテキストをよく読んだうえで議論していると思われる。(197) その基本は、内的経験と外的経験とは同じ「経験」という地平の上にあり、私の内的経験（時間規定）は、私の外なるもの（外的対象）によってすでに空間的に規定されているのだから、外的経験があってはじめて可能となる、というものであった。この考えに対して反論があることをカントも予想している。それは「私はやはり、私の中に存在するもの、すなわち外界のものについての私の表象を、直接に意識するにすぎない。従って何か表象に対応するものが私の外に存在するかしないかは、依然としてなお決定されないままである」（『純粋理性批判』BXXXIX）という反論だが、これはまさにデカルトの立場である。私の内において外界の事物を示す観念 idea が多々あることは確認されるが、それに一対一対応する事物 res が、実際にそのとおりに私の外に存在するかどうかが問題であった。

ではデカルトはカントの立場をどう批判するであろうか。まず内的、外的という言葉のデカルト的意味が問題であるが、前者は私の精神内容、思惟、コギトであり、後者は私の外なる対象（物体）についての知覚と考えておく。デカルトの考えの基本は、内的経験は外界経験とはまったく異なるものであって外界を前提としない、そしてそれは外なる物体の存在はおろかその表象によってすらも何ら規定されるところがない、というものである。以下、その根拠をテキストによって検証してみたい。周知のように、デカルトは精神と物体を根本的に異質なものとして実在的に区別する。

D　私は一つの実体であって、その本質あるいは本性はただ、考えるということ以外の何ものでもなく、存在するために何らの場所をも要せず、いかなる物質的なものにも依存しない。……私を私たらしめるところの精神は、物体から全然分かたれているものであり、さらにまた、精神は物体よりも認識しやすいものであり、たとえ物体が存在せぬとしても、精神は、それがあるところのものであることをやめないであろう。

（『序説』AT. VI, 33）

もとよりカントも精神と物体との区別は心得ている。だがデカルトのいう実在的区別とは、二つのものが実体として互いに他を要することなく存在し、かつ知られるということである。それゆえ精神は物体に依存することなしに単独で存在し、かつそれだけで知られるものである。私の存在は内的経験によって直接意識されるが、その意識は外的対象についての意識と同じではない。内的意識は外界からは断絶していると見なされる。私の内的経験（思惟）は外界なしに、外界（物体）とは独立に、それ自身で存在するのである。しかも思惟を本性とするものは「物体的なものよりも先に、かつまたより確実に知られる」（『原理』I-8）。精神の方が認識論的に物体に優先するのである。これがカントと基本的に異なる点であろう。実際コギトが発見された文脈をたどり直してみるに、物体や身体といった外的経験を懐疑によって次々と排除して行くなかで、最後に確実不可疑のものとして自己の存在が取り出される構造になっている。

D　神も天空も物体もないと想定することは容易であり、また我々自身が手も足も、さらには身体も持たぬと想定することとさえ容易である。しかしながら、だからといって、このようなことを考えている我々が無であると想定することはできないのである。……従って「私は考える、ゆえに私はある」という認識は、あらゆる認識のうち、順序正しく哲学する者が出会うところの、最初の最も確実な認識である。」（『原理』I-7）

コギトは外界の存在如何にかかわらず成立し、すべてに先んじて知られる最初のたしかな知である。すなわちコギトは時間空間やカテゴリーについての知を前提しているわけではない。そうした直観形式は欺く神によって疑われるが、かりにそれが疑われたとしてもコギトは成立するというのがデカルトの趣旨である。それゆえコギトはア・プリオリな規定を超えた、いわば非時間的・非空間的真理であると考えられる。カントに対して、コギトは時間や空間の制約を受けないとデカルトは反論するであろう。さらにコギトは懐疑論者のどんな想定によっても揺るぐことがない「哲学の第一原理」（『序説』AT. VI, 32）である。コギトが「持続するもの」など何らかの外的経験を前提するとするなら、それはもはや第一原理とは言えない。コギトは外界の知はむろんのこと、いかなる他の知をも前提せずに最初に出会われる知であり、それは他に依存することのない命題なのである（クレルスリエ宛1646. 6 ou 7. AT. IV, 44）。このように、コギトは空間中の外的対象の存在を証明するどころか、むしろそれを無化し、外界を退ける方向で議論されている。コギト発見のあとでも外界への疑いは続くのである。「第三省察」のはじめでは、あらゆる感覚や物体的事物の像を排除し、純粋な精神としての「自己を深く掘り下げる」（『省察』AT. VII, 34）ことが宣言される。神の存在が明らかにされるのは、そうした内省的なスタンスを維持するなかにおいてである。物体的世界の存在はそれを踏まえて改めて証明されるべきものであり、「第六省察」においてようやくなされることになる。

デカルトにおいては「はじめにコギトありき」であって、外的経験なるものの存在はおろかその表象も、決してその前提にはなってはいない。カント自身の立場に立って考えてみても、ある意味で内的経験なしには外的経験なるものもありえないのではないか。第一版では「思惟する主観を排除すれば、われわれの主観の感性における現象およびわれわれの主観の表象様式にほかならないところの、全物体界が消滅することは明らかである」（A383）と明言されている。またそれを見直したはずの第二版でも、依然として「我々の認識がすべての対象にしたがうのではなく、……対象が我々の認識にしたがわなければならない」（BXVI）とされている。このかぎりでは、外的経験というものも所詮「われ」（内的経験）の構成によるとしなければならない。コギトなしには外的経験はそもそも成立しえないのである。とするならば、カントの意図に反して、外的経験の確かさも内的経験の確かさに依存することになるのではなかろうか。

結語

以上のことから、カントの「デカルト的観念論」批判は少なくともデカルトその人の主張には妥当しない。内的・外的経験についてのカントの主張は成立せず、「欺く神」を中軸とするデカルトの懐疑のうちに取りこまれる、と結論できよう。

この結論の背景について一言しておく。デカルトの徹底的な懐疑はカントの批判をはるかに超えるものである。その懐疑を乗り越えたものがコギトであり、カントの理解する経験的なコギトとはおのずと異なるだろう。たしかにカントの形而上学批判には論理的には正しい点がある。しかしカントは、もの自体は認識すること erkennen はできないにしても、少なくとも思惟すること denken はできなければならない（『純粋理性批判』BXXVI）としている。「もの自体」はある意味で語りうるのである。それと同じ論法で、われわれは神や魂の全体は認識しえないが、その限定された部分をわれわれは思惟しえると言える。無限を全体的にはとらえきれないが、無限について論理的に語ることができるとするのがデカルトの合理主義の立場である。無限は対象言語でなくメタ言語として語りうるのである。この意味で、神や魂などの形而上学の命題を語ることは人間理性の射程内にあり、有意味である。精神は身体と区別されるかどうか、ものごとの根拠としての神の存在を証明できるかなど、デカルトが問題とした形而上学の命題は理論的知として今も成立すると思われる。

もの自体はものごとの根拠ないし原因をなし、それなしには現象も何も認識できない、とカントは考えた。この意味で、もの自体にはデカルトの神を想わせるものがある。かりにもの自体を思い切って神的なものと想定してみるなら、ことの白黒がいっそうはっきりするだろう。すなわち、ここで神を理論的に問題としないということは、もの自体を問題にしないということに等しい。それはもの自体の存在を否定することであり、欺く神を想定しうるということである。結局すべてがカオスでありうるという結果になる。これがデカルト的懐疑が一貫して付きつけている問題にほかならない。それはカントにとっても、哲学の根底を揺るがす由々しき事態であるはずである。しかるにライプニッツやカントは、神は善であり、欺く神は形容矛盾だと安易に考えていた節がある。これが当時の標準的な解釈だったかも知れないが、デカルトの懐疑の本義は、ものごとの存在や認識の根拠を徹底的に問う真摯なものであった。カントはその重大さを看過していたとせざるをえない。

第八章　カントのコギト解釈

デカルトのコギト（私は思惟する）に関する特徴的な命題として、周知の二つのものがある。

「私は思惟する、ゆえに私は在る」Cogito, ergo sum

「私は思惟するものである」Sum res cogitans

カントは、この二つの命題をどう解釈したか。カントによれば第一に、「コギト・エルゴ・スム」は経験的命題であり、コギトはスムを含むので同語反復であるとする。第二に、コギト（Ich denke）の私はすべての思惟をまとめる統覚ではあっても、「思惟するもの」（精神）を実体として立てるのはパラロギスムス（誤謬推理）だと批判する。

本稿では上記の二命題に関して、カントのデカルト解釈の妥当性を問題としたい。この点に関する本格的な研究は、最近はあまりなされていないように思われる。(198) もとよりデカルトとカントとでは「文化」が違う。異なる文化間においてそもそも比較が成立するのかどうか、比較することに意味があるのかどうかさえ問題である。それぞれの立場を「異文化」として棲み分け的に論ずることもできよう。ある主題に関してデカルトはAと考えたが、カントはそれを別の角度からBと考えた、と。しかしそれは哲学史の解釈ないし記述にはなっても、哲学の議論にはならない。互いに共通の地盤ないし論点があるはずである。異文化の接触点を鋭角的に切りとってその是非を考えたい。ここで論点とはたとえば「経験」であり、「実体」である。筆者の今の見通しは、カントの議論は論理的にはその通りではあるが、しかしデカルトの主張とは含意を異にする、ということである。

カントのコギト解釈を精査することは、コギトという一点において、いわば竜虎相打つ様を間近に見ることであり、そこから両者の哲学の根本的相違が明らかになるであろう。本稿の意図は、ただそれを観戦するだけではない。カントの批判に対してデカルトのコギトを復権させ、とりわけ「実体」を救い出すことである。実体なるものは、それをどう定義するかが問題であって、現代人が考えるほどナンセンスなものではないと思われる。デカルトの実体的形而上学の正当性と重要性とを再評価する道を切り開きたい。

一　コギト・エルゴ・スム

カントはデカルトの「コギト・エルゴ・スム」をどうとらえたか。カントの解釈が最も明確に出ているのは、次の有名な箇所である。

K　「私は思惟する」Ich denke はすでに述べたように経験的命題 ein empirischer Satz であって、「私は存在する」Ich existiere という命題をそのうちに含んでいる。しかし私は「思惟するものはすべて存在する」ということはできない。なぜならそう言うとすれば、思惟するという性質が、この性質をもつ一切の存在体を必然的な存在体たらしめることになるであろうからである。であるから、私の存在は、実は、デカルトが考えたように「私は思惟する」という命題から推論 folgen されたものと解されてはならず（なぜなら、さもなければ「すべて思惟するものは存在する」という大前提が先行しなければならないから）、むしろ「私は思惟する」という命題と同一 identisch なのである。(199)（『純粋理性批判』B422）

この引用文はカントのデカルト解釈について多くのことを教えてくれている。以下、経験的命題、推論、同一性、の三つの論点を考察しておく。

(1) 経験的命題

コギトが経験的命題とはどういうことであるか。「すでに述べたように」とは、少し前の次の文章を指していると思われる。

K　第一命題「「私は思惟する」」で言われていることは「すべて思惟するものは実際に存在する」ということではなく、……むしろただ「私は思惟しつつ存在する」Ich existiere denkend ということである……。それだからこの第一命題は経験的であって、単に時間における私の表象に関して私の現存在の規定可能性 Bestimmbarkeit を含んでいる。（同 B420）

コギトは「すべて思惟するもの」という超経験的、超個人的なものではなく、「私は思惟する」という個人的、経験的レベルのことである。これが経験的命題ということであろう。ただカントも注意しているように、経験的命題とは、私が経験的表象であるということではなく、何らかの経験的表象なしには質料が与えられないので、「私は思惟する」も生じえないということである（同B423）。経験的なものがあってはじめて、純粋に知的な能力も発揮される。これを解釈するに、コギトはそれ自体としては純粋に知的な統覚だが、そのはたらきの面では経験的所与があってはじめて意味をもってくる。思惟している主体は、経験の世界に身を置く私であり、思惟の対象は時間・空間的に規定された経験の世界である。こうした意味で、コギトが経験的命題であると言っていると考えられる。

ところでカントは、「私は思惟する」の根底には「私は存在する」が感性的なものとして、最初から含まれていると考える。すなわち「私は思惟する」は、未規定な経験的直観（知覚）を表現する。未規定とは、時間・空間といった条件に規定される以前の知覚ということだろう。この知覚に伴って私の存在は、「なにか実在的なるもの」として与えられる。この言い方には含蓄があるが、要するにコギトにおいては、私の存在が「経験に先立って」根源的に規定されており、私の存在はすでに与えられていることになる。ただそれがどのように与えられているか、存在の様態は知られていないとされる（同B157）。その際、私の存在はあくまで内容空虚な（同B404）、論理的、形式的な意味における存在であって、実体レベルの存在ではない、とされる。

問題は「私」をどういう地平で理解するかであろう。カントは私をどこまでも経験の世界において考えるが、デカルトはそもそも知覚経験を疑う立場である。「第一省察」が教えているのは感覚や想像の誤謬可能性であり、外的事物や身体への懐疑可能性であった。私とは経験的世界を捨象したのちに獲得される純粋な精神である。身体をもたず、身体から区別された精神が思惟し、存在している。コギトのなかに「私の存在」が経験的事実として含まれているのではない。最初から知覚経験を根源的事実として認めるのではなく、そもそも経験というものが成立する根拠を問題としている。この意味でデカルトにとってコギトは断じて経験的命題ではありえない。「経験」[200]の意味はなお問題であるとしても、コギトは少なくとも感性レベルの命題ではない。それは未規定な経験的直観でもなければ知覚でもない。感覚や想像を取り去ったあとに知られる、純粋に知的な命題である。コギトはそういう経験を捨象した知的なものであって、知覚経験の助力なしにもはたらくことができる。カントがコギトの「私」の基底に根源的な経験を置いたのに対して、デカルトは「私」を感性的経験ぬきの純粋知性と考えた。それゆえデカルトのコギトは超経験的あるいは脱経験的命題と言うべきものである。

(2) 推　論

次に「私の存在」は「私は思惟する」から推論されたものではない、という論点である。その理由として挙げられているのは、さもなければ「すべて思惟するものは存在する」という大前提が先行しなければならないから、ということである。これは次のデカルトのテキストを踏まえていると思われる。

D　だれかが「私は思惟する、ゆえに私はある、私は存在する」と言う場合には、かれは存在を思惟から三段論法によって演繹するのではなくて、あたかも自ずから知られたものとして精神の単純な直観 mentis intuitus によって認知するのである。そのことは、もし存在を三段論法によって演繹するというのであれば、彼はそれより先に「すべて思惟するものはある、存在する」illud omne, quod cogitet, est sive existit というこの大前提を知っていなければならなかった、ということからして明白である。むしろその人は「存在していなければ思惟することはできない」fieri non posse ut cogitet, nisi existat ことを、自らにおいて経験することからその大前提を知るのである。というのは、特殊なものの認識から一般的な命題を形成するのがわれわれの精神の本性であるからだ。（「第二答弁」AT. VII, 140-141）

これは、「コギト・エルゴ・スム」が演繹的推論ではなく精神の直観によって知られるとする著名な文章である。カントがそれを踏まえてコギト命題は推論にあらず（スムはコギトからの帰結にあらず）としているのは、このかぎりでは正確な解釈と言うべきである。後の『遺稿』でも同じことが言われている。

K　私は「私は思惟する、ゆえに私は在る」とは言えない。それでは「すべて思惟するものは存在する、ところで私は思惟する、ゆえに私は存在する」という三段論法をすでに含んでいることになるからである。（『オプス・ポストゥムム』A. XXII, 91）

カントの分析によれば、「私は思惟する」は単純なる意識であり、単に論理的な判断 judicium にすぎない。まだ対象が与えられていないので内実のある命題 propositio を構成しない。他方「私は在る」は繋辞であって、判断そのものではない。「私は思惟しつつ存在するが、私自身をまだ認識していない。それゆえ「私は思惟する、ゆえに私は在る」はとうてい推論 ratiocinatio ではない」（同 95）。というのもそれは同一的で、空虚な判断であり、規定されるはずの対象が規定されていないからである（同 90）。つまり、それは私の思惟と私の存在との分析的同一性を言うのみであって、それ以上の内容を持たない。対象が与えられていないので内容ある推論にもならない。コギト命題は、あらゆる判断や推論に先立って論理的に成立しているだけである。もしそれが推論であるとするなら、三段論法による演繹的推論の帰結となり、大前提を呼びこむことになってしまう。それではコギト命題よりも大前提が第一原理となって不都合である。要するにカントは、「ゆえに」が推論を連想させるミス・リーディングなことばであることに注意しつつ、いわゆるコギト推論説よりも直観説に与していると言えるだろう。

しかしデカルトの他のテキストを仔細に調べてみると、たしかにコギト命題は特殊的認識として一般的命題よりも先に知られるが、その命題が直観なのか推論なのかは微妙であり、推論にあらずとは一義的に言えないことが判明する。上記「第二答弁」の言明とは裏腹に、大前提の先行を暗に認める記述があるからである。『原理』は次のように言っている。

D「私は思惟する、ゆえに私は在る」という命題は、あらゆる命題のうち、順序正しく哲学する者ならだれもが出会う、最初の、最も確実な命題であると私が言ったとき、だからといって、……「思惟するものが存在しないということはありえない」quod fieri non possit, ut id quod cogitet non existat を、その命題よりも前に知っておかねばならないことを否定したわけではなかった。（『原理』I-10）

「思惟するものが存在しないということはありえない」は、上に引用した「すべて思惟するものはある、存在する」と、論理的に等価であると言ってよいだろう。『原理』は「思惟するものが思惟しているまさにその時に存在しないと解するのは矛盾である」（I-7）としたうえで、「思惟するものは思惟している間は存在せざるをえない」Is qui cogitat, non potest non existere dum cogitat（I-49）を公理のうちに数えている。デカルトはコギト命題に先立って、そうした大前提[201]を知っておかねばならないことを否定していない。ただ、それは「存在とはなにか」と同じくきわめて単純な概念であり、それだけでは存在する事物の知識を与えないので、わざわざ数え上げるにはおよばなかった、としている。それはどういうことか。上のテキストを踏まえてデカルトは次のように弁明している。

D「私は思惟する、ゆえに私は在る」という結論に先立って、その大前提「すべて思惟するものは在る」quicquid cogitat, est は知られることができます。なぜなら、実際この大前提は私の結論よりも先にあり、私の結論はそれにもとづくからです。かくして著者［デカルト］は『原理』で、大前提が先行するとしています。なぜなら、潜在的にはそれが常に前提され、先行しているからです。しかし、だからといって常にはっきりと顕在的に私がその先行を認識しているわけではなく、私の結論の方を先に知ります。なぜなら、私が注意を向けているのは「私は思惟する、ゆえに私は在る」のように、私のうちに経験されるものについてのみであって、「すべて思惟するものは在る」という一般的知見にはそれほど注意を向けていないからです。（『ビュルマンとの対話』AT. V, 147）

このテキストによれば、「すべて思惟するものは在る」という大前提の先行とは、それが論理的にはコギト命題に先行して潜在的 implicite にあることである。それは注意が向けられない場合でも、いわば無意識の知として暗に前提されている。しかし認識の順序としては、いま注意を向けており、顕在的 explicite に経験されているコギト命題の方が先に知られる、としている。

この言明は、真理発見のためには三段論法の順序とは逆に「特殊的知識から始めてのちに一般的命題に至らねばならない」（「第五答弁について」AT. IX, 207）、という一貫した主張にも符号する。デカルトが強調しているのは、特殊がつねに一般から演繹されなければならないとする形式的な発想に対して、最初に知られるのは特殊であるという一点だけである。注目すべきは、特殊の認識において一般的命題の先行ないし潜在が認められていることである。われわれの見るところ、その特殊も一般的命題の潜在なしには知りえないのではないか。コギト命題そのものは精神の直観によって知られるとしても、実は暗黙の推論がその背景にあると考えられる。(202) 大前提を知らなくとも（それに注意を向けていなくとも）コギトは経験されるだろう。だが論理的には大前提がつねにそこに潜在し、先行している。問題はそれに注意しているか否かである。この意味では、潜在するにせよ顕在するにせよ、大前提があってはじめてコギト命題が言えることになろう。逆に、この大前提を理解しない人は、コギト命題をも経験できないだろう。知られる順序としては確かにコギトが最初に直観される。だが無意識の推論がそれを裏打ちしていると結論できる。

実は「精神の単純なる直観」と推論とは異ならない場合がある。大前提とコギトとの関係がまさにそれであると思われる。『規則論』によれば、演繹とは思惟の継起的な運動であり推論の連鎖であるが、それが短い連鎖をなしている場合には一目で見て取られることができるので、直観と異ならない。それゆえ「第一原理から直接に推論される命題は、考え方の相違に従って、或いは直観によって知られるとも、或いは演繹によって知られるとも、言うことができる」（『規則論』AT. X, 370）。また「われわれが一を他から直接的に演繹して得たすべてのものは、もしその推論が明白であったのならば、すでに真の直観に還元されている」（同389）。デカルトは三段論法を一貫して退けているが、短い推論が直観へ還元されることを認めているのである。

要するに、コギト命題において推論は歴然として存在し、カントが言いきるほど問題は簡単でないということである。[203]

(3) 同一性

カントは、コギトとスムとが同一 identisch である、ないし「コギト・エルゴ・スム」が同語反復 tautologish であると解釈している。デカルト自身はそのような言い方をしていないが、同一とか同語反復とはどういうことであるか。

カントによれば、コギト(私は思惟する)は時間・空間に規定された経験的命題であって、スム(私は存在する)をそのうちに含んでいる。「私は思惟する」と言うとき、私の存在はすでに含意されている。つまり「私は思惟する」は私の存在を規定する作用を表現しており、この表現によって私の存在はすでに与えられている(『純粋理性批判』B157)。それゆえ「私は思惟する」は「私は思惟しつつ存在する」Ich existiere denkend(同B429)と同じである。別の言い方をすれば、コギト命題は同語反復であることになる。

K 「わたしは単純である」という命題が統覚の直接的表現と見なされねばならないことは、ちょうど誤って推論と見られているデカルトの「コギト・エルゴ・スム」が実際には同語反復であるのと同様である。けだし「コギト」(スム・コギタンス)は現実を直接に言い表しているものだからである。(『純粋理性批判』A355)

コギト命題は推論ではなく、同一事態の反復にほかならない。ここで同一とは、コギトとスムとの形式的・論理的な包摂関係としての同一性を言うものである[204]。含意とか包摂と言う場合、「述語はつねに主語に内在 in-esse する」というライプニッツ的な内属論理が元になっていると思われる[205]。つまりコギトは総合命題ではなく分析命題であって、主語である「私」の内には「思惟する」も「存在する」もあらかじめ含まれている。それを外に出して記述したのが「コギト・エルゴ・スム」にほかならないと言えよう。エルゴ（ゆえに）にはさしたる意味はない。この意味でコギトとスムとは同一であり、コギト命題は同語反復であると解される。カントの解釈はスピノザの解釈を思わせる。スピノザは『デカルトの哲学原理』において、「コギト・エルゴ・スム」が大前提の隠された三段論法ではないとしたうえで、「それは単一の命題 unica propositio であって、「私は思惟しつつ在る」ego sum cogitans と同義である」[206]としている。すなわち、それは小前提と結論との二つの命題の連結ではなく、「私は思惟しつつ在る」と等価であると解している。おそらくカントは、ライプニッツの内属論理やスピノザの解釈を踏まえて、同一とか同語反復と言ったのであろう。むろんこれは形式面でのことであって、内容面でカントはデカルトのコギトを自己意識と解している。そして、それをすべての私の表象に伴う純粋統覚にとどまらず、みずから対象を構成する超越論的統覚と解そうとしていたと思われる[207]。

以上のようなカントの理解は、デカルトの主張したかったことを、一歩進めた形で整理したものと評価できる。デカルトに戻って考えてみるなら、コギト命題は「すべて思惟するものは存在する、私は思惟する、ゆえに私は存在する」という演繹的な推論ではむろんない。思惟している私の意識の反省によって、ことがらを直観するのみである。たとえば「彼［欺き手］が私を欺くのなら、力の限り欺くがよい。しかし私がみずからを何ものかであると思惟している間は、けっして彼は私を何ものでもないようにすることはできないであろう」（『省察』AT.

VII, 25）という事態を反省することから、「コギト・エルゴ・スム」は知られるのである。すなわちそれは、「存在していなければ思惟することはできない、ということを自らにおいて経験する」（「第二答弁」AT. VII, 140）ことから知られる。であるなら、「思惟するものは思惟しているその間は存在せざるをえない」（『原理』I-49）も、「思惟するためには存在しなければならない」（『序説』AT. VI, 33）も、ともに「意識ないし内的証言によって知られている」（『真理の探究』AT. X, 524）と言えるのではないか。かくしてコギト命題は、公理的な大前提を潜在的に前提しながらも、私の意識において真っ先に直観される。デカルトの場合、そこには思惟と存在との不可分性ないし同時的相補性への認識があると言える。私の思惟と存在とは同じコインの裏と表であって、存在論的な意味で同一である。実際に思惟すること（懐疑すること）によってはじめて、私の存在が知られる。思惟しなければ存在は知られない。その逆ではない。存在せずして思惟するとするなら、それは存在論的に不整合である。存在と思惟とは存在論的に不可分である、これがデカルト的意味における同一性である。カントはそれを論理的な含意ないし包摂と解釈していることになるが、これはデカルトの思うところを一歩進めた適切な解釈だと言える。のちにヘーゲルはカントの解釈に言及しつつ、「デカルトは意識をよりどころとして存在と思惟との同一性を先頭に押し立てた[208]」としたが、これは基本的に正しいと思われる。

以上を要するに、カントのコギト解釈は、それを経験的命題と見なしたり、そこでの推論を拒否したりする点ではデカルトの考え方に必ずしも合致していない。また同一的とか同語反復的という場合のコンテキストも違っている。だが最後の点は、デカルトの意図を論理的に突き詰めたものであり、このかぎりではカントの理解は透徹していたと言えるだろう。

二　思惟するもの

(1)　実体の問題性

デカルトは「コギト・エルゴ・スム」という命題を「哲学の第一原理」として立てたあとで、すぐにその私とは何であるかの吟味に向かった。その結論として、「第二省察」では「私とはただ思惟するもの res cogitans、いいかえれば精神 mens……にほかならない」(『省察』AT. VII, 27, cf. 78) とされている。『序説』ではその際、実体ということばが入っている。

D　私は一つの実体 substance であって、その本質あるいは本性はただ思惟する penser ということ以外の何ものでもない……。(『序説』AT. VI, 33)

「第三省察」(AT. VII, 48) や『原理』(I-60) でも、「思惟するもの」は「思惟する実体」substantia cogitans と言い換えられている。それゆえ「思惟するもの」という場合のものとは、結果的には実体のことであると言うことができる。ただ注意しなければならないことは、それが語られる文脈であり順序である。上の『序説』の記述は簡略化のしすぎである。厳密には『省察』の序文に記されているように、コギトが自覚された時点で明らかにされたことは「私が明白に認識するのは、私は思惟するものである……ということだけ」(『省察』AT. VII, 8) である。したがって「第二省察」のこの段階では、私(精神)が身体や物体的事物から独立な実体であるか否かはまだ明確ではない。これは「第三省察」以下で、神の存在をまってはじめて明らかになることである。言いかえれば、神の誠実というものを介さなければ、思惟実体が身体から分離された独立のリアリティであるとは言えないのである。[209]

デカルトにおいて実体とは何であったかは大きな問題であり、詳論する余裕はない。ただ少なくとも指摘できることは、「実体」には二種類の定義がなされていることである。その一つは、「それ自身によって存在するもの」(『省察』AT. VII, 44)、「存在するために他のいかなるものをも必要としない、というふうに存在するもの」(『原理』I-51)である。これは実体が独立自存するリアリティであることを意味する。たとえば「私をして私たらしめるところの精神は……たとえ物体が存在せぬとしても、それがあるところのものであることをやめない」(『序説』AT. VI, 33)とされ、精神は「身体からはまったく独立な種類のものであって、身体とともに死すべきものではない」(同59)とも言われる。他の一つは、「特性、性質ないし属性が、基体においてあるがごとくに、そのうちに直接に内在するもの」(「第二答弁」AT. VII, 161)である。これは実体が諸性質の帰属する主体(受け皿)になっていることを意味する。実際、思惟する実体においては思惟がその特性(属性)を構成し、想像や感覚や意志は思惟様態であって「思惟するものにおいてでなければ理解しえない」(『原理』I-53)。このように私が思惟する実体であるとは、精神としての私が独立のリアリティをもち、かつ諸属性の主体をなすということである。この実体の定義はアリストテレスを受け継ぐ伝統的なものと言える。十七世紀当時、私の本質を思惟(精神)だけにかぎることができるかどうかについては、アルノーやホッブズなど多くの人によって問題にされた。しかし私を実体であると規定することに対して異論を差し挟むものは少なかったと思われる。

この伝統的規定に対して正面から反論したのが、十八世紀のヒュームやカントだと言えるであろう。カントは、

「私」を、多くの思惟を一つにまとめている「自己意識」(それをカントは統覚と呼ぶ)とするのはよいが、「思惟する実体」と解することは、単なる概念を実在と見なすことになるので、論理的に間違っていると考える。もとよりカントは、ヒュームのように実体という概念そのものを否定しているのではない。それはカテゴリーの一つとして重要視され、実体はあらゆる現象の変化を通じて常住不変であるとされている(『純粋理性批判』B224-232)。ただカントは、私(精神)がそういう実体であることを拒否しているのである。

本稿の関心は、はたしてそう簡単に言えるかどうかにある。若い時代のカントは精神の実体性を認めていた節がある。[210]ところが批判期のカントは一転してそれを否認している。拒否するにいたった理由は、「思惟する精神」という概念に対応する対象が直観に与えられていないので、その概念を実体化できないからである。それはある意味で当然のこととしても、そのゆえを以って思惟実体なるものは拒否されねばならないのか。そこには実体の認識方法、実体の知られ方についての解釈の違いがあるようにも思われる。いずれにせよ実体を知ること、あるいはその批判を知ることは、伝統的な西洋哲学を理解するうえできわめて重要である。以下、カントの批判に耳を傾けよう。

カントの批判が最もよく現われているのは、『純粋理性批判』弁証論の「純粋理性の誤謬推理について」(B399-433, A348-406)の箇所であろう。[211]そこでは周知のように、合理的心理学 die rationale Psychologie の主題として精神の実体性、単純性、単一性(A版では人格性)、相互性(A版では観念性)が順次吟味され、そのいずれもが誤謬推理であるとされている。B版では「魂の不死に関するメンデルスゾーンの証明に対する反駁」が挿入されている。ここでは問題をしぼり、合理的心理学、精神の実体性の二点についてカントの議論の整理をし、そのうえでデカルトの側からの予想される反論を提出することとする。

（2） 合理的心理学

周知のように、カントはコギト（私は思惟する）を唯一の出発点とする推論を「合理的心理学」と名づけ、これを退ける方向で議論する。

K 「思惟するものとしての自我」という表現はすでに心理学の対象を意味し、もし私が精神について、一切の経験から独立に、あらゆる思惟するという働きに伴って生ずるかぎりにおけるこの自我という概念からのみ推論されうるもの以上の何ものをも知ろうと欲しないとすれば、この心理学はこれを合理的心理学と称することができる。（『純粋理性批判』B400）

ここにいう「合理的」rationalとは理性的とも訳せる。思惟する自我という概念のみに基づき、一切の経験から独立するのであるから、「純粋」とも「超越論的」と言われる。カントによれば合理的心理学は大胆な企てであり、「「私は思惟する」を唯一の原典Textとして、そこからその全知識を展開せしめなければならない」（同B401）が、実はそれは「「私は思惟する」という唯一の命題の上に建てられた自称学問にほかならない」（同B400）と見なす。本当の学問ではないと言うのである。

さらにカントの批判は続く。「精神は実体である」などの合理的心理学の四命題は総合的・分析的の二様に理解される。すなわちそれらの命題を総合的に連関づけるならば、「あらゆる思惟する存在体は実体である」という命題から出発し、「思惟する存在体はこの自己の実際的存在を、外界の事物とは独立に意識するのみならず、外界の事物を自己自身に基づいて決定することができる」（同B417-418）ことになる。しかしそれは誤った観念論である。これに対して、分析的方法に則り「私は思惟する」を、現実的存在がそのうちに含まれる命題と見なし、私が思惟することから自己の現実的存在はいかにして規定されるかを問題とする場合は、合理的心理学の諸命題は、存在体一般の概念からではなく、一個の現実性からはじまることになる。しかしその場合でも「私は思惟する」ということから、私が実体として実際に存在するかどうかは確定されない。そのために何か常住不変なるものが直観において与えられている必要があるが、私のうちには何ら与えられていないからである。コギトという単なる自己意識からは客観としての自己自身は出てこない。同書（B416-422）の議論を要約すれば以上のようになるであろう。

合理的心理学とはもっぱらデカルトの立場を指しているように読める。実際、デカルトは「コギト・エルゴ・スム」を「哲学の第一原理」あるいは「アルキメデスの点」（『省察』AT. VII, 24）として定め、そこからすべての知識を演繹しようとしたからである。またデカルトにおいて、精神としての私は外界と独立に意識され、かつ神や外界は私の観念に基づいて決定された点で、かれの推論は総合的であり、また「私は思惟する」が自己の現実存在を含意し、その現実性からはじめた点では、デカルトの思考は分析的方法とも考えられる。

問題は、合理的心理学のどこに不備があるというのか、カントの批判がデカルトにそのまま当て嵌まるかどうかである。合理的心理学のよろしくない点は、カントによれば差し当たって二つある。

第一に、「自称学問」という表現が示すように学問にはならないことであろう。それは、「私は思惟する」という唯一の命題ないし原典から推理されるすべてのものを、「一切の経験から独立に」演繹しようとする。私のア・プリオリな述語のみを含み、経験的述語を含んではならないとする。経験的なものがまじっていては、経験的心理学になってしまう。しかしカントによれば「私は思惟する」ということ自体が、私自身の知覚という内的経験を根底にもった「経験的命題」（『純粋理性批判』B422）であり、その上に建つ合理的心理学は決して経験を離れた純粋なものではありえない。それゆえ合理的心理学は最初から破綻しており、学問としては成立しない。

第二に、合理的心理学では客観的実在に達しないということである。[212]「私は思惟する」というときの私とは、超越論的な主観X（同B404）であって、述語規定を欠いた内容空虚な意識である。それは主語という論理的機能を果たしているにすぎない。およそ何らかの客観が認識されるためには、それが私の直観に与えられている必要がある。しかるに「私」は直観において与えられていないので、客観として認識されない。「規定する自我の意識は客体ではない。規定されうる自我の意識のみ……が客体である」（同B407）。それゆえ「私は思惟する」という命題から、私についての客観的認識を得ることはできない。「思惟一般における私自身の意識の分析を通しては、客観としての私自身の認識に関して少しも得るところがない。思惟一般の論理的究明が、誤って対象の形而上学的規定とされるのである」（同B409）。要するに「私は思惟する」は自己意識としての観念ではあっても、客観的実在の認識とはならない。それゆえ私の意識から出発し、「自我という概念からのみ推論する」合理的心理学は、私自身についても外界についてもその客観的実在性にいたることができない。[213]

以上のカントの批判は、果たしてそのままデカルトに当て嵌まるであろうか。そうとは思われない。デカルトの側からいくつかの反論がありえるだろう。

（a）　合理的心理学は「一切の経験から独立」に成立しえるか否か。これに対してデカルトは、コギトの心理学は経験や感性的直観の支えなしに可能であると考える。その理由は生得観念があるからである。それは感覚や経験を介さずに「私の本性そのものから得られる」（『省察』AT. VII. 38）観念であって、われわれが生まれたときから精神の内にあらかじめ書き込まれている知である。その例としてデカルトは、もの、真理、思惟の観念、あるいは神、精神、物体、三角形の観念を挙げている。生得観念に関して次のように記されている。

D　はじめてそれを発見するときでも、何か新しいことを学びとるというよりは、むしろ前に知っていたことを想起するかのように、すなわち私のうちに前からあったのだがまだ精神の眼を向けていなかったものに、はじめて注目するかのように思われる。（『省察』AT. VII, 64）

このように生得観念は精神の内に潜在している場合があり、それを顕在化することによって多くの他の知を導き出すことができると考えられている。この観念は、経験に先立つ先天的な所与という意味ではカントの「ア・プリオリ」に相当するだろう。しかしデカルトにおいて、それはあくまで神によって「私の内に置かれた」（『序説』AT. VI, 34）ものである。神による設定という点が特徴的である。だが合理的心理学はただ経験から独立にありえるというだけではない。逆に、ものごとの本質を認識するためには経験や感覚を退けなければならないというのがデカルトの立場である。外的世界や感覚的世界をいったん遮断し、「精神を感覚から引き離すこと」（『省察』AT. VII, 12）がデカルト形而上学の狙いであった。その意味では合理的心理学は純粋でありうるし、また純粋であらねばならなかったのである。

（b）次の問題は合理的心理学が「自我という概念からのみの推論」かどうかである。ただ一つの原理的な命題から出発して演繹体系を構成するということがありえるであろうか。これについてデカルトは「原理」の意味が問題であるとする。『原理』（仏訳序文）によれば、「原理」には二つの条件が必要である。それが明断で明証的であって人間精神はその真理性を疑いえないこと。他の事物は原理に依存しており、原理は他の事物をまたずに知られるが他の事物はその原理なくして知られないこと（AT. IX-II, 2.）。これは原理の明証性と認識論的な独立性を言ったものであり、「コギト・エルゴ・スム」はこの二条件を満たす原理だと思われる。だが、クレルスリエ宛て書簡にはもう少し分析的に踏み込んだ記述がある。すなわち「第一原理」には二義がある。その一つは、論理学の公理（たとえば同一律）のように、他のすべてを証明するのに役立つ明晰で普遍的な共通概念である。もう一つは、他のものの存在よりもよりよく知られ、他のものを知るための原理として役立ちえるもの、である。「われわれの精神は存在する」は後者の意味での第一原理である。

D　第一原理であるために要求される条件としては、他のすべての命題がそこに還元され、それによって証明されるということではない。その原理が他の多くの命題を発見するのに役立ち、それが依存している命題は他にはなく、原理ほど早く発見される命題は他にはないということで十分である。というのも、すべての事柄がただそれにのみ還元されるというような原理は世界のどこにもないだろうから。（クレルスリエ宛1646. 6. ou7. AT. IV, 444-445）

デカルトは、一つの原理からすべてが演繹され、逆にすべてがただ一つの命題に還元されるような原理を考えているわけではない。この引用文を以ってカントの批判に答えられるだろう。

（c）　合理的心理学が所詮は観念の世界にとどまり、いつまでたっても実在に達しないという批判にどう答えるか。たしかにデカルトは私の意識から出発し、そこから神の存在や外界の存在を推論しているように見える。しかしその推論は、より正確には「私は思惟する」からではなく、「私は思惟する、ゆえに私は在る」という原理からの推論である。パスカルも言っている、「私は思惟する、ゆえに私は在る……この言葉のうちに、（デカルトは）物質の本性と精神のそれとの区別を証明する一連の驚くべき結論を認め、そこから全自然学の強固で一貫した原理を作り出した……[214]」と。

デカルト哲学においては私の意識よりも私の存在に重点がある。その狙いの一つは、私の本質が思惟にあることを示すだけではなく、思惟するものとして私が在ること、一般的には「人間精神の存在を証明すること」（『序説』AT. VI, 1）であった。「私は思惟する、ゆえに私は在る」という命題は、私が思惟するとき、その限りにおいて私の現実存在が客観的実在としてすでに把握されていることを示している[215]。その根拠は、「思惟するためには存在しなければならない」ということを私が明晰に見ている（同33）からである。私自身の意識の分析が、この存在論的命題を透過することによって客観としての私自身の認識になっている。私自身の意識とは、この場合、カントの言うような思惟一般におけるものではない。いま現に思惟しているこの私、という特殊における自己意識である。その私は感性的直観において与えられていなくとも、持続するものとして知性によって直観されているので、十分客観的に認識されると考えられる。カントと異なりデカルトは知的直観を私の実在を知る切り札としている。要するに私は単なる論理的機能を有するだけではなく、実在を伴った形而上学的な存在である。私の存在は主観的観念の域にとどまるのではなく、客観的世界を確保するための最初の実在の砦である。パスカルの言うように、そこから心身二元論の基礎が構築され、神や外界の実在が引き出されることになるのである。

以上のことから、コギトを唯一の実在とし、そこからすべてを導出せんとする合理的心理学の企図は手続き的に誤っていないと言える。

（3） 精神の実体性

精神を思惟実体とする伝統的な考え方を、カントは「つまずきの石」として一種の脅威を以って受け止めている。

K もしあらゆる思惟するものが、それ自身単純な実体であり、したがってこのような実体として人格性を不可分離的に伴っていて、物質をすべて離れた自己の実際の存在を意識している、ということがア・プリオリに証明できるものとすれば、それはわれわれの批判の前に立ちはだかる大きな、否むしろ唯一のつまずきの石となって、われわれの批判をまったく無用ならしめるであろう。（『純粋理性批判』B409）

合理的心理学に代表されるこうした考え方を、カントは「誤謬推理」としてそれだけ厳しく批判することになる。以下、カントの批判の要点を整理し、それに対するデカルトの側からの予想される反論を検討したい。カントによれば、その推理は次の三段論法により構成されているとする。

K 主語としてよりほかに思惟されえないものは、また主語としてよりほかには存在せず、したがってそれは実体である。しかるに思惟するものは、思惟するものとしてのみ考察されるかぎり、主語としてよりほかには思惟されえないものである。ゆえに思惟するものはまた主語としてのみ、すなわち実体としてのみ存在する。（同 B410–411）

大前提が問題とするのは客観一般に関係する思惟である。主語としてのみ思惟される「もの」は実在的主体であり、直観に与えられるので実体と言ってよい。ところが小前提が問題とするのは自己意識に関係する思惟である。その場合「思惟するもの」は私を主語とする論理的主語にほかならない。私は自己についての経験的直観を有しないので、それに対応するものが客観的実体としてあるとは言えない。このように両命題を媒介する概念が同じではないので、これは媒概念多義性の虚偽 Sophisma fugurae dictionis であるとする[216]。

筆者の見るところ、その基本にある考え方は論理的主語と実在的主体との区別、および持続的な直観のあるなし、ということだと思われる。「概念が実体という名の下に、与えられるべき客観を示すべきであり、認識となるべきであるとするなら、概念の客観的実在性の必須条件として持続的な直観が、つまりそれによってのみ対象が与えられるところのものが、その根底に置かれねばならない」（同 B412-413）。それゆえ実体概念が客観的実在であり、かくして認識となるためには、その根底に持続的直観が必要であり、さもなければ対象が与えられず、認識にはならない、とカントは考えたのである。

もとよりカントは実体概念そのものを拒否するものではない。カントにおいて「実体」とは何であったかは大きな問題だが、差し当たって辞書的に定義すれば、「実体は関係のカテゴリーに属し、経験的認識のア・プリオリな条件であり、経験に由来するのではなく経験の統一を可能にするもの[217]」であった。たとえば物体的実体をカントは認めている。物体の根底に時間において恒常的に持続するものが認められるからである。精神においてそうしたものが直観されるかどうかをカントは問題としているのである。拒否されているのは実体そのものではなく、「実体」概念の超越的使用であり、感性的直観の対象とならないものにまで使用を広げることである。カントによれば、およそ直観なきところには対象の認識は成立しない。カテゴリーは時間・空間的対象（現象）にのみ妥当するのであって、それ以外の認識手段（たとえば知的直観）を人間は持ちえない。それゆえコギトにおける私（精神）を論理的主語として「思惟するもの」とするのはよいが、そこに実在性を読み込むことはできない。ましてやそこからいろいろな性質（たとえば精神の不死）を引き出すことは許されない。というのも概念を経験の領域を越えて拡張し、直観の支えなしに実在化することはできないからである。ただ「精神は実体である」は実在性としては認められないけれども、理念としては有意味かつ妥当である（同 A351）とする。

以上のように、精神の実体性なるものは経験的直観の対象となりえないので、オッカムのカミソリで剃れというのがカントの要求だと思われる。これに対して、大切なヒゲを剃ってはならないとデカルトは言うだろう。以下、先ほどと同じように、デカルトの側から出されうるさまざまな反論を提示しておく。

（a）「コギト・エルゴ・スム」は、しばしば指摘されるように存在論的命題であり[218]、かつ分析命題である。すなわちこの命題において、思惟するかぎりにおける私の存在が把握されている。私の存在は懐疑をするなかで体験され、知的に直観されている。この意味で、コギト命題は概念の分析から帰結するロジカルな真理ではなく、事実としてのオントロジカルな真理であると言えよう。であるならば、コギトと言うときの「私」は単なる論理的な主語にとどまるものではなく、すでに実在的主体である。レス・コギタンスは概念としての存在ではなく、現実存在を含意している。「同一性」の項（本書 pp. 228–229）で述べたように、カント自身「私は思惟する」は「私は存在する」を含み、私の存在は「なにか実在的なるもの」として与えられているとしている。「思惟する私」は経験によらない生得的な知識に満ちており、そこから演繹的にいろいろな知識が出てくる源泉である[219]。「思惟するものは実体である」は総合命題であるとカントは言うが、デカルトにおいては分析命題であり、この命題から必然的にその諸性質がとり出せる。要するに、デカルトが思惟する精神を実体としえたのは、それがコギトという存在論的命題に淵源するからである。これは「存在」の捉え方の問題であり、誤謬推理というべきものではないと思われる。

（b）　カントの批判は「第二省察」には妥当しえても「第三省察」以下には妥当しない。先に引用した「つまずきの石」（本書 p. 240）の文章中、「あらゆる思惟するものが、それ自身単純な実体であり、したがってこのような実体として人格性を不可分離に伴っていて、物質をすべて離れた自己の実際の存在を意識している……」とあるのは、デカルトを指しているように読める。この批判は、私を思惟するものと規定した「第二省察」において妥当するかもしれない。と言うのも「第二省察」では、私が存在し、その本性が思惟することであることは知られているが、それ以外は何も知られていない。つまり私がそれ自身で自存するもの（実体）かどうかについては、何ら言及されていない。蜜蠟の議論の場合と同じく、私とは「何か思惟するもの」だが、それを実体とは言っていないのである。この時点で、思惟するもの（精神）をデカルトの意図に反して自存する存在（実体）と解すれば、それは概念の誤った拡張と言えるだろう。カントの批判は、この点を突いていると解することができる。「私は実体である」と明言されるのは、神の存在が示された「第三省察」においてである。そして「第六省察」で、「私が明晰判明に認知するものは、すべて私がそう認知する通りに神によってつくりだされることができる」（『省察』AT. VII, 78）としたあとで、「私は私の身体から実際に区別され、私は身体なしにも存在しえる」（同）と論決される。要するに誠実なる神があってはじめて、思惟する私は実体であり、身体とは実在的に区別されると言いうるのである。神の力がそれらを実体たらしめ、かつ区別しているからである。逆言すれば、デカルトにおいては神の議論を抜きにしては実体を語りえないことになる。もとよりここで神を登場させることをカントは潔しとしないが、少なくともカントの批判は神が論じられる「第三省察」以下には妥当しないのである。

（c）デカルトには実体における神の協力 concursus という論点がある。デカルトをはじめとする伝統的な定義によれば、実体とは「存在するために他のいかなるものも必要としないもの」（『原理』Ⅰ-51）であり、本来は神のみが実体の名に値する。しかし被造物のうち物体的実体や思惟実体のように、「存在するために神の協力以外を必要としないもの」（同Ⅰ-52）も実体であると言える。したがって思惟する私（精神）はひとり神の協力によってのみ実体として存続している。私にたえず存在を与え、自存させているのは神であり、それが神の協力である。この協力がなければ私は存在の支えを失い、無に帰することになる。

ところでデカルトもカントと同様に、精神という概念を考えることから、その存在がすぐに出てくるわけではないことを承知している。カントは精神の実体性を理念において認めても、それを実在とはしなかった。だがデカルトは、明晰判明なる理念にかぎって神によって実在化しえると考えた。先述したように、神は私が明晰判明に認知するすべてのことをなしうるからである。私は心身を明瞭に区別された実体として判明に理解する。それゆえ神の協力（神の力）によって、精神と物体という二実体が実在的に区別され、神を根拠として実体としての精神は物体から独立な存在としてありえると考えた。要するに、誠実なる神の協力ないし力を背景としてはじめて、精神は身体から独立に存在するリアリティでありえる。

このような存在論（創造論）の下にデカルトは実体を語っている。こうした存在論を考慮せずに論じるのであれば、当然カントのような批判が出てくるであろう。しかしデカルト形而上学の意図は、本来が「神と人間精神との存在を証明する」（『序説』AT. VI, 1）ことにあった。しかも神と精神とは相互に連関している。精神だけを見て神を見ないのは、木を見て森を見ずとせざるをえない。これに対してカントは、少なくとも理論的認識の場では神を論じるべきではない、と敢えて異を立てているのである。問題は神を動力源とする存在論を肯定すべきか否かではなく、それをとることがカントが指摘したように論理的に誤りになるのか否かであろう。

（d）デカルトは知的直観を認めているという事実がある[220]。カントは直観なしには対象を知り得ないとする。直観の意味が問題ではあるが、一応デカルトもそれを原則的に認めるだろう。直観ということでカントが意味しているのは、対象からの触発を契機とする感性的直観であり、神ならぬ人間の場合、知的直観はあまり問題とされていない。デカルトにおいては、思惟するものの存続が直接経験的に知覚できなくとも、純粋知性によって直観されれば十分であるとする。感覚や想像をむしろ切り離し、精神の直観によって実体を知りえるとするのがデカルトである。「精神は純粋知性によってのみ理解される」（エリザベト宛 1643. 6. 28. AT. III, 691）。蜜蠟の分析において物体の何たるかは「精神の洞見」（『省察』AT. VII, 32）によって知られ、コギト命題そのものも「精神の単純なる直観」（「第二答弁」AT. VII, 140）によって知られる。それゆえ精神の実体性は、知的直観によって十分把握され、保証されると考えるのである。その際、実体はその属性を通して気づかれ、属性を多く知れば知るほど実体はよりよく知られることになる（『原理』I-11, 52）。要するにカントと異なり、実体という概念の「超越論的な使用」（『純粋理性批判』A403）が、知的直観によって認可されているのである。神から与えられたこの直観を切り札として、デカルトは人間知性が現象界を超えて一歩を踏み出すことを許し、叡智界（本体界）のこともある程度知りえるとするのである。

結　語

カントの批判には論理的にもっともな点がある。そのコギト解釈には、思想の相違やコンテキストのズレはあれ、デカルトの思想を徹底させた点があり、また合理的心理学や精神の実体性に対する批判は論理的にきわめて鋭いものと読める。総じてカントは理性による神の存在証明を不可能とし、超経験的な領域を哲学の議論の対象とすることを潔しとしなかった人であり、この観点から神や実体を中心とした形而上学的思考の論理的な誤りを論破しえたと考えた。

だがデカルトの言う「実体」や「経験」は、カントのそれとは明らかに意味と論点とを異にしている。その背景思想においても、神の存在の認否など大きな違いがある。それは論理の問題ではなく、哲学的立場の取り方の問題であり、どちらかが論理的に誤っているとは簡単に言えないのではなかろうか。その詳細をここで論じることはできないが、デカルトがカントと決定的に違う点として本稿が取り上げたのは、感覚的経験による認識を疑うこと、コギトに実在を読み込むこと、人間に知的直観を認めること、神を導入すること、などである。こうした点を主張するデカルトの議論が、論理的に間違っているとは言えないだろう。デカルトはカントが信頼を置く経験というものを哲学的認識の道具とは認めず、知性や知的直観を道具としたのである。コギトは総合命題でなく分析命題であり、そこに「存在」はすでに含まれていると考えた。思惟する私（精神）を実体と見なすという発想はそこに根拠をもつ。これは命題というものをどう理解するかの問題であって、論理の問題ではない。また神そのものは超経験的ではあるが、人間は知性によってある程度神を知ることができるとした。これは純粋理性の越権行為ではなく自然な推論の結果である。これを合理主義と言ってよいであろう。デカルトの形而上学には、カントの経験論とは含意を異にする合理主義の思想があり、論理があると思われる。

カントの批判は、ヒュームのそれに似て論理的にきわめて厳しく、保守的な人たちから「すべてを打ち壊すカント」と言われたのも無理からぬことである。だが、だからといってそれによってデカルトをはじめとする十七世紀の哲学が壊滅するわけではないだろう。カントの批判は伝統的思想の論理的な整備をした点で有意味であると評価できる。だが実体的形而上学の含みもつ思想までをも論理的に切り捨てるものではない。要するに、ここには知性や実体や神の理解についての根本的差異がある。これは論理の問題でなく「異文化」の問題と言うべきであろう。本稿の議論が正鵠を射ているとするならば、そのアウト・プットとして「実体というものは論理的にナンセンスなものではなく、ことがらの説明原理ないし理論的な仮説として再評価できる」ということが取り出せるのではなかろうか。しかしそのことの詳しい吟味はもはや本稿の域を越えており、他日を期すほかはない。

第九章　カントと「デカルト的証明」

周知のように『純粋理性批判』（一七八一）のカントは、いわゆる存在論的証明を「デカルト的証明」der cartesianishe Beweis と呼び、それを基礎とする神の存在証明をすべて不可能であるとした。これは実体としての「精神」の否定とならんで、伝統的形而上学への絶縁宣言と見なしてよい。ここに近世哲学の大転換があり、理論哲学から神の問題が消失するきっかけがあると言えよう。同時代の通俗哲学者メンデルスゾーンの目にはカントが「すべてを打ち壊す人」に見え、後年かの詩人ハイネが『ドイツ古典哲学の本質』において、カントをロベスピエール以上の「首切り役人」と評したのは、故なきことではない。

ところが前批判期のカントは神の存在証明は十分可能だと考えていた。就職論文『形而上学的認識の第一原理の新解明』*Principiorum primorum cognitionis metaphysicae nova dilucidatio* 1755（以下、新解明）および『神の存在の唯一可能な証明根拠』*Der einzig mögliche Beweisgrund zu einer Demonstration des Daseins Gottes* 1763（以下、証明根拠）に、その証明の試みがなされていることはよく知られている。ただ注目すべきことは、前批判期においてもデカルト的証明だけは拒否されていたことである。カントは若い時から一貫してそれに反対の姿勢をとっていたのである。

周知のようにデカルトの神の存在証明には三つある。『省察』における論述の順序からすれば、「第三省察」の証明（観念による二つの証明）が主であり、「第五省察」の証明（存在論的証明）は従になっている。しかるにカントは前者には触れず、後者のみをデカルト的証明としている。だが「第五省察」の証明はカントの批判するデカルト的証明と同じものだろうか。デカルト研究者の側からの一般的な解釈は、存在論的証明に対するカントの批判は論理的には妥当であるが、デカルトに関しては的を外れており、デカルトの証明は有効である、というものである。

本稿では、前批判期および批判期における「デカルト的証明」への批判点を吟味するなかで、カントとデカルトとの接点ないし齟齬を探る。そして上の一般的解釈を再確認しつつ、両者の背景にある哲学の違いを明らかにしたい。

一　『新解明』における「デカルト的証明」

『新解明』（これは処女作『天界の一般自然史と理論』と同年の出版）の時代の青年カントがいかにしてデカルト的証明を拒否し、自らはどういう証明を是としていたかを考えたい。この書はいわゆる独断的形而上学の時期のもので、批判期に至ってその立場は棄てられることになる。だが、そこには神の存在証明をはじめ決定根拠律や自由論など、カントの独自な思想が豊かに展開されており[221]、十七世紀合理主義の観点から見ても示唆に富むものがある。デカルトへの言及箇所はそう多くはない。第二章の命題ⅥおよびⅦへの「註解」において「デカルト」は二度登場する。その主要な論点を取り出し、デカルトの議論とつき合わせてみよう。

（1）神は存在の根拠をもつか

K　神はその存在 exsistentia の根拠を自らのうちにもっているという意見 sententia がしばしば繰り返されるのを私は知っている。しかし私はこの意見に与したくはない。（『新解明』A. I, 394）

この「意見」とはヴォルフの見解と考えられている。ヴォルフはデカルトおよびライプニッツ[222]の影響を受けた人であり、この意見はデカルトのものでもある。カントは、そこには「同じものが自らに先行すると同時に後続する」という不合理が含まれることを指摘している。カント自身の考えでは、絶対必然的に存在するものは何らかの根拠によって存在するのではなく、その反対が不可能なるがゆえに存在する。神においてはなぜそれが存在するかという先行決定根拠を欠くのである。こう考えれば、神の存在の根拠をさらに探求する必要はなくなるし、根拠なるものから存在を引き出そうとする道も封じられる。

これに対してデカルトは、スコラの伝統にしたがって神は「それ自身に由因して存在する」（「第一答弁」AT. VII, 110）、つまり神はその存在の根拠を自らのうちにもつと考える。カントは神を根拠律の射程の外に置いたが、デカルトは神をも含めて「なぜ存在するかと問い求めることの許されない、いかなる事物も存在しない」（同108）とする。そして、作用因なるものを時間的に結果に先行する原因という意味に局限するならば、（カントの言うように）あるものが自己自身の作用因であることは不可能であるが、そう限定すべきではないと言う。なぜなら原因と結果とがいわば同時進行する場合があるからである。この場合には上の「意見」はけっして不合理なものではなくなる。

ここでの作用因とは、ものの存在を同時的に維持する原因である。たとえば神のもつ「広大な力能」immensa potentia（「第一答弁」AT. VII, 119）が、他ならぬ神が存在し続けてきたことの原因である。神はこの積極的な意味において「自己に固有の力によって自己自身を維持する」（同 111）。神は自らによって a se 存在するものであって、他の原因を必要としないほどに「汲み尽くせない力能」inexhausta potenta（同 109）をもつ。スコラの自存性 aseitas とは神が原因をもたないことを言うが、デカルトはそうは考えなかった。神は存在するために他の介助を要しない「自己原因 causa sui」（同）である。その意味は「神が自己自身の作用因であるということではない」（「第四答弁」AT. VII, 237）。また維持ということが作用因によってなされるということでもない。「神が常に存在しないということは不可能であるということが神の本質である」（「第一答弁」AT. VII, 109）ということである。この言明は、神はその反対が不可能というカントの命題に重なるであろう。自己原因という言葉そのものはスコラの用語だが、そこに自己自身を維持する神の積極的な本質を認めている点は、ジルソン[223]以来多くの学者も主張するようにデカルト独自の斬新な考えである。「第一答弁」や「第四答弁」を細かく読んでいれば、カントは以上のことに容易に気がついていたはずである。

（2）神の概念は存在を含むか

K　神と呼ばれる存在者の概念 notio を形成する際、われわれは存在 exsistentia がそこに含まれるようにその概念を定めたのである、と。したがって、もしその概念がまえもって正しく形成されているなら、神が存在 existere することも真である。デカルトの議論に与する人々に好意的に述べれば以上のようになる。

（『新解明』A. I, 394-395）

ここではじめてデカルトの名が登場する。カントの主張によれば、デカルトは存在証明を神の内的概念interna notioそのものから取り出した際、その概念に存在を含意させたうえで、神の概念が存在を規定するとしている。「しかしこのことは観念的にはidealiterありえるかもしれないが、実在的にはrealiterありえない[224]」（同394）。ある存在者の実在性が概念のレベルで統一されているにすぎないなら、「その存在者の現実存在もまた観念においてあるにすぎない」（同）。結局、神の内的概念（ないし私の内なる神の観念）から、神の現実存在を取り出すというデカルトの戦略を、カントは基本的に間違いとみなしている。かくして「デカルトはこの証明でいかに誤っていたことか」（同396）、とされる。

カントのこの解釈をどう評価すべきであろうか。第一に、デカルトは神の概念に存在が含まれるようにした、という指摘は当たっている。実際、デカルトは「第五省察」の証明（存在論的証明）で「存在を欠いた神を考えることは……矛盾である」（AT. VII, 66）と言っているが、それは、存在は完全性の一つであり、完全なものが存在しないことはありえないと概念規定しているからである。神という「最高に完全な存在者のうちには必然的で完全な存在が含まれる」（「諸根拠」AT. VII, 166）。「存在を欠いた神」とは「最高の完全性を欠いた最高に完全な存在者」（「第五省察」AT. VII, 67）と同様に形容矛盾である。言い換えれば、その概念うちに存在を含むものを「神」とあらかじめ定めているのである。神の存在証明とは、神の概念の内に定義として内属していたもの（存在）を外に取り出して顕在化することにほかならないとも解される[225]。この点でカントの「好意的」な解釈は正当であると思われる。

第二に、それは同時にデカルトの証明の難しい点をも突いている。すなわち、デカルトが神の概念（ないし観念）から神の存在を引き出そうとした点が問題とされている。[226] カントはそれをノミナリステックな立場から批判しているわけだが、観念と実在との峻別という論点は古来のものであり、存在論的証明の批判に直結している。アンセルムスに対するガウニロやトマス・アクィナス、デカルトに対するカテルスやガッサンディ、そしてカントやクルージウスなどが挙げられる。その区別自体は論理的に明快であり、デカルトもむろん了解するであろう。「第三省察」における表象的 repraesentativus 実在性と形相的 formalis 実在性との区別がそれを示しているし、「第五省察」では「私の思惟 cogitatio は事物 res にいかなる必然性をも課さない」（AT. VII, 66）としている。「私のうちにその観念 idea があるものがまさに存在する」わけではない（「ヴォエティウス宛 AT. VIII-2, 60）とも言っている。

問題は、その区別を踏まえつつ、神の観念と実在との間に橋を架ける論理があるかどうかである。つまり観念と実在とは明瞭に違うのだが、にもかかわらず神の観念から神の実在を引き出す道をカントも納得するような形で語りうるかどうかである。これは存在論的証明だけに限らず、デカルトの証明全体に関わることである。実在が引き出されるのは、もとより単に任意の概念からではない。神の本性についての明晰判明な認知からである（cf.「第二答弁」AT. VII, 150）とデカルトは強調するが、それを論理的にどこまで説得的に語れるかが論点になろう。ここでは問題点の所在を指摘するにとどめる。

(3) 可能性の根拠としての神

K 命題Ⅶ それの存在が自らの、またすべてのものの、可能性そのものに先行し、かくて絶対必然的に存在すると称される存在者がある。これが神と呼ばれる。(『新解明』A. I, 395)

これがカント自身による神の存在証明の根幹である。カントによれば、そもそも可能的な概念(相互に矛盾しない概念)というものが理解されるためには、それに先行して実在的なものが必然的に存在していなければならず、それなしには可能性ということ自体もありえない。神を否定するなら「内的可能性[本質]そのものも完全に否定される」(同394)。それゆえ神は「すべての可能性の絶対必然的な原理」(同395)として存在する。これは「ものの可能性そのものによって証明された論証」(同)である。さらにカントは「偶然的に存在するいかなるものも、その存在を先行的に決定する根拠を欠くことができない」(同396)とも言う。必然的なものはその根拠を要しないが、「偶然的なものの存在のみは決定根拠による支えを必要とする」(同396)。結局、ものが存在することの根拠として神が必要であるとするのであるから、これは根拠律による証明とも言えるであろう。この場合の根拠 ratio とは、むろん矛盾律でも充足根拠律でもなく決定根拠律のことである。

可能性の根拠として神の存在を立てるという思想はライプニッツを思わせる[227]。だが、内容的にはこの証明はデカルトの「第三省察」の証明(第一、第二証明)と基本的に異ならないと思われる[228]。第一証明は、私が神の観念をもつことから出発して、その原因として神の存在が引き出される構造になっている。すなわち、まず神の観念に表象的実在性なるものを認める。次にその原因をたどってそれに対応する形相的実在性を求める。最後にその観念の原型たる神自身にいたる。この思考プロセスには、「もし概念において実在的であるものは何であれ、実在性の源泉である神のうちに存在しないとすればまったく理解しがたい」(『新解明』A. I, 396) というカントの言明と共鳴するものがあろう。要するにデカルトにおいて、神の存在は、神の観念を私がもちうることの形相的根拠になっている。そもそも神が存在しなければ、私はその観念をもつこともありえないからである。

カントにより近いのは第二証明である。それは、神の観念をもっている私という不完全なものが現に存在するからには、その原因として神という完全なものが実際に存在していなければならない、と推論される。換言すれば、可能的かつ偶然的なものが在ることの根拠として、現実的かつ必然的な存在者が要求されるのである。第二証明は「そうした存在者が何ら存在しないとするなら、私が存在しえるかどうかを探求しよう」[229](「第三省察」AT. VII, 48) という仕方で進行する。そして私が時間的に持続して存在しているためには、私の存在が何らかの原因によってこの瞬間において絶えず再創造され、保存されていなければならず、その原因は他ならぬ神である、と結論される。『序説』の言い方では、「私がそれに依存し、私がもつもののすべてをそこから得てきたところの、ある他の、より完全な存在者が必然的に存在しなければならない」(AT. VI, 34)。この意味で私は「神なしでは一瞬たりとも存続できない」(同 36) のである。カントが連続的創造説に注目していたとは思われないが、私というものがこの世に存在するならその根拠として神がなければならないというデカルトの主張は、カントの証明と基本的に同じ構造であると考えられる。しかし、カントはなぜか「第三省察」の二つの証明には言及せず、「第五省察」の証明のみをデカルト的証明と見なしているのである。

二　『証明根拠』における「デカルト的証明」

（1）内的可能性から存在へ

一七六〇―六四年に書かれたと推定されるテキストに『レフレクシオーン』*Reflexion*がある。それは『証明根拠』（一七六三）成立前後の思想を語った文献だが、『新解明』と『証明根拠』をつなぐものと位置づけることもできる。その三七〇六番には、次のような記述が見出される。

K　ある事物に帰属するような種々の述語のうちに、存在もそれらの述語の一つとして数え入れられうるならば、神の存在を証明するために、デカルト的証明よりもより有効で同時により分かりやすい証明は決して要求されないであろう。なぜなら、すべての可能的な事物のなかには、一存在者において共に存しうるところのすべての実在性がそのうちで見出されるような事物が、一つあるからである。これらの実在性に、つまりこれらの真に肯定的な述語に、存在もまた属している。したがって、全存在者のうちで最も実在的な存在者には、その内的可能性のために存在が帰属する。これに対して、そのような可能的な事物は考えのなかにおいてのみ存在をそれ自身のうちに含んでいる、と異論を唱えても、換言すれば、ちょうど、事物そのものが単に思惟のなかに措定されるのみであって、思惟のそとに措定されるのではないようなものである、と異議を挟んでも、それはむだである。[230]」（『レフレクシオーン』A. XVII, 240）

このテキストは、存在論的証明への批判者に対してデカルトを弁護している唯一のものであろう。この文章が語られるコンテキストはこうである。存在を述語とみなすならば、デカルトの証明は正しい。それに対して、思惟の内なるものと外なるものとの区別からする批判[231]は、ペガサスの場合には妥当しても、三角形とその性質（内角の和が二直角）のように、述語が事物に本質的に結合する場合には妥当しない。「われわれがその述語をその事物のうちに考えるが故に述語が事物に帰属するのではなく、述語が事物そのものに帰属するが故にそのような述語を事物のうちに考えることが必然的なのである」（同 241）。したがって、存在を述語の一つとみなすという前提の下では、可能的な事物のうちですべての実在性をもつものに存在が帰属し、デカルトは全く正しいことになる。

ここでカントはデカルトの「第五省察」の証明（本書 pp. 272–273）を正確に解釈している。デカルトは神の存在が帰結するとした後で、「これは、私の思惟がそうさせるのではない、つまりある事物に必然性を課するのではなく、事物それ自身の必然性が……そう考えるように私を決定する」（『省察』AT. VII, 67）と言っているが、カントの上記の引用はこれに対する適切なパラフレーズと読める。そして、存在が述語であるならばという条件つきで、デカルトの証明を大きく肯定している。本書 p. 252 にある「好意的に述べれば」という記述は、カント自身の文字通り好意的姿勢をうかがわせるものだろう。カントの証明は事物の内的可能性から現実存在を引き出すものであり、思惟の内なるものから外なるものへという論理は温存されなければならなかった。『新解明』の観念的／実在的という区別はここで訂正されることになる（注 210 を参照）。だが、これは単なるデカルトへの賛辞ではむろんない。デカルト的証明を打破するためには、思惟の内・外の区別を援用しても無駄であることをカントは示したかったのである。ではどこを突けばよいか。カントには大体の見当がついていたであろう。「存在は述語である」という前提を突けばよい。これは『証明根拠』に直結することである。『証明根拠』では、『新解明』よりもより整備された形でカントの諸論点が提示される。デカルト的証明に対しても批判の的がしぼられ、カント自身の証明が示される。

(2) 存在は述語ではない

K われわれはこの根拠に立脚した有名な証明をもっている。すなわち、いわゆるデカルト的証明である。ひとはまず一切の真の完全性がそこで合一していると考えられるある可能なるものの概念 Begriff を思い浮かべる。次に存在 Dasein も事物の完全性のひとつであると想定する。したがって、最完全的な存在の可能性からその実在へと推論するのである。……しかし存在は述語ではなく das Dasein gar kein Prädikat…sei、それゆえに完全性の述語でもない。……それゆえに、神の存在もまた推論されえないのである。(『証明根拠』A. II, 156)

「根拠」とは可能的な概念のことであり、その概念の分析によって神の存在を「帰結」させるのがデカルト的証明だとしている(概念からの証明という点にカントはデカルト的証明の特徴を見ている)。カントはその議論を、完全性の概念が存在を含むということを根幹とする三段論法の形に整理している。しかしその際、存在は述語のうちに含まれていなければならないが、存在は述語ではない。(232) これがデカルトの証明批判にカントがもち出してくる切り札である。

これは同書第一部において「存在はなんらかの事物の述語でも規定でもない」（同 A. II, 72）として、すでに論じられたことである。たとえば「カエサル」の諸述語は単に可能的なものとして認識されることであり、存在はそのうちに入っていない（カエサルは実在しないこともありえる）。また海の一角獣には実在という述語が帰属するが、陸の一角獣には帰属しない。その正しさは「可能性の述語しか見つからない主語概念のうち」ではなく、「認識の源泉のうち」を探すことによって経験的に検証される（同 A. II, 73）。このように、可能的な概念のさまざまな述語規定の集合からは、その存在は決して推論されえない。「それゆえ神の存在もまた推論されない」（同 A. II, 157）。ここで注目すべきは、『純粋理性批判』（B620／A592〜）で展開されるような批判が、すでにこの時期に芽生えていることである。デカルト的証明に対する批判の論点が、次第に論理的に鮮明になってきていると言えよう。ところで神においては「述語そのもののうちには存在はない」のであれば、「神の存在は神の概念が措定されている仕方に直接属する」（同 A. II, 74）としなければならない。つまり、神の本質規定そのものに必然的に内属すると考えないかぎり、証明の道はないことになる。これはカント自身の証明の方向を指し示している。

(3) 事物の可能性からの証明

K これに反して、帰結としての「事物の可能性」から、根拠としての神の存在への推論はまったく種類を異にする。ここでは、なにものかが可能であるためにはなんらかの実在するものが前提されなければならないということ、それなしではいかなる内的可能性ですら成立しない存在は、われわれが神の概念のもとで一括結合する諸属性を含んでいるのではないか、ということが探求される。（『証明根拠』A. II, 157）

これがカント自身の証明の概要である。『証明根拠』では、四つの存在証明の例（デカルト的、カント的、宇宙論的、自然神学的証明）[233]が挙げられ、自らの証明のみが排他的に唯一可能であるとされる。その際、デカルトのように「完全性」という語を一度も用いていないことを誇りにしている（同 A. II. 90）。カントの証明は、帰結としての事物の可能性から、根拠としての神の存在にいたるものである。すなわち、なにものかが事実として可能である（あるものが思考され、存在しえる）ためには、なんらかの実在するものが指示され、前提されなければならない。そこで「一切の事物の内的可能性そのものが、なんらかの存在を前提すると見なす」（同 A. II. 159）のである。可能的なものの形式的要件は無矛盾ということであるが、実質的要件はその最終的実在根拠としての「必然的存在」である。それが廃棄されれば、思考可能性も廃棄され、いかなる内的可能性も成立しないことになる。しかるに、現に帰結として「なにものかが可能である」（同 A. II. 91）。かくして「一切の思考可能なものの内的可能性から神の存在が推論されねばならない」（同 A. II. 157）と考える。

この議論に関しては、後の『純粋理性批判』や『ペーリッツの哲学的宗教論講義』において、その論理的な難点（必然的存在者の主観的必然性など）が指摘されることになる。「独断的形而上学」とされる所以である。しかし十七世紀の哲学から見るに、これは存在一般の考察を通して神の本質を問う、由緒正しい存在神学の議論である。それは、ヘンリッヒの指摘するように『新解明』とはやや視点を異にしながらも、これまでの存在証明を論理的・分析的に整理し直した、最も完成された議論と読める。カント自身も、それを「われわれの描いた存在論的証明」（同 A. II. 161）として誇りにしている。

以上の議論に対して、デカルトの側からどう反論されるであろうか。まず指摘できることは、『新解明』の場合がそうであったように、この議論はデカルトの「第五省察」の証明への批判に向けられてはいても、神の観念からその存在を導き出す「第三省察」の証明と本質的に異なるものではない、ということである。内的概念ではなく内的可能性からの証明という点にカントの力点があるのだが、「可能性」も実在ではなく思考の上でのことであり、所詮は概念ないし観念にすぎない。存在の根拠を（デカルトのように）概念の内に求めるにせよ、（カントのように）概念の外に求めるにせよ、「思惟から存在へ」という推論方式には変わりがない。カントも批判期にいたってこの証明を廃棄している。

問題は「存在は述語にあらず」（存在はものの属性ではない）という批判である。それは、もとより一般的に論理的に妥当することである。だが特殊的に神の場合には妥当しない、とデカルトは考えるだろう。ひとり神のみは、定義上、必然的に存在を含むからである。デカルトによれば、ユニコーンのような任意の可能的で偶然的なものの述語には、存在はたしかに帰属しない。しかし神は単に可能的なもの（矛盾を含まないもの）ではない。そのうちには「存在」という属性が、経験による検証ぬきで、本質規定として必然的に含まれている。ここで「可能的存在と必然的存在との区別」（「第一答弁」AT. VII, 116）がなされなければならない。「可能的存在は、明晰判明に理解されるすべてのものの概念ないし観念のうちに含まれているが、必然的存在は神の観念のうち以外にはどこにも含まれていない」（同）。ユニコーンの存在が、かりに可能であるとしても、その本性に現実存在が結合しているわけではない。しかし神においては「つねに存在が神のそれ以外の属性と必然的に結合している」（同 117）。ひとり神の観念のうちにのみ述語として「存在」が内在する。言い換えれば、神においてはその本質と存在とが不可分である。

なぜ神だけが、一般の論理性を越えて特権的な扱いを受けるのか。それは、「この上なく力能のある存在者」ens summe potens という神のもつ積極的な本性による。上述のように神は自己原因であった。その存在者が

「自らの固有の力で存在しうる」ということから、「このもの自身が実際に存在する、そして永遠の昔から存在していた」ということが結論される。かくして「この上なく力能のある存在者の観念のうちには必然的存在が含まれる」ことを知るが、それはフィクションによるのではなく「存在するということが、かかる存在者の真で不変な本性に属するからである」（同 119）と言う。ヘンリッヒも注目するように[234]、デカルトの存在論的証明の真骨頂はこの点にあり、単に完全性の概念から存在を形式的に帰結するということではない。

(4) 証明の厳密性

K　デカルト的証明……は誤っており、まったく不可能である。つまり、それは十分な厳密性 Schärfe を備えていないのではなく、そもそも証明になっていないのである。（『証明根拠』A. II. 162）

神の存在の証明方法については、自分の証明が「唯一可能」であり、それ以外にありえないとカントは考えていた。その理由は、それのみが数学的確実性と論理的厳密性をもつからであった。デカルト的証明が「誤っている」のは、概念から存在を導き出そうとした試みが論理的に「不可能」であるからであり、そもそもそれは厳密性に達していないどころか証明の体をなしていない、とカントは手厳しい。

批判はデカルト的証明だけでなく、経験的概念からする宇宙論的証明や自然神学的証明にも向けられている。それらは「数学的確実性と厳密性をもつことができない」（同 A. II. 160）からである。ただ、カントは宇宙論的証明には好意を寄せている。それが一般の理解を得やすいからである。「論理的厳密性と完璧性に関しては存在論的証明」が優れている。しかし、分かりやすさ、印象の鮮明さ、美しさ、説得力という点では、「宇宙論的証明に優位を認めるべきだ」（同）としている。自然神学的証明にも有用性という点で優位を認めている。存在論的証明は論理的に厳密ではあるが、もっぱら抽象概念によるものなので必ずしも説得的ではない。「神の存在を納得 überzeugen することは絶対に必須であるが、しかしそれを論証 demonstrieren することが同じくらい必須であるというわけではない」（同 A. II, 163）。この末尾の言葉は、神の存在を論証することよりも納得することが大切だとしており、『実践理性批判』以降の議論の展開を考えると、含蓄があると思われる。

これに対して言えることは、デカルトもまた自らの神の存在証明が、数学的明証性と同等あるいはそれ以上の論理的な厳密性を有する、と確信していたことである。[235]「第五省察」では、三角形などの比喩が神の存在証明と併行して使用されているが、その比喩は単なる例ではない。「神の存在は、私のうちにおいてこれまで数学の真理が確実であったのと少なくとも同じ程度に、確実でなければならない」（AT. VII, 65–66）ということをデカルトは示しているのである。すでに学院時代から、デカルトは哲学の議論を数学と同じ程に明証的なものにしたいと念じていた。そして三十代の若いデカルト（カントが『新解明』や『証明根拠』を書いたのも同じ三十代である）は、メルセンヌに宛てて言っている「私はどうすれば形而上学の真理を、幾何学の証明よりもさらに明証的な仕方で証明できるかを発見したように思います」（メルセンヌ宛 1630. 4. 15. AT. I, 144）。これは『序説』第二部が語っているように、数学をモデルにした方法の発見に関わることであろう。つまり神や精神を論じる場合、数学の推論と同じ手続きをとれば論理的に厳密な議論ができ、結論の明証性が確保されると考えるのである。神の存在に関する『省察』の議論は、そうした長い準備の上に成立している。冒頭の「ソルボンヌ書簡」でも、デカルトはそのことを明言している。「私がここで用いる論拠は、確実性と明証性において幾何学者のそれと同じもの、あるいはそれを越えるものとさえ思っております」（AT. VII, 4）。そして、それが一般の理解を得られないのではないかと懸念を表明しているのは、カントの場合と同じである。ここで「幾何学を越える」とか、「幾何学よりもさらに明証的な仕方で」とは、神の存在証明の方が幾何学の証明よりも「はるかにより単純でより明晰である」（「第五答弁」AT. VII, 384）ことであろう。先入見や感覚にとらわれなかったならば、「神よりも先にまたより容易に認識されるものはなかったであろう」（『省察』AT. VII, 69）とも言われている。

いずれにしてもデカルトは、三つの証明を、誤っているどころか「最も確実で最も明証的な論証として」（『省察』AT. VII, 4）自信をもって提出している。カントもデカルトも神の存在証明の真理性について、議論の内容は異なるにせよ、矜持をもっていたのである。

三　『純粋理性批判』における「デカルト的証明」

周知のように『純粋理性批判』においては、神の存在証明の手続きそのものが論理的に破綻しているとされ、全面的に断念されることになる。「唯一可能な証明根拠」も可能でなくなり、最後の砦も崩壊する。なぜなら、概念（理念）はいかなる理由があれ、それを実在とみなすことはできないと考えるからである。なぜ批判期にいたってそのように考えるようになったのか。前批判期から批判期への大転換の理由については、十七世紀の合理主義の哲学から見ても興味深いものがある。「ヒュームの警告」によって独断の眠りを覚まされたことや、カント自身の思想の発展などが考えられよう。まず、認識に関するコペルニクス的転回、理論理性の対象の画定がなされる。その結果として、誤謬推理により精神が、二律背反により世界が、純粋理性の理想により神が、理性的探求の舞台から退場させられる。とくに神は人間理性にとって「真の深淵」（B641/A613）であり、認識の及ぶところではない。かくして神の存在をはじめ精神の実体性など、伝統的な形而上学の主題がすべて退けられ、学問としての形而上学は成立しないとされる。言い換えれば、存在論がそのまま神学になるような学問（存在神学）をやめると言うことである。この時点でカントは伝統的な合理主義の存在論を棄て、ヒューム的な経験論・認識論へと舵を切ったと思われる。「なにが在るか」よりも、「なにを知ることができるか」へと問題意識を転換させたと言えるのではないか。

ただ、そのことの詳しい詮議はカント学者に任せよう。ここでは、デカルトとの関連におけるかぎりで「純粋理性の理想」章、第四節「神の存在の存在論的証明が不可能であるゆえんについて」（B620/A592〜B630/A602）を検討しよう。それは前批判期の議論を修正し、神の存在証明に対する批判を総括した著名なテキストであり、内容的に最も鋭利な議論になっている。

(1) デカルト批判の諸論点

K　したがって、概念からの、最高存在者の存在についての大いに有名な存在論的（デカルト的）証明におけるあらゆる努力と労力が無駄となり、一人の人間がおそらく単なる理念に基づくかぎりは洞察をより豊かにするわけではないのは、商人が自らの状態を改良するために、現在高にいくらかのゼロを付加しようとしても、その財産をより豊かにするわけではないのに等しいであろう。（『純粋理性批判』B630/A602）

これは第四節の結論部分であり、デカルト的証明に言及されるのは『純粋理性批判』のなかでこの一箇所のみである。ここでは、絶対的に必然的な存在者という理念からその客観的実在性に達する手立てはなく、その証明は徒労であるということが、財産の例（有名な百ターレルの話との関連である）とともに示されている。重要であるのは結論そのものではなく、その結論にいたるまでのカントの議論構成である。第四節は便宜的に五つの論点に分けて読むことができると思われる。

（一）神の存在証明をする際に、神はその非存在が不可能であるような或るものだと説明されてきた。そしてある概念を、存在をそのうちに含むように設定することによって、この概念には存在が必然的に属する、と推論されてきた。――この論点は本書 pp. 251–253 の議論に通じるもので、デカルトの議論をカント流にまとめたものであろう。

（二）ある判断において、主語をそのままにして述語を廃棄すれば矛盾になるが、主語も述語もともに廃棄する場合には矛盾にならない。矛盾するものがないからである。神の存在が廃棄されるのは後者の場合であり、矛盾にはならない。したがって、それを廃棄すると矛盾になるような主語が存在するとは言えない。――この論点は、その非存在が不可能であっても矛盾ではないということを主語・述語の論理から明らかにしたものだろう。「存在を欠いた神」を矛盾とするデカルトを批判したもので、それは矛盾ではなく、ただ神という主語を取り下げるだけであるとする。

（三）反論として、その物を廃棄すると物の内的可能性も廃棄されるような、ある実在的な存在者が可能的に想定され、存在はその可能的なものの概念のうちにある、と主張されよう。だが、可能的な物の概念にその物の実在性の概念を持ち込むことはできない。物が存在するという命題は、主語が存在という述語を含む「分析的命題」でなく、存在という述語を廃棄しても矛盾にはならない「総合的命題」である。――この「反論」は前批判期のカント自身のものでもある。本書 pp. 251–253, p. 257 に対応する。しかしカントはここで新たに分析的・総合的という論理的な装置を導入して、その反論を切り捨てている。

（四）「論理的述語」と「実在的述語」（物の規定 Bestimmung）とは違う。規定は主語の概念を拡大する述語であり、主語のうちに含まれているのではない。ある Sein は実在的述語 reales Prädikat でない。「神がある」Gott ist という場合、神の概念にいかなる新しい述語をも付け加えず、ただ主語そのものをすべての述語とともに定立 setzen するのみである。現実の百ターレル（対象）は、可能的な百ターレル（概念）以上のものは含まない。――この論理的分析は本書 p. 259 に対応する。定立ないし措定という考え方、および「神がある」「神は全能である」という命題の区別も、それに続く文脈（『証明根拠』A. II, 74）のなかに見出せる。それらの論理的な発展が、このテキストに集約されていると読める。

（五）最高の存在者を考える場合、それが現実に存在するかどうかは決定できない。なぜなら、それを純粋なカテゴリーによってのみ捉えるなら、その現実存在 Existenz と単なる可能性とは区別されず、純粋思惟の客体の現実存在を認識する手段はないからである。最高存在者の理念は可能性にすぎず、現実に存在するものについてのわれわれの認識を拡張するものではない。理念の対象は経験の範囲外にあり、最高存在者の現実存在をア・プリオリに判断することはできない。――ここでは本書 p. 253 に登場した idealiter/ realiter の区別が、別の観点から再認されている。本書 pp. 260–261 に述べた事物の可能性からの証明は、ここにいたってはっきりと廃棄されている。

以上の五つの論点を踏まえて上述の結論（デカルト的証明は徒労である）が出されているのは、自然な流れであり、反駁する余地のない論理性を備えているとも思われる。

（2） デカルトの仮想反論

もしデカルトがカントと同時代に生きていたなら、以上の議論にデカルトはどう反論したであろうか。その議論はすべて論理的に正当であるが、ただ神だけには適用できないと答えたと思われる。たとえば「第五省察」では「その本質に存在が属するものを、私は、ひとり神を除いて、ほかには何も考えだすことができない」（AT. VII, 68）、「その本質に存在が属するただ一つのものである神……」（AT. VII, 69）と言われている。「第五答弁」はそれを敷衍して「必然的存在は、実際に神において最も厳格な意味に解された特性なのであり、それというのも、それはひとり神のみに適合し、そしてひとり神においてのみ本質の一部をなしているから」（AT. VII, 383）としている。「第一答弁」では「必然的存在は神の観念のうち以外にはどこにも含まれていない」（AT. VII, 116）とも言われる。このように必然的存在者という点で、ひとり神だけは別格扱いされている（そのことの問題性については、次節で検討する）。

この点にこそ独断があるとカントは考えるだろう。『純粋理性批判』はまさにこの点を批判していると思われる。宇宙論的証明を批判した第五節には「最も実在的な存在者は、他の存在者からはいかなる点においても区別されない」（B636/A608）という言い方が見出される。存在の上では神にいかなる特権も認められないし、認めてはならないということだろう。いわば存在論の自然化である。これに対してデカルトは、そもそもそういう特権を有するものを必然的存在者と規定し、それを神と呼んでいるのである。神の特権というデカルトの言い分をかりに認めるとすれば、カントの論点に対してどのように反論できるであろうか。

論点（一）に関しては、神はその非存在が不可能であり、その本性からして存在するというカントのまとめ方を、デカルトは大筋で了承すると思われる。ただその意味は、アンセルムスのように神という名前や概念に存在が含まれている（最大者の概念は存在を含む）ということではない。先述したように、神の本性には自らを存在せしめる「広大な力能」が認められる。そこに必然的存在者たる神の特質がある。そうした神の本質規定からして、神は存在せざるをえない。その非存在は論理的に不可能である、「存在を欠いた神を考えることは私の自由にならない」（『省察』AT. VII, 67）ということである。しかも、われわれはまったく神を知りえない訳ではなく、神について明晰判明な観念をもつことができる。こうしたデカルトの立場を、ロディス＝レヴィス[236]が概念主義でなく本質主義と名づけているのは、適切であると思われる。

論点（二）以下の批判に対しては、ひとり神のみは必然的存在者であるので問題はないということになろう。必然的存在者という主題さえ了解されれば、以下の反論はその主題の変奏として、すべて取り下げられるであろう。（二）は、存在を欠いた神（神は存在しない）ということもありえる、とする。だが、それは可能的、偶然的な存在者には適合しても、必然的存在者たる神には適合しない。なぜなら、神は唯一、存在なしには考えられない存在者であり、非存在ということはただちに神の本質に矛盾する（存在しない神はありえない）からである。主語も述語も廃棄して、神は存在しないすることは論理的にありえるだろう。だが現実にはありえない。それは同時に、この世界も私も存在しないとすることだからである。したがって、神という特権的な主語にかぎって、その非存在は矛盾になり、存在という述語を論理的に廃棄できない。

論点（三）は、可能的なものの概念に実在性を読み込んではならない、存在命題は総合的命題である、とする。事物の概念一般についてはその通りであろう。たとえば三角形の概念（主語）に存在（述語）を帰属させるのは、論理的にナンセンスである。「ある三角形は存在する」は総合的命題であって、存在という述語を主語に付加しているのみである。だが神は必然的存在者であるので、「神は存在する」という命題にかぎって、それは分析的命題である。つまり、神という主語に「存在する」という述語が含まれ、それを廃棄すれば矛盾になる。(237) かくして可能的なものの概念から神の存在を引き出すことは、不可能ではない。

論点（四）の、存在は実在的述語たりえないということは、論理的には間違っていない。だが、ひとり神の場合は例外である。神の本質は必然的に存在を含むのであるから、神の「存在」（ある）のみは実在的述語であり、ものの規定をなしている。「神がある」と発話することは、神（主語）に含まれていた存在という述語を外に取り出す行為にほかならない。他方、百ターレルの比喩については、論理的には反駁の余地がないが、必然的存在者たる神の場合には適合しない。可能的な百ターレルをいくら積んでも実際の財産はふえないが、神の本質が可能的にもつ存在はその現実存在につながる、とデカルトは考えるだろう。ここでヘーゲルの有名な反論が参考になろう。『エンチュクロペディー』*Enzyklopädie*（§51）においてヘーゲルは、神という無限なものは、百ターレルという有限なものとは比較にならない。神の概念には、概念と存在との統一、思惟と存在との絶対的不可分性が含まれる、(238) としている。これはデカルトの立場を弁護するものと言えよう。

論点（五）に対しては、こう反論できる。必然的存在者である神の場合にかぎって、その概念に存在が含意されている。それゆえ単なる神の可能性ではなく、その現実存在がそこから帰結する。それは経験を超えた理念ではあっても、概念の明証性そのものから神の現実存在はア・プリオリに結論される。

以上のように、デカルトの反論は、神だけの特権である必然的存在という概念によって、カントの鋭利な批判を切り崩そうとしているように思われる。それがカントとかみ合っているかどうかは別として、この概念はデカルト的証明を解くキーワードになっている感がある。カントはその概念規定が曖昧であるとしてそれに懐疑的であった訳だが、デカルトにおいてそれは明晰判明であり、それは自らの証明の生命線であったようである。では、デカルトにとって必然的存在とは何であったか。それを次に見てみなければならない。

四　デカルトと必然的存在

問題は、ペガサスや三角形などの場合とは違って、神の場合だけを必然的存在者として特別視することがいかにして正当化されるのかである。その論理的な根拠が説明されなければならない。デカルトは必然的存在 existentia necessaria の概念を、四つのテキストにわたって丁寧に説明している。その内容を少し詳しく取り上げた上で、その問題点を検討しよう。

(1)「第五省察」

「第五省察」の本文には、他の事物と異なり、なぜ神だけに存在が帰されるのかを説明する有名な場面がある。

D　なるほど私は山を谷なしに考えることができないように、神を存在するものとしてでなければ考えることができないが、しかし私が山を谷とともに考えるからといって、そこから何らかの山が世界に存在することが帰結するわけではないように、私が神を存在するものとして考えるからといって、そこから神が存在することが帰結するとは思われない、ということも確かである。というのも、私の思惟は事物にいかなる必然性をも課さないからである。そしていかなる馬も翼をもたないが、私は翼のある馬を想像することができるのと同じように、もしかしていかなる神も存在しなくとも、私は頭のなかで神に存在を帰することができるからである。

いや、そうではない。そこにこそ詭弁がひそんでいる。なぜなら、私が山を谷とともにでなければ考えることができないということから、どこかに山と谷が存在するということが帰結するわけではない。ただ単に山と谷とは、存在するにせよしないにせよ、互いに分離できないということが帰結するにすぎないからである。しかし、私が神を存在するものとしか考えることができないということからは、存在を神から分離することができないということ、したがって神は実際に存在するということが帰結するのである。

これは私の思惟がそうさせるのではない、つまり事物にある必然性を課するのではない。反対に、事物それ自身の必然性が、つまり神の存在の必然性が、そう考えるように私を決定するのである。というのは、翼のある馬や翼なしの馬を想像するのが私の自由であるのとは違い、存在を欠いた神（つまり最高の完全性を欠いた最高に完全な存在者）を考えることは、私の自由にはならないからである。（『省察』AT. VII. 66-67 分節は山田）

これはデカルトの証明の核心部分であり、アンセルムスとは違う最も特徴的な考え方が出ているテキストである。本書 p. 258 でも述べたように、カントが注目していたのも、まさにこの箇所である。神はペガサスのようなフィクションではない。山と谷とが分離されないように、神と存在とは分離されない。これは事物の必然性によることだ、と論じられている。このテキストの最後の部分に、神が必然的存在であることが控えめな形で顔を出している。神の本質はその存在と必然的に不可分であり、それは最高に完全な存在者という神自身の定義に根拠を置いている。デカルトはこのことを最も主張したかったようである。だが詭弁 sophisma という言葉が数回出てくることからも分かるように、デカルトはその主張にきわめて慎重であった。必然的存在という概念の不十分な点は、「答弁」などで繰り返し説明が加えられることになる。逆に言えば、この問題をデカルトはそれほど重要視していたことになる。

(2) 「諸根拠」

「第二答弁」に付された「諸根拠」は、デカルト的証明のエッセンスを抽出し、論点をより鮮明にしている。まず定義Ⅸにおいて次のように言われる。「あるものが何らかの事物の本性あるいは概念のうちに含まれるとわれわれが言うとき、それはその事物において真である、あるいはその事物について肯定されえると言うのと同じことである」(「諸根拠」AT. VII, 162)。すなわち「Aが神の本性のうちに含まれる」とは、「Aは神において真である、Aについて肯定されえる」と論理的に等価であることを言っている。A=存在とするのがデカルト的証明である。

次に公理Xとして「あらゆるものの観念ないし概念には存在が含まれる。なぜなら、われわれは存在しているという観点の下 sub ratione existentis においてでなければ、何ものも概念しえないからである。すなわち、制限されたものの概念のうちには、可能的ないし偶然的存在が含まれるが、しかし最高に完全な存在者の概念のうちには、必然的で完全な存在が含まれる」(同166)、とされる。存在の観点の下においてでなければ……とは、概念も観念も(無ではなくある意味で)存在していなければ、認識することはできないということだろう。そして、被造物一般の概念における存在は可能的・偶然的存在であるのに対して、完全者たる神の概念における存在は必然的で完全な存在である、と考えられている。ここに神が他の事物と異なる理由がある。最後に、これらを踏まえて、この必然的存在をよく考えるようにとの要請がなされる。

D　読者が完全な存在者の本性の観念に長く、そして多く携わるよう要請する。なかんずく、他のすべての本性のうちにはたしかに可能的な存在が含まれるが、神の観念においては……まったく必然的な存在が含まれていることを考察するよう要請する。というのも、読者はひとりこのことだけから、どんな議論 discursus を要することもなく、神が存在することを知るからである……。（「諸根拠」AT. VII, 163）

完全者たる神の本性をよく考え、必然的存在と可能的存在との区別を熟慮すれば、神の存在は、議論するまでもなくストレートに了解されるとするのである。神の本性には必然的存在が含まれる。それゆえ神は存在するということは真になる。それが議論を要しないとは、必然的存在を考察することだけからでも神の存在は「先入見から解放された人には自明 per se notus である」（同 167）ということであろう。ただ、それは本来ことがらとしては自明であるのだが、「そうした明察に達するのは容易ではない」（同）としている。必然的存在の何たるかを認知しない人には、この証明が受け容れがたいものとなることを、デカルトは承知しているのである。なお「諸根拠」の構成では、自明である「第五省察」の証明が主で、「議論」をしている「第三省察」の証明は従になっていることに注意すべきであろう。(240)

（3）「第一答弁」

デカルト的証明のポイントを整理・敷衍している最良のテキストはカテルスに対する「第一答弁」であろう（その要点の一部は本書 p. 262 にまとめた）。デカルトは自分の論証が、アンセルムスのように「神という名称」からするものではない[241]とした上で、それを三段論法の形に書き直している。

D　われわれが或る事物の真で不変で真な本性、本質、形相に属すると明断かつ判明に理解するものは、その事物について真理をもって肯定される[242]。神の何たるかを十分細かく探査したのちは、われわれは神が存在するということが神の真なる本性に属することを明断判明に理解する。ゆえに、そのとき真理をもってわれわれは、神は存在するということを肯定できる。（「第一答弁」AT. VII, 115 傍線は筆者）

問題とすべきは小前提（傍線部分）であり、デカルト自身そこに「困難が少なくないこと」（同 116）を自覚している。デカルトによれば問題は二つある。

第一は、他の事物とちがって、なぜ神の存在がその本質に属するのか、他の事物と神との区別がつかないことである。――これに対しては、「可能的存在と必然的存在とを区別すべきである」と言う。すなわち、「すべての明断判明な概念ないし観念には可能的存在が含まれるが、必然的存在は神の観念のうちにのみある」。それは可能的存在がそうであるように、「存在するものとしてでなければ理解できない」だけでない。そこでは「現実存在 actualis existentia が神の他の属性と必然的に結合している」。かくして「神は存在すること Deus existere が帰結する」ことが知られる（同 116-117）とされる。これは神という概念からその存在を導出しているのではない。必然的存在とは観念や概念のレベルのことではなく、現実に存在するという事態を指しているからである。

第二は、「神の本質は事物の不変で真なる本質なのか、知性の虚構によるものなのかを知らない」ので、神の本質からすぐには神の存在が結論できないことである。――これに対しては、次のように答えている。すなわち、知性による虚構はペガサスの場合のように複合、分割され、真なる不変の本性をもたない。完全な物体の観念に存在が含まれるとしても、それは可能的な存在でしかない。「存在が完全性に数えられるのかどうか」には疑問があるかもしれないが、しかしその広大な能力 immensa potentia によく注意してみれば、「このうえなく力能のある存在者」ens summe potens には可能的存在が適合するだけでなく、「その観念のうちには必然的存在が含まれていることが分かる」。そして「それは自らに固有の力で存在しうる propia sua vi posse existere がゆえに……実際に存在すること revera existere」が結論される。「存在するということが知性の虚構ではなく、かかる存在者の真で不変な本性に属するからである」（「第一答弁」AT. VII, 117-119）と。

以上のように、デカルトは必然的存在者を他から区別して、その本質を考えるようすすめている。すなわち、現実存在は神の他の属性から不可分であり、また神は、自らの力で存在しえることを、虚構でなく真なる本性としているので、神の観念には必然的存在が含まれる。それゆえ神は実際に存在する、とする。必然的存在者は自己の存在を維持する能力をもつことが、ここでは強調されている。なお、この論証はそれを受け容れる用意のない人には「詭弁」と見えるかも知れないが、注意深い人には明らかである、と付言されているのは「諸根拠」の場合と同じである。

（4）「第五答弁」

ガッサンディの「第五反論」（および『形而上学論究』*Disquisitio Metaphysica*）は、カントの批判の先駆としてしばしば取り上げられるテキストである。それに対する「答弁」のなかで、やはり必然的存在が論じられている。ガッサンディは、「存在は完全性ではなく、それなしには諸々の完全性が成立しないもの」（「第五反論」AT. VII, 323）と考える。そして、三角形の完全性に存在を数え入れる必要がないのと同様に、神の存在を結論するために「神の完全性のうちに存在を数え入れる」のは論点先取だ（同 325）と反論した。この批判は存在を完全性（実在性）とみなさない点で、カントの議論を先取りしている。[243] これに対してデカルトは、まず「あなたが存在 existentia をどういう種類のものであって欲しいと思っているのか……分からない」（「第五答弁」AT. VII, 382）としている。デカルトによれば、可能的である三角形の存在と、必然的である神の存在とは比較できない。

D　必然的存在ということは、実際に神において最も厳格な意味に解された特性である。それというのも、それはひとり神のみに適合し、そしてひとり神においてのみ本質の一部をなしているからである。（同 383）

三角形の場合と異なり、「神はそれ自身の存在である Deus est suum esse」。[244] 神に存在を認めることは、それは三角形にその特質が属するのと同じであり、それゆえ「論点先取 petitio principii にはならない」（同）、としている。同じ存在者と言っても、神の場合は特別な必然的存在者なので論理的困難は生じない、とデカルトは主張しているのである。神においては存在がその本質の一部をなすという仕方で、必然的に存在が属している。それが「必然的存在」の最も厳格な意味である。

以上の四つのテキストからすれば、デカルトは、必然的存在の説明に特に力を入れていたことが分かる。デカルト的証明の中心は専らここにあるとも読める。すなわち必然的存在は、存在と本質との必然的結合を意味し、神が自らの存在を維持する力能をもつこと、存在がその本質の一部をなしていることを意味している。このことを根拠として、デカルトは他のものとは違う特権を神に認めているのである。

(5) 「必然的存在」の問題点

以上に見てきたように、デカルト的証明は必然的存在という論拠を中心に展開しており、この点でカントの批判を退けているように思われる。では、次のような結論になるのだろうか。つまり、この論拠を採用しないかぎりは、カントの批判は論理的に正当でありすべて有効である。だが採用するかぎりは、神だけは例外となり、カントの議論はすべて無効になる、ということだろうか。そのように考えざるをえないが、重要なことはこの論拠を採用するかしないかではなく、採否を決定する理由を明らかにすることであろう。

問題は二つに絞られると思われる。第一に「必然的存在」は人間理性によって明瞭に知られることなのかどうか、第二に「必然的存在」が神の本性に含まれていると考えるにしても、そこから実際に神の存在が帰結するのかどうか、である。

第一の問題については、少なくとも批判期のカントは拒否している。カントは『省察』本文とともに全「反論と答弁」を読むことができたはずであったが、必然的存在は明確に規定されえない(245)と考えたので、最初からそれを認めることができなかった。というのも、何であれ感官や経験の範囲の外にあるものは触発されることがなく、それゆえ感性的直観の対象にならない。かりに何らかの認識の対象になったとしても検証できない、というのがカントの立場[246]であったからである。カントは単なる経験主義者ではないが、精神実体にせよ神にせよ、感性界を超えた未規定なものを、確かな論拠にすることはできないのである。

これに対してデカルトは、有限な人間は無限な神のすべてを捉えられないにしても、人間知性におけるかぎりで「神は明晰判明に認識されうる」（「第一答弁」AT. VII, 114）と考える。つまり、神の全体はよく分からないにしても、神が必然的存在者であるということ自体は感官の対象にはならずとも、知性によって明晰に知られると考える。感覚ではなくむしろ知性によって十分明確に規定される、というのが合理主義者デカルトの立場である。この点に理解の根本的な相違がある。これはどちらが正しいかということではなく、ものの認識の仕方の違い、最初の出発点の違いと言うほかはないであろう。

第二の問題についてはまだ議論の余地がある。スコラ神学者カテルスは、必然的存在者（最も完全な存在者）の概念を容易に認めることができたはずである。しかしかれは、かりに神の本性のうちに存在が含まれているとしても、それは「知性のうち」でのことであって、神が「知性のそとに」実際 revera に存在することにはならない、とする。つまりその概念から帰結するのは「この上なく完全な存在者 ens summe perfectum の観念と存在の観念とが不可分離的に結合している」（「第一反論」AT. VII, 99）ということだけであって、その存在者が現実に存在するわけではないと考えた（注241を参照）。これはヘンリッヒが論理的異論[247]と呼ぶもので、ガッサンディやカントの批判にもつながるものである。カントがたとえば「存在は実在的述語ではない」というとき、それは同種の異論である。

観念（知性の内なる概念）から、実在（知性の外なる事物）が直接帰結するわけではないことは、デカルトも承知している。だが、神というものにかぎって、その観念と実在とを架橋する論理があるとデカルトは考えている[248]。

注意して読めば分かることだが、「第一反論」の「この上なく完全な存在者」というスコラ的な用語が、「答弁」では「必然的存在者」というデカルト的なことばによって解釈し直されている[249]。両者はともに神の単なる概念規定に見えるが、同じ次元のものではない。デカルトの言いたいことは、アンセルムスの場合のように、最大完全者の観念から神の実在が出てくるのではない。しかし必然的存在者からはその実在が帰結する、ということである。それはどういうことだろうか。

神の観念に「必然的存在」が含まれるというとき、それは単に知性のうちで概念的に存在するという意味ではない。神は「現実に存在する」revera existere（「第一答弁」AT. VII, 119）ということを意味している。すなわち先述したように、神の内にある必然的存在とは、それは知性における存在の概念ではなく、現実に存在するものを指示している。「つねに現実存在 actualis existentia が神のそれ以外の属性と必然的に結合しているとわれわれが理解するという、このことから神は存在する existere ということがまさに帰結する」（同117）。その理由は、すでに述べたように、神は「自らに固有の力で存在しうる」広大な力能をもつからである。逆に言えば、実際に存在することをその本性とするものを神と称しているのである。こうした厳格な意味で、デカルトは神の場合にかぎって観念と実在とが結合されるとするのである。神においてはイデアールな存在がそのままレアールな存在になっている。これがカントと違う点であり、ここに理解の落差がある。

この落差も簡単に埋められるものではない。そこには存在についての考え方の違いがあったと思われる。デカルトが必然的・可能的の区別を立てる根拠は、ものの存在を様相論理で考え、存在に程度を認めることにある。何が存在するにせよ、ただそれが在るという面だけに着目するなら、必然的・可能的の区別は設けられない。神であれ三角形であれ、同じ存在であるからである。その区別は唯名論的には無意味であろうが、しかし実在論的合理論に立てば十分有意味である。

結局、どういう視点から認識や存在というものを見ているかという問題だろう。それによって、採用される論拠も当然異なってくるだろう。ある論拠を選ぶ理由はその背景にある哲学であり、それがいかに合理的で説得的であるかによって論拠の妥当性が決まってくる、と考えられる。すなわち、経験論的、唯名論的な視点からすれば、カントの批判は妥当かつ有効であると言える。しかしデカルト的な認識論や合理論を背景として必然的存在者を重視する視点からすれば、カントの批判は的を外れており、決して有効なものとはなりえない。カントの批判は認識の成立条件を厳しく分析したもので、きわめて論理的に見える。しかしそれは経験論的立場からの論理構成であり、合理論からは別の論理がありえる、ということになろう。

結語

以上の議論をまとめ、筆者の所感を若干付け加えておく。

「デカルト的証明」に対するカントの批判は一貫している。カントは前批判期の『新解明』において、神の概念には存在は含まれないなどと批判したうえで、かれ自身は可能性の根拠としての神の存在証明を試みている。『証明根拠』などでも、存在は述語ではないとの論理的な批判を展開しつつ、ものの内的可能性から神の存在を導き出す厳密な論証を考えている。『純粋理性批判』では、それらをすべて総括して存在論的証明の論理的難点が指摘され、カント自身の証明も取り下げられた。この批判に対しては、「デカルト的証明」は必ずしもデカルト自身のなした証明に合致しない。デカルトの神は、その本質に存在が必然的に結合している必然的存在者であるので、論理的難点は回避される、と答えられる。そうした特権的な論拠を認めるか否かは、その背景にある哲学による。経験論的な認識論をもとに論理構成をする哲学からすれば、神はその認識の射程に入りえない。しかし知性によって認識や存在を合理論的に捉えようとする哲学の下では、神はその中心に来る第一の問題である。カントのデカルト的証明批判はその落差を示すものであり、その批判は妥当しない。

カントとデカルトとの間には、神の問題に対するスタンスの違いがあると思われる。前批判期におけるカントは、神の存在証明が可能であることに関してはデカルトと態度を同じくした。だが批判期においては、「神」は理念であり、感性的直観の対象にならない。そのかぎり、神を語ることは論理的にナンセンスとされた。たしかに『オプス・ポストゥムム』において神や形而上学への言及が見られ、存在論的証明が肯定されている節もある。[250] だがそれは形而上学への愛惜の念の現われにすぎず、理論的に認められないことには変わりない。「知をあけて信に場所を譲る」（『純粋理性批判』B. XXX）という有名な言葉が象徴するように、神の問題は理論的な形而上学でなく、実践的な道徳の領域で有意味なものとなる。「［神の］存在の証明は道徳的証明以外のものではありえない」（『弁神論の哲学的試みの失敗』A. VIII, 256）ということばも見出される。神の存在証明は絶対に必須のものではなく、納得されればそれでよいと言っていたことが想起される。他方デカルトにおいても、神の存在は実践的世界観において必須の事であり、人の生き方の基礎をなすものであった。[251] しかし同時に理論の問題として、神の存在を定立することが形而上学において不可欠であった。神を知らずには、懐疑から脱することができず、確実性も真理も成立しない。神は、精神の問題とともに形而上学の基礎をなす課題であった。それゆえ理論理性だけを問題とするなら、神への態度の取り方において、カントとデカルトとは相容れない。それはかれらの哲学の差異によることであろう。カントが目指したのは、神を抜きにした形而上学、むしろ形而上学を抜きにした哲学であった。しかるにデカルトにおいては、形而上学とは神がその中心をなす合理論的な存在神学であり、それが哲学の基礎であった。両者のスタンスの違いの根は深いと言わねばならない。

哲学史的に見るなら、デカルト以降、スピノザ、マルブランシュ、ライプニッツと続く西洋十七世紀の合理主義において、神はつねに最重要の問題であった。それがかれらの世界解釈を決定するものであったからである。ところがカントが神を理論哲学から追放したことで、デカルト的な形而上学の嫡流がヒューム、カントのところで途絶えてしまったことになる。「哲学者の神」の終焉をカントに見出すことは容易である。だが、神が単なる理念かどうかは問題であろう。かりに理念だとしても、今日、哲学や倫理の問題を考える場合の基礎として、神は決して駆逐されてはならないのではないか。神の存在証明の現代的意義はこの点にかかわって来ると思われる。デカルト的証明に対するカントの批判を乗り越え、いま一度デカルトの神を見直す必要があるのではないか。その気持ちが筆者に本稿を書かせた(252)。

Ⅳ　テキストをめぐって

第十章　『良識論』考

——テキスト・クリティークの試み——

はじめに

デカルトの初期思想がどのようなものであったかについては、これまでの夥しい歴史的研究[253]にもかかわらず未だ不明瞭な点が少なくない。それというのも、初期の著作の殆んどが今は失われて定かに知るすべがなく、たとえば『オリュンピカ』*Olympica* の如く、ただバイエの『デカルト氏の生涯』*La vie de Monsieur Descartes.* 1691によって僅かにその断片が残されているにすぎないものが多いからである。そのようなごく限られた史料から若い時代のデカルトの思想を復元することは、恰もソクラテス以前の哲学者たちの断片を扱うにも似た困難な作業であろう。

我々がここに取り上げんとする *Studium bonae mentis*（『良識の研究』、以下『良識論』と略称する）もまた問題の多い初期著作の一つである。その成立年代ははっきりせず、オリジナルはむろん失われている。テキストの原文として伝えられているのは所謂バラ十字会に言及した、Necdum de illis quidquam certi compertum habeo[254]という一文のみである。かような有様であるから原著の全容は知るべくもない。だが、幸いなことにバイエはこの断片集を手にして読んでおり、彼の報告によって我々はその内容の一端を窺い知ることが出来るのである。その証言によれば『良識論』の主題は学問論、学者論、知恵、記憶論、バラ十字会などであったという[255]。これらはバイエの主観の投影を見込んでもなお伝記的・思想的に重要であろう。伝記的にという意味は、バラ十字会についてデカルトが何がしかの見解を表明した記録としてはこの文書が残された唯一のものであるからである。また思想的にという意味は、この著作が含み持つテーマが後の『規則論』や『序説』を部分的にではあれ準備していると思われるからである。『良識論』のこうした重要性については、すでにJ・ミレー、J・シルヴァン、G・コアンなどが、そして最近ではG・ロディス＝レヴィスが着目[256]するところであって、かなり詳しい分析もなされている。だが、テキストそのものの確定や読み方、解釈の点で未だ議論の余地があると思われる。

そこで我々はテキスト・クリティークを試みるべく、次の順序で考察することにしたい。第一に、『良識論』の伝承および成立年代を考証してその素性を明らかにする。第二に、この著作を構成する諸断片を内容的に吟味してテキストの確定を試みる。我々はアダン・タヌリ版のテキストの配列に疑問を持っており、バイエによってテキストを再編成することとなろう。第三に、その結果に基づいて実際にテキストを組み立て、以ってそのあるべかりし姿を復元してみたい。第四に、『規則論』や『序説』との関連に留意しつつテキストに歴史的注釈を施し、初期デカルト哲学の一面を明らかにしたいと思う。

一　『良識論』と成立年代

まず『良識論』なる著作の由来および成立年代から考えよう。

バイエの伝えるところによれば、デカルトの死後発見された遺稿の中に『規則論』などとともに「氏がかなり研究を推し進め、その豊富な断片がわれわれに残されているもう一つのラテン語の著作」があった。「それは、「良識の研究」あるいは「よく理解する術」であり、かれはそれを *Studium bonae mentis* と題していた[257]」という。バイエはおそらくクレルスリエから得たその原本を手にしていたようである。ところが、デカルトの遺稿のほぼ完全なリストと思われる「ストックホルム遺稿目録」*Inventaire de Stockholm*. 1650（AT. X, 5-12）にはその記載がない。アダンはこの目録にしばしば登場する *Considérations* が『良識論』に相当するのではないかと考証しているが（AT. X, 576）、説得的ではない。なぜなら、その言葉は都合六回出てくるが、いずれも自然学や音楽や数学を主題とする断片にすぎず、『良識論』という明確な題をもった著作とは対応しないと思われるからである。むしろ、何らかの理由で記載もれがあったか、あるいは原稿が途中で失われたと考えるのが自然であろう。これとは別にジルソンの考証によれば、デカルトは『思索私記』の中で「一六二〇年の復活祭までに私の本を完成するであろう」（AT. X, 218）と明言しており、この本こそ『良識論』だとしている[258]。たしかにバイエも傍証するように、デカルトはこの時期、炉部屋の冬の退屈まぎれに一論を草し、出版社まで捜していた。だが、バイエによれば「表題もおそらくなかったこの本がどういうものだったかは今までのところ分からない[259]」という。しかるに『良識論』は表題も内容も持った著作であり、ジルソンの仮説は成立しないと言うべきであろう。結局のところ、『良識論』の存在を伝える決定的な資料としてはバイエの伝記をおいて他になく、われわれとしては彼の証言のみを手がかりにするしかないのである。

この著作が何時ごろ書かれたかについては、残念ながらバイエは何も言っていないが、初期に属することは確かであろう。バラ十字会のことや新しい学問の建立の企画など、遍歴時代の青年デカルトを想わせる文章が出てくるからである。だが正確な年代となると諸説がある。ジルソンは、今見た通りの根拠によってそれを一六二〇年としているのだが、その他にバラ十字会との関係を根拠として色々な考証がなされている。たとえばシルヴァン[260]によれば、一六二三年メルセンヌが『創世記の最も著名な問題』*Quaestiones celeberrimae in Genesim* のなかでその会のことを取りあげて当時話題になっており、デカルトも流行の問題を同年『良識論』で論じたとしても不自然ではないという。メナール[261]もこの一六二三年説に同調している。たしかに、この年にはバラ十字会のことがパリの思想界で盛んに取りざたされており、メルセンス以外にもG・ノーデが一論[262]を草している。当時フランスに一時帰国していたデカルトがその風潮に動かされたであろうことは十分ありえるだろう。だが、この会のことが当時話題になっていたからというだけなら、シルヴァンの説は根拠薄弱である。なぜなら、デカルトはそれ以前からこの会のことを知っていて一六一九年のドイツ滞在中に書いたとしても自然であるし、あるいは逆に、十字会のことを十分調べあげた上で一六二五—二七年のパリ滞在中に書いたとしても不自然ではないからである。ただシルヴァンは一六二三年説に固執しているわけではなく、それ以前である可能性も認めている。これに対してドイツ滞在中に書き始められたとするのはロディス＝レヴィス[263]やアダンである。アダンの考証によれば、デカルトは一六一九—二〇年にドイツのウルムで数学者ファウルハーベルに会っており、彼の口から当時ドイツを席捲していたバラ十字会のうわさを聴いている。それゆえ『良識論』がまとめられたのは一六二〇—二二年の間であろうとしている（AT. X, 176-177）。このドイツ人自身が会員であったかどうかは断定できぬにせよ、デカルトが彼のような人物からこの秘密結社についての情報を得て強い関心を持ったことは、バイエも証言[264]するところである。この説には具体性があり真実に近いと考えられる。我々としてもこれに従い一六二〇年ごろに起草され始めたと考えたい。つまり、デカルトはノイブルクの炉部屋でおそらく筆を執り始めたのであり、炉部屋を出て一六二二年にパリに帰るまでの数年間の思索の成果が『良識論』と考えてさしつかえないと思われる[265]。

二　テキストの構成

次に、『良識論』のあるべかりし姿を探るべく、諸断片の配列に着目してテキストの構成を試みたい。

バイエは『デカルト氏の生涯』全二巻において、総計一四回にわたって『良識論』に言及している。[266]そのなかには、原文の引用もあれば、彼自身によるパラフレーズもある。だが、これら一四箇所は量的に見て原本のおそらく数パーセントを占めるにすぎず、しかもバイエの二巻本のなかでバラバラに配置されているので、その箇所をただ摘出しただけでは、あるべかりし元の姿を窺い知ることは決してできない。これに対してアダン・タヌリ版（AT版）の第十巻では、バイエの言及箇所を内容的に整理し、ⅠからⅤまでのカテゴリーに振り分けて収録している（AT. X, pp. 191–203）。この分類によって『良識論』の梗概は部分的にではあるが、ほぼつかめるわけで、きわめて重宝な資料源となっている。われわれが今日普通に『良識論』のテキストという場合、この全集本において まとめられた一連の断片集を指す。

しかしながら、われわれはこの全集本のテキストに不満をもつものである。その理由は二つある。一つは、AT版の分類によってたしかに各断片の帰属が明らかになったわけだが、分類された五つのカテゴリーの配列が恣意的だと思われるからである。つまり、各カテゴリー間の相互関係ないし秩序が無視されているからである。たとえば、バラ十字会（第Ⅲカテゴリー）が話題になったあとで、どうして記憶論（第Ⅳカテゴリー）が出てこなければならないかは不明である。全集本は『良識論』についての断片的知識を与えても、それが全体としてどういう秩序をもった著作であったかについては何も教えない。アダン・タヌリの配列は必ずしも原本のあるべかりし姿を伝えていないのである。このテキストを疑うもう一つの理由は、ＡＴ版ではバイエから断片を切り取る際に、相当箇所だけを抽出するのではなく、補足説明のために前後の文章をもかなり含めて抽出しているので、原本の輪郭が不鮮明になっているからである。アダン・タヌリはおそらく地の文だけを取り出すことよりも、『良識論』について歴史的解明を与えることに意味ありとしたのであるから、その措置は当然のことであろう。しかしテキストそのものの厳密な再構成という観点から言えば、それではただでさえ判別しにくい地の文がバイエの文章のなかに埋もれてしまう恐れがある。われわれが必要とするのはバイエの説明文よりも、『良識論』の原文にできるだけ近い文章である。前後の枝葉は伐採せざるをえない。

それでは、一体どうすればあるべかりしテキストを再構成できるであろうか。その手がかりになるのはやはりバイエである。テキストは「彼（デカルト）は～した」という三人称で語られており、ちょうど弟子が師の言行を書きとめるような形式で、デカルトの言行を記したものとなっている。われわれの方針は、バイエの文脈のうちからデカルトの原文に近いと思われるテキストを抽出することである。それは微妙で困難な作業ではあるが、幸いバイエは引用に際して欄外に出典を明記しているのでそれが重要な手がかりになる。明記された部分をよく読むことで、原文のおおよその輪郭が浮かび上がるからである。ＡＴ版は、そのうち明らかにデカルトのものと思われる四つの断章を大きい活字にして別記している（AT. X, pp. 193-194, 196, 200）。われわれの抽出に際して、その根拠が問題となる場合はそれを脚注に示すこととする。

さらに、バイエの出典箇所を注意深く読むと、その引用に際してしばしば、num. 5、art. 5、pag. 7 という風に出典箇所が明示されていることに気が付くであろう。(267) たとえばバラ十字会のことは、num. 5 および art. 5 という所からの引用であり、記憶論は pag. 7, 8 からの引用である。(268) pag. とはむろんページのことであり、num. は番号、

art. は項のことであろう。このうち num. と art. とは同一視してさしつかえないと思われる。デカルトは文章をあまり細かく分節する人ではなく、ある項のなかの文章にさらに番号を振ることは少なくとも初期において例がないからである。この事実から分かることは、『良識論』の原本には当然のことながらページが打たれ、第一項、第二項……という風に分節がなされていたということである。従って『良識論』の断片を、バイエの示した出典箇所の番号順に並べ変えてみれば、原本のもっていた秩序が回復され、そのあるべかりし姿がある程度浮かびあがってくるであろう。これがわれわれのやや大胆な戦略である。もっとも、『良識論』が第三者を介したテキストである以上、記者の主観の投影は避けられないであろう。これはテキストのもつ限界というべきものである。

いま、ＡＴ版の五つのカテゴリー（AT. X, 191-203）、その内容、バイエからの出典、およびテキストに付せられた番号とを対照させれば次の表の如くなる。

ＡＴ版のカテゴリー	内　容	バイエからの出典	テキストの番号
（Ⅰ）	『良識論』の概要	II. p. 406	—
（Ⅱ）	学者論など	I. pp. 26, 34	num. 5
（Ⅲ）	バラ十字会	I. pp. 87-91	num. 5
（Ⅲ bis）	バラ十字会	I. pp. 109-110	Art. 5
（Ⅳ）	記憶論	II. p. 66.	—
（Ⅳ bis）	記憶論	II. p. 477	pag. 7, 8
（Ⅴ）	学問の三区分	II. p. 479.	Artic. 4
（Ⅴ bis）	学問の三区分	II. pp. 486-487	—

先述したようにＡＴ版のカテゴリーには多くの説明文が入っており、原テキストだけを問題にするなら、バイ

エからの出典ページはもっと縮小されるはずである。ともあれ、この表をもとにして、AT版に示された諸断片のカテゴリーが原本のどの位置に配されるべきかを少しく考証してみよう。

まず、カテゴリー（Ⅰ）であるが、この断片には原本の項の番号もページ数も明示されていない。これがテキストからのそのままの引用であるのか、あるいはバイエ自身の解釈を入れたパラフレーズなのかも判然としない。だが内容的に見て、この断片は『良識論』がどういう性格の書物であるか、その梗概を順序立てて述べたものである。それゆえ、この断片はたとえバイエの主観を含むとしても原テキストの本旨からそう遠いものではなく、デカルトが抱いていた構想をあらかじめ明確に打ち出したものと思われる。(269) かく考えて、我々は（Ⅰ）を「序文」を構成するものとしてテキストの冒頭に置くこととした。

次に、カテゴリー（Ⅱ）、（Ⅲ）、（Ⅲ bis）の三つは原本の番号が明示されており、いずれも「第五項」に配置されることは言うまでもない。

（Ⅳ）のカテゴリーには何の番号も付されていないが、内容上は（Ⅲ bis）と同じ事柄を語っているのでpag. 7. 8という所、あるいはそれにごく近い所に位置するはずである。だが問題は七、八ページというのがどの項に相当するのかということである。『良識論』がかなり大部のものであったということから推せば、それは始めの方であろう。欠けている第二、三項の中にあったかも知れぬし、第六項以下とも考えられる。いずれにせよ決定的な証拠はない。AT版の順序では、このカテゴリー（記憶論）は、先述した如くバラ十字会（第五項）と学問の三区分（第四項）との間に位置することになり、前後の脈絡は全く混乱している。では、いかにしてそのあるべき場所を定めるか。われわれは五つのカテゴリーの内容に注意したい。すなわち、これらのうちで学問的議論といえるものを含んでいるのは（Ⅳ）のほかでは（Ⅰ）と（Ⅴ）とであり、あとはみな伝記的内容である。（Ⅰ）は序論なのだから、そこに細かい記憶論が入ってくる余地はない。残る所は、学問の区分を論じた断片（Ⅴ）つまり原本の分け方では第四項である。この項の終わりの部分では練習とか習慣を要する学問（自由諸学）のことが語られているが、記憶を保持するためには元来そうしたものを必要とするはずである。従って、ここでの記憶論は第四項における学問論の一端であると見ることも不可能ではない。[270] かく考えてわれわれは（Ⅳ）および（Ⅳ bis）を「第四項」に入れ、学問の三区分のすぐ後に配置した。

最後に、（Ⅴ）のカテゴリーが「第四項」に来ることは明白である。しかし（Ⅴ bis）は学問の区分についてのバイエの解説であり、「なお詳しくはデカルト氏の『良識論』の出版を俟つべし[271]」と締めくくってあるだけなので、テキストの本文とは関係なしと見なして削除する。

以上の考証からして、『良識論』のあるべかりし原型は次のような構成になっていた可能性があると考えられる。

序文	『良識論』の概要（Ⅰ）
第一項	（欠如）
第二項	（欠如）
第三項	（欠如）
第四項	学問の三区分（Ⅴ）、記憶論（Ⅳ）、（Ⅳ bis）
第五項	学者論など（Ⅱ）、バラ十字会（Ⅲ）、（Ⅲ bis）
	（以下、欠如）

これでテキスト再構成の見当はおよそついたことになるが、われわれの見当をさらに確かめ、各項の相互関係と全体を貫く秩序とを解明しておきたい。その手がかりは、この書の骨子を述べている「序文」である。それに

よれば、『良識論』が考察せんとする所は、第一に知への欲求、第二に諸学問、第三にものを学ばんとする精神の性向、第四に知恵を得るための順序、である。詳しい分析は本書の注に譲るが、この書の統一的な主題は学問と徳とが結合した知恵の探求にあると思われる。この主題の下に全体が秩序づけられている。すなわち、まず知識欲一般が論じられ、これが第一―三項を占めていたであろう。次により合理的な知識である学問を論じ、これはむろん第四項に属する。こんどはその学問を学ぶ人の性向を問題にして、第五項において自伝を交じえながら真の学者とはどのようなものか、たとえばバラ十字会なるものは学者の名を騙る人たちかもしれない、と論じられる。そして最後に知識に至る順序が語られる。これは第六項以下を構成するものであろうが、欠如していて知るべくもない。

このように見てくれば、われわれの定めた断片の配置はデカルトの主題の展開にも合致しており、しかも各項間の関係は極めて密接かつ秩序立ったものであるといえよう。われわれに残された断片はごく僅かであるが、それだけを以ってしても『良識論』の構想が青年デカルトにふさわしく壮大なものであり、全体が力強い論理で構成されていたことを想わせるに十分である。

三　翻訳と注釈

以上で得られた結果をもとにして、実際にテキストを組み立てて和訳をつくり、それにやや詳しい歴史的注釈を施しておきたい。なお、便宜のため各断章に（1）から（13）までの通し番号を打ち、その出典を明らかにしておく。

『良識論』[272]

序文

（1）　この書が考究せんとする所は、知を得たいというわれわれの持つ欲求[273]について、諸学問[274]について、ものを学ばんとする精神の性向[275]について、そして知恵[276]すなわち意志の働きと知性のそれとを結合せしめた徳ある学知を獲得するために守らねばならぬ秩序について、である。彼［デカルト］の目論見は全く新しい道を開拓[277]することであった。だが、彼がこの仕事をするのはただ自分自身のため[278]、および本書が捧げられたムセウス[279]という名の友人のためだけであると主張していた。（Baillet, II. p. 406, AT. X, 191）

（第一項から第三項までは欠如）

第四項[280]

（2）　彼は諸学問を三つの種類に区分していた。第一のものは「基本的」学問[281]と呼ばれる。これは最も一般的な学問であって、最も単純で人口に膾炙した諸原理から演繹されるものである。第二のものは「経験的」学問[282]と呼ばれる。これは、その原理がどんな人にも明晰で確実であるわけではなく、むしろ経験と観察とによって原理を学んだ人にのみ明晰で確実であるような学問である。もっとも、この学問は論証的な仕方である人たちに知られることもある。第三のものは「自由」諸学と呼ばれる。これは真理の認識のみならず、何でもこなす精神を、あるいは修練によって得られた習慣を少なくとも必要とするものである。たとえば、政治学、実際的医学[283]、音楽、修辞学[284]、詩学その他自由学芸という名で包括されうる他の多くの学問がそうである。だが、これらの自由諸学はそのうちに疑いえない真理を含んでおらず、他の学問の原理から真理を借りてくるにすぎない[285]。（Baillet, II. p. 479, AT. X, 202）

(3)[286] 記憶[287]が知性と想像から区別されるということを、彼は疑っていたようである。彼は記憶が広がったり増加したりできるとは考えなかった。ただ、多く満たされたり少なく満たされたりするだけだと考えた。(Baillet, II. p. 66, AT. X, 200)

(4) 彼が「知的」記憶[288]と呼ぶものは精神にのみ依存する。それはそれ自体で決して増えたり減ったりできないと彼は考えた。(Baillet, II. p. 477, AT.. X, 201)

第五項[289]

(5) ……彼は人文学を愛するにもまして哲学を情熱を傾けて愛していた。そして学院で公私にわたって行われたあらゆる訓練を評価[290]していた。(Baillet, I. p. 26, AT. X, 192)

(6) ……彼は他人から与えられた学者という肩書きを放棄[291]するだけで満足しなかったばかりではない。自分自身によって他人を判断[292]したいと思っていたので、学者の肩書きを持った人を今にも似非学者と看做さんばかりであり、学問と名のつくすべてのものに侮蔑の念を吐きかけんばかりであった。(Baillet, I. p. 34, AT. X, 192)

(7) これらのことをみな苦心してよく考えた結果、彼は一六一三年以来書物を放棄し、文字の学問[293]を全く信用しなくなった。(同)

(8) 彼はバラ十字会[294]が絶賛を浴びていると聞かされた。そして、それがすべてを知った人たちであり、かれらは人間に新しい知恵すなわちこれまで発見されなかった真の学知を約束していると教えられた。(Baillet, I. p. 87, AT. X, 193)

(9) すべての学者をみな軽蔑すると広言していた彼は、実際にそのような人をかつて知らなかったので、判断において性急かつ軽率であったと自らを責めはじめた。(同)

(10) 彼は友人のムセウスに次のように言った、「もしかれらが詐欺師なら、大衆の善良な信心を犠牲にして不正に得た名声をほしいままにさせておくのは不当である。だが、もしかれらが知るに値する何か新しいものを世にもたらしているのであれば、私がすべての学問を軽蔑しようとしたのは自分に不誠実であったことになる。諸学のうちには、私がその基礎を知らなかった一つの学問が発見されるかもしれないのである」。(Baillet, I. pp. 87–89, AT. X, 193–194)

(11) この会の一員だと自称する人、あるいは会員と思しき人さえをも、だれひとりとして彼には発見できなかった。[295]
(Baillet, I. p. 90, AT. X, 196)

(12) それゆえ彼は数年ののち「私はバラ十字会については何も知らない[296]」と難なく言えたのである。(Baillet, I. p. 91, AT. X, 196)

(13) 「私はかれらについて未だ何ら確かな知識を持っていない。」(Baillet, I. p. 109, AT. X, 200)

(以下、欠如)

おわりに

以上の考証から『良識論』をめぐる初期デカルト哲学について明らかになった二、三の点をまとめてわれわれの結論としよう。

一、『良識論』の主旨は諸学問やそれを学ぶわれわれの精神を検討して知恵に達することである。ここに「知恵」とは知徳の統一を意味するが、それは良識つまり理性を錬磨することによって達せられる。ところで、この知恵の獲得というテーマは『良識論』だけのものではない。それは精神を律する規則を定めた『規則論』や、「理性を正しく導き諸学問において真理を探求せん」とした『序説』の主題とも軌を一にしている。かように、初期デカルトを通じて知恵の獲得が重要な関心事であったことがまず注目される。このテーマはその後も『原理』などにおいて再びクローズ・アップされており、彼の全哲学は結局このテーマに向かって収束しているともいえよう。そうであってみれば、『良識論』はデカルト哲学の展開をあらかじめ方向づけていることになるであろう。

二、知恵の獲得とは、換言すれば新しい学問を打ち建てるということでもある。『良識論』では、この目的のために書物を捨て、学者の肩書きを捨て、自分自身によって他人を判断して行こうとした経緯が自伝風に描かれている。かように学に志した自己の精神の遍歴を物語るのもまた初期デカルトに特徴的であって、とりわけ『序説』にはそれが余す所なく描かれていることは周知の通りである。だが『良識論』はそれより二十年近くも前の著作である。この書は彼の生を素描した最初のものであり、その点で『序説』を準備するという重要な役割を演じている。

三、初期デカルトとバラ十字会との関係は微妙である。だが少なくとも『良識論』によれば、彼が最初それに強い興味を抱いていたことは確かであるが、両者の関係は結局否定的なものでしかない。青年デカルトの関心は確実にして合理的な基礎を持ち、しかも実生活に役立つ学問（つまり知恵）を得ることにあったはずである。神秘的傾向を有するバラ十字会について、その後「全く関知せず」としているのはむしろ当然のことであったと思われる。

第十一章　「第六省察」をどう読むか

――人間学としてのデカルト哲学――

デカルトの「第六省察」は問題の多いテキストであり、『省察』全体との論理的整合性がしばしば論じられる。だが、それを人間学の形成という大きな文脈の下で整合的に読むことはできないだろうか。すなわち、デカルトには、心身を区別されたものと見なす形而上学への関心がある一方で、『人間論』に見られるように心身複合体としての人間を考える人間学への関心が早くからあり、二つの関心は並行しながら「第六省察」ではじめて合流していると考えられる。本論考では「第六省察」を人間学形成の途上にあるテキストという観点から読み解いてみたい。

一　「第六省察」の錯綜

周知のように、『省察』の各部分は、懐疑、コギト、神、誤謬というふうに一つの明確な主題をもっている。ところが「第六省察」だけは、さまざまな問題が絡み合って複雑であり、論点が一つに収束していない嫌いがある。(297) そのため、読者がこの省察に何か読みづらい印象を持つのは自然であろう。

まず「第六省察」の議論の全体像を想い起こすことから始めよう。アダン・タヌリ版によれば、それは全部で二十四の段落[298]からなっている。それらをかりに七つのグループに分類し、それぞれにタイトルをつけるなら次のようになる（アラビア数字は同版第七巻のページと行を示す）。

物体の存在証明の可能性 AT. VII, 71: 08–74 : 10

一　物質的事物の存在可能性、二　想像と知性との違い、三　想像による証明の蓋然性

四　感覚による証明の可能性

感覚の見直し 74: 11–78: 01

五　感覚の吟味、六　感覚的事物の真理性、七　感覚を疑った理由、八　感覚の見直し

心身の区別 78: 02–78: 20

九　心身の実在的区別

物体の存在証明 78: 21–80: 10

十　物体の存在証明

自然の教え 80: 11–83: 23

十一　自然の教えの真理性、十二　身体の生理的機能、十三　心身合一、十四　身体と外界、十五「自然」の定義

自然の教えと神の善性 83: 24–89: 07

十六　自然の教えと神の善性、十七　自然の教えの誤り、十八　自然の真実の誤謬、十九　心身の差異

二〇　心身の関係、二一　知覚のメカニズム、二二　感覚の合目的性、二三　自然の誤りの合理性

懐疑の解除 89: 08–90: 16

二四　懐疑の解除

これが「第六省察」の全貌である。それは内容的に二つの部分に分かれており、第十段までの前半では感覚を見直すなかで物体の存在証明がなされる。第十一段以下の後半は「自然の教え」に導かれて心身合一の世界の説明がなされる。そして、感覚の誤謬について弁神論を展開しながら感覚的真理に場所を与え、最後に懐疑を解いて終わっている(299)。

このうち、デカルトが一番主張したい論点は何であろうか。最も狭く考えれば、第一段冒頭の文章の言うように「物質的事物が存在するかどうかを吟味することだけ」であろう。実際これによって、精神・神・世界という三つの主題が論じ終えられ、「形而上学的省察」は完成したことになる。しかし「第六省察」の照準は、物質の存在だけに向けられているのではない。そのタイトルが示しているように「物質的事物の存在、および心身の実在的区別(300)」(AT. VII, 71)ということがある。心身の区別は『省察』第二版の副題にも掲げられており、それが『省察』全体における一つの達成目標だったことは否定できない(301)。だが事実上、それらは重要であるわりには、量的にあまり多くを割かれていないのである。物体の存在証明である第十段は「第六省察」全二〇ページのうちの二ページに満たず、心身の区別を論じた第九段はわずか二〇行しかない。しかもこの二論点は前半部分の論点にすぎない。かりにそれだけが「第六省察」のねらいだったとするなら、後半部分を圧倒的に占める自然の教えの議論や身体論はいったい何のためか、ということになろう。「第六省察」は、照準の設定という形式的な構成の上からして、すでに問題を含んでいると思われる。

これに対して、『省察』の完成の後に書かれたと推定される「概要」は、「第六省察」の内容を適切に要約しているかに見える。それはこう書き始められている。

最後に、「第六省察」においては、知性の作用が想像の作用から分かたれる。その区別のしるしが記述される。精神が身体から実在的に区別されることが証明される。にもかかわらず、精神は身体と密接に結ばれており、それといわば一体をなしていることが示される。感覚から生ずるのをつねとする誤りがすべて列挙され、それを避ける手段が提示される。そして最後に、物質的事物の存在を結論しうるすべての根拠が持ち出される。(「概要」AT. VII, 15)

ここまでは、確かに大筋でデカルトが主張していることである。だが、それに続く次の一節をどう解すればよいのだろうか。

しかし、それは、これらの根拠がまさに証明することがら、すなわち、世界が実際にあるということ、人間が身体をもつということ、その他、同様の事を証明するために、これらの根拠がきわめて有用だと考えるからではない(健全な精神をそなえた人で、そういうことがらを本気で疑った者はひとりもなかった)。かえって、それらの諸根拠を考察してみれば、それらが、われわれの精神と神の認識にいたらしめる根拠ほどには、堅固でも明白でもないことが認められるからである。したがって、神と精神との認識に導く根拠こそ、人間精神によって知られうるすべてのもののうち最も確実で最も明証的である、ということになるのであって、ただこの一事を証明することが、この六つの省察において私の意図したところであった。それゆえ、たまたまこの書物で扱うことになった、他のさまざまな問題は、ここではとりあげないことにする。(同15–16)

これは読者を当惑させるものである。まともな人ならだれも世界や身体を本気で疑わなかったと言うのなら、「第一省察」の熟慮された懐疑は何であったのか。また、『省察』本来の意図である神と精神についての議論のみが確実で、物体や身体についての議論はそれほど堅固でも明白でもないとするのなら、それはせっかくの「第六省察」の試みを無にしていると言わざるをえない。これはその本文とデカルトの意図との食い違いを示しており、「第六省察」を要約するどころか、かえってその焦点をぼやけさせている観がある。われわれの理解によれば、それは「第六省察」の感覚論的・身体論的傾向をあとになって修正したものと読める。つまり、この省察になって新たに登場してきたその傾向を弱め、「第一省察」以来の、本来の「形而上学的省察」の文脈に戻そうとしているのではなかろうか。デカルト形而上学の本筋からすれば、神と精神とを証明することこそが重要な本務であって、感覚や身体（物体）は「たまたま扱うことになった」二次的な問題にすぎないと言える。「概要」のこの一節は、『省察』本来の文脈に話を戻し、全体の辻褄を合わせるために、敢えてそのような言い方をしていると解される。もしこの解釈が正しければ、「第六省察」で示された感覚や身体に肯定的な文脈はデカルトの意図に適合しない、ということになるであろう。

ともあれ、「第六省察」はその構成や意図に問題があり、全体として何を主張しているのかを一義的に理解するのは容易ではない。だがそれだけではない。「第六省察」は、そこで扱われる個々の議論の内容によっても錯綜をきたしていると思われる。

第一に、心身の区別（第九段）は認識論的証明[302]と称せられるに値する秀逸な議論であるとしても、それを踏まえた物体の存在証明（第十段）が厳密な証明になっていないことは、マルブランシュをはじめすでに多くの人が指摘してきたところである。たとえば感覚的観念を受け取る受動的能力が在ることから、それに対応する能動的能力（物体）の存在を理論的に結論できるであろうか。要するに、物体の明証的認識が心身の区別（知性）に依存していながら、その存在証明は、明証的ならざる心身合一（感覚）に依拠している点に問題がある。心身合一は論理によって証明されるものではなく、もっぱら「神の誠実」に根拠を置いた経験的事実にすぎない。

第二に、懐疑の解除（第二四段）の議論は、はたして感覚への疑いを理論的に解いているであろうか。感覚の誤りを訂正するのは感覚や記憶ではなく、あくまで知性であったはずである（「第六答弁」AT. VII, 431）。またデカルトは、夢と覚醒との差異を結局知覚の連続性・無矛盾性に求めているが、これは、本来が明証的ではない知覚経験（自然的傾向）の真理性を、「神の誠実」に信を置くことによって肯定しているにすぎない。ロディス＝レヴィスも言うように、それは実践的解決であっても理論的解決ではないと言うべきであろう[303]。「今わたしは夢を見ているのではない」ということを厳密に証明するのは（何をもって証明と言うかはむろん問題であるが）難しいのではなかろうか。ともかく「第一省察」で出された夢の仮説を理論的に撤去することは、想像以上に困難だと思われる。

第三に、「第六省察」では、第九段で心身の区別が、第十三段以下でその合一が述べられている。つまり心身の実在的区別の証明に続いて、「それにもかかわらず nihilominus、精神は身体と密接に結ばれており、それといわば一体をなしていることが示され」（「概要」AT. VII, 15）ている[304]。それを区別と合一との同時的主張と読むなら、それは「AはAでありかつAでない」と言うに等しく、だれしもそこに矛盾を認めざるをえないであろう。この点からも不整合は避けられないと思われる。

このように「第六省察」には、その形式的構成だけでなく主題の内容的展開においても錯綜がある。それに加えて一つの主題が他の主題と絡み合い、なおのこと全体が複雑な様相を呈している観がある。

二 「第六省察」の諸解釈

こうした錯綜の解明は十分可能であるという解釈は多い。たとえばゲルーはその錯綜を認めながらも、諸論拠の折り重なった連鎖を分析し、交錯した諸要素を解きほぐせばよいと考える。[305] ベックは「第六省察」を繁茂しすぎた森にたとえ、そこに道しるべを立てることが可能だと考えている。[306] だがゲルーの言う分析はデカルトの考えていた以上に細かすぎるのではなかろうか。またベックは心身の区別と合一との問題にはなぜか言及していない。これに対して、やはり「第六省察」には問題があるとする学者は多い。とくに日本の学者は、つとにその矛盾を指摘している。[307] 「第六省察」の諸問題を整合的に理解するには、どう読めばよいのだろうか。最近提出された二つの新解釈を検討しておく。

その一つはロディス＝レヴィスが示唆する生成論的解釈[308]である。彼女によれば、『省察』は始めから終わりまで一気に書かれた書物ではない。はじめに「第一・第二・第三・第五省察」に相当する草稿があり、「第四・第六省察」は後から成ったものである。すなわち一六二九年の「形而上学のはじまり」論文は、これまで考えられていた以上に浩瀚なものであって、存在論的証明や永遠真理創造説をも含み、すでにのちの形而上学の大要をなしていた。それを要約したものが一六三七年の『序説』第四部になり、その諸論点が推敲発展させられて一六四一年の「第一省察」以下につながる。とくに「第三・第五省察」は、その間に緊密な関連があることからして、一六二九年論文の主要部分をなしていたと推察できる。これに対して「第四・第六省察」は、最初の草稿を見直し補完する時点で書き加えられた。この二つの「省察」はともに弁神論をなしている。そこで扱われる主題は、

「自由」のように十分展開されていないものもあるが、「心身の区別」のように『序説』よりも鮮明になっているものもある。他方「心身の合一」は、感覚の合目的性を反省するなかで深められる。

このように、『省察』は異なった時期に書かれた二つの草稿群に基づくものであり、それらが生成発展してきたものだと解釈すれば、「第六省察」が他の省察とは少し違う論理を持っていることが合理的に説明できよう。しかしこの解釈には残念ながら問題があると思われる。第一にロディス＝レヴィス自身も認めているように、これは一仮説にすぎない。一六二九年論文のマニュスクリは今は失われ、「遺稿目録」*Inventaire* にはその記載がない。したがって、その内容について確たることは何も分からないわけで、書簡などから執筆時期などを間接的に推察しているのみである。それは状況証拠であって決定的な証拠にはならない。アルキエやグイエなどのように、別の読み方をすれば別の推察も可能であることになる。第二に段落の問題があるだろう。初版および第二版では「第一省察」から「第四省察」まで、ほとんど段落を切ることなくベタで印刷されている。ところが「第五・第六省察」は現在アダン・タヌリ版に見られるのに近い段落分けがなされている。かりにそれがデカルト自身による処置であったなら、二つの草稿群（「第一・第二・第三・第五省察」、「第四・第六省察」）をこのように組むことは考えにくいのではなかろうか。第三に「第六省察」の心身論や感覚論に相当する記述は、『序説』以前から明確な形で存在していたということがある。たしかにこの「省察」には、多くの点で議論の推敲があり、思考の深まりが認められる。だが、たとえば心身の結合について言えば、すでに『人間論』において、動物精気や松果腺などを用いた機械論的説明が展開されている。また「第六省察」第十三段に出てくる舟人の例は、「真の人間」という『省察』にはない表現とともに、『序説』においても明示されている。さらに感覚の生物学的な合目的機能は、ジルソンの解釈[309]によれば『序説』第四部末尾に織り込まれているし、その生理的機能については

『屈折光学』がはるかに詳しい。したがって「第六省察」は『序説』の後に書かれ展開された議論であるとは必ずしも言い切れない。第四に、ロディス＝レヴィスの仮説がかりに事実だったとしても、それはいわゆるパッチワークセオリー[310]にとどまることになろう。この理論は「第六省察」がなぜ不整合になっているかをテキスト的に説明するのみで、「第六省察」の諸問題そのものを解決するわけではない。生成論的な読み方は、ものごとの状況を説明しても本質を説明しない。

もう一つはウィルソンの解釈である。[311]彼女によれば「第六省察」の心身論には、両立不可能な二つの概念が根本にある。その概念を自然設定説 Natural institution theory、同延説 Co-extension theory と呼ぶ。自然設定説とは、身体（脳）のある特定の状態が精神に特定の状態を帰結させるよう、自然によって設定されているとする説である（これは第二〇—二一段に基づく）。たとえば、足のキズは脳を刺激し、足に痛みがあるように感じさせる。その間には何の内的関係もなく、ただ自然（神）によって機械的にそう設定されているのみである。この説は心身の区別の立場だけでなく、心身の合一をも説明する。つまり自然による恣意的な設定によって精神は、身体（脳）にある特定の変化が起こると、自分は身体のただなかに位置しているような感覚を経験するのである。他方、同延説とは（第十九段に基づいて）、精神が身体全体と合一し、あたかも物体に重さがあるかのごとく、精神が全身体に広がっているとする説である。自然設定説は秀逸な論であるが、なぜかデカルトはそれに満足せず、それを同延説に結びつけようとした。結局かれは両立しない二つの考えを導入し、とくに『情念論』では同延説と自然設定説とを同時に維持しようとしている。「精神は身体全体に結合してはいるものの、それでもやはり身体のうちにはある部分があって、そこでは精神が他のすべての身体部分におけるよりもいっそう直接的にその機能をはたらかせている」(31)。だが二つの説がどう適合するかは明らかにされない。自然設定説だけならば区別と合一とを整合的に説明できたのに、同延説を持ち出すことで矛盾をきたしている、とする。

たしかにデカルトにはウィルソンの言う二つの説が併存しており、それを心身の合一と区別との矛盾の源と解するのは鋭い分析である。だが、この解釈にも問題がないわけではない。第一に、心身は区別された実体だが、いまは結合していると言えば問題はなかったはずだという見解はおかしい。元来異なったものがそもそもなぜ一体となりえるかということこそ心身問題の原点であったはずである。第二に、自然設定説で行けば区別も合一も同様に説明できたはずだという指摘は重要だと思われるが、しかしデカルトはそうしなかったのである。心身合一は日常性における根源的な事実であって、やはり機械的説明では尽くせない何かがあると考えていたのではなかろうか。第三に、同延説なるものは少なくとも『省察』の積極的な主張とは言えない。「第六省察」第十九段は、私が一にして全体的なものであり、心身は全体的に合一しているように思われると言うのみで、同じ広がりをもつ coextensus とは言っていない。逆に、「精神が身体全体と合一していたとしても、そこから精神が身体を通じて広がっていることは帰結しない」[312]（「第五答弁」AT. VII, 388-389）。たとえ心身論の矛盾を自然設定説と同延説との両立不可能性に帰すことができたとしても、だからと言ってその矛盾が解決されるわけではない。それは、矛盾の原因を指摘し「第六省察」がなぜ整合的に読めないかを説明するのみである。しかも同じ矛盾を『情念論』も有していることになる。ウィルソンは「第六省察」の読み方について積極的な論点を出してはいるが、残念ながら矛盾を解決するにはいたっていないと思われる。

三 感覚の見直し

われわれは「第六省察」の諸問題を一刀両断に解決できるとは思わない。だが、とりわけこの「省察」に特徴的な主題である「感覚の見直し」ということから、新しい読み方があるいは期待できるかもしれない。すなわち、デカルトはここで感覚を全面的に拒否することから肯定することに転じており、この評価の転換が心身の区別と合一をはじめ、諸問題の齟齬を引き起こし、この「省察」を読みにくくしていると思われる。そこでそれを読み解くためには、感覚の見直しという事態（第五段―第八段）を調べてみればよいことになる。

デカルトが、「第六省察」で感覚には何ほどかの真理があることを是認しはじめているのは、理由のないことではない。かれは第五段以下で、これまで感覚について自らが取ってきた態度（いわば自然的態度と形而上学的態度）を総復習した上で、第八段で次のように宣言する。

しかしながら、いま nunc、私自身と私の起源の作者とをよりよく知りはじめるに及んで、私は、感覚から得てくると思われるものは、何もかも軽々しく容認すべきでないことはもちろんであるが、しかしまた、そのすべてに疑いをかけるべきでもない、と考えるのである。（AT. VII, 77-78）

この宣言における「いま」と、感覚を全面拒否した「第三省察」冒頭[313]の「いま」とは、状況が根本的に異なる。「第六省察」のこの段階では、私の存在が知られ、誠実なる神も知られている。物体の何たるかも分かっているし、私が明晰判明に捉えるものが真であることも、すでに保証されている。こうした条件を踏まえれば、これまでの懐疑を緩和する方向で感覚を問い直し、感覚的事物においてもそれなりの真理を認めることが許される、としているのである。ここに感覚の評価の転換が始まる。ところでこの転換を是認することは、「第六省察」全体を新しい感覚論として読むことになろう。つまりこの「省察」は、感覚に対するこれまでの厳しい見方を緩め、プラグマティックな見直しをするという線に沿って思惟が流れており、いわばその生産ラインに乗って、区別と合一をはじめ新しい議論が次々に登場してきている。そしてその限りでは一貫していると読める[314]。たとえば第十段の物体の存在証明は、感覚の見直しというラインから生み出された最初の成果である。見直しの趣旨は、感覚と身体との合目的的な結びつきを自然の教える事実として再認し、感覚の実践的意味を確認することである。この観点からすれば、感覚そのものは不明瞭で混乱してはいるものの、外界の存在を告知するものとして証明に寄与していることになる。それは論理的に厳密な証明ではないにせよ[315]、感覚は神の誠実を根拠として物体の存在を指し示していると言える。また最後の第二四段は懐疑を解くが、これは理論的というよりも実践的解決になっている。たとえば、感覚は偽よりも真を示すことの方がはるかに多く、記憶や知性といった他の手段を併用すれば感覚においても真理に達しえる、という仕方で感覚への疑いを解除している。ここでも感覚の生物学的合目的性という線に沿って議論が進み、論理的な厳密さは必ずしも要求されていない。逆に「第六省察」においてもなお感覚を疑うとするなら、デカルトは現実の世界や身体を説明できないことになろう。このように「第六省察」の議論は新しい感覚論を基調とし、感覚の実践的見直しという線で整合的に読めるとすべきかも知れない。

しかしこの読み方をとっても、「第六省察」のはらむ問題は依然として解消されないと思われる。というのは、感覚の否定ということは、心身を知的に区別する形而上学の文脈において叫ばれてきたが、その再認ないし肯定は、心身合一を事実として認める経験的生の文脈においてなされている。だが二つの文脈は、基本的に背反すると思われるからである。そこで「第六省察」は感覚について否定的・肯定的の両義的な文脈の交錯を許していることになる。すなわち第一の文脈は、感覚知覚は不明瞭で混乱しており、物体の本質を教えない（第十、十五段）とする否定的文脈である。これは形而上学において真理認識をする次元の話であって、ここでは形而上学的確実性が要求される。この要求に従って「第一省察」以来、感覚は徹底的に疑われてきた。その名残は「第六省察」にも及んでいるのである。心身が知的に区別されるのは、この見方に基づいてである。もっとも今は神と精神とは知られており、感覚も他の助けを借りれば真理に達しうるので、それを頭から退けることはしない。第二の文脈は、感覚は身体に好都合・不都合なものを教え、身体の保存に役立っている（第十四、十五、二二段）とする肯定的文脈(316)である。これは経験的・日常的生において行為をする次元の話であって、ここで要求されるのは実際的確信だけである。これは感覚の見直しによって急浮上してきた見方であって、そのなかで心身の働き合いや合一は事実として認められる。デカルト自身は、「自然の秩序」に従ってこの二つの文脈を明瞭に区別し、感覚を何に用いるかその機能をわきまえてさえいれば、二つの見方が併存することはまったく自然であると考えている。

しかし『省察』という同じ一つのテキストにおいて、二つの相異なった文脈を提示することには問題があると思われる。まず、感覚の見直しをしたいというデカルトの動機はよく理解できる。だが、精神から感覚を引き離そうとするこれまでの形而上学的文脈（心身区別の世界）から、感覚の合目的性を肯定しようとする経験的生の文脈（心身合一の世界）への転換は、いかに神が誠実であろうとも、十分理論的に説明されていないと思われる。転換そのものの内的構造はなにか、二つの文脈がどのように関係するか、といったことは何も明らかにされていないのである。次に、第一の文脈から出てきた問題の解決に第二の文脈の論理が使われている節がある。われわれの読み方によれば、物体の存在証明や懐疑の解除がそれである。それらの主題においては、二つの文脈は区別されずに入り混じっている観がある。「第六省察」には感覚の評価に正負両義の背反があり、それと連動して二つの文脈が折り合わないまま交錯していると思われる[317]。

さらに決定的なことは、この二つの文脈は同時には両立しえないことである。ものの本質を認識すること cognoscere と現実に行為すること agere とは一応別のことであり（「第一省察」AT. VII, 22）、それを同じ土俵で論じることはできない。ところが第十三段の舟人の比喩は、心身がただ区別されるだけでなく緊密に結合していること（me non tantum adesse meo corpori... sed illi arctissime conjunctum）を雄弁に物語っていると思われる。区別された二つのものが同時に一つのものであるとするなら、それは概念において矛盾する（「第六答弁」AT. VII, 444-445）。ガッサンディはこの比喩に関して、精神が身体から切り離されたものであるなら、どうして身体（物体）と混合して一体になるのか（「第五答弁」AT. VII, 344）と質している。同じ質問をしたエリザベトに対してデカルトは、上の二つの文脈にならって次元を分け、心身の区別は「形而上学的省察」において認識されるが、合一は「生と日常の交わり[318]」において理解される（1643. 6. 28. AT. III, 692）と弁明している。つまり二つの背反するものを、次元を分けることによって両立させようとしている。だがそれは『省察』という本来理論的な真理探求の書に、それとは相容れない実践の文脈を持ち込むことを意味している。メルロ＝ポンティはその不整合を見抜いていたと思われる。「「第一省察」の歩みを真剣に受けとめるなら、「第六省察」を単なる見せかけとみなさざるをえないのではないか。また逆に、「第六省察」を真剣に受けとめるなら、どうして「第一省察」の歩みが可能だったであろうか[319]」。

感覚の両義的評価というものがこの「省察」の錯綜の根本にある、というのがわれわれの読み方である。心身の区別と合一とは、それぞれ否定的・肯定的評価に基づいて主張されている。それをデカルトは矛盾だとは思っておらず、何の手立ても講ぜずにそのままにしている。これがテキストとしての「第六省察」のいつわらざる姿であろう。先に引用した「概要」は、世界の存在や身体についての論拠は堅固でも明白でもないとするが、これは第一の文脈に戻って第二の線を弱め、矛盾を避けようとしていると読める。だがそれはかえって議論を混乱させるだけであろう。結局「第六省察」を感覚の実践的見直しというラインで読んでみてもやはり問題は残り、その解決は困難だと思われる。「第六省察」の不整合は、事実上認めざるをえない。それを認めたうえで、なぜデカルトはある意味で矛盾を犯してまで感覚を見直し、心身合一を主張したのかを考えてみたい。

四　形而上学と人間学研究の流れ

いま見たように、「第六省察」を『省察』全体の整合性という観点で見るとき、そこには感覚の見直しに発する不整合があり、心身の区別と合一との関係において矛盾があるとせざるをえない。だが、それを人間学の形成という大きな文脈のなかで読むなら、少なくとも矛盾を合理的に説明できると思われる。

「第六省察」の後半では、人体についての機械論的分析を踏まえて、痛みや欲求をもって心身合一を生きる「真の人間」un vrai homme(320)が主題になっている。機械論的説明は『人間論』に既出であり、真の人間はとくに『序説』で具体化されている。そうした人間への関心がこの省察に流れ込んでいると考えられる。さらにそこで展開された実践的な感覚論や身体論を見てみるに、それは後の『情念論』の基礎になっていることが注目される。そうした一連の人間研究をかりに「人間学」と呼んでおくなら、「第六省察」は初期の諸著作から『情念論』にいたる人間学の形成の途上に位置しており、感覚の見直しや心身合一の主張は、結果的に人間学構築のための布石になっていると考えられる。

このことを示すために、形而上学の研究と人間学の研究の流れをデカルトの著作および書簡において確認しておく。心身の問題に関わる形而上学の研究は次のような順序でなされている。

一六二九	『形而上学小論』
一六三四—三五	『真理の探究』
一六三七	『序説』第四部
一六四一	『省察』第二、第六省察
一六四四	『原理』第一部
一六四八	『ビュルマンとの対話』

オランダで書きはじめられた『形而上学小論』の主要な論点は神と精神の存在であり、ここですでに精神の身体からの分離が語られている（メルセンヌ宛 1630. 11. 25. AT. I, 182）。『真理の探究』の成立年代は不明だが、最近の研究[321]によって上記のようにしておく。この著作の後半部分では私（人間）とは何かという問いの下に、私の本質は身体をもつことではなく考えることにあるとされている。『序説』第四部はそれらの発展であると考えられる。その序文に「ここで形而上学の基礎である神と人間精神の存在とが証明される」（AT. VI, 1）と明記されているように、ここで心身の区別がはじめて公式に論じられる。また第五部末尾には精神の不死性への示唆がある。『省察』には形而上学の最も詳細な記述があり、神の存在とともに心身の区別の証明がその副題になっている。「第二省察」では精神が身体よりもよりよく知られることが示され、「第六省察」では心身の区別についての完全な「認識論的証明」がなされる。『原理』第一部は「人間的認識の原理」と題され、精神と物体（身体）とい

う二実体、およびその実在的区別の問題がスコラの教科書風にまとめられている。たとえば第六〇節は、心身の区別を証明した後で、たとえ神が心身を密接に結合したとしても、やはりそれらは神の力 potentia によって実在的に区別されているとしている。『ビュルマンとの対話』においては、『省察』と『序説』に関して心身の問題に対するコメントが付されている。

これに対して人間学研究の流れを示す著作および書簡は次の通りである。

一六二八	『規則論』
一六二九—三三	『動物発生論』、『解剖学摘要』
一六三三	『人間論』
一六三七	『序説』第五部
	『屈折光学』第三講-第五講
一六四一	『省察』第六省察
一六四三—四九	エリザベト宛書簡
一六四四	『原理』第一、第二、第四部
一六四八	『人体の記述』
一六四九	『情念論』

『規則論』は、その趣旨からして人間学とは無縁に見えるかもしれない。だが、第一規則が諸学問の連鎖を説き「すべての学問は人間的知恵 humana sapientia にほかならない」（AT. X, 360）と言うとき、それは人間のなす学問はすべて人間学になるという意味で、広義の人間学を暗示していると読めるであろう。また第十二規則において、精神とはなにか、身体とはなにか、その複合体 compositum たる人間全体において、事物を認識するに役立つ能力はいったいなにかという問題提起が僅かながらある。それに答える形で、いかにして対象の観念が外部感覚をへて共通感覚に受けとられ、想像のなかに印象づけられるかが、説明されている（AT. X, 411, 413）。これ

は、以後しばしば登場することになる知覚プロセスの心身論的メカニズムへの、最初の関心と見ることができる。『動物発生論』（動物の発生に関する最初の思索）および『解剖学摘要』は、発生について体液や動物精気を踏まえた解剖学的所見を述べたものである。[322] 執筆時期については、一六四八年の日付よりも早いと考証される。デカルトが一六二九年ごろから解剖学を学び、自らもメスをとって動物の解剖をしていたことは、当時の書簡からも確かめられる。[323]

『人間論』は、『世界論』の続編として一六三二―三三年に執筆されたものである。これは人体の仕組みの純機械論的説明であり、それがマルブランシュを感動させたことは周知の通りである。食物の消化から説きはじめて、呼吸、心臓、脳と神経、栄養に及び、次いで動物精気、呼吸、味覚、視覚および内部感情を論じ、最後に覚醒、睡眠、夢、記憶、想像などに触れて終わっている。ここでは人間はまったくの「自動機械」として記述されているが、デカルトはそのあとで理性的精神を付け加えるつもりであった。つまり機械的身体に理性的精神が結びついたもの、これがデカルトの描く人間であった。感覚や情念をもった「真の人間」という言い方は、この書の末尾にはじめて出てくる。

『序説』第五部では、出版できなかった『人間論』の簡単な要約がなされ、人体の生理的メカニズム、心臓と血液の運動、機械と動物と人間、理性的精神などが主題になっている。心身合一のありさまを見事に表現した「舟人の比喩」はここに初出する。他方、『屈折光学』の第五―六講は、眼のはたらき、感覚一般、視覚など、視覚のメカニズムを詳しく論じ、一種の心身関係論をなしている。人間の身体や精神をどう規定するかは、『省察』のはじめですでに問題になっていた。だが心身を伴った「人間」が正面切って論じられるのは、「第六省察」の後半においてである。すなわち自然の教えを説くなかで、身体の生理的機能、心身合一（舟人の例）、心身複合体としての人間、感覚の合目的的意味、心身関係のメカニズム、自然の誤りの合理性、などが主題的に取り上げられている。これは人間論についての最も詳細な記述であろう。いま人間学的関心の流れを「第六省察」という切断面において見るなら、松果腺を想定して痛みの知覚メカニズムを説明している点は、明瞭に『人間論』の延長線上にある議論であろう。また、機械論的身体観を踏まえて、心身の混淆した意識様態（飢えや痛みなど）を説明している点は、次のエリザベト宛書簡や『情念論』に現われてくる諸問題を予想していると言えよう。エリザベト宛書簡は、シャニュ、クリスティナ宛書簡も含めて、いわゆる道徳書簡と称されているものである。そこでは、心身の相互関係、感覚的生の次元（精神でも物体でもない第三の次元）、情念の生理的仕組み、道徳が論じられている。これらは、人間論的関心の深まりと広がりとを示すものであろう。

『原理』では、まず第一部の終わりで感覚的判断の誤りの原因が究明され、第二部のはじめで心身の結合と感覚的知覚の合目的的意味が提示される。そして第四部では、書かれなかった第六部（人間論）のあらましが、内部感覚と外部感覚とについて要約されている。『人体の記述』は、心身の区別、心臓と血液の運動、栄養、精液などを論じている(324)。最後に『情念論』は、情念の本性についての生理・心理学的研究であるが、それを踏まえて情念を実際に統御する方法を探り、最高善と道徳（高邁）を論じている。これは人間論に関して理論と実践とを統合するものであり、これがデカルト人間学の最終的到達点であると思われる。

以上の研究の流れは、遅くとも一六二八年以後、デカルトには生物学的・身体論的な人間の研究への関心が、形而上学への関心とは別にあったことを暗示している。早い時期からデカルト哲学は、いわば二本立てであったのである。そこから次のことが推察できるであろう。第一に、「第六省察」は形而上学的関心と人間学的関心とがはじめて直接出会ったテキストであり、二つの異質な思考の流れの接触がこの省察に議論の錯綜をもたらしていると思われる。つまり、本来心身の区別を立てるのが目的であったはずの『省察』に、あらたに心身合一という経験的要素が流れ込み、それらがぶつかり合っているのである。はじめに引いた「にもかかわらず」nihilominus とは、区別と合一とのこうした対立を暗示していると思われる。結局「第六省察」の矛盾は、この二つの関心の混在ないし競合に帰することができるであろう。しかし第二に、デカルト哲学全体を視野に収めるなら、この人間学的関心は広い意味での人間学の形成を準備をしていることになろう。というのは「第六省察」の人間学的主題は、人間についての単なる生理学的考察に終わるのではなく、次のエリザベト宛等の書簡や『情念論』でさらに展開され、情念や道徳の問題をも射程に収めた総合的な人間研究（広義の人間学）を形成することになるからである。この方向から、心身の区別と合一との矛盾は合理的に説明されると思われる。

五　人間学とは

人間学という言葉の意味について考えておく。結論を先に言えば、デカルトにおいて広狭の二義を認めたいというのが、筆者の主張である。「人間学」anthropologie とは、一般に人間についての学という意味だが、カント、メーヌ＝ド＝ビラン、フォイエルバッハ、シェーラー、レヴィ＝ストロースなど、人によってさまざまな意味に使われてきた。神の擬人化、あるいは人類学を意味する場合もあり、やや曖昧である。ここでの人間学とは、精神と身体とから成る「複合的な人間を一なるものと見なす人間研究」[325] という古来の意味である。この意味での「デカルトの人間学」という用語は、ジルソンやロディス＝レヴィス[326] によって使われて以来、もはや定着している。それを筆者は狭義の人間学と呼んでおく。

デカルト哲学は、心身を形而上学的に区別する方向と同時に、心身を一なるものと見なす人間学への志向性をもっている。それは心身合一を生きる「真の人間」の研究である。心身が乖離していない、真の人間のあり方を見事に象徴しているのは、古来有名な舟人の比喩であろう。

自然はまた、それら痛み、飢え、渇きなどの感覚によって、私が自分の身体に、舟人が舟に乗っているぐあいにただ宿っているだけなのではなく、さらに私がこの身体ときわめて密接に結ばれ arctissime esse conjunctum、いわば混合しており permixtum、かくて身体とある一体 unum をなしていることをも教える。(327)
(「第六省察」AT. VII, 81)

舟人(つまり純粋知性)は真の人間に対するアンチ・テーゼになっている。すなわち心身の区別という原理に立つなら、舟のどこかがこわれても、舟人はそれを目で知覚するだけでまったく痛痒を感じない。だが心身の実際のあり方は、そういうものではない。身体のどこかが傷つけばすぐに痛みを感じるようになっている。天使ならぬ人間においては、心身は混淆し一体化して一つのものをなしているからである。

これは本来、学問的分析以前の日常的・感覚的経験の世界のことである。デカルトは形而上学の問題を見極めたうえで、感覚的世界に回帰し「感覚の領野」(328)の意味づけをしようとしている。神と精神との省察を以ってよしとする天使主義はとらないのである。実際「第六省察」後半では、もっぱら世界の内に生きる心身合成体としての人間が取り上げられ、人間の機械論的説明を踏まえて、痛みや欲求を持って生きる人間が主題となっている。たとえば、私が身体をもち外界に有機的に対応して生きていること、感覚には合目的性があり身体の保存につねに役立っていること、自然は苦を避け快を追うことを教えるが、その誤りは神の善性を損なわないことなどが、豊かに展開されている。それをデカルトの狭義の「人間学」と呼ぶことができよう。

もとよりこうした自然の教えは、最初から生物としての人間にそなわっており、二元論的な区別はあとから形而上学的な知識として獲得されたものである。だが重要なことは、少なくとも舟人の比喩では、心身の合一は区別の認識を前提として語られていることである。舟人の目（純粋知性の目）からすれば心身が実在的に区別されたものであることは、すでに了解され前提されている。それを踏まえて、デカルトは真の人間における心身の合一を説いている。それゆえこの例において「……だけなのではなく、さらに……」non tantum, sed... という言い方がされている。つまり心身の区別をただ認識するだけでなく、それに加えて合一という事態を承認するという文脈である。合一の認知は人間のいわば初期条件であるが、デカルトは合一を区別とは無関係に、無条件で認めているのではない。心身関係についての機械論的・生理学的分析がまずあって、次いでそこから得た知恵を合一のなかで（つまり実際の生のなかで）活かすという形になっている。区別の認識によって最初の合一は再認され、合理的解釈を受けなければならないのである。すなわち、心身合一とは本来同質的なものが必然的に一体化する「本性による合一」unitas naturae ではなく、異質なものが偶然的に連結している「複合による合一」unitas compositionis である（「第六答弁」AT. VII, 423）。合一という事態をこのようにとらえた上で、区別の観点から合一を改めて見直そうとするのである。後の『情念論』が示しているように、これは正に理論と実践との統一であり、デカルトの人間学は最終的にこうした統一を目指していたと思われる。この意味で、人間学は狭義の人間学に終始するのではなく、哲学的に開かれた広い概念になると思われる。

ところが「デカルトに人間学なし」という議論がある。アメリカの研究者ヴォス[329]は、デカルトの人間学は不可能だという。すなわち、デカルトの精神と身体についての新しい見方は、人間とは何かについて当然新しい人間学の道（人間存在を新しく理解する道）を提供したかに見える。だが、デカルトはその問いに対して何も答えていない。かれは新しい宇宙に人間存在を統合することに失敗しており、デカルト的人間学は不可能である、としている。しかしこの解釈はとうてい採用できない。『情念論』はまさに新しい人間存在の理解を示しているからである。

これに対して「デカルトに人間学あり」とするのは、フランスのビトボル＝エスペリエスである(330)。彼女によれば、この言葉は Jean Riolan, *Anthropographia*. 1618 が仏訳された際に使われたものであるという。その訳書（*Les œuvres anatomiques de M. Jean Riolan*. I-I-I. p. 3）によれば、

人間学 anthropologie は、精神学 psychologie と身体学 somatologie との二つの部分に分けることができる。なぜなら、人間は精神である霊的なものと身体である物質的なものという、二つの本性から成っているからである。

彼女は続ける。デカルトは、精神と身体とをそれぞれ別の本性から成るものとみなして区別したうえで、それらの機械論的・合目的的関係を問うた。「第六省察」における、苦痛の生理的分析や水腫症の例、病人と健康な人の比較において、それは端的に示されている。それをデカルトの「人間学」と呼ぶことはアナクロニズムではない。この人間学は、『人間論』にはじまり、『序説』第五部、『省察』とその「答弁」を経て、『情念論』で完成することになる。彼女はこう主張して、心身関係の生理的・心理的分析を踏まえた新たな目で人間を捉えている点

に、デカルトの新しい人間学を見ようとしている。

筆者はこの説に大体において賛成したい。たしかに彼女の解するような生理学的な人間学は十分可能であろう。だが繰り返し述べてきたように、「第六省察」の人間学的関心は単なる心身関係の生理学的考察にとどまるものではなく、のちの情念論や道徳論をも含んだ人間本性に関する総合的な学知を形成していると思われる。その総合的な学知を広義の人間学と呼んでおく。[331] とするならば、『原理』や『情念論』が示しているように、デカルト哲学全体が広い意味での人間学を目指していたことになろう。つまり実際に心身合一体として生きる人間についての学、形而上学だけでなく、自然学を踏まえ、道徳論をも含めた総合的な人間研究の体系、そういう人間の全体についての学をデカルトは最終的に目標にしていたと思われる。そこで、心身複合体としての人間を生理学的にとらえる狭義の人間学ではなく、デカルト哲学の全体を射程に入れた広義の人間学を、一つの解釈の可能性として考えることができよう。

六　人間学としてのデカルト哲学

今いちど問題を整理しておく。

哲学史などでは、デカルト哲学といえば心身を実在的に区別した二元論の代表のように、ふつう理解されている。実際デカルトは、心ともの、意識と実在、内と外など、近代的な二元論的世界観の基本的枠組みを作った人として、評価されると同時に批判されてきた。この理解は間違っていない。たしかに、心身の区別という原理はデカルトの形而上学の根本にあって、デカルト哲学の一つの核をなしている。デカルト的 Denken のエネルギー源である。これによってデカルトはスコラ批判をなしえたし、同時代のマルブランシュやパスカルもその点に感心したのである。しかしそれがデカルトのすべてではない。デカルトには心身を二元論的に対立的に見る見方と同時に、心身を合一した一つのものと見る見方があったことを忘れてはならない。しかるに心身の区別のみを強調することは、デカルト哲学の一面しか見ず、一つの特徴のみを拡大することでしかない。たとえばウィトゲンシュタインやハイデガーのデカルト批判がそうであったのではないか。これに対してメルロ＝ポンティも指摘するように、デカルトは心身を原理的に区別すると同時に、心身の入り混じった心身合一の世界（Leben の世界）を有していたという事実がある。精神でも身体（物体）でもなく、第三の原初的概念としての「人間」の世界である。デカルトは心身の区別を理論として確認したうえで、心身の合一という事態を実践的に承認しているのである。

問題はこれをどう理解するかである。このことはすでに識者によって指摘されており、デカルト哲学は二元論というよりも二元性論(332)であるとか、かれは二つの原理を共に認める生き方を選んだ(333)などと言われる。たしかにそうであろう。だが心身の区別と合一とを同時に主張することはやはり矛盾であり、「第六省察」の不整合は依然として残るであろう。しかし「第六省察」を狭い意味の人間学でなく、広義の人間学というパラダイムのなかでとらえるとき、その矛盾を説明できるというのが筆者の主張であった。つまり、その後半で展開された実践的な感覚論や身体論は、それだけを取ってみれば『省察』のなかで異質のものであっても、後の『情念論』などへの重要な橋渡しになっている。そして『情念論』では、その矛盾は理論と実践との統一として整合的に理解されることになる。「第六省察」をデカルトの全哲学から見るなら、それはかれの哲学が広い意味での人間学形成に向かう一つの重要なモメントになっている。デカルトが敢えて感覚を見直し、心身合一を主張しはじめた理由の一つは、そのあたりにあったのではないかと考えられる。

人間学としてのデカルト哲学の可能性を最もよく象徴しているのは、『序説』の「実際的哲学」(AT. VI, 62)よりも、『原理』仏訳序文の「哲学の樹」であろう。この樹は理論的には形而上学を根、自然学を幹とし、実践的には、医学(生理学)、機械学(技術)、道徳を射程に収める(AT. IX-2, 14)。広義の人間学もこの発想につながるであろう。つまりこの樹は人間が学んで達しえる全知識の樹であり、人間についての総合的な知識という意味で、人間学の樹といってもよいのではないか。デカルトにとって「あらゆる学問は人間的知恵」であり、知恵とは「人間の知りうるあらゆることについての完全な知識」(同2)にほかならなかった。こうした意味では、先述したように、人間が作る学問はすべて人間学であるとも言える。広い意味での人間学が最も高みに達するのは『情念論』においてである。そこでは、まず心身の相互関係が生理学的に分析されたのちに、人間のもつ諸情念が論じられ、それを踏まえて情念の統御と最高の知恵の獲得とが目指されている。たとえば驚きや愛の情念については、その発生の原因や生理学的メカニズムを知れば、それらの情念に動かされないようになると教える。これが理論と実践とを統合した、デカルト人間学の最終的な到達点であると思われる。人間学は思惟だけでなく生の領域を含むが、だからといって粗雑な内容になっているのではない。むしろそれは、Denken と Leben とを統一する緻密な概念であり、この意味で人間学は最高の知恵の研究、すなわち哲学にほかならないと思われる。

最後に形而上学と人間学との関係について一言すれば、形而上学は狭義の人間学と対立しても、結果的にそれは広義の人間学に吸収されると思われる。右の哲学の樹が示すように、形而上学は人間学の根であり、その理論的な基礎をなしている。この基礎の上に立って人間学が実践的に機能すると考えられる。『情念論』はその一例である。このことを「第六省察」に定位して言えば、それは形而上学という理論だけでは読み切れず、理論と実践との統一的視野においてはじめて読める。つまり生理学や情念や道徳などを視野に入れた広い人間学の一環として読める、ということになろう。

第十二章　「ソルボンヌ書簡」の研究

デカルト『省察』の冒頭には、いわゆる「ソルボンヌ書簡[334]」が冠せられているが、これはいったい何であるか。従来の解釈では、ソルボンヌ（パリ大学神学部）の認可を求めた儀礼的な内容の文書であり、認可は得られなかったもののそのまま掲載しているとされてきた。しかしアルモガットによる最近の研究[335]によれば、ソルボンヌ側の認可の手続きは完了していたという。ロディス＝レヴィスの『デカルト伝[336]』もそれを踏まえている。

本稿では、まずわれわれによるテキスト全体の試訳と注を提示する（テキストはわれわれの判断で適宜段落を切ってある）。ついで哲学的問題として、本文書は単なる儀礼的にはとどまらない哲学的内容を含んでいることを示し、この書簡から読み取れるデカルト哲学の意図を明らかにしたい。最後に歴史的問題として、アルモガット説を検討しながら認可申請の経緯、ソルボンヌの博士たちとは誰か、認可されたと言えるかどうかを考える。

一　テキスト

いとも聡明にして令名も高き、聖なるパリ神学部の学部長ならびに博士各位へ
　　　　　　　　　　　　　　　レナトゥス・デス・カルテス　敬白

私がこの書をあなた方に捧げるよう動かされておりますのは、きわめて正当な理由によるものですが、あなた方もまた、私の企ての趣旨をご理解いただいた後には、この書の庇護をお引き受けになるきわめて正当な理由をおもちになることと私は確信します。ここで、この書において私が目指したところを手短に申し上げることが、私がそれを推挙することができる最上の仕方と思います。

神と精神という二つの問題[337]は、神学よりも哲学によって論証されるべき問題のうちの主たるものである、と私はつねに考えてきました。というのも、われわれ信仰のあるものにとっては、人間精神が身体とともに滅びはしないこと[338]、および神が存在することとは、信仰によって信じればそれで足りることですが、無信仰の者は、この二つが自然的理性によってあらかじめ証明されているのでなければ、いかなる宗教によっても、またほとんどいかなる道徳的な徳によってさえも、説得されえないように思われるからです。しかもこの世においては、しばしば徳よりも悪徳の方により大きな報酬が与えられますので、もし神を畏れず、来世も期待しないならば[339]、利得よりも正義を選ぶ人はごくわずかでしかないでしょう。そして、たしかに神の存在は、それが『聖書』の教えであるがゆえに信ずべきであり、逆に『聖書』は、神から得られたものであるがゆえに信ずべきである、ということはまったく真であります。というのも、信仰は神の賜物[340]でありますので、他のものを信じさせるために恩寵を与えた神は、自身の存在をも信じさせるために恩寵を与えることができるからです。しかし、このことを無信仰の者に提示することはできません。かれらはそれを循環であると判断するでしょうから。

そして私は、あなた方はじめ他のあらゆる神学者たちが、神の存在を自然的理性によって証明しえる[341]と主張しておられることに気づいただけでなく、『聖書』からしても、神の認識は他の被造物について得られる多くの認識よりもより容易であり、その認識をもたない者はとがめられるほどにまったく容易である、と推論されることに気づきました。それは「知恵の書」第十三章の「かれらも許されるべきではない。かれらがこの世を評価できるほどのもの知りでありえたなら、なぜこの世の主をより容易に見出さなかったのか[342]」ということばから明らかです。そして「ローマ人への手紙」第一章には、「かれらは言い逃れできない[343]」と言われています。また同じ箇所にある「神について知られることは、かれらにおいても明らかである」[344]ということばは、神について知られうるすべてのことは、ほかならぬわれわれ自身の精神のうちに求められる論拠[345]によって示されうることを告げているように思われます。したがって、それがどうしてそうなるのか、いかにして神がこの世のものよりもより容易に、より確実に知られるのか[346]を私が探求することは、決して私には無縁のこととは思いません。

次に精神については、多くの人たちはその本性は容易に考察されえないと判断してきましたし、また若干の人たちは、人間的な論拠によっては精神は身体と同時に滅ぶものと納得し、ただ信仰によってのみその反対が保持される[347]とあえて言う始末です。しかしそれでも、レオ十世の下でのラテラノ公会議第八セッションはかれらを断罪し[348]、キリスト教哲学者たちに、かれらの議論を論破し、力のかぎり真理を証明するようはっきりと命じておりますので、私もまたためらわずにそれに着手した次第です。

さらに、多くの不信心の者が、神が存在することも、人間精神が身体から区別されることも信じようとしない理由は、かれらによれば、この二つのことがこれまでだれにも証明されることができなかったからにほかならないことを、私は知っています。むろん私はかれらに同意するものではまったくなく、反対に、この問題に対して偉大な人たちによって提示されたほとんどすべての論拠は、それが十分に理解された場合、論証の力を有すると私は思いますし、他のだれかによってすでに見出されなかったような論拠を提出しうることは、ほとんどありえないと確信しています。しかし、一度はすべての論拠のうちで最上のものを綿密に探求し、それをきわめて厳密にかつ明確に提示し、すべての人からこれこそ証明であると今後とも確認されることほど、哲学[349]においてより有益なことはないと思います。そして最後に、私が諸学問において何であれ困難な問題を解決するある方法を開発したことを知った若干の人たちから（真理ほど古いものはありませんので、その方法はけっして新しいものではありませんが、私がそれをしばしば他の問題において使い、幸いうまく行ったことをかれらは見ていたのです）、その仕事を手がけるよう強く要望されましたので、このことに少し努めるのが私の義務[350]だと思ったのです。

ところで、私が明らかにすることができたことはすべてこの書に含まれています。しかしだからといって、私がそこにおいて上の二問題を証明するのにもち出すことのできる、さまざまな論拠のすべてを網羅しようとしたわけではありません。また、それは十分に確実な論拠が何もない場合を除いては、やりがいがある仕事とも思われません。私が追求したのは、その第一にして主要な論拠だけであり、今やそれを最も確実で最も明証的な論証としてあえて提出する次第です。さらに付け加えますと、その論拠は、それ以上にすぐれた論拠が見出されうるような道は人間精神には開かれていないと思われるほどのものです。なぜなら、ことがらの重要性と、これらすべてが関係する神の栄光とが、ここで私の普段の習慣よりもいくらか無遠慮に、私について語るよう強いるからです。

しかし、たとえ私がそれらの論拠をどれほど確実で明証的であると考えてはいても、だからといって、それが万人の理解に適していると確信しているわけではありません。むしろ事情は幾何学の場合と同じです。幾何学においては、多くのことがアルキメデス、アポロニウス、パッポス(351)その他の人たちによって書かれ、それらは万人によって明証的で確実であると見なされています。その理由は、それらは個々に考察された場合、きわめて容易に認識されないものを何一つ含まず、帰結と前提とが密接に連関しないようなものも何一つ含まないからです。しかしそうだとしても、それらは少し長すぎ、すこぶる注意深い読者を要求するので、ごくわずかの人によってしか理解されません。

それと同じように、私がここで用いる論拠は、確実性と明証性において幾何学者のそれと同じ、あるいはそれを越えるものとさえ私は思っておりますが(352)、しかし多くの人によっては十分にそれが認識されえないのではないかと懸念しています。その理由は、これまた少し長すぎ、互いに他に依存しているからですし、さらには、なかんずく先入見からまったく解放された精神を要求し、自分自身を感覚との結びつきから容易に引き離す精神を要求するからです(353)。たしかにこの世においては、形而上学の研究に向いている人は、幾何学の研究に向いている人ほど多くは見出されません(354)。それに加えて、両者の間には次のような違いがあります。すなわち幾何学においては、確実な論証が得られないことは何も書かれない慣わしであることを万人が納得していますので、未熟な人たちは真なることがらを反駁して過ちを犯すよりも、それを理解していると思われたいがために、偽なることがらを是認して過ちを犯すことの方が多いのです。これとは反対に、哲学においては賛否の両論に分かれて議論の対象となりえないものは何もない[355]と思われていますので、真理を探究する人はごくわずかであり、大多数の人たちは、あえて最良の説を攻撃することによって、天才であるとの名声を得ようとするのです。

それゆえ、私の論拠がどれほどのものでありえても、それは哲学に関しておりますので、みなさま方の庇護によって私が支援されない場合は、私の論拠をもってしても、大きな骨折りに値するものとは期待できなくなります。しかし貴学部の評判はすべての人の精神に染み込んでおり、また「ソルボンヌ」の名は大きな権威をもっておりますので、信仰においては、公会議についで貴学部ほど大きな信頼を受けている団体は他にないだけでなく、人間的哲学に関しても、貴学部以上に明察さと堅実さとを備え、また判断を下すにあたっての公平さと知恵とを備えたところは、どこにもないと信じられるほどであります。

そこで、この著作に対して次のようなご配慮をいただければと思っております。第一に、あなた方によってそれをご訂正いただくこと。というのも私は人間としての弱さだけでなく何よりも私の無知を自覚しておりますので、この書には誤りが皆無であるなどとは言えないからです。第二に、あなた方ご自身の手によってか、あるいは少なくとも私があなた方のご指示の下で、この書に欠けていることを付け加え、あるいは十分に解決されていないことを完成させ、もっと説明が必要なことがあれば補っていただくこと。そして最後に、神が在ること、精神が身体とは異なることを証明するべくこの書が含んでいる論拠を、最も厳密な証明とみなさねばならぬほどの透明さにまで高めたうえで（私はそこまで高められると確信していますが）、あなた方にそのことを公言し、一般に向けて証言していただくこと。

こうしたご配慮をいただけますならば、これらの問題についてこれまで現われたあらゆる誤謬は、やがて人間精神から拭い去られることを私は疑うものではありません。というのも、真理そのものは、他の才能ある人たちや学識ある人たちをして、容易にあなた方の判断に賛同するようにさせますし、［あなた方の］権威は、他の才能ある人たちや学識ある人たちというよりも、むしろ似非学者であるのが普通である無神論者たちに、反論の気持ちを捨てさせるでしょうから。そしてさらには、かれらはこの論拠がすべての才能ある人たちによって証明と認められていることをおそらく知っていて、それを理解していないと思われたくないので、自分で弁護しさえするでしょうから。そして最後に、他のすべての人たちはかくも多くの証拠に容易に信を置くようになり、神の存在であれ、人間精神の身体からの実在的区別であれ、もはや世の中にはこれをあえて疑うもの(356)はいなくなることでしょう。このことがいかに有益であるかは、あなた方ご自身が、比類のない英知をおもちですので、だれよりもよく判定して下さることでしょう。つねにカトリック教会の最高の柱石(357)であるあなた方に、神と宗教に関することがらについて、私がここでこれ以上多くを語ることはふさわしくないでしょう。

二　哲学的問題

以上の文書から何が読み取れるであろうか。これはソルボンヌ（パリ大学神学部）向けの書簡であり、メルセンヌやジビューの修正が入っている可能性があるにせよ、よく読めばデカルト哲学の独自な視点のいくつかが見えてくるであろう。それをかいつまんで点描しておく。

(1)　哲学と神学

神学に対する哲学の位置づけが明らかにされていることが注目される。伝統的に神学で論じられてきた神と精神という問題を、哲学で論じることの妥当性と必要性とが力説されている。デカルトによれば、無神論者を説得するにはそれを信仰によって示すだけでは無意味である。哲学の側から、神が容易にかつ確実に知られること、精神が身体と同時に滅ぶのではないことを示す必要がある。それを自然的理性によって、だれもが認めざるをえない形で明確に証明してはじめてかれらを説得できる。そして私の証明こそ最も明証的な究極の論証である、とする。

神と精神という発想は、グイエも指摘するように[358]、一六二九年オランダで構想されて以来、一貫して主張されてきたことである。

神から理性の使用を授けられた者はすべて、なによりも神を知るために、また自分自身を知るために、理性を使わなければならないと思います。私が私の研究を始めようとしたのも正にここからです。……私がこの国に来た最初の九か月間は、もっぱらそのことだけに携わりました。（メルセンヌ宛 1630. 4. 15. AT. I, 144）

神と自己自身（精神）というアウグスティヌス的な主題は、デカルトの哲学研究の原点であった。その研究を神に対する「義務」と受けとめている点には、ベリュールの影響が見られる[359]。九か月間の成果は「形而上学小論」*petit Traité de Métaphysique* としてまとめられた。その主要な論点は「神とわれわれの精神の存在を証明すること」（同 1630. 11. 25. AT. I, 182）であったという。これがデカルト形而上学の出発点であり、基本主題である。のちの『序説』（一六三七）の序文には「第四部では、著者が神と人間精神との存在を証明するに用いた諸理由、すなわち形而上学の基礎が示される」（AT. VI, 1）とある。この主題が形而上学の基礎をなすのである。そのことは『省察』（一六四一）の「読者への序言」冒頭でも、わざわざ触れられている。それは「重大な問題なので繰り返し取り上げる必要があり……、それを解明するために私のたどった道は、ほとんど踏み固められたことがなく、通常のものからはきわめて離れている」（AT. VII, 7）と言明され、問題の重要性と方法の斬新性とが強調されている。さらに『原理』仏訳序文（一六四七）では、哲学の第一部門である形而上学は「認識の諸原理」を含み、その原理のうちには「神の主要な属性」と「われわれの精神の非物質性」が属する（AT. IX-2, 14）とされる。ここに来てはじめて、形而上学の根本には認識論への関心があったことが分かる。以上のように、アクセントの置き方に多少の違いはあれ、神と精神とはデカルト哲学の一貫した重要主題であったのである。

哲学の多くの問題のうちで、なぜとくに神と精神とに興味が向けられたのか。それは、それが形而上学の最重要課題であったからであるが、同時にそれが時代の要求でもあったからだろう。宗教的に見るならば、デカルトの時代のフランスはプロテスタントの攻勢に加えて、無神論や懐疑論が跋扈した時代であり、ピュロン主義的危機があり神学的危機[360]があった。これに対抗して宗教と道徳とを堅持する必要があった。その要となるのが神と精神の問題であった。神および人間精神の存在と本質とを改めて論じ直して、いわば時代精神を引き締めること、これが当時のトレンドであった。メルセンヌやシロンはすでに神と精神を論じた書物[361]を出している。デカルトにおいては、時代の要求する問題への関心とともに、ベリュールの激励による方向づけもあったであろう。自分の考案した方法と哲学によって問題が首尾よく処理できる、こういう自信に基づくところもあったであろう。かくして神と精神とに向かうようになったと考えられる。

この問題を哲学で論じることで、デカルトは神学に対する自分の哲学の位置づけを明らかにしていることになる。哲学と神学の役割の相違、理性と信仰の違いが明確に意識されている。「掲貼文書への覚書」と称せられる文書において、デカルトは三種類の問題を区別している。すなわち第一に、受肉の秘蹟や三位一体のように信仰のみによって信じられる問題。第二に、神の存在、人間精神の身体からの区別のように「神学に属していながら、自然的理性によっても探求される問題」。第三に、円積法や錬金術のように人間の推論のみに関わる問題（AT.

VIII-2, 353）、である。デカルトは第二の分野を、意識的に開拓したことになろう。自然的理性に基づく哲学は、信仰を事とする神学とは本来が性質を異にする。両者が共有する第二の分野については、本文にあるように「神学よりも哲学によって論証されるべき」であり、自然的理性によって論証してはじめて人をよく説得できる、とするのがデカルトの立場である。それゆえ、信仰との関わりにおける哲学の効用は、「無信仰の者に信仰を受け入れる準備をさせる」（メルセンヌ宛 1642. 3. AT. III, 544）ことに尽きる。というのも、デカルトの考える哲学の「原理にしたがうことによって、信仰は人間的理性によってきわめて強く支えられる」（ヴァチエ宛 1638. 2. 22. AT. I, 564）からである。

以上のように、デカルトは、神と精神とを哲学の問題として考えるという明確な主張をしている。それは同時に、哲学が信仰の問題を自然的理性によって基礎づけることによって信仰を準備する役割を有すること、そしてその点で十分な独自な存在意義があり、いわば社会貢献をなすこと、を意味する。ここに神学に対するデカルト哲学の位置づけが明らかにされている、と読むことができよう。

（2）　神と精神の捉え方

そこには神学とは異なるデカルト哲学の捉え方がある。同じ神の存在や人間精神を論じても、その捉え方は神学者とは異なるのである。

神については、デカルトはそれを万物の創造主として観想することはあっても、信仰の対象とするのではない。神を哲学の基礎に置き、それを認識の根本原理とみなしている。つまり、明晰判明な認識が真であるということも、誠実なる神の存在を俟ってはじめて確実となる（『序説』AT. VI, 38）。「すべての知識の確実性と真理性とはひとえに真なる神の認識に依存する。……神を知る以前にはどんなことについても完全に知ることができない」（「第五省察」AT. VII, 71）。この意味でデカルトの形而上学は神を根拠にしてはじめて成立する。「神の認識は私の認識よりもある意味で先行」（「第三省察」同 45）し、神を基点として他の事物（たとえば外界の存在など）が導出される構造になっている。ところでその形而上学は「全自然学の基礎を含んでいる」（メルセンヌ宛 1641. 1. 28. AT. III, 298）。パスカルが看破したように、デカルトはコギトから「全自然学の強固で持続的な原理を作りだ(362)」そうとしたのである。とすれば神は、形而上学や自然学を含めた全哲学体系の根本に置かれる原理であり、この意味で哲学の基礎をなすのである。

つぎに人間精神である。実はデカルトが問題としているのは、精神の不死や不滅そのものではなく、むしろ精神と身体との実在的区別である。その区別から「人間精神が身体とともに滅びはしないこと」（「概要」AT. VII, 13）が可能性として帰結する、と言うにとどまっている。不死に対するこのような慎重な姿勢は若いときから一貫している。メルセンヌに「精神は身体から分離されたときにも存在し、そこから精神の不死が帰結する」（1630. 11. 25. AT. I, 182）と書いたが、同じ思想は『序説』にも見られる。「精神は身体からまったく独立した本性をもち、身体とともに死すべきものではない、……そこから精神は不死であると自然に判断される」（AT. VI, 59–60）。不死は論理的帰結として示唆されるのみであって、証明されているわけではない。『省察』第一版の副題「精神の不死が証明される」（メルセンヌによる命名）が、第二版で「人間精神と身体との区別が証明される」と変更されたことも、こうした姿勢を物語っている。そして『省察』の「概要」にはその次第が詳しく説明されている。すなわち、精神の不死を結論するためには、全自然学を説明しなければならない。しかし、身体の破滅から精神の滅亡が帰結しないことを示し、人間に来世の希望を与えるには、心身の実在的区別を示すことで十分である。またすべての実体は、その本性からしてまったく不滅であり、神によって無に帰されるのでなければ、けっして存在をやめない。ところで人間精神は純粋な実体であり、ここから、物体は容易に消滅するが、精神はその本性からして不死であることが帰結する（AT. VII, 13-15）、と説明している。要するに、人間精神を論じるにしても、その目的は精神の不死性を直接示すこと（それは哲学では不可能）にあるのではない。むしろ心身の実在的区別を証明することが主眼であり、精神の不死はそこからの可能的な帰結の一つにすぎない。心身の区別こそ、デカルト哲学の重要テーマの一つであり、それは『省察』のみならず『人間論』から『情念論』にいたるまで、哲学の根底を流れているのである。

（3）　哲学と幾何学

哲学と幾何学との対比、という論点が詳述されていることも注目すべきであろう。すなわちデカルトによれば、神と人間精神の証明は、幾何学と同じく、確実で明証的であるが必ずしも万人の理解には適さない。それは幾何学の証明と同様、少し長すぎ、帰結と前提とが密接に連関しているので、理解するには注意深さが必要だからであり、また感覚の捨象を要するからである。幾何学では確実な論証しか問題とされないのに対して、哲学では何でも恣意的に議論される、とする。こうした考えの背景には、哲学が数学と同じ明証性をもつことを期す、という強い動機がある。幾何学との比較において議論を展開することで、そのことを印象づける狙いがあろう。幾何学とセットにして哲学を論じるという姿勢は『省察』の全編を貫いており、とくに「第五省察」においてそれが顕著である。

デカルトは、ラフレーシ学院にいた頃から、数学を「その論拠の確実性と明証性とのゆえに気に入っていた」

（『序説』AT. VI, 7）。数学への主知主義的な確信は、若いデカルトをして「数論や幾何学の論証と同じ確実性を得られない対象に携わってはならない」（『規則論』AT. X, 366）、とさえ言わしめている。哲学と幾何学との対比という発想は、オランダで最初に形而上学を考えたときの書簡にすでに現われている。「形而上学の真理を、どうすれば幾何学の証明以上に明証的に証明できるかを見出したように思います」（メルセンヌ宛 AT. 1630. 4. 15. AT. I, 144）。それ以前にデカルトは、数学（幾何学と代数）と論理学をモデルにして方法を考案していた（『序説』AT. VI, 17–18）。これと同じ発想で、幾何学以上の明証性をもって形而上学の真理を証明しうると考えたのであろう。一六三七年にはみずから『幾何学』を執筆している。いずれにせよ「確実性と明証性において幾何学の論拠と同等あるいはそれを越える」（ソルボンヌ書簡 AT. VII, 4）論拠を提出するにはどうすればよいか、という課題が苦心の為所であったと思われるが、デカルトはこれを克服したと考えているのである。

その具体例を「第五省察」のいわゆる存在論的証明の議論に見ることができよう。たとえば幾何学と同等の明証性ということについては、次のように言われている。

> 私は、神の観念を……どんな形や数の観念にも劣らず、私のうちに発見する。さらに私は、つねに存在するということが神の本性に属することを、ある形もしくは数について私の論証することが、その形もしくはその数の本性に属することを理解する場合に劣らず、明晰判明に理解する。したがって……神の存在は私のうちにおいて、これまで数学の真理が確実であったのと、少なくとも同じ程度には確実でなければならない。
> （「第五省察」AT. VII, 65–66）

幾何学以上の、幾何学を越える明証性という点については、直接の記述は見当たらないが、

感覚的事物の像が私の思惟をすっかり占有していなかったなら、神よりも先に prius またより容易に facilius 知られるものは、何もなかったはずである。なぜなら、最高の存在者があること、すなわちその本質に存在が属するただ一つのものであるところの神が存在するということ、このこと以上に自明なことがほかにあろうか。(同 69)

という文章が関連していると思われる。(363) 要するに、幾何学よりも知ることが容易であり、その意味で「よりよく知られる notior」(「諸根拠」AT. VII, 157) ということであろう。さらに言えば「あらゆる知識の確実性と真理性とが、もっぱら真なる神の認識に依存」(「第五省察」AT. VII, 71) し、幾何学の真理も神に依存し、神によってはじめてそれが「真なる知識」たりえる。かくして、神を証明する論拠だけでなく、ことがら自体として神は幾何学の明証性のレベルを越えている、と考えられているのである。

当時、神と精神を語った書物は山とあったはずだが、どの証明にも優る最高の証明をここに提供するという矜持があるのは、数学以上に明証的な証明ということを指すのであろう。ともあれ、ここでデカルトは、数学との対比が形而上学の真理の証明にとってきわめて重要な切り札である、というメッセージをソルボンヌに向けて発信しているのである。

数学が確実な学問のモデルであり、それにならって哲学も厳密で確実な学問とすべきだ、というのがこの時代の一般的考え方である。(364)『幾何学的精神について』が示すように、パスカルにも確実な学問としての数学への強

い信頼が見られる。スピノザが『エチカ』を「幾何学的秩序によって論証された」形で記述しようと試みたのは、まさにこの一般的考え方を実践した結果であろう。さらに、哲学を数学と同じ精密で確実な学問とするという理想は、デカルトによって普遍数学 mathesis universalis として言及され、ライプニッツによって実際に着手されたことは周知の通りである。

ただ、幾何学との対比はあくまでアナロジーであり比喩である。形而上学と幾何学が本当の意味で内面的な連関において比較できるどうか、幾何学の例が神の証明に本質的に寄与しているかどうかについては疑問が残る。哲学と幾何学とは比較されはするものの、その内容や証明の仕方に関しては、前者は分析、後者は総合という本質的な違いがある（次項を参照）。また数学や論理学の証明が明証的と言われる意味も、十七世紀と現代とでは様相が異なるとしなければならないであろう。

（4）『省察』本文との相違

ソルボンヌ書簡と『省察』本文との間には主題の相違があり、力点の違いがあることは歴然としている。それを調べることで、本文の読み方に活を入れることができるかもしれない。本書 pp. 338-339 で述べた「三種類の問題」にも関連するが、ここでも三つの主題がありえる。書簡にあって本文にない主題、両者に共通の主題、本文にあって書簡にない主題、である。

第一に、書簡にあって本文にない主題とは、主として神学や宗教に関することがらである。たとえば、精神が身体とともに滅びないこと、宗教、信仰と無信仰、徳と悪徳、来世への期待、恩寵、『聖書』、「智恵の書」、「ローマ人への手紙」、レオ十世、ラテラノ公会議、キリスト教哲学者、不信心、ソルボンヌ、似非学者、無神論者、カトリック教会、などである。この書簡の宛先は神学部の学部長や博士たちであるから、これらの主題が登場するのは自然である。それらは、『聖書』を肌身はなさず携帯し、信仰をもったフランスの知識人として当然の常識であったろう。デカルトは『省察』等ではあまり言及することのない神学の主題をここで披露し、自分がソルボンヌの博士たちと同じ精神的土壌にあることを強調しているようにも見える。[365] だが、それらの主題はどれも本文とは異質のものばかりであり、本文ではあえて触れられなかった問題である。マルブランシュの場合ならば、これらの主題が哲学の中に入ってくるであろうが、デカルトは哲学者として、自然的理性の対象となるもののみを論じる。『省察』本文は、思考のエッセンスとしての哲学的議論だけが展開されている。しかしその背景には、こうした潤沢な神学的問題意識があり、宗教に関する該博な知識があることを示している。

第二の共通の主題とは、言うまでもなく神と精神である。先に触れたように、『省察』第二版の副題が「神の存在および人間精神と身体との区別が証明される」であったことを想起しよう。元来それが形而上学研究の出発点であったし、『省察』において「目指したところ」(AT. VII, 1) でもあった。その「概要」には明確な記述がある。

神と精神との認識に導く論拠こそ、人間精神によって知られうるすべてのもののうちで最も確実で最も明証的である……。ただこの一事を証明することが、この六つの省察において私が意図したことである。(「概要」AT. VII, 16)

神と精神との証明、これが『省察』の本来の意図であり、その力点はここにある。読者はこれさえ押さえればよいことになろう。その骨子は「諸根拠[366]」（AT. VII, 166–169）において四つの定理に圧縮した形で示されている。

定理Ⅰ　神の存在は、ただその本性だけから認識される。

定理Ⅱ　神の存在は、その観念がわれわれのうちにあることだけからア・ポステリオリに証明される。

定理Ⅲ　神の存在は、またその観念をもっているわれわれ自身が存在することから証明される。

定理Ⅳ　精神と身体（物体）とは実在的に区別される。

要するに、これだけのことが全『省察』の主張せんとした主たる論点であったと考えられる。とするなら、懐疑や明晰判明の規則のような主題は何であったのか。それは議論の必要に応じて登場してきたことであり、「たまたまこの書で扱うようになった問題」（「概要」AT. VII, 16）にすぎないのか。本来は必ずしも必要としない道具立てなのか。実際、ガッサンディなどは懐疑の議論を余計な回り道としている[367]。それらはウィトゲンシュタインの「はしご[368]」のように、登りきったあとでは捨てられるべきものなのか。筆者はそうは考えないが、これは次の第三の主題に関係する問題である。

第三は、本文にあって書簡にない主題、すなわち神と精神には直接関しない主題である。これは無数にある。主なもののみを拾うと、感覚や数学への懐疑、欺く神、コギト、精神の本質、物体の本質、蜜蠟の比喩、明晰判明の規則、誤謬、自由、意志、物体の存在証明、心身の合一、自然の誤り、などである。これらは『省察』の本来の意図とは直接かみ合わず、共通部分からはみ出る主題である。これらは『省察』の主要論点の圏外に位置し、重要性としては二次的なものであろうか。否、それらのうちには議論の要所要所で重要な役割を担っている主題があり、それなしには精神も神も出てこないほどである。たとえば、懐疑なしにはコギトはありえず、コギトなしには精神と身体との実在的区別も立てられないし、神の存在も明らかにならない。

ではどう考えればよいか。周知のように「第二答弁」の末尾には証明の仕方として総合 synthesis と分析 analysis との区別がなされている。「分析」とは発見の仕方をそのまま辿るものであり、形而上学の証明がこれである。そこでは帰結と前提とが密接に連関しており、注意深くない読者には分からなくなるおそれがある。『省察』は分析にのみしたがっている。「総合」とはすでに結論されたものを定義、要請、公理、定理、問題の長い連鎖によって説明することであり、これは幾何学の証明の仕方である。論証の力によって強制的に同意を呼び込むが、あまりものを教えるところはない（AT. VII, 155-156）、とされている。

この区別を踏まえれば、「総合」（上述の定理Ⅰ—Ⅳの証明がそれである）の観点においては、懐疑やその他の主題は必ずしも必要ではない。懐疑、コギト、明晰判明などは「公理」ではなく「要請」[369]にとどまり、ほとんど証明の本体のなかには登場しない。証明の下準備にはなっていても、証明に不可欠のものではない。したがって「総合」の観点からすれば、神と精神以外の主題は、すべて二次的な主題にすぎないと考えられる。ガッサンディの批判はこの立場からのものであろう。また同じ「分析」の観点からしても、誤謬、心身の合一、自然の誤りなどは、たしかに神と精神という中心主題からやや外れた二次的問題だと思われる。これらはデカルトの言葉どおり「たまたまこの書で扱うようになった問題」であろう。実際、第四、第六省察は後からつけ加えたものという解釈[370]もある。

しかし「分析」の観点においては、神と精神のほかにも必須の主題のいくつかがある。たとえば、懐疑は思考の原点[371]であって省察には不可欠のものである。それ自身は中心主題ではないにせよ、省察の道行きを示す重要な手段であり、これを抜きにしては省察が進まない。コギトも懐疑によってはじめて導かれる結論である。そしてコギトを原理として、精神の証明や神の存在証明がなされ、神を踏まえることによって明晰判明の規則も重要な認識論の主題となってくる。このように『省察』においては、これらの重要主題の間の論理的脈絡が緻密に構成されている。懐疑やコギトは、結論の表面にこそ現われてこないが、隠れた主題として神と精神を証明する原動力となっているのである。それらはけっして二次的な主題などではなく、『省察』の根本に深く関わる必須の主題である、としなければならない。

三　歴史的問題

『省察』のソルボンヌへの認可申請は、遅くとも一六四一年七月以前になされている。以下、そこにいたる経緯と、その後のソルボンヌ側の対応とを時間の流れにしたがって整理するなかで、認可の可否を検証しよう。

(1)　認可申請の経緯

一六四〇年六月三〇日―七月一日、パリのイエズス会の学校・クレルモン学院(372)（現在のリセ・ルイ・ルグラン）で学位論文の公開審査があった。バイエ(373)によれば、それはシャルル・ポチエという学生の論文で、『屈折光学』における微細物質、反射、屈折を批判したものであった。審査に当たったブルダン神父(374)は、デカルトの書が匿名によるものであることを非難し、かつその諸命題を批判した。さらに論争を開始するために「前哨戦」velitatioと称する侮蔑的な序文を草した。その場に居合わせたメルセンヌから仔細を知らされたデカルトは激怒し、すぐに反論の筆を執った。まず学院の総長に反論（エイヌーブ宛 1640. 7. 22. AT. III, 97-100）を書き、次いでブルダン宛に「前哨戦」を含めた詳細な反論を書いた（メルセンヌ宛 1640. 7. 29. AT. III, 105-118）。

これらのことを踏まえて、デカルトは「私はイエズス会と戦争状態に入ることになるでしょう[375]」とし、そうした事態を避けるためには『省察』を「あらかじめさまざまな博士に、そしてもしできるならソルボンヌ全体に見せて認可をもらう」（メルセンヌ宛 1640. 7. 30. AT. III, 126）ことを考えるようになった。ホイヘンス宛書簡でも同じことが言われ、

他のことならば潔しとはしませんが、こと神の栄光に関わるこの著作［『省察』］には何らかの信用を与える配慮をせざるをえません。（1640. 7. 31. AT. III, 103）

としている。かくしてデカルトは、著書を権威づけ、イエズス会などからの予想される反論をあらかじめ封じるための戦略として、諸方の学者に『省察』の批評を求めると同時に[376]、神学部つまりソルボンヌの認可を求めることを考えたのである。

この構想は次第に具体化する。デカルトは一六四〇年九月三〇日のメルセンヌ宛の書簡でブルダンの件に触れ、無用の誤解を防ぐために

それ［『省察』］をソルボンヌの人たち全員に献呈し、神に関することで私の庇護者となってもらおうと思いますが、どうでしょうか。というのも、……真理は単独ではほとんど評価されないので、これからはできる

だけ他人の権威を身につけようと決心したからです。(1640. 9. 30. AT. III, 184)

と書いている。このとき仲介人として念頭にあったのは、かねてより個人的に懇意にしていたソルボンヌのジビュー[377]であろう。

一六四〇年十一月十一日という日は、デカルトにとって忙しい日である。この日、『省察』の見本十数部を、オランダのレイデンからホイヘンスを介してパリのメルセンヌの許へと発送した(メルセンヌ宛 AT. III, 230, 235)。それはソルボンヌの博士たち(全員ではなく幾人か)や、その他の人たち(批評者)に献呈するためであった。同じ日にメルセンヌに宛てた手紙は多くの重要なことを語っている。第一に、この「形而上学は私の自然学のすべての原理を含む」ので、それは「ソルボンヌの認可を妨げるかも知れない」(同 233)としている。これは、クレルモン学院での件のように自然学が批判されるとするなら、その基礎たる形而上学も批判されうることを覚悟していると読める。第二に、『省察』にタイトルをつけて欲しいとしたあとで、「ソルボンヌ書簡」についても、タイトルが必要ならそれをつけ、字句を補い、申請の書式を整えるよう依頼し、「それは私の手でなく他人の手で書かれたものなので、それもまた結構でしょう」としている(同 239)。ここで「他人の手」とは、この書簡が他人によって書かれたということではなく、第三者がオリジナル原稿を判読しがたいほどの「悪筆」で書き写した(同)ということであろう。いずれにしても「ジビューが全体を見直す」(同)ことをデカルトは求めている。第三にメルセンヌに弁護を要請していることである。「例の前哨戦のおかげで、いくら正当な権利があっても、やはりそれを弁護してくれる友人がつねに必要だということが分かりました。重要なことは、私は神に関わることを主張しているのですから、そこに誤謬推理でもないかぎり、私の論拠は排除できないということです……」

（同 240）。

同日、デカルトはジビューにも書簡を送り、ソルボンヌへの斡旋を依頼している。概略次のように言っている。

私の形而上学が明証的で確実であることを私は確信しています。だが、あらゆる人にそれが理解できるわけではなく、だれかによって推薦されなければ注意深く読まれないでしょう。ソルボンヌにもましてそれに相応しく、誠実な判断が期待される方々はいません。そこで、かれらの庇護を求めようと意図した次第です。あなたに援助を期待する理由は、あなたはソルボンヌの中枢のお一人であり、いつもご厚情をいただいているだけでなく、とくに私が擁護しようとしているのは神に関わることだからです。（AT. III, 237–238）

「神に関わる」という表現が繰り返されているが、これは「ソルボンヌ書簡」の末尾にも登場し、いわば決めゼリフのようなものであろうか。以後、メルセンヌとジビューの助力によって認可申請の手続きが行われたと推察される。ジビューは認可を得るために奔走し、デカルトはそれを多としている（メルセンヌ宛 1640. 12. 31. AT. III, 276–277、同 1641. 6. 23. AT. III, 388）。

一六四一年七月二十二日、メルセンヌが「第四答弁」の末尾の文章を削除したのに対して、デカルトは「その方が認可を得るのに役立つならば削除してもよいが、認可を得ないとしてもそれほど心配するには及ばないと確信している」（メルセンヌ宛 1641. 7. 22. AT. III, 416）としている。認可に懸命なメルセンヌとは対照的に、デカルトは大らかな態度である。この期に及んでは、もはや運を天に任せるのみ、ということだろうか。ここから、ソルボンヌの認可が出版の絶対条件とは考えていなかったことが読みとれる。

(2) ソルボンヌ側の対応

ソルボンヌ側[378]の対応はどうであったか。従来はそれが不明であったが、アルモガットの新資料[379]によって明らかになった点がある。実は、この件は門前払いされたのではなく、正式に受理され、正当な手続きを踏んで審査が行われていたのである。すなわちソルボンヌは一六四一年八月一日申請を受理し、審査委員会を構成した。委員の名前まで分かっている。すなわち国立古文書館の資料「神学部の諸結論[380]」によれば、一六四一年八月一日の会議で、

M・N・ジェローム・バシュリエは、われわれの教師のうちから若干の人たちを指名して、d・デカルトにより出版された形而上学を査読し、審査するよう要求した(A. 2)

とあり、また同じ会議で

デカルトの形而上学を審査するために、この日、シャステラン、ポチエ、アリエ、コルネが選出された(A. 2)

という。この手続きは「今後、神学、信仰、良俗に関するあらゆる新しい書物を見、読み、審査するために」、神学部において「四人の検閲官ないし認可官」を要求するとした一六二四年の免許状に合致している」(A. 2-3)とアルモガットはしている。

推薦者のジェローム・バシュリエ Bachlier は、オラトリアンではなかった。当時のソルボンヌはオラトワール会とは冷えた関係にあり、ジビューの奔走にもかかわらず、オラトワール会の人脈で審査をすることはできなかったのであろう。そこでメルセンヌの友人で、同じミニモ会のバシュリエに白羽の矢が当たったということだろう。バシュリエは、メルセンヌの『創世記の最も著名な諸問題』*Quaestiones celeberrimae in Genesim*. 1623や、自由思想家ラ・モト・ルバイエの書までも認可した経緯がある。ただ、のちにポール・ロワイヤル派に与した人で、イエズス会とは距離があり、デカルト哲学にはあまり縁がない人と思われる。審査委員のうちフランソワ・シャステラン Chastelain はパリの教会参事会員でフォルテ学院院長。ポチエ Potier は不詳である。フランソワ・アリエ Hallier はソルボンヌで哲学を教えていたが、のちに反ジャンセニストになった。比較的有名なのはニコラ・コルネ Cornet であろう。この人は一六四九年に神学部長となったが、一六四一年当時はクレルモン学院長であった。ヤンセニウスの『アウグスティヌス』（一六四〇）の「危険な五命題」を審査し、ジャンセニズムを異端とした人であり、イエズス会の急先鋒とも言える人である。哲学史上最も著名な書物のうちの一つが、歴史上あまり知られていない神学者たちの手で審査されたのは、組織の常とはいえ皮肉なことであろう。ともあれ一六四一年八月、この四人によって審査が開始されたということは重要な事実である。

一六四一年八月二十八日、『省察』第一版がパリの書肆ミシェル・ソリより出版された。タイトルページの最下段に「国王の允許と博士たちの認可をもって」Cum Privilegio, & Approbatione Doctorum とあるのは、おそらくメルセンヌが審査の開始をうけ、結果を見越してそう印刷させたのであろう。ちなみに、国王の允許は一六三七年の『序説』のときに得ている。

(3) 認可の可否

先の資料「神学部の諸結論」によれば、一六四一年九月二日ソルボンヌの会議において、

先月の結論が読まれ認可された（A. 2）

という。アルモガットによれば、手続きは次のような古典的なものであった。まずひとりの博士からの発議がある。それについて神学部の判断と意見とを審査委員に委ねる。委員からの異論がなければそれは認可される。その会議の結論は次の会議で承認される。事実は以上の通りであるが、アルモガットは、これをもって『省察』はパリ神学部の認可を得たとし、「認可」の文字を印刷したのは正当であるとする（A. 3）。そう解釈できるかどうかが問題である。

問題は二つある。第一は「認可」の印刷の是非である。八月二十八日の時点で、会議で異議は出ていないとの情報がかりにあったにせよ、これをもってソルボンヌの博士たちの賛同が得られたと言うことはできない。最終結果はまだ出されていないからである。それまで少なくとも五日のタイムラグがあり、これはやはりメルセンヌの早合点であろう。いい結果が出る兆候がなければ出版を取りやめる、という約束があったとも考えられない。アルモガットの主張とは反対に、「拒否された場合でも、ソリのようなパリの出版社なら認可について言及し、献辞を出版できただろうとまちがって考えた」（A. 3）わけではないと思われる。

第二は神学部が認可したかどうかである。不思議なことに、肝心の認可の可否については明確な記述がなく、それはバイエの伝記にもない。アルモガットも言うように、かりに「認可された」のであれば、そのことを喜ぶ

旨の記述がメルセンヌ宛書簡などにあってよく、ジビューへの謝辞があって然るべきだろう。しかるにそれらの痕跡は皆無である。また『省察』第二版のタイトルページで、「認可」の文字を削除しなかったはずである。したがって、ただ認可されたと言って済ますわけには行かない。さりとて「認可されなかった」という明確な記述もまったくない。ただ、結果が否定的であったことを思わせるに十分な状況証拠がいくつかある。たとえば一六四一年九月のメルセンヌ宛書簡である。要約すれば次のようになる。

八日前にお知らせくださった件については、私のことを含めてどうかご放念ください。私は「形而上学」を出版して、神の栄光と私の良心の負担軽減のためになすべきことをしたのです。私の計画が成功しなかったとしても、そして私の論拠を理解できる人がほとんどいないとしても、それは私のせいではありませんし、そのためにその論拠が真でなくなるわけでもありません。（AT. III, 436-437）

日付に注意したい。九月としか分からないが、これは九月二日の審査結果を、メルセンヌが早速伝えたものと思われる。すべてを忘れよ、という表現からは、二人のショックの大きさと、沈痛な雰囲気が窺われる。計画が成功せずとも、というくだりは、敗者の弁解としか読めない。この書簡は「認可されなかった」ことを想像させるに十分であろう。アダンがこれを根拠として「ソルボンヌの認可を得ることが不可であった」（AT. III, 436 注b）としているのは自然である。

もう一つの状況証拠は一六四二年一月十九日のジビュー宛書簡である。その内容のあらましは次のようなものである。

私は、昔ながらの博士たちの半数よりもアルノー氏の判断を評価しています。私の希望はかれら全体の認可approbation en corpsではありませんでした。私の思想は多数の人の趣味には合わないこと、そして多数意見があるところでは、それは容易に非難されることを以前から知っていたからです。また個別的な認可celle des particuliersをも望みませんでした。かれらが私に関わることをなして、それが同僚の目には不愉快なことになれば申し訳ないからです。私の本と同様に異端的でないどんな本も、いとも簡単に認可されているのが常ですので、私を異端でないと判断できる理由は、私にけっして不利益なものではありません。それにもかかわらず私は『省察』を神学部に献呈します。それをさらによく吟味していただくためです。もしお咎めになる正当な理由がなければ、私も安心できるというものです。（AT. III, 473-474）

この書簡は、事後四か月たってからのものである。認可が不可だったことの理由をあげて、みずからを慰めているように読める。まず、審査に当たったソルボンヌの博士の水準をデカルトはあまり評価していない。アルノー（当時まだ博士ではなかった）のような人にこそ審査して欲しかったという意味が言外にある。認可がソルボンヌ全体のものであれ個別的なものであれ、どちらも望むところではなかったとするが、ではいったい何が望みであったかと聞きたくなる。最近は異端でさえなければどんな書物も認可されている、という皮肉も込められている。『省察』献呈の背後には、再審査要請の意図が見え隠れする。いずれにせよ、これらは認可が不首尾に終わったことを踏まえており、グイエ(381)がこの書簡を根拠として、認可はならなかったとしているのは当然であると思われる。

以上の二つの証拠は、認可が否定的であったことを示すに十分であると思われる。アルモガットの資料をも勘案するに、問題は神学部全体の総意として認可したかどうかであると思われる。一般に現代フランスの大学での博士論文審査の通常の手続きは、数名の審査委員が論文を読んで公開の口頭審査 soutenance を行い、しかるのちに結論を出すことで終了する。だがその結論は、その上位の教授会ないし評議会の議決によってはじめて正式に認められる。ソルボンヌ神学部の認可手続きも、おそらくこれに準じたものではなかったかと推察される。とすれば、上のジビュー宛て書簡に言う「全体の認可」とは神学部全体の総意（評議会の議決）による認可であり、「個別的な認可」とは四名の審査委員によるものと解することができる。そこで、九月の審査委員会レベルでは認可されたが（アルモガットの新資料が示しているのはこのことである）、そこで出された「結論」がソルボンヌの評議会や学部長によって拒否された、と考えることができるのではないか。これはおそらく異例のことであったろう。要するに、審査委員会の個別的認可は得たが、われわれには知る由もない何らかの理由[382]で神学部全体の認可は得られなかった、ということである。これはあくまで仮説にすぎないが、上述の状況証拠からしてその可能性が考えられる。アルモガットの新資料を踏まえ、かつ解釈者たちの理解も間違っていないとすれば、この仮説を採用せざるをえないと思われる。

一六四二年五月、アムステルダムのエルゼヴィエより『省察』第二版が出版された。巻頭に「ソルボンヌ書簡」を配するのは第一版と同じだが、タイトルページには「国王の允許と博士たちの認可をもって」の文字は削除されている。王の允許はフランス国内でしか有効でないからであり、ソルボンヌの認可はおそらくなかったからである。ちなみに一六四七年の仏訳第一版では、「国王の允許」は復活するが、ソルボンヌの「認可」の文字はない。

Ⅴ　医学と教育

第十三章　デカルトと医学

はじめに

本稿のねらいはデカルト医学[383]の概観を得ることである。

デカルトと医学との間には因縁浅からぬものがある。周知のように、デカルトの考える医学は哲学という樹から採れる果実の一つと見なされ、道徳や機械学とともに哲学研究の重要なアウト・プットになっている。実際、デカルトにおいては解剖学・生理学・胎生学など医学上の問題がしばしば論じられ、かつ実践されている。これだけ医学に深い関心を示した哲学者は十七世紀では希であろう。スピノザもライプニッツも及ぶところではない。デカルトは、イギリスのハーヴェーなどとは違って、医学部出身でもなければ専門の医師でもない。だが、かれの医学のレベルが素人の域をはるかに越えていることは、『序説』の心臓論を一読すればだれの目にも明らかであろう。かれは古い医学に飽き足らず、確実な証明によって基礎づけられた新たな医学を構想していた。

　では、デカルトは医学についてどういう思想をもち、どういう実践を行っていたか。人間の身体や生命をどう見ていたか。かれの医学の特徴は何であったのか。医学と形而上学や道徳との関係をどう見ていたか。こうした点に注目しつつ、デカルトと医学との関わりという観点から、その生涯と著作とを時間の順序にしたがってたどり直してみたい。便宜的に、前期（一五九六―一六三二）、中期（一六三二―三九）、後期（一六四〇―四九）の三つに分けて記述する。

デカルトの医学については、古典的なドレフュス＝ルフォワイエ（一九三七）にはじまり、最近のビトボル＝エスペリエスにいたるまで、すでに多くの研究がある。医学にはまったくの門外漢が、いまさら言うべきことはあまりないかも知れないが、筆者なりの問題意識の下に先行研究に対して新しい解釈をつけ加えることになろう。また重要なテキストである『人体の記述』の部分訳を付して参考とした。結論として、デカルトの医学がどういうものであったか、それがどういうメッセージになっているかを示したい。これによって心身問題、心の哲学、生命哲学、生命倫理などの面で、デカルト解釈に新しい視野を開くことができれば幸いである。

一　前期（一五九六―一六三二）

（1）修行時代

周知のようにデカルトの家系には医師が少なくとも二人いる。父方の祖父ピエール・デカルト、母方の曽祖父ジャン・フェランである。このことを以って、われわれの哲学者が医学的な家庭環境の下に育ったかどうかは決定できないが、少なくとも医学は別世界のことではなかったであろう。だがデカルト自身は医者になろうとは思わなかった。「ガレノスは富を与える」Dat Galenus opes という諺の通り、デカルト家はそのおかげで裕福になったと思われるにもかかわらず、かれ自身は医を以って財をなすことには興味がなかった。

ラフレーシ学院に学んだとき、そこには常駐の学校医[384]がいて衛生管理を徹底させていたが、解剖などの医学教育は施さなかったと思われる。イエズス会の学校は宗教教育を学是とし、医学や法律は教えないという規則があったからである[385]。しかしラフレーシで、カリキュラムとしてアリストテレス＝スコラの学問やギリシア・ローマの人文学を学んだ際に、教室でヒポクラテスやガレノスのことを教師から漏れ聞いた可能性はあるだろう。かれらの医学書は「古代異教徒」（『序説』AT. VI, 7）のものではあれ禁書になるはずもなく、この時代広く人口に膾炙した重要文献として、どの学校の図書室にもあったと推測される。好奇心旺盛な若いデカルトが、ラフレーシ時代にそれらを読んでいたとしてもなんら不思議ではない。

だが、われわれとしては実際にデカルトが学問としての医学に触れたのは、ポアチエに行ってからのこと（一六一五年頃）だと考えたい。デカルトはこの大学で法律を学んだ際、医学の初歩を一通り勉強した可能性がある[387]。その理由は、もしかれが学生時代まったく医学を学んでいなかったとするなら、説明しにくいことがいくつかあるからである。

第一に、オランダ人医師たちとの交わりである。一六二九年デカルトは本格的に解剖学をはじめることになる。青年が医学に関心を持ち、にわか勉強をはじめることはありえる。たしかに何でも独学でやってのけるデカルトであれば、ゼロから出発しても、あっという間に医学の知識を習得し、メスを執って動物解剖をするまでになったことも十分ありえるだろう。しかし、アムステルダムの医師プレンピウスなどと知り合い、頻繁に会って共同で解剖をしていることをどう説明するか。医師は当時でも権威ある高度専門職であり、医学に何の素養もなく医師の免許ももたないディレッタントであれば、最初から相手にされなかったのではなかろうか。ところがオランダ人たちはデカルトを専門家扱いしているのである。やはり、デカルトは学生時代に医学の手ほどきを受け、腕に多少の覚えがあった。そしてオランダ人もその腕に感じるところがあって意気投合した、と解するのが自然ではなかろうか。

第二に、『序説』において自分がこれまで勉強した課程として、法律とともに医学を入れていることの説明がつかなくなる。

> 医学と法学とは、それを修めた人に名誉と富をもたらす。……その原理は哲学から借りているので、これほど弱い基礎の上にはどんな堅固なものも建てられないと判断した。それが約束する名誉も利益も、私にそれを学ばせようとするには十分でなかった。（『序説』AT. VI, 6, 9）

この証言通り、デカルトは医学を専門的に研究しようとしたわけではなかった。だが医学をまったく学んでいなかったのであれば、なぜここで医学を話題にするのか。勉強もしていないのになぜ医学の基礎が弱いと分かるのか。このことが説明できなくなる。やはり、デカルトはポアチエで医学の何たるかを一応知ったうえで、それを敬して遠ざけるという態度をとったとするのが、この一節についての最も無理がない解釈と思われる。

ポアチエを去ったあとでは、たしかに医学はまったく話題になっていない。一六一八年からのベークマンとの共同研究や『音楽提要』においても、また一六一九年の夢においても、医事の記述は見当たらない。この時代のデカルトは医学よりも、数学、音楽、物理学、普遍学などに専心していたようである。

（2）『思索私記』と『規則論』

その頃書かれた断片『思索私記』（一六一九―二一年）のうちの「エクスペリメンタ」*Experimenta* と題するノートのなかに、次のような記述があることに注意しておきたい。

心の病いを私は悪徳と呼ぶ。だがそれは身体の病いほど容易に知られない。なぜならわれわれは身体の健康はしばしば経験してきたが、心の健康は決して経験しないからである。（『思索私記』AT. X, 215）

この文章はとくに医学への興味を示すものではなく、研究者によって論じられることも少ないが[388]、テキスト上、心身の病いについての最初の記述であると思われる。心の病いとは精神疾患であり、それを悪徳と言っているのは、本人がそれと自覚せずに行動し、惨めな結果を生むからだろう。問題は、なぜわざわざこんなことをメモに書き留めたのかである。これはデカルトがオランダで観察した症例なのか、それともかれ自身が何か精神的な病いを経験したのか、それは分からない。ただ身体の病いと比較する形で、身体よりも精神の病いに関心が向かっていたことは事実である。狂人の例は『序説』（AT. VI, 57）、『屈折光学』（AT. VI, 141）、『省察』（AT. VII, 18-19）などに現われ、心身の病いは、『人体の記述』第一部末尾（AT. XI, 227）でも触れられることになる。

最初の重要な著作である『規則論』（一六二七）にも、あまり触れられる機会のない医学関連の記事が少なくとも二つある。

いかにして同一の単純な原因が、反対の結果を同時に生じうるかを知ろうとする時でも、私は医者からある

体液を追い出し、他の液を引き留める薬を借りてきたりしない。(『規則論』AT. X, 402-403)

ここで否定的に描かれている体液 humores とは、むろん古代医学の四体液説にかかわることであろう。マリオン[389]はこの文章と「薬による療法と効能」*Remedia et vires medicamentorum.* 1628（AT. XI, 641-644）との密接な関連を示唆している。「薬に……」では食物の消化に関して漿液 serosus humor が有効であるが、下剤としての効能は一定でなく、ときには毒になることがあるとされている。これらの事実は、デカルトが本格的に医学研究に取り組むことになる一六二九年以前に、伝統的医学について相当の知識を有し、かつ自らも医学研究のノートを記すまでになっていたことを示している。

すべてかような判断においてわれわれは誤るおそれがある。たとえば……黄疸に罹った人が、その眼に黄色を帯びているため、すべては黄色であると判断する場合。最後に、憂鬱質の人によくあることだが、想像がそこなわれて、その妄想を真の事物の表現と思い込んでしまう場合。(『規則論』AT. X, 423)

ここでは黄疸、憂鬱質（メランコリア、黒胆汁病）という例に注目したい。それは『省察』などにもしばしば登場して、想像力や感覚がそのまま外界の実在を現わすと誤認する例として、好んで使用されている。その初出がここにあるわけだが、デカルトはこうした症例に興味を抱き、これは面白い、これは使えると思うからこそ、こうして記しているのである。その背景には、古代ギリシア以来の伝統的医学への造詣があると見てよいだろう。症例としての黄疸と憂鬱質についての記述は、ギリシアのヒポクラテス[390]（紀元前四―五世紀）に見出すことができる。それを感覚の誤りの例として提示したおそらく最初の人はローマの詩人ルクレティウス（紀元前後一世紀）であろう。かれは『事物の本性について』のなかで「黄疸にかかった人にはすべてが黄色に見える」（*De rerum natura*. IV. 330）と書いている。黄疸とメランコリア（黒胆汁病）の例はガレノス[391]（二世紀）にもしばしば見出される。医者にして懐疑主義の哲学者であったセクストス・エンペイリコス[392]（二―三世紀）においても、黄疸や憂鬱質はわれわれの表象をゆがめるものとして登場している。セクストスの『ピュロン主義哲学の概要』（一五六二）は近世哲学にも大きな影響を与えた書だが、十六世紀のモンテーニュはそうした古典を引用しながら黄疸の例を好んで出している[393]。デカルトは古代医学の知識をモンテーニュ経由で知りえたとも、また独自に古今の医学書を直接読んでいたとも考えられる。

いずれにせよ『規則論』を書いた時点でのデカルトは、伝統的医学の知識とそれに係わる古代の懐疑論とを、ある程度、自家薬籠中のものとしていたと言える。オランダ移住以前の九年間の遍歴時代を通して、デカルト哲学の下地はすでに整っていたと考えられる。

（3）解剖学への関心

一六二八年から翌年にかけて、デカルトはオランダ北部フリースランドのフラネケルに滞在し、最初の九か月間はもっぱら形而上学に携わったという。一六二九年四月にこの地の大学に籍を置き、少なくとも七月には「形而上学のはじまり」である『形而上学小論』を書いていたことが分かっている[394]。その内容は神と精神との考察であり、これが『序説』第四部および『省察』の原点であることは疑いない。当時のデカルトは屈折光学やレンズ製作などにも関心をもっていたが、そこに割り込むような形で形而上学を集中的に勉強したと考えられる。その理由は、自然学の基礎としての形而上学の必要性をオランダに来る以前から感じていたからであろう。

ところが一六二九年夏にアムステルダムに移り住んでから、デカルトは形而上学の研究を中断して自然学の研究に向かったと思われる。同年十一月、十二月および翌年四月のメルセンヌ宛書簡[395]から、この頃ある「小論」が準備されていたことが分かっている。それが形而上学に関するものであるなら、自然学と形而上学の研究が同時進行していたと言えるが、前後の文脈から判断すれば、それは『形而上学小論』ではなく自然学に関するもの（『世界論』の準備）であることは明らかである。やはり形而上学の研究は一時凍結されている。そして一六二九年冬、はじめて解剖学への興味が表明される。

私にはその他のあまりにも多くの気晴らしがあります。解剖学の勉強を始めたいと思っています。（メルセンヌ宛 1629. 12. 18. AT. I, 102）

「多くの気晴らし」とは、普遍言語、幻日の観察記録、太陽の黒点、ベークマンとの数学研究、音楽などである。それに加えて、急に解剖学を勉強したいと言うのである。実際そのころ解剖に従事したことを傍証する資料がいくつか残されている。

解剖に興味をもつのは罪なことではありません。私が一冬アムステルダムにいたとき、ほとんど毎日のように肉屋に行って動物を処理するのを見、もっと時間をかけて解剖したいと思う臓腑の一部を私の宿にもってこさせたものです。私がいたあらゆる場所で、同じことを何回となく行いましたが、良識人ならだれもその

ことで私を非難することができるとは思いません。（メルセンヌ宛 1639. 11. 13. AT. II, 621）

これは一六二九―三十年、アムステルダムにいた頃のデカルト自身の回想である。外国人が手を血だらけにして解剖に取り組んでいるのは一般のオランダ人から見れば異様であり、なにか見咎められたことがあったのだろう。それにしても「ほとんど毎日のように」とは大変な意気込みと熱中とである。その後オランダ各地で同じことをしていることから、解剖への興味はかなりの期間持続したと考えられる（一六四三年には小ウシの解剖を行い、一六四六年には解剖のことを回想している）。また医師プレンピウスは、次のような興味深い目撃証言をしている。

だれにも知られることなく、デカルトは小ウシという名の通り Kalverstraat に面した毛織物商の館に隠れ住んでいました。私はその館でたいへん頻繁に彼に会いました。彼のいつもの印象は、書物を読みも所蔵もせず、独りで瞑想にふけってそれを紙に書きつけ、ときどき動物の解剖をする、といった人でした(396)。

先述したようにプレンピウスは、アムステルダム時代のデカルトと意気投合し、しばしば共同で解剖を行った人である。蔵書もなく本も読まないというのは必ずしも言い過ぎではない。本は人から借りるなどして読むので書斎に蔵書をあまり置かない、かりに読んでも批判的に読むので自分で考えることの方が多い、というデカルトの日常が浮かび上がる。プレンピウスには、デカルトがただ独りで思索したり解剖したりするだけの変わった仏人と見えたのであろう。

それにしても、この時期に解剖学をはじめたのは、いかにも突然のように思われる。これまでなんの前触れもなかったからである。なんらかの機縁があったからだと思われるが、詳しいことは分からない。ハーヴェーのいわゆる『心臓の運動』*De motu cordis.* 1628がフランクフルトで出ているが、その影響であるとは残念ながら考えられない。デカルトがそれを実際に読むのは一六三二年になってからのことだからである[397]。またデカルトは一六二九年頃アムステルダムで医師エーリッヒマンやプレンピウスと知り合っているが[398]、解剖への関心はかれらの感化によるものとは必ずしも考えられない。むしろデカルトは解剖に興味があればこそ、かれらと接触するようになったのだろう。

解剖学への傾斜について、ビトボル＝エスペリエス[399]は「一つの現象だけを説明する代わりに、自然の全現象をつまり全自然学を説明しようと決心しました」とするメルセンヌ宛書簡（1629. 11. 13. AT. I, 70）を引き、個々の自然研究でなく自然全体の体系的研究を行うという文脈のなかで、デカルトは解剖学の勉強にいたった、と解釈する。これは突然という印象をいくらか和らげてくれる。体系的研究とは、より正確にはロディス＝レヴィス[400]の主張するように、自然全体を機械論で説明するために、無機物だけでなく有機物もその範囲に入れるということである。そのことは、ロディス＝レヴィス自身は引用していないが、次の書簡から明らかであろう。

神経、静脈、骨その他の動物の部分が多数ありかつ秩序だっていることは、自然がそれらを作るのに不十分であることを決して示すものではありません。自然全体が機械学の正確な法則にしたがって動いており、その法則を自然に課したのは神であると想定しさえすればよいのです。実際、私は単にヴェサリウスやその他の人たちが解剖学について書いたものだけでなく、それよりももっと特殊な多くのことがらをも考察し、それを私自身でいろいろな動物を解剖して確認しました。それは十一年来私がしばしば没頭してきた営みであり、どんな医者も私ほど細かくは観察しなかったと思います。（メルセンヌ宛1639. 2. 20. AT. II. 525）

十一年来とは一六二八―二九年からであろうか。機械論の法則は物質的自然だけでなく人間や動物の身体の動きにも及ぶ、という斬新な発想がここにある。自然全体を機械論的に体系的に説明するという主張は、さらに温められて『人間論』ではじめて展開されることになる。こうした経緯でデカルトは解剖に着手したと考えられる。

（4）「ヴェサリウスやその他の人たち」

この書簡の後半部分もまた重要なメッセージを伝えている。ヴェサリウスやその他の解剖書を読んだことを明かし、自分でも解剖を行い細かく観察したことを誇っているからである。ヴェサリウス（Andreas Vesalius 1514-1564）はベルギー出身でパドヴァ大学の解剖学教授であり、ガレノスを破る近代解剖学の祖と言われた人である。その著『人体の構造』*De humani corporis fabrica libri septem*. 1543は、精密な挿絵もあって人体解剖学の最高の教科書であった。デカルトがそれを読むのは当然である。

ビトボル＝エスペリエスの考証[401]によれば、「その他の人たち」のうちでは、バオヒンとファブリキウスとが重要である。スイスのバオヒン（Caspar Bauhin 1560-1624）はパドヴァで学んだのち、バーゼル大学で医学を教えた。著書としては『解剖学の劇場』*Theatrum Anatomicum*. 1605が有名である。デカルトはバオヒンを二度引用している[402]。そして『人間論』で松果腺のことを「腺H」と称して図版にHの記号を付しているが、これはバオヒンがその書の図版でそう記したのを踏襲していると考えられる。

ファブリキウス（Fabricius ab Aquapendente 1533-1619）はパドヴァの解剖学者、胎生学者で、ハーヴェーの先生であった。その著『胎児の形成』*De formato foetus.* 1604、『卵と雛の形成』*De formatione ovi et pulli.* 1621を以って知られる。デカルトは次のように引用している。

> 卵における雛の形成については、十五年以上も前に、ファブリキウスがそれについて書いたものを読みました。この実験をするために私はしばしば卵を割ってみました。しかし私はもっと興味をもっていて、……一ダース以上のウシの腹を持って来させました。その中には小ウシがいましたが、あるものは二十日ネズミくらい、またあるものはネズミや小イヌくらいの大きさがありました。それらの器官は大きくてよく見えるので、雛の場合よりもはるかに多くのことを観察することができました。（メルセンヌ宛 1646. 11. 2. AT. IV, 555）

アムステルダム時代に解剖学や胎生学を勉強したことを回想している。解剖書を読みながら、おそらく図版を手引きにして、自分でも小動物を解剖してプロ顔負けの細かい観察をしたのだろう。ウサギやイヌの生体解剖も行っている。次のような現場からの報告もある。

> 私はいま化学と解剖学とを同時に勉強しています。そして毎日、書物のなかでは学べないような何かを学んでいます。（メルセンヌ宛 1630. 4. 15. AT. I, 137）

この「勉強」の目的は、身体の仕組みを調べて有効な薬を開発するなど、病気の治療法を探求せんがためであるという。要するにこの時期のデカルトは、ヴェサリウス、バオヒン、ファブリキウスなどの解剖書を徹底的に読み、かつ自分で納得が行くまで自ら解剖をしている。これが一貫した姿勢であった。

だが、既存の医学思想をそのまま受け入れたのではない。ビトボル＝エスペリエスの分析によれば、ヴェサリウスらの医学の背景には、人間はミクロ・コスモスであるという古来の思想があった。すなわち人間の身体は神のつくった完璧な小宇宙であり、宇宙と人間との間にはパラレルな関係があると考えられた。そこにはアリストテレス的な目的論があり、中世的な人体への賛美、ルネサンス的な人間への驚きがあった。ハーヴェーも実はこの古い世界観に立っている。しかしデカルトの医学はこのミクロ・コスモスのモデルを破棄するものである。宇宙における人間の位置などの哲学的主題と、身体研究における医学的問題とは切断されている(403)。

この分析の示すように、デカルトは身体全体をもっぱら機械として記述したのであって、たとえば心臓の運動を、魂によるものでなく、心臓における火を熱源とする機械的な運動と解したことなどはその象徴であろう。デカルトはこの時代の主要な医学書を勉強したわけだが、それは同時に伝統的な医学思想への挑戦でもあったことになる。

(5)『動物発生論』と『解剖学摘要』

一六二八年―一六三二年の時期に、その一部が書かれたと推定される著作として、『動物発生論』*Primae cogitationes circa generatio animalium* と『解剖学摘要』*Anatomica quaedam ex Mto cartesii* の二つがある。いずれもアダン・タヌリ版全集の第十一巻（AT. XI, 499-658）に収められているもので、量的には『情念論』に相当するページ数があり、デカルト医学の重要な資料源となっている。しかし複数の時代に書かれた断片が入り混じっていて、執筆時期を一義的に特定できないという難問を抱えている。とくに後者の書はラテン語タイトルが示すように第三者の手による筆記メモの集成であり、テキスト的にきわめて乱れている。

『動物発生論』は、アムステルダム版のデカルト遺稿集 *R. Des-Cartes Opuscula Posthuma.* 1701 に所収のものである。末尾に「味覚論」De saporibus という短い断片が付されている。論のなかで一六四八年二月という年代が出てくるが、オカントの新しい考証[404]によれば、その前半部分（AT. XI, 505-516）などは一六三〇―三二年の作と考えられる。その内容は胎生学であり、胚の状態からいかにして脳、肺、肝臓、心臓などの諸器官が形成されるかを論じている。発生の問題は、神でも人間でもなく、自然の永遠の法則に基づく物質の機械的な運動に帰されている。

人間が子供をこしらえるような重要な現象をも、そのような些末な原因［物質的原因］に帰するのは何という滑稽なことだ、と軽蔑していう人があるかもしれない。だが自然の永遠なる法則よりも偉大なる原因をわれわれは持つことができようか。偶然に何らかの精神によって生ずるのであろうか。どんな精神によってか。直接神によってか。ではなにゆえにときどき奇形のものが生まれることがあるのか。[405]（『動物発生論』AT. XI, 524）

また「動物が存在しはじめるのは、生命の炎がその心臓に点されるからである」（同 509）といった基本的な思想の萌芽がすでに見られる。その最後は次のような文章で終わっている。

人間には三つの炉が点されている。その一つは心臓にあって空気と血液とによって養われている。もう一つの炉は脳にあって、同じものによって養われているが、より穏やかである。三つ目は心室にあって、食物や心室の実質そのものによって養われている。心臓の炉は、乾いた濃い物質が生み出す火に似ている。脳の炉は、酒精によって生み出される火に似ている。心室の炉は、生木の火のようである。そこでは食物は、あたかも湿った干草のように、誰の手も借りることがないのに、発酵してひとりでに熱くなる。[406]（同 538）

三つの選択肢のうちから心臓にある炉が選ばれて、それが『序説』などで「光なき火」（それは干草が熱をもつのと同じである）として生命原理の役割を果たすこととなる。その萌芽がここにあると言えるであろう。なお、全編を通してガレノス、バオヒン、ファブリキウスを暗示する文章も多々見うけられる。

他方『解剖学摘要』は、ライプニッツが伝えるテキストに基づいてフーシェ・ド・カレイユが出版した『デカルト未刊著作集』*Oeuvres inédites de Descartes.* 1859–1860 のなかに収められている。大まかに見て五部から構成されている。内容はやはり解剖学一般である。年代的には一六二八年から一六四八年までのさまざまな時期に書かれた断章から成り、テキスト的に混乱している。このうち最も初期の一六二八年と考えられるのは、巻末の雑篇のうちの「薬による療法と効能」*Remedia et vires medicamentorum* と題される断片（AT. XI, 641–644）である。これについては先にも少し触れたが、病気に対する薬剤の効能を論じている。冒頭では次のように言われている。

内臓で凝固する牛乳、ブドー酒、冷たい水は、それをとても熱いうちに飲むと毒にもなる。ここからして明らかなことは、もっとも普通の食物がしばしば簡単に有害物へと変容することである。[407]（『解剖学摘要』AT. XI, 641-642）

これなどは、薬には正負の両面があることを言っているものと解することができる。また第四部のなかで「分泌と病気との相似した役割」*Partes similares et excrementa et morbi*というテキスト（同 601-）には一六三一年と明記されている。冒頭には、いわゆる四元から動物精神、体液、生気、血液が構成されるさまが描かれる。

動物精神はわれわれが吸っている空気と同質である。体液は水と同質である。身体の堅い部分は土と比べられる。動物精神と体液との混合から生気が生じ、それは火と比べられる。体液と土の部分との不完全な混合から血液が生じる。（同 601）

また『動物発生論』でも少し触れられた、「母斑」marques d'envie[408]という現象に関心を寄せている。

胎児は子宮のなかで全母体から来る血液によって養われる。この血液は母親が想像に描いた形や観念を染み込ませ、そこからその痕跡が胎児の身体に刷り込まれる。（同 606）

メルセンヌには、「母親の想像によって子供に刷りこまれる刻印については、それは検討に値することだが、まだ私は満足していない」（1630. 5. 27. AT. I, 153）と書いている。さらにこのテキストには臨床医学的な記述がある。

サフランは喘息に効く。肺結核には半熟卵の黄身に硫黄の粉末をふりかけブドー酒と混ぜるとよい。ペストに対しては、乾いたクルミとその葉を砕いて塩をふり、空腹時に摂るとよい。（『解剖学摘要』AT. XI. 606）

現代のわれわれから見れば、これは根拠があまり明らかではない民間療法の一種にすぎず、古来の医学の処方箋を参考にしている感がある。ともあれデカルトにとって、医学は実践的な学問の最たるものであった。この時期かれは「確実な証明に基礎づけられた医学を見出す」（メルセンヌ宛1630. 1. AT. I. 106）ことを期して「医学においてなにか役立つことを勉強したい」（同. 1630. 11. 24. AT. I. 180）と考え、「病気とその治療法の研究」（同. 1630. 4. 15. AT. I. 137）を目指していた。直接の話題は友人の病気やメルセンヌの丹毒であった。治療医学はかれの医学研究の大きな目的の一つであった。これらの断片はこの時期の関心事を記したものであるが、後年にいたってもエリザベトに対して臨床医学的なアドバイスをすることになる。

『動物発生論』『解剖学摘要』には、治療医学をはじめ、四元による胎生学、薬理学、生理学などさまざまな主題がある。使われている材料は古色蒼然たるもので「古い医術」の観を免れないが、デカルトは昔人に学びながら自らの畑（機械論的な新しい医学）を耕していたのであろう。今そのすべてを読み解くことはできないが、これらの書は、この時期、精力的に行っていた医学書の研究と解剖実験の大きな成果であることは疑いない。

(1)　ハーヴェーとデカルト

一六三二年一一―一二月、デカルトは解剖実験を続けながら『人間論』の草稿を書いている。

私の『世界論』では、考えていた以上に、少しばかり人間についてお話することになるでしょう。というのも人間の主要な機能のすべてを説明することを企てているからです。たとえば、食物の消化、脈の鼓動、栄養の配分などのような生命機能と五感についてはすでに書きました。いまは、想像や記憶などがどうなっているかを説明するために、いろいろな動物の頭を解剖しています。私は以前にあなたが話しておられた『心臓の運動について』という書を読みました。それは私がこの主題について書き終えた後のことにほかなりませんでしたが、私はその意見とは少し異なることが分かりました。（メルセンヌ宛 1632. 11 ou 12. AT. I, 263）

この引用の後半で、はじめてハーヴェー（William Harvey 1578-1657）[409]の書が登場する。まずハーヴェーとデカルトとの関係を簡単に整理しておきたい。ハーヴェーの『動物の心臓ならびに血液の運動に関する解剖学的研究』*Exercitato anatomica de motu cordis et sanguinis in animalibus*. 1628 は、その四年前に出ている。「以前に」メルセンヌとの間で話題にはなっただろうがデカルトは読んではいない。かれはハーヴェーを知らずに『人間論』で心臓の機能や血液循環を論じている。そして今読んでみてはじめて、自分の考えとは違うと分かったと言うのである。ちなみに五年後の『序説』はハーヴェーの名をあげ、「この分野に糸口をつけた人として称えられるべきである」(AT. VI. 50)と賛辞を呈している。後年の『人体の記述』でも「かくも有益な発見に対してはいくら称えても称えすぎることはない」(AT. XI. 239)と最大級の賞賛をしている。(410)

だが血液の運動(循環)そのものについては賞賛しても、運動の原因についてデカルトは考えを異にしていた。すなわちハーヴェーはその原因を心筋の膨張・収縮に求めたが、「心臓がハーヴェーの描いたような仕方で動いているとするなら、その運動を引き起こすある能力を想定する必要があるが、その能力の本質を理解することは……きわめて困難である」(同243)。つまり心筋の膨張・収縮のさらなる原因として、アリストテレス的な何か「隠れた力」が必要である、と批判しているのである。(411)これに対してデカルトは、そのような力を想定せずに、まったく機械的にその原因を特定できるとした。すなわち、心臓内部に宿る熱(それは「光なき火」と称される)によって心臓に入ってきた血液が希薄化して膨張し、この膨張力によって心臓がふくらんで血液を全身に押し出すと考えた。ハーヴェーに与するプレンピウスとの論争ポイントの一つは、この点をめぐってであった。のちにデカルトはメルセンヌに宛てて「心臓の運動についての私の説明はハーヴェーとは全面的に異なる」(1639. 2. 9. AT. II. 501)と書くことになる。後年(一六四九年)ハーヴェー自身も、デカルトが自分の名を引用してくれたことを謝すると同時に、その心臓論に関して解剖学的に納得できない旨の反論を、ジャン・リオランに宛てた書簡のなかで行っている。(412)むろん医学的にはハーヴェーの心臓ポンプ説が正しく、デカルトのボイラー説は誤りであり、心臓に熱があるとする古い説に立っている。しかしデカルトの試みは、心臓の運動の起源に関して隠れた力を想定せずに、純粋に機械的に説明すればどうなるかを示しており、それは、生命現象さえも魂の営みではなく機械的な生理的現象である、という新しい見方を生むことにつながるのである。

(2) 機械としての人間身体

上の書簡の前半は『人間論』の生成過程を描いており、解剖された動物の頭をモデルにして想像や記憶などを説明しようとしていることが分かる。「私の『世界論』……」とあるのは、『世界論』が本来『人間論』の続編として構成されていたことを裏付けている。それは翌一六三三年に脱稿したと考えられるが、ガリレイ裁判によって出版が取りやめになったことは周知のとおりである。人間の諸機能の説明を企て「人間について話すこと」が『人間論』になるわけだが、これは伝統的な問題である「人間の本性」(メルセンヌ宛 1632. 6. AT. I, 254)を論じることである。それがこれまでのデカルトの解剖学・生理学研究の総決算であり、かれの医学思想の基本を知るうえで最も豊かな内容をもった書であることは言うまでもない。ここではその特徴点を整理しておくにとどめる。『人間論』のはじめで、デカルトは人間の身体機構が機械にほかならないと想定している。

私は身体を、神が意図してわれわれにできるかぎり似るように形づくった土[の元素]の像、あるいは機械 machine にほかならないと想定する。(『人間論』AT. XI, 120)

この発想を起点として、以下、全身体の構造と生理的機能とを機械的に説明していくことになる。同じことは、『人間論』のダイジェスト版である『序説』第五部にも見られる。

このことは、人間の工夫がいかに多くのオートマット、つまり自動機械を作りうるかを知っている人には、けっして奇妙には思われないであろう。……そしてかれらはこの身体を一つの機械とみなし、それは神の手によって作られたがゆえに、人間が発明できるどんな機械に比べても比較にならないほど秩序立っており、見事な運動をそれ自身のうちに備えているとみなすのである。（『序説』AT. VI, 56）

「第六省察」も「私は、人間の身体を骨、神経、筋肉、血管、血液、皮膚からなる一種の機械と考える……」（AT. VII, 84）としている。のちの『原理』は「私は世界全体を、そこに形と運動以外の何ものも考慮することなく、あたかも機械であるかのように記述してきた」（IV-188）としているが、世界全体についての機械論を人間身体の説明にも及ぼすのが、一つの重要な特徴であることは言うまでもない。

だが機械であるとはどういうことか。その例として時計、噴水、風車などの「自動機械」automate が例にあげられているが、身体の仕組みがそのようにメカニカルにできているというだけのことではない[413]。重要なことは、『世界論』において世界の諸現象が自然法則と、それにしたがう微粒子の形と運動によって機械的に説明されたのと同様に、人体の仕組みもまったく同じ原理で説明されるということである。太陽系の星の動きも人間の心臓の動きも、同じ自然法則にしたがうという発想である。これはマクロ・コスモスとミクロ・コスモスとの対応ではない。自然界にはミクロ・マクロの区別はなく、同じ物質（微粒子）と同じ法則があるのみというマテリアリスティックな機械論の表明である。これが斬新かつ特徴的な点であろう。パリの神学生であったマルブランシュなどは、この点に感銘を受けてデカルト哲学の門を敲いた人である。

(3)　三つの事例

身体機構の機械論的説明ということの具体的な展開を、三つの事例を通して詳しく見ておきたい。その第一は、ものと観念とは似ていないという、いわば非相似性のテーゼである。

だれしも普通は、私たちが心の内に持つ観念はそれを生じる対象と完全に似ていると信じているが、しかしそうであると私たちに保証してくれる理由を私は知らない。逆に、多くの経験から私たちがそれを疑わざるをえないことに私は気づいている。（『世界論』AT. XI, 3-4）

「多くの経験」ということで、デカルトは聴覚、視覚、触覚などに関してさまざまな例を準備している。ことばを聞くという場合、「ことばはそれが意味する事物とはいかなる類似性も持たないが、それでも私たちにその事物を理解させる」（同4）。ソシュールが指摘したように、ことばの聴覚映像（シニフィアン）と、その概念（シニフィエ）との関係は恣意的であって何の相関もないが、ことばは日常において十分機能している。また外的事物（たとえば光）の知覚も同じであって、光の観念と光そのものとは似ていないが「自然もまたある記号を定め、私たちに光の感覚を持たせる」（同）と考えられる。触覚の場合であれば、羽毛で唇をなでられるとくすぐったさを感じるが、くすぐったいという観念と、羽毛のなかにある何かが似ているわけではない。『屈折光学』にある銅版画の例は決定的であろう。

銅版画法は、紙の上にわずかなインキをあちこちに置くことによって行われるにすぎないが、われわれに森、町、人物、さらには戦争や嵐さえも表現してみせる。もっともその場合、形象 images がこれらの対象についてわれわれに知らしめる無数の異なった性質のなかには、その形象がぴったり似ているような図像は一つ

としてないのである。（『屈折光学』AT. VI, 113）

風景（もの）を描いた絵画（観念）は、実物とは似ても似つかない形象（これは本来記号であってよい）による構成物にほかならない。入力された情報をそのミニチュア・モデルによって伝えるのではなく、いったん記号処理して解析している。デカルトの主張はアナログ（相似型）認識でなく、まさにデジタル（計数型）認識である。以上の非相似性のテーゼは、いわゆる志向的形質に基づくスコラの認識論[414]を批判したものであり、いたるところで何度も繰り返されている。これはデカルト的認識論の基本線ないし生命線であり、機械論の根本にある重要な思想であると言えよう。

第二の事例は、感覚機能の機械的仕組みが解明されることである。デカルトによれば、手に痛みを感じるという場合、痛みはまさに手に存在するように思われるが、実はそれを直接感じとっているのは脳であり、痛みは脳にあるとしなければならない。手にケガをした少女の症例が出される。

> 私はかつて手に大ケガをした少女を知っている。外科医が往診するたびに、手当てをしやすくするために目に包帯をした。壊疽が進行したために、腕を全部切断せねばならなかった。布でその部分を補ったので、数週間のあいだ彼女は自分が何を失ったかを知らなかった。にもかかわらずその間ずっと、彼女はそれがないのに、あるときは指、あるときは手の真ん中、あるときは肘に、痛みを感じると訴えた。（プレンピウス宛1637. 9. 3. AT. I, 420）

いわゆる幻肢痛の例の初出であり、のちに『省察』（AT. VII, 77）や『原理』（VI-196）にも登場することになる。「かつて」とあるように、かなり昔からこのことをデカルトは知っていて、興味深いこととして記憶していたようである。言うまでもなく、手のなかに痛みに似たものがあるのではない。手に受け取られた外界からの刺激は、神経の髄の細糸を介して脳の内奥にいたり、そこで痛みが感知される。そして脳内にある動物精気が、この痛みに対応して身体各部の筋肉を動かすことになる。こうした感覚の機械的仕組みは『人間論』では、挿絵（第七図）入りで説明されている（AT. XI, 141-142）。同じことは、のちに「第六省察」後半で繰り返されることになる。また『序説』には、「切断されたばかりの首がもう生きていないにもかかわらず、まだ動いたり、土を噛むことがある」（AT. VI, 55）という生々しい例があげられている。

感覚機能の機械的構造という文脈において、上述した非相似性のテーゼをみれば、要するに感覚から得られた情報は松果腺に集められて処理されるので、われわれが直接に知覚しているものは、松果腺上の形象にほかならないことになる。

> これらの形象のうち、観念――すなわち理性的精神が機械に結び付けられて何らかの対象を想像したり感じたりする場合に、直接に眺める形あるいは像と考えなければならないもの――は、外部感覚の器官や脳の内面に刻みこまれる形象ではなく、「想像力と共通感覚の座である」腺Hの表面に、精気によって描かれる形象だけである。（『人間論』AT. XI, 176-177）

ここではまだ「松果腺」という表現はなく、バオヒンにしたがって「腺H」としているのみである。スコラの言う形象なるものがもしあるとしても、それは感覚器官や脳の内面ではなく、脳の奥にある松果腺（コナリウム）[415]に局在化されなければならないと考えている。そこで描かれる形象は対象の似姿ではなく、刺激信号ないし記号にすぎない。ここにもデジタル認識の発想があり、一極集中して情報処理がなされる器官が想定されなければならない、とデカルトは見るのである。一六三七年、かれは「すでに医学を本気で勉強しはじめ」（某宛 1637. 8. 30. AT. I. 394）ており、同年レイデンの人体解剖実験で松果腺を見ようとしたが、それはすぐに腐敗するので見つからなかった（メルセンヌ宛 1640. 4. 1. AT. III, 48-49）としている。感覚機能の機械論的分析は、この時期、集中的に行ったと思われる解剖や生理学の勉強の成果でもある。

第三に生命原理についても機械論的・唯物論的解釈がなされていることが注目される。生命現象は、昔から魂のはたらきと考えられてきた。ところがデカルトは精神的な要素の一切を払拭し、生命原理は心臓における火にほかならないとする。『人間論』は次のような文章で終わっている。

これらの機能［人体の生理的機能］がすべて、この機械［人間］においては、器官の配置だけから自然に結果するということを考えてみていただきたいのである。これは、時計やその他の自動機械の運動が、おもりや歯車の配置の結果であるのと全く同様である。したがって、これらの機能のために、機械の中に、その心臓で絶え間なく燃えている火――これは無生物体のなかにある火と異なる性質のものではない――の熱によって運動させられている血液と精気以外には、植物精神も感覚精神も、またその他の運動と生命のいかなる原理も想定してはならない。（『人間論』AT. XI. 202）

デカルトは、生命原理としてアリストテレス的な植物精神や感覚精神を考えていない。血液と精気のみが運動と生命の原理であるとしているが、それらを熱し、運動させているのは心臓の火であるから、むしろ火の方がより根本的な原理である。ここで火とは、『世界論』第二章にもあるように微粒子という物質の運動にほかならない。もとより血液も精気も生理的な液体であり気体である。したがって生命には何ら精神の影はないのである。『序説』第五部も同じことをより説明的に言っている。

神は、いかなる理性的精神も、植物的あるいは感覚的精神のはたらきをするいかなるものも、最初は人体に入れず、ただあの光なき火の一種をその人体の心臓のなかに焚きつけた。その火とは、私がすでに説明したものであるが、干草をまだ乾かないうちに密閉するときにそれを熱する火や、新しい葡萄酒をしぼりかすといっしょに発酵させるときにそれを沸騰させる火と、同じ性質の火である。(『序説』AT. VI, 46)

人間身体は精神とは異なるものであるから、アリストテレスの言う理性的精神もまたそこから除外される。心臓のうちなる火が「光なき火」であるとは、物理的に燃えている火ではなく化学的な発酵熱に相当するものだということであろう。このように生命原理も生命現象も、精神とは関わらない身体レベルのことであり、要するに物質の機械的運動に還元されることになる。人間身体を機械と考えるというデカルトの思想は、人間が生きるも死ぬも、それは原理的には身体レベルの生理的な仕組みによるにほかならないという斬新な帰結を生んでいるのである。むろん精神が切り捨てられるわけではない。精神は別次元の実体として保存され、「身体とともに死すべきものではない」(同 59) ことが示唆されている。身体における生死の問題はのちに『情念論』で整理され、いかにすればよく生きることができるかが探求されることになる。

(4) 健康の維持

この時期の新しい医学的話題として「健康の維持」がある。医学によっていかに健康を保つか、そしていかに老衰を免れ長寿を得るか、に関心が向けられている。これは現代のいわゆるヘルス・ケアの問題でもある。『序説』第六部は、実際的哲学によって人間を「自然の主人にして所有者にする」としたあとで、次のように述べている。

このことは、ただ単に……無数の技術を発明するためにのみ望ましいのではない。主として健康を維持するためにもまた望ましいのである。健康が第一の善であり、この世のあらゆる善の基礎であることは明らかである。というのは、精神でさえも体質と身体器官の配置とに強く依存しているのであるから、人間をみな今まで以上に賢明にし有能にする手段を何か見出すことができるなら、それは医学においてこそ求められるべきである、と私は思うからである。(『序説』AT. VI, 62)

医学が真正面から論じられている箇所である。のちにデカルトは「健康の維持はつねに私の研究の主要目的だった」(ニューキャッスル宛1645. 10. AT. IV, 329)と述懐し、エリザベトに宛てて「健康こそはあらゆる他の善の基礎である」(1645. 5 ou 6. AT. IV, 220)と繰り返している。だがそれは、ありふれた発想に聞こえる。問題はその中身である。引用にある、医学が人間を賢明にするとか、有能にするとはどういうことか。医学は人間の身体の仕組みを教え、身体の何たるかを教える。身体をよく知ることとは、精神に属するものと身体に属するものとを明確に区別することでもある。「自己自身を知る」（『人体の記述』AT. XI, 223）とはこの意味である。ところで精神は身体とは原理的に違うものではあっても、身体に依存するところが大きい。血液や精気の状況に精神は左右される。しかし身体のメカニズムをよりよく知れば、精神は自分の身体を制御することが可能になる。この意味で人間は自らの自然（本性）の主人にして所有者となりえる。かくして医学は人間を賢明かつ有能にすることができ、これによって心身の健康はよく維持される。しかるにデカルトは、今の医学はそうは考えていないと批判する。

たしかに現在行われている医学には、これといって目ざましい効用があるものはほとんど含まれていない。しかし、医学を軽蔑するつもりは毛頭ないのだが、私は次のことを確信している。すなわちだれしも、医学を生業とするひとでさえも、これまで医学で知られているすべてのことは、これから知るべく残されていることに比べれば、ほとんど無にひとしいと認めない人はいないこと、そして身体および精神の無数の病気やおそらく老衰でさえも、その原因を十分に知り、自然がわれわれに用意してくれているあらゆる療法を十分に知るならば、それらを免れることができるであろうこと、を私は確信している。（『序説』AT. VI, 62）

これは医学そのものへの不信ではなく、その効用が軽視されていることへの批判である。かつて『序説』第一部で、数学は確実な学問であるにもかかわらず今あまり役に立っていない（同7）とされたのと同じ次元の批判であろう。医学の効用とは、単に病気に対して対症療法を施すということではない。人間身体の機械論的な把握に基づき、心身両面にわたって健康を維持するにはどうすればよいかについて「確実な規則」（同 78）を提示することである。たとえば病気の根本的な原因を知り、それに基づいて自然に即した療法を組み立てることである。デカルトが描く医学の未来像はこのように実際の役に立つ学問としての医学であった。有名な「哲学の樹」のたとえが示すように、医学は機械学・道徳とともにその樹から採れる果実（効用）の一つであった（『原理』AT. IX-2, 14-15）。「それらを厳密に論じて哲学全体を人類に提供したい」（同 17）とデカルトは考えていた。それは実現はしなかったが、かれ自身は「かくも必要な学問の探求に私の全生涯を使おう」（『序説』AT. VI, 62-63）と目論んでいた。まさに本気で医学を志していたのである。

（5）「老衰を免れる」

健康維持の一例として、上の引用文にもある「老衰を免れる」という問題を見てみよう。病気の予防や治療とならんで、老衰を遅らせるということも医学の役割の一つであった（『人体の記述』AT. XI, 223-224）。それは、いかにして長寿を得るかという問題でもある。

他の工夫をこらさずに、われわれが生活習慣上犯すのを常とするいくつかの誤りに陥らないよう気をつけるだけで、いま以上にはるかに長くはるかに幸せな老年に達することができることは明らかと思います。しかしこのことに資するすべてを吟味するには多くの時間と実験とを要しますので、いまは『医学提要』*abregé de Médicine* を書いています。ある部分は書物から引き出し、ある部分は私の推論から引き出したものです。この書が、自然からなんらかの遅延を手に入れ、以後私の計画をよりよく遂行するのにさしあたって役立つ

ことを私は期待します。（ホイヘンス宛 1637. 12. 4. AT. II, 59-60）[416]

『医学提要』とは、先述したように『解剖学摘要』のうちに収められている「張った下腹部についての解剖学的観察の概要」*Observationum anatomicarum compendium de partibus inferiori ventre contentis* である可能性が高いと考えられる。なぜならそこには一六三七年という年代が付されており、compendium というタイトルは提要 abregé のことであり、かつこの文書にはバオヒンの影響が見られるからである。[417] デカルトは、当代の医学書を読みつつ、自分でも老衰を遅らせる手段を推論したのであろう。他書から引き出したものをさしあたって役立たせるということから、これをアルキエは暫定的道徳にならって暫定的医学と呼んでいる。[418]

ところでデカルトは、これからは「百歳以上の寿命」（同 AT. II, 59）もありえると考える。そして、そのためには生活習慣の間違いをなくせばよいという。それがどういうことであるかは、ここでは具体的に語られてはいない。長生きに向けての決まった処方箋は存在しないのだが、後のデカルトのさまざまな記述から総合すれば、自分の置かれた状況に合わせて養生をする、ものごとに執着せず自然にまかせる、道徳を守ってみずから精神衛生に努める、などのことが浮かび上がってくるであろう。以下少し先回りをして、晩年にいたるまでの具体的な処方の記述を見ておきたい。

生まれつき病弱であった幼少期をデカルトは回想して言っている。

私は母親から空咳と青白い顔とを受け継ぎ、二十歳すぎになるまでずっとそうでした。そのためそれ以前に私を診た医者はみな、若死にすると宣告いたしました。しかし、現われてくるものごとを私に最も快いものにしてくれる角度から眺め、私の主要な満足は私にのみ依存するようにするという、つねに私がもっていた性向のおかげで、私には生まれつきであるかのようであったこの不調は、少しずつ完全に消え去ったように思われます。（エリザベト宛 1645. 5 ou 6. AT. IV, 221）

ものごとを快適に見える角度から眺め、満足は自分の心にのみあると知ること。より具体的には精神にあまり緊張を強いず、花鳥風月などを愛でる生活に切りかえること。要するに勉強以外の時間をすべて「感覚の弛緩と精神の休息」（エリザベト宛 1643. 6. 28. AT. III, 693）とに充て、自然の示すがままに生きることである。これは道徳的自制を含んだデカルト個人の「性向」にすぎないが、それを他人にすすめるには根拠がある。

われわれの身体の仕組みはたいそう頑丈にできていて、ひとたび健康であるときには、なにかよほど度を過ごしたり、空気や他の外的な原因によって損なわれないかぎり、そう簡単には病気にはなりえず、そして病気になっても、とくにまだ若いときには自然の力だけで簡単に回復できます。（エリザベト宛 1644. 7. 8. AT. V, 65）(419)

人間の身体が本来もっている頑丈さ、自然の力への信頼がある。これはこれまでの医学研究から得た確信であろう。人は自然本来の治癒力、復元力をもつ。したがって病気になっても薬などに頼らず、ある程度自然にまかせるのがよい(420)。これが医学の基本であり、養生の秘策である。人為の織りなす生に執着することは、かえって自然に反することになる。これは占星術師や医者のアドバイスよりもよほど理性的なことだとデカルトは言う。このことを知れば、人はおのずから自分自身の医者になれるはずである。

健康の維持はつねに私の研究の主要目的でした。医学について今日まで知られていない多くの知識を得る方法があることを疑いません。……しかし今わたしに言えることのすべては、私はティベリウスの意見に与しているということだけです。ティベリウスは、齢三十に達した人ならば何が自分の害になり何が益になるかの経験を十分積んで、自分自身が自分の医者とならねばならない、としました。（ニューキャッスル宛 1645. 10. AT. IV, 329）

ローマ皇帝ティベリウスの話はスエトニウス(421)に基づくのであろう。このときデカルトは四十九歳である。かれ自身も養生をして二十歳を過ぎて以来これといった病気はしていないと言う。同じ話は『ビュルマンとの対話』末尾にも登場し、健康管理についてより詳しい説明がなされている。

たとえ私たちが病気であっても、それでもやはり同じ自然［本性］が持続しており、それがだから人間を病気に陥れるのも、人間がそれだけいっそう健康になって抜け出ることができるためであり、また私たちがその自然［本性］に聴き従えば、反対の妨害を見下すことができるようになるためであると思われるのです。そしておそらく、もし医者たちが人々に、病人たちがしばしば欲しがる食べ物と飲み物を許すならば、人々はあのいまわしい薬によるよりも、はるかによくしばしば健康をとりもどすでしょう。それは経験も証明しているとおりですが、そのような場合には自然そのものが自分の回復を得ようとつとめるだけにそうなので、そのことは自然そのものが、自分をいちばんよく自覚していて、外部の医者よりもよく知っているのです。

いつも私たちはある食べ物が私たちにとってためになるかならないかを知っていますし、またそこからいつも将来に向かって、同じものをまた同じ仕方と順序でさらに取るべきであるかないかを、学び加えることができます。したがって、カエサル・ティベリウスの（私はカトーのだと思いますが）述べたところによれば、誰も三十歳になったら医者を必要としてはならないのです。なぜならば、この年齢ではじゅうぶんに自分自身経験によって、何が自分にとってためになるか、何が害になるかを知ることができ、こうして自分にとって医者となることができるからです。（『ビュルマンとの対話』AT. V, 179）

これはデカルト晩年一六四八年四月のものである。病気でも健康でも同じ自然であり、機械的自然の教えとして同列であるという発想は「第六省察」（AT. VII, 84-85）にもあったことである。薬の服用は反自然であるのでよくない。むしろ動物のように、自然のままに飲み食いするのがかえってよい。つまり、外なる医者よりも内なる自分の自然にしたがうのがよいとされる。なぜなら、何が害になり何が益になるかは自分が一番よく知っているからである。かくして自分自身が自分の最良の医者になることになる。

要するに医者いらずの養生訓である。自然本性にしたがい自分で自分の健康管理をする。そして病いになれば自然の治癒力にまかせる。水腫症のように自然が壊れた場合は別として、同じ自然が持続するかぎりはこのやり方でよい。このように自然にしたがって生きることで老衰を免れ、長寿を得ることができると考えている。

ところが、デカルトは長寿の処方を道徳にオーヴァーラップさせている。

おかげさまでこの三十年、病気といえる病気はしていません。以前にはそのせいで剣術を好むようになっていた肝臓の熱［情熱］も年齢とともに取り除かれ、いまはただ臆病者とのみ自称しています。医学についていくらかの知識を得たので、生きているとの実感があり、金持ちの痛風病みのように用心深く自分の身体をなでています。こうした理由で、いまや私は若い時よりももっと死から遠く隔たっていると思われます。神は老年がもたらす不都合を避ける知恵を私に十分に与えてくれていなくとも、少なくともこの世でそれに堪えるだけの暇を十分に与えてくれていると思います。もっともすべては神の摂理によることですが。……私の道徳の要点の一つは、死をおそれずに生を愛することです。（メルセンヌ宛 1639. 1. 9. AT. II, 480）

これは『序説』の二年後に書かれた壮年時代（四十三歳）の文章だが、向老への対応策のすべてがすでに込められているように読める。自分を制御し養生できるようになったので病気もせずに生を噛み締めており、老いの不都合に堪えるだけのゆとりをもつようになった。こう述べたあとで、死をおそれて老衰を遅らせる手段を弄することよりも、むしろ生を愛することに自分の意識を向けかえるとしている。しかもこれがデカルトの道徳に重なっている。

私が得ようとした自然学のあれこれの概念は、道徳において確かな基礎を打ち立てるのに大いに役立ちました。この点では、それ以上に多くの時を費やした医学の他の多くの点よりも、満足しています。その結果、長寿を保つ方法を見つけるかわりに、それよりももっと簡単で確かな別の方法を見つけました。それは死をおそれないということです。（シャニュ宛 1646. 6. 15. AT. IV, 441-442）

自然学の研究が医学よりも道徳において実を結んだとは、それが『情念論』の基礎となったということであろう。そして、長寿を得るための特効薬はないが、もしあるとするならそれは医学よりもむしろ「死をおそれない」という道徳に求められるとしている。それはいわゆる精神面でのケアに相当し、ここに精神身体医学的な発想を見ることもできよう。いずれにせよ医と倫理とは古来近しい関係にあるが、老いという問題に関して医学から道徳へと問題が進化していることが特徴的である。

三　後期（一六四〇―四九）

(1)　解剖学と形而上学

「反論と答弁」を含む『省察』の出版は一六四一年八月であるが、その本文が完成したのはもっと早く一六四〇年四月である。だが一六三九年十一月十三日のメルセンヌ宛書簡（AT. II, 622）からすれば、その前年の冬には「形而上学の大部分」が完成の見込みであり、『省察』の骨組みがほぼ出来ていたことが分かる。ところでこの書簡には、当時デカルトが形而上学だけでなく、ポンプ、投げた石の運動、眠り草など自然学上の諸問題と共に、解剖学に依然として興味を示していることが記されている。先にも引用した「解剖は罪ではない」と言っているのは、この同じ書簡においてである。そのかぎりで解剖学と形而上学の研究とは同時進行していたのである。

実際、この時期の書簡には解剖の話題が多く記されている。血液の循環（メルセンヌ宛 1640. 6. 11. AT. III, 84）、生きたイヌの解剖（同 1640. 7. 30. AT. III, 139）などは氷山の一角である。松果腺に関しては、それが精神の座であると思うとしている（メイソニエ宛 1640. 1. 29. AT. III, 19）また、松果腺がぐらぐらするのは共通感覚の座にふさわしくないという反論に対して、逆にだからこそ精気によって容易に動かされるのでよいのだ（メルセンヌ宛1641. 4. 21. AT. III, 361）と答えている。さらに人体の解剖実験に触れて次のように言っているのは具体的で印象深い。

松果腺は他の臓器のなかでもとくに腐りやすいものです。三年前レイデンで女性の遺体解剖でそれを見ようと思い、懸命に探しました。新鮮な動物の遺体では簡単に見つけることができるのが常だったで、どこにあるかはよく知っておりました。しかし見つかりませんでした。この解剖をしたヴァルヒャーという老教授は、どの人体でもそんなものは見ることができなかったと告白しました。それは、頭部を切開するに先だって通常は腸やその他の臓器を数日かけて見るからだと思います。（同 1640. 4. 1. AT. III, 49）

レンブラントの絵「チュルプ博士の解剖学講義」（一六三二）や、当時の銅板絵「レイデン大学解剖教室」に見られるような、解剖実習にデカルトも興味津々として参加していたのであろうか。解剖への関心は『省察』の後でも持続しており、一六四三年頃の有名なエピソードが伝えられている。

エフモントにデカルトを訪ねた紳士が、「あなたが最も評価しかつ愛読している自然学の書はなんですか」と質問した。デカルトは「お見せしますのでこちらへどうぞ」といって家の裏庭へ案内して小ウシを見せ、「これをあす解剖することになっています」と言った。（『様々な珍しい主題についてのソルビエール氏の書簡と談話』AT. III, 353）

これを記したソルビエールは、本も読まなくなったデカルトの高慢なやり方を揶揄しているのである。だがそれは、周囲からはいつもウシやブタを解剖している変人と見えたほどに、解剖に熱中していたことを物語るものだろう。「医学には多くの時を費やした」と言うとおり、解剖や医学の研究は、形而上学の研究以上に時間と労力をかけて、ほとんど恒常的に行われていたのではないかと思われる。

解剖と『省察』の執筆時期とが重なっていることに注意しておきたい。振り返ってみれば、一六二九年以来、デカルトは動物の解剖などをしながら断続的に形而上学を考えていたのである。『序説』でも、形而上学（第四部）と医学（第五・六部）とは並存していた。『省察』に医学研究の痕跡を見出すのは困難なことではないし、見出されて当然であろう。その幾つかを挙げておく。

「第一省察」の夢の議論は、『人間論』における夢と睡眠の生理学的記述（AT. XI, 197-199）と相関している。狂人の例は視神経と脳刺激との関係の下で生理学的に説明される（『屈折光学』AT. VI, 141）。感覚器官をもたない私という想定もフィクションではなく、解剖現場からのリアルな着想と見ることができる。星が実際よりも小さく見えるという例は、距離や大きさの知覚の問題として分析される（同 140-141）。「第二省察」で身体や精神の伝統的定義の検討をする場面では、アリストテレス＝スコラの医学に基づく人間観が背景になっている。「第三省察」のキマイラなどの例については、なぜ想像のなかにそのような怪物が形成されるかの生理学的説明がなされる（『人間論』AT. XI, 184）。また、観念と外界の事物とが似ていると判断してはならないとしばしば指摘されるが、これは視神経と大脳の解剖学的吟味を根拠としている（同 176-177、『屈折光学』AT. VI, 109-114）。「第六省察」では、外部感覚・内部感覚の誤り（錯覚、幻肢痛）、健康の維持（快を求め苦を避ける）、身体の生理的機構（喉が渇けば水を飲む）、感覚知覚（痛みは神経を介して脳で知覚される）、心身の相互関係（松果線）など、医学的な症例や知見を踏まえた記述が豊富である。とくにその後半では、身体が機械的なシステムであるだけでなく精神と合一して有機的な統一をなしていることが、有名な舟人の例によって詳細に語られる。これらは『人間論』の記述を踏まえながらも、その当時行っていた医学研究の最新の成果を投入したものと見ることができる。とりわけ、水腫症の例を繰り返し提出して自然の教えに誤りがあることを示した点は、この時期の生理学への関心の深さを物語っている。さらに「第六答弁」第九項には、有名な感覚の三段階説（AT. VII, 436-439）があるが、これも『屈折光学』をはじめとする感覚の生理学・解剖学的知識が前提になっている。

以上は『省察』と医学との関わりの点描にすぎず、厳密に読めばさらに多くの事実が浮かび上がるであろう(422)。だが少なくとも、この時期、解剖実践と形而上学研究とが同時進行していたことは、これによっても十分示されるであろう。

問題としたいのは、デカルトにおいて医学と形而上学との間に相互浸透があるかどうかである。両者が連動しているかどうか、つまり解剖研究が形而上学に何らかの影響を与え、また形而上学が解剖研究に影響を与えているかどうかである。

相互浸透、影響関係はないとも考えられる。というのも、形而上学と解剖学とは本来領域を異にする学問であるからである。ペンを執って神やコギトを考えることと、メスに持ち替えて小ウシの頭部を切開することとは、まったく別の作業であろう。それらの間にはまさに形而上と形而下の落差があり、扱う対象も異なっている。理論的に見れば「医学は……疑わしいもの」（「第一省察」AT. VII, 20）でありえる。しかし実践的には医学は実生活に関する学問であって、病気や老衰を予防して人間を「これまで以上に賢明かつ有能にする」（『序説』AT. VI,

62）点で、その効用は疑うべくもない。

しかし学問としての領域や次元の違いはあれ、デカルトの場合、両者は相互浸透していると考えられる。医学研究をしなかった場合、形而上学は同じものでありえたであろうか。『幾何学』はそのままでありえたであろうが、『省察』は同じものでありえたとは思われない。『省察』には医学研究の成果が盛り込まれており、解剖などの事例が形而上学の議論に多くの事例を提供し、厚みをなしていることは事実である。公式には、形而上学は「哲学の樹」の比喩が示すように、医学の基礎学である。だが、逆に医学的知見が多くの基礎データを提供して、形而上学の議論の支えとなっていることは事実である。医学を長年にわたって勉強し、解剖を実践していたからこそ、確信をもって新しい形而上学の議論（観念とものとの非相似性、感覚論、身体論、心身の区別など）を提出しえたと考えられる。その意味では医学研究がデカルト哲学の基礎の一部をなしているとさえ思われる。もしかれが解剖に関心をもたなかった場合、内容の乏しい形而上学か、あるいは別の形而上学になっていた可能性さえある。

逆に、形而上学なしに医学研究はありえたであろうか。一般的にそれは不可能ではない。ガリレイが形而上学を抜きにして自然学を「基礎なしに建てた」（メルセンヌ宛 1638. 10. 11. AT. II, 380）ように、形而上学を脱して実験的な医学を構築することは近代医学の大原則であろう。ただ「形而上学」の意味が問題である。それが、医学研究の背景にあって医学思想を基礎づけている世界観を意味するなら、形而上学は医学の基礎構造をなすものとして不可欠といえよう。医の倫理や医学哲学と呼ばれるものは、まさにその基礎構造を問うものであろう。デカルトの場合、目指しているのは「確実な証明に基礎づけられた医学」（メルセンヌ宛 1630. 1. AT. I, 106）であり、その証明の基礎を扱うのが形而上学であった。ハーヴェー医学の背景には、アリストテレス的な形而上学があったが、デカルトがこの英人医師と論争したのは、結果としての心臓論よりも、背景となる世界観によるところが大きい。つまりデカルトには、独自の形而上学に基づいた機械論的な世界観があり、それによって古来の医学思想を打破しえたと言える。デカルトの弟子でのちに論敵となったレギウスでさえ、誤った形而上学を語るべからずとするデカルトの忠告を無視して、唯物論的形而上学を基礎として医学を構想しているのである（エリザベト宛 1647. 3. AT. IV, 627）。デカルトの解剖研究の動機は、自然学に体系的説明を与えるためであったが、自然学の基礎にはつねに形而上学がある。解剖研究・医学研究は、自然全体を機械論的に見るという形而上学の基本理念に方向づけられているのである。こうした意味で、やはり形而上学は医学をはじめとする諸学問の基礎であると言える。

要するに、医学と形而上学との間には相互浸透があると思われる。医学的知見をもとに形而上学を構築し、また形而上学が基礎になって実験的・機械論的生理学ができている。医学と形而上学は扱う対象によって区別されるが、内容的には相互補完的関係にあると言えよう。この点は従来の研究ではあまり問題になっておらず、もっと強調されてよいのではなかろうか。

（2）『哲学原理』

『省察』から三年後、一六四四年に『原理』が出版されるが、大部である割には医学への言及はあまりない。書かれなかった第五部で動物と植物、第六部で人間を扱う予定であった（『原理』IV-188）。そしてゆくゆくは医学、道徳、機械学をも厳密に論じるはずだった。だが必要な実験や費用が欠けているために断念している。「デカルトと医学」という点で参考になるのは「仏訳序文」（一六四七）と第四部の一部のみであるが、それもこれまでの繰り返しである。すなわち序文では、有名な「哲学の樹」の比喩によって全学問における医学の位置が示される。

かくして哲学全体は一本の樹のようなものであって、その根は形而上学であり、その幹は自然学であり、この幹から出ている枝は他のもろもろの学問であり、これらは三つの主要な学問、すなわち医学と機械学と道徳とに帰着します。……果実が摘み取られるのは、樹の根からでも幹からでもなく、枝の先からだけであるように、哲学の主要な効用も、最後にいたってはじめて学びうる諸部分の効用にかかっているのであります。

（『原理』AT. IX-2, 14-15）

これは『序説』における「実際的学問としての医学」と同じ発想である。デカルト哲学のアウト・プットの一つが医学であったことが明記されている。ただし医学は単なる経験科学ではなく、形而上学と自然学を踏まえた学問であるとの認識がある。『序説』の末尾（AT. VI, 78）で医学こそがかれの学問の最終目標とされていたのとは、少しニュアンスが異なっている。ここで医学が機械学や道徳と肩を並べているのは、医学が機械学と同じ自然法則によって説明され、かつ機械論的な身体観に基づいていること、また医学が情念の統御の問題をめぐって道徳につながるというメッセージであろうか。

なおこの序文の終わりで、レギウスの『自然学の基礎』（一六四六）はデカルトが「動物の本性について論じた未定稿」からの剽窃であるとの非難がなされている。同じことはエリザベト宛書簡にもある（1647. 3. AT. IV, 625-627）。レギウスはユトレヒト大学医学部教授であったが、このことはデカルトの医学が、専門家による剽窃の対象になるほど高いレベルにあったことを逆に示していると思われる。

本文の第一部四六節、六七―六八節では、苦痛の感覚とは何であるかが、明晰な知覚の例として登場し、痛みは痛みを感じている身体のその部分にあるのではない、などと論じられる。また第四部一八八節以下では、世界の機械論的記述、感覚および五感、感覚による対象の認識、幻肢痛の少女の例（一九六節）などが話題になっている。ここでデカルト自身『屈折光学』『気象学』を参照するよう指示しているが、それは未出版であった『人間論』のダイジェストにもなっている。第四部二〇四節では「医学も機械学も……すべての技術も、感覚されるもののみを、したがって自然現象のうちに数えられるもののみを、その目的としている」と言われている。

その他、『原理』の時期の医学研究の話題としては、「血液循環の研究」（メラン宛 1645. 2. 9. AT. IV, 167）、「動物の熱は心臓に一種の火をもつことに存し、火は血液によって維持されること」（ニューキャッスル宛 1645. 4. AT. IV, 189）、「病気に際して瀉血しすぎないこと」（メルセンヌ宛 1646. 11. 23. AT. IV, 565）、「卵における雛の形成」（同 1646. 11. 2. AT. IV, 555）などがある。むろんこれらはほんの一部にすぎないが、デカルトがずっと解剖、発生などに興味を維持していることが分かる。

（3） エリザベトとの交わり

エリザベトとの書簡のやりとりは一六四四年―四九年の六年間に及ぶ。そこには医療の問題が多く含まれており、適度の散歩や気分転換など精神衛生にも配慮した健康維持法、指の腫物・胃痛・憂鬱症などに対する処置、節食・瀉血・下剤などによる治療効果などが話題に上っている。(423) ここでは一六四五―四六年に議論された二つの特徴的なテーマのみに触れておきたい。

その一つは温泉療法である。血液循環が悪く閉塞症で憂鬱症のエリザベトは、あるとき医者からベルギーはスパの鉱泉[424]の飲用をすすめられ、その効能についてデカルトに意見を求めた。あらかじめ四本のびん入りの鉱泉を送られていたデカルトは、その成分を分析して、蒸留液、硝酸、硫酸などを含むので適切であるとの分析結果を出している（ポロ宛 1645. 5. 18. AT. IV, 205-206）。また、別の機会にエリザベトがドイツのホルンハウゼンの鉱泉はどうかと尋ねたのに対して、透明や白という色や、下剤や鎮静剤になるという効能からすれば、アンチモンか水銀を含んでいて有害なのであまり飲用しないように。スパの鉱泉はホルンハウゼンのものよりも安全であり、「硫酸塩と鉄分は脾臓を小さくして憂鬱症を取り払う」（エリザベト宛 1646. 11. AT. IV, 532）としている。これだけのことを言えるには、化学や薬理学の高度な知識が必要であることは言うまでもないが、デカルトのアドバイスはそれだけにとどまらない。鉱泉をただ飲用するだけではなく、同時に、

精神をあらゆる悲しい考えや、学問についてのあらゆる真剣な思索からさえもまったく解放しなければなりません。そして森の緑、花の色、鳥の飛翔など、どんな注意も要しないことがらを眺めるように……しなければなりません（同 1645. 5 ou 6. AT. IV, 220）

としている。鉱泉による身体面の治療と同時に、気分を楽にもち、ものごとを情念ぬきに見るなど精神面のケアが重要であることを教えているのである。エリザベトとのやりとりを通じてデカルトは、心身の生理的な対応や、情念と精神との連動に関心を深めていったと思われる。素朴な表現ながら、精神身体医学的な見方がここで具体的に打ち出されていることに注意しておきたい。

他の一つは情念の処理の仕方である。これも精神と機械的身体との密接な関係が基礎になっている。たえず微熱に苦しむ王女に対して「その原因は悲しみです」とデカルトは言い切る。そしてそれを克服するためには情念を統御し、みずからの力によって精神の満足を得ることが必要だと説く。たとえば不幸なことに対しては、あたかも舞台で悲劇の上演を見るかのように突き放して達観するならば、悲痛なことにおいてさえも満足を得るであろう（同 1645. 5. 18. AT. IV. 201-203）とする。エリザベトは、それは不可能なことだとして猛反発するが、デカルトにしてみれば情念は本来統御しえる性質のものである。なぜなら喜びにせよ悲しみにせよ、情念とは本人の意志にかかわらず脳のなかの精気のある特殊な流れによって引き起こされる思考（同 1645. 10. 6. AT. IV. 310）であるからである。要するに情念は身体の機械的なはたらきの結果なのである。精神は情念に影響されはするが身体とは異質なものであり、情念の原因は身体レベルのことであるから、身体のメカニズムを知れば、容易に精神によって統御できると考える。ポイントは人間身体の何たるかを医学的に知ることとの重要性である。デカルトは『人間論』以来それに気づいていたと思われるが、エリザベトとの交信を機縁にますます自分の考えに確信をもち、『人体の記述』や『情念論』を準備することになる。

（4）『人体の記述』

『人体の記述』*La description du corps humain.* 1648 は、あまり論じられる機会がない未完の著作であるが、デカルトのこれまでの医学研究の集大成といってよいものである。量的にも『序説』を少し短くしたくらいのボリュームがある。『原理』（一六四四）では、当初予定されていた第五部「動物および植物について」は、必要な実験が欠けているために断念された。第六部「人間について」はむろん書かれていない。この欠を補うために、この著作が用意されたと思われる。デカルトの死後一六六四年、クレルスリエが『人間論』の第二部として出版した（第一部はまだ世に出ていなかった『人間論』である）。これは編集者によって「胎児の形成について」*De la formation du Fœtus* とも題されているが、内容的には胎生学だけではない。その構成は次のようになっている。

第一部　序文

第二部　心臓と血液の運動

第三部　栄養

第四部　精子のなかで形成される部分

第五部　固体的部分の形成

第一部「序文」では人間身体をどう見るかの概観がなされ、デカルトの医学の基本姿勢がコンパクトな形で整理されている。自己自身を知ることが医学のためにもなるなど、印象的な主張もある。第二部ではハーヴェーを批判しながら血液循環論のさらなる展開がなされる。第三部は、いかにして栄養が全身に行きわたるかを論じている。メナール[425]によれば、この第三部までは『人間論』を元にしているので一六三六年の作であり、第四部以下が一六四八年のものだという。だが第三部には一六四四年の『原理』への言及（AT. XI. 248）がある。第四部も実は「十二、三年前に下書きされた」旧作を素材としており（エリザベト宛 1648. 1. 31. AT. V. 112）、『解剖学摘要』や『動物発生論』の翻案と考えられる[426]。要するに『人体の記述』は、『人間論』をはじめ若い時代に書かれたものを元にして、これまでの医学研究の総決算を試みたものであると考えられる。

ただ第四部では胎生学に関してより踏み込んだ新しい記述がなされている。デカルト自身、「すこし冒険をして、動物がその発生のはじまりからいかにして形成されたかを、そこで説明してみたいとさえ思っています」

（同 AT. V. 112）としている。ビュルマンに対しては「この冬に仕事をした『動物論』では、動物の機能だけを説明するにしても、卵からの動物の形成を説明する必要があると気づいた」（『ビュルマンとの対話』AT. V. 170–171）と言っている。実際、第四部では、精子からいかにして胎児の心臓、動脈、静脈、肺、脳などの器官が形成されるかが力説されている。また第五部では、身体の流体的な部分（血液、体液、精気）から、固体的な部分（動静脈の皮膚、心臓の繊維や弁など）が形成される様子が記されているが、これらはすべて「機械学の規則にしたがって」（『人体の記述』AT. XI, 279）なされるという。デカルトはものごとの起源を極めたいという関心から『世界論』や『序説』で宇宙の生成を論じたが、同じ関心を生物に向けるとそれは発生の問題になる。宇宙を支配している機械的法則が、生物界にも当てはまるということをかれは言いたかったのである。むろんそれらの内容は旧式の胎生学という限界をもつ。しかし心臓論の場合と同じく、医学的には間違いを含んでいても、デカルトが機械論という一つの原理によって、人体の全機構をその発生にいたるまで説明しようとした着想の新しさは評価されてよいであろう。

『人体の記述』の序文はデカルトの医学を語るうえできわめて重要だと思われる。以下、参考までにその全文（AT. XI, 223–227）を訳出して注を打っておく。[427] 分節は筆者によるものである。これは本邦初訳のはずである。

人体とその全機能の記述

精神にまったく依存しない機能と依存する機能。また肢体形成の主要原因。

［第一部序文］

自己自身を知ろうと努力することにもまして[428]、それに携わって多くの果実が得られるものはない。自己を知ることから期待される効用は、多くの人がまずそう思うように道徳にかぎったことではなく、とくに医学にも関わる。医学においては、病気を治すためにも予防するためにも、また老衰を遅らせるためにさえも[429]、たいそう確かな多くの教訓を見出すことができたであろうと思われるが、それは、われわれが自分の身体の本性を知ろうと鋭意努力し、身体とその器官の配置にのみ依存する諸機能を決して精神に帰属させない[430]、という条件の下でのことである。

しかし、われわれはみな子供のころから、身体の運動の多くが精神の主要な力の一つである意志に従うことを経験してきたので、精神はすべての運動の原理であると信じるようになっている[431]。そう信じることには、われわれが解剖学や機械学を知らないことも大きく与って力がある。というのは、われわれは人体の外部だけしか考察しないので、身体が、われわれが普段見ているその動きと同じほどに多様な仕方で、自分自身で動くための十分な器官つまりゼンマイ[432]を自前でもっているとは想像だにしなかったからである。そしてこの誤りは、死んだ身体は精神を欠いているのみで生きている身体と同じ器官をもつが、そこにはいかなる運動もない[433]とわれわれが判断したことから、確信されるようになったのである。

これに対して、われわれの本性をもっと判明に知ろうと努めるなら、われわれの精神は身体から区別された実体であるかぎり、ただ思惟すること、つまり理解し、欲求し、想像し、想起し、感覚すること（これらの機能はすべて思惟の種類である）だけからしか知られない[434]ことが分かるであろう。そして、ある人たちが精神に帰属させている他の機能[435]、たとえば心臓や動脈を動かし、胃で食物を消化する機能やその他同様のものは、いかなる思惟も内に含まず単に身体的運動にすぎず、身体は精神よりも他の身体によって動かされるのが普通であるので、運動を身体ではなく精神に帰属させるにはあまり理由がないこと、が分かるであろう。

われわれはまた次のようなことが分かるようになるだろう、第一に、身体の部分が傷つけられたとき、たとえば一つの神経が刺激されるなら、その部分は、普段そうであったようにわれわれの意志に従うことをもはやしなくなり、しばしば意志に反した痙攣運動を起こすことさえあること。この例が示しているように、精神が身体において運動を引き起こすことができるのは、それに必要な身体的器官のすべてが首尾よく配置されている場合にかぎる。しかしまったく反対に、身体がある運動をする際、そのすべての器官が都合よく配置されているなら、その運動を生み出すのに精神は要らないのである。第二に、したがって、思惟に依存しないことをわれわれが経験しているあらゆる運動は、精神にではなく単に器官の配置に帰されるべきであること。第三に、どれほどわれわれが意志をもっていようと運動を決定するのは精神であるにしても、その運動は器官の配置がなければ起こりえないゆえに、「随意的」と呼ばれる運動でさえも基本的には器官のこうした配置に由来すること。

これらの運動はすべて、身体が死んで精神が身体を離れると、身体における活動を止めるにせよ、そのことから運動を生み出しているのは精神であると推論してはならない。そうではなくてただ、身体がそれら運動を生み出すのにもはや適さなくしているものと、また精神を身体から離れさせているものとは、同じ一つの原因であると推論すべきである(436)。

実は、器官の配置だけで、われわれの思惟によって決定されないすべての運動を、われわれのうちに生み出すのに十分であるとは、なかなか考えにくいであろう。それゆえ私はここでそのことを証明し、われわれの身体という全機械を説明しよう(437)。そして身体において、自分の意志によるとは思われない運動を引き起こすのは精神であると考える理由がないのは、ちょうど時計のうちに精神があってそれが時を示すようにしむけていると判断する理由がないのと同じである、という仕方で説明しよう。

だれしも人体のさまざまな部分について、すでに何がしかの知識を有しているだろう。すなわち身体が、無数の骨、筋肉、静脈、動脈から構成され、それに加えて心臓、脳、肝臓、肺、胃があることをだれしも知っている。さらに、だれしも、ときとしてさまざまな動物の解剖を見て内臓の諸部分の形や位置を観察し、それらがわれわれのものとほとんど同じであることを知ることができただろう。この著作を理解するためには、それ以上の解剖学を学ぶ必要はない。なぜならもっと詳しく知らねばならぬことはすべて、それを話す機会があるのに応じて、私は説明するよう留意するからである。

私が記述しようとする全機械の一般的概念をまず得るために、ここで次のことを言っておく。心臓のなかにある熱こそが、あたかも大きなゼンマイ、すなわち機械のうちにある全運動の原理のごとくであること。[438]静脈は身体の全部分の血液を心臓へと導く管であり、心臓において血液はそこにある熱を養っていること。また胃と腸はもっと太い管であり、そこにはたくさんの小さな孔がちりばめられていて、それらの孔から食物の汁が静脈のなかを流れて心臓へと一直線に運ばれること。動脈はまた別の管であり、心臓で熱せられ希薄になった血液は、そこを通って身体の他のすべての部分へと流れ、その部分を養う熱と物質とをそこへ運ぶこと。そして最後に、この血液の最もよく動き活発な部分は、心臓からくる動脈によって他にまさって一直線に脳に運ばれ、いわば空気つまり「動物精気」と呼ばれるきわめて微細な風を構成する。動物精気は脳を膨張させ、脳が外的対象および精神の印象を受け取るのに相応しいようにする、言い換えれば、脳を「共通感覚」、「想像力」および「記憶」の器官つまり座とする。次いで、この同じ空気つまり精気は、神経を介して脳からすべての筋肉へと流れる。それによって精気はこれらの神経を外的感覚の器官に役立つようにし、筋肉をさまざまにふくらませて、すべての肢体に運動を与えるのである。[439]

以上が、私がここで記述しようとしたことすべての概略である。その目的は、われわれが各々の行為において身体にのみ依存するものと、精神に依存するものとが何であるかを判明に知ることによって、われわれが心身をともにより上手に使い、心身の病いを直したり予防したりすることができることである。[440]

(5)『情念論』

最晩年の著作『情念論』（一六四九）は医学書に類すると言ってよいほど、医学の話題が豊富である。とくに第一部では『人間論』以来のこれまでの医学研究の成果が総動員され、血液と精気をもとに人間身体の生理的メカニズムが体系的に説明される。第二部・第三部では、そのデータを基にして情念をいかに処理すべきかが展開され、それが道徳論を構成することになる。ここでは医学的に見て最も特徴的であると思われる、生命原理と松果腺仮説という二つの主題を取り上げることとする。いずれも心身の区別および合一という形而上学の問題が下敷きになっている。

第一の主題である生命原理に関してはすでに述べたが（本書 pp. 385-386）、あらためて『情念論』の側からまとめておく。生命原理についての発想は心身の区別に発祥する。すなわち精神の本質は思惟であり、物体（身体）のそれは延長である、という大前提がある。ところで焔におけるような「熱と運動」は微粒子のはたらきによるのであるから、明らかに精神ではなく物体（身体）に属する（『情念論』4）。このことを弁えれば誤りに陥らずに済むという。それを正誤表の形で書き直せば次のようになろう。

（誤）死体がすべて熱を失い、運動を失っているのを見て、精神の不在がこの運動と熱とを消失させたのだと想像する。われわれの生まれながらに持つ、熱と身体のあらゆる運動とは精神に依存すると信じる。

（正）人が死ぬとき、熱がなくなりかつ身体を運動させる役目をする諸器官がこわれるからこそ、精神が去ると考える。（『情念論』5）

生命の源を熱や運動に求めるのはよいとしても、それを精神に帰するのは古い考えであり、属性についてのカテゴリー・ミステークでさえある。熱や運動は物質の機械的なはたらきに他ならないのだから、精神のあるなしには関与しない。したがって精神の不在が熱や運動の消滅を招くのではない。逆に熱・運動の停止こそ精神の離在を招く。『人体の記述』の言い方では、身体が死んで精神が身体を離れると身体の運動は停止するが、「そのことから運動を生み出しているのは精神であると推論してはならない」（AT. XI, 225）とされる。

精神の不在とか離在とは、身体が死ぬとそれまで一緒だった精神が身体から離れるというアリストテレス＝スコラの伝統的考え方である。しかし、ここには生と死についての新しい見方が明瞭に出ている点に注目すべきであろう。

死はけっして精神の欠如によって起こるのではなく、ただ身体のおもな部分のどれかがこわれることによってのみ起こるのだ、ということに注意しよう。生きている人間の身体と死んだ人間の身体との相違は、一つの時計またはほかの自動機械……が、ゼンマイを巻かれており、……もろもろの運動を起こすところの物体的原理を……うちにもっている場合と、同じ時計または他の機械がこわれていて、その運動原理がはたらきをやめた場合との相違に等しい、と判断しよう。(『情念論』6)

「生きている」「死んでいる」は精神のレベルではなく、既述のように身体(物体)のレベルのことであるというのが新しい論点である。精神が人間の生命現象を司っているという昔からの思想は、素朴に受け容れられやすい。だが精神と身体のはたらきとを区別しなければならない。生命現象は身体のはたらきであって、精神は死にも生にも関しない。身体という機械が物体的原理によって正常に活動している状態(クルマのエンジンが動いているような状態)が生きていることであり、壊れている状態(エンジンが故障して動かない状態)が死である、とデカルトは見ている。人間の生死は「身体」(物体)の生死にほかならないとする点に斬新さがある。ところで生命を維持するには(クルマの走行を維持するのと同じように)熱と運動が必要である。その源となる原理は畢竟するに「心臓における火」である。

われわれが生きている間は、われわれの心臓に不断の熱があり、これは静脈の血液が心臓において維持する一種の火であり、この火がわれわれの肢体のあらゆる運動の物体的原理である。（『情念論』8）

この火については繰り返し説明されてきた。火は神によって身体の内部に点されたと考えられるが、心臓におけるこの火も所詮は微粒子の運動にほかならない。要するに生命の究極の原理は物体的原理に還元される。生命現象は形而下的な身体的・物理的現象であって、精神の関与する形而上のものではない。

以上がデカルトの生命論の要点であり、心身の明確な区別からする生命の物質的解釈であると言える。精神は思惟するものとして身体と合一して活動しているが、生命維持機能に関しては精神の役割はまったくない。これは魂（精神）を生命の原理とするプラトン、アリストテレス、ガレノスなどの伝統的考え方[441]をうち破るものである。生命に関するデカルトの主張の特徴がこの点にある。なお精神が身体とは原理的に異質な実体であるなら、ここから精神は身体の死後も不滅なるものたりえることになるが（『序説』AT. VI, 33, 59-60）、『情念論』はそれについては沈黙を守っている。

第二の主題は松果腺仮説である（本書 pp. 106-108 を参照）。これは身体の合一という問題に定位される。上述のように、精神は原理的には身体から区別される実体である。だが実際には（医学的には）精神は身体と合一しており、全体に行き渡っているように見える。

精神は真に身体全体に結合しているものであって、精神が身体の或る部分にだけあって他の部分にはないと言うのは正しくない。（『情念論』30）

なぜなら身体も精神もある意味で不可分な一つの全体だからである。だが精神はとくに脳の奥まった特定の部分と密接に合一していると言う。むろん松果腺である。精神の機能はそこで「直接に」はたらいている、つまりそこに精神ないし共通感覚の座があるとデカルトは想定する。そしてこの腺の運動と精気の流れとの間には相互作用がある、と考えている。(442)

それゆえここでは、精神はその主座を脳の中心にある小さな腺のうちに持つと考えよう。精神は、そこから精気や神経や、さらには血液を介して、身体のすべての他の部分に放射している。……(同 34)

精神の座は松果腺にあって精神と身体とのスイッチの機能をなしており、精神はそこから全身体に放射状に広がっている、と考えられている。問題はスイッチの中味である。松果腺は精神と「直接に」結合していると言われるがその構造はどうなっているか。精神が松果腺の「座」であるとは具体的にどういうことか。既述のように（p. 107）、それは完全にブラック・ボックスになっており、それ以上の説明はなされない。ここで少なくとも二つの疑問がすぐに出されるであろう。第一に、医学的に見れば松果腺はある種の器官にすぎず、心身の連結装置などでは決してないこと。第二に、かりに松果腺のような器官があるとしても、エリザベトが問題としたように、本来が非物体的であるとされる精神が、いかにして身体（物体）を動かすのかは依然として判明にならないこと、である。これらの批判は甘んじて受けるほかはないであろう。

ただ精神と身体とを別の機能とするかぎり、松果腺ではないとしても、両者がどこかで相互に連絡する部分がなければならない。その一つの説明モデルが松果腺仮説にほかならないのである。二元論を採用するかぎり同じ問題が影のようにどこまでもつきまとうことを、この仮説は示している。他方、心身は別のものではないとする一元論をとれば心身関係をうまく説明できるかも知れないが、しかし、少なくとも最近の心脳同一説や随伴現象説などでは十分な成功をみているとは思われない(443)。松果腺仮説は理論としての心身問題を結果的に迷宮入りさせているとも考えられるが、エリザベト宛書簡などから推察するに、理論でなく生活の実践の場において、心身合一を実際に経験していることで十分であるとするのが、デカルトがとった最終的態度である。

おわりに

(1) デカルトの臨終

一六五〇年二月十一日、デカルトは滞在先のストックホルムで客死した。死にいたるまでの状況を伝記作家のバイエが克明に伝えており、当然そこには医学上の話題がある。バイエおよび最近のロディス＝レヴィスの報告(444)に耳を傾けておきたい。

当時スウェーデンには六十年ぶりの大寒波の襲来があった。デカルトは風邪から肺炎を起こしていた駐スウェーデンのフランス大使シャニュを看病するかたわら、クリスティナ女王の宮殿に出仕していた(445)。ところが、シャニュが回復したのと入れ替わりに、デカルトが悪寒を感じるようになった。この経緯は明確であり、毒殺説などはありえない。はじめの数日間は熱が潜伏していたが、脳がひどく冒され意識が混濁した。女王の侍医であるフランス人医師はあいにく居なかった。急遽オランダ人の医師フーレスが派遣されたが、この人はオランダで反デカルト派であったので、デカルトは一切言うことを聞くまいとした。たとえば瀉血に際しては「フランスの血を節約せよ」と拒否した。「瀉血は命を縮める。瀉血などせずに自分は四十年間健康であったのだ」とも言った。八日目になって肺の炎症を伴う高熱に悩まされた。この時点で、単なるリューマチだと思っていた自らの誤診を知った。本当は肺炎であった。二度、大量の瀉血を施したがもはや手遅れだった。デカルトは、ブドー酒にタバコを入れて嘔吐を起こさせるよう頼んだ。これがどういう効果があるのかは不明であり、「そんなことをしたら命とりですよ」とフーレスは諌めたという。九日目（二月十一日）の明け方、われわれの哲学者はわずか一週間余の思いでこの世を去った。臨終に際しては、「人生と人々に満足して、神の善性を信頼しつつこの世を去る」との身振りを何度もしたという。若い頃から健康管理に気を配り、百歳の長寿もありえると期した人の享年は五十四歳であった。

(2)　まとめと展望

デカルト医学の概観を得ようとして本稿が示しえたのは次の三点である。

1．デカルトは『序説』第一部で医学を拒否してはいるものの、みずからはポアチエ大学で医学を学んだ可能性がある。その後は医学を離れるが、初期の断片『思索私記』や『規則論』には医事がわずかながら顔を出しており、伝統的医学に関心をもっていたことが窺える。オランダに移住後の一六二九年から本格的に解剖学に取り組むようになる。最新の書であるヴェサリウス、バオヒン、ファブリキウスなどを研究し、動物解剖も行った。その成果として『動物発生論』、『解剖学概要』という膨大な医学研究の断片的著作を残した。その道具立て自体は、四元や体液など旧式のものを残すが、人体をミクロ・コスモスとする古来のモデルを破棄し、身体機能のすべてを機械とみる新しい発想に立つ。

2. 心臓論に関して、デカルトは解剖学的にはハーヴェーに一歩を譲るが、『序説』に見えるように、血液の運動の原因をはじめ、身体の生理をまったく機械的仕組みと解する。その例として、認知機構、感覚機能、生命原理についてそれぞれ機械論的な説明が『人間論』などにおいてなされている。たとえば、生命は心臓にある熱(火)をエネルギー源とし、その原理は精神にあるのではない。生命現象もまた機械論的な身体の法則として説明される点が斬新である。他方、健康の維持や老衰の防止に関しては、身体のメカニズムをよく知ったうえで、心身両面にわたって自然にしたがうことなどを提言し、最終的には「死をおそれず生を愛する」という道徳を教えている。

3. 解剖学と形而上学の研究とは互いに連動して相互浸透し、相互補完的な関係を保っている。『省察』に見られるように、解剖学の実験結果が感覚や心身関係などの議論の基礎になっている。医学的データをもとに形而上学を考えているとも言えるし、形而上学を背景として機械論的生理学ができているとも言える。『原理』では諸学のなかでの医学の位置づけがなされ、エリザベト宛て書簡においては、精神身体医学的な観点からの医療が問題となっている。また『人体の記述』はデカルト医学についての最もまとまった著作であり、「序文」にはその特徴がよく出ている。『情念論』には医学関連の記述がとりわけ多いが、生命原理を精神でなく身体に帰属させたこと、心身関係の説明として松果腺仮説が提出されたことなどは、デカルトの医学観をよく示すものである。また、精神による身体の統御の問題から道徳が考えられていることも注目してよい。

これらの点を踏まえれば、デカルトの医学がどういうものか、どういうメッセージがあるかは、もはや明らかであろう。すなわち第一に、人間身体は機械でありその仕組みを科学的に知るべきこと。第二に、身体に属するものと精神に属するものとを明確に区別すべきこと。第三に、医学の目的は病いを治療するだけでなく予防し、以って人が健康に長くかつよく生きうるようにする点にあること。第四に、医学はその基礎学である形而上学と結びつき、メンタルな面で道徳とも連動していること。これらがデカルト医学の根本理念であり、メッセージであると考えられる。

これらのメッセージは現代の学問とどう関わるであろうか。遺伝子治療など高度先進医療の発達した現代医学からすれば、それは「古い医術」を語っているにすぎないと見えるかも知れない。だが、その基本構想そのものは現代においても新鮮さを失わず、学問のあり方の一つを示唆していると思われる。その展望を略述しておく。第一、第二のメッセージについて言えば、そこから現代の生命科学に対応する生命哲学を打ち立てるヒントを引き出せるであろう。たとえば生とは何か、死とは何かを見直し、機械論的な「死生学」を考えうるであろう。また心身の区分や心身の接点という議論は、精神とは何かという大問題をはらんでおり、生命倫理学や心の哲学に関して新たな問題提起（たとえば身体の死と精神とは別次元のものであるという主張）をなしえるであろう。第三、第四のメッセージは、科学と哲学・倫理とが本来不可分であることを言っている。そのことから、心のケア、ヘルス・ケア、ターミナル・ケア、生命の質（QOL）などの医療倫理に関する議論（たとえばメンタルな面でのケアの重要性）を取り出すことができようし、それはホスピスや老人福祉の問題にも関わってくるであろう。さらにこのメッセージは、いわゆる学際型の新しい学問分野の可能性をも示唆している。実際、科学と哲学とが双方向的に交差する地点で、テクノロジーの倫理や情報の倫理がすでに構築中であるし、生理学・心理学などを総合した認知科学の研究も飛躍的に進んできている。

現代の学問をこうしたメッセージの延長線上に位置づけるとき、二十一世紀におけるデカルト哲学の新しい視野を開くことができるのではないか。

本章に関する参考文献

澤瀉久敬『医学概論』（第一部）（創元社一九四五）

佐野次郎「デカルトと医学」（『サンス』六、創元社一九四九）

近藤洋逸『デカルトの自然像』（岩波書店一九五九）

P. Anstey, Descartes' cardiology and its reception in English physiology, in Gaukroger (ed), *Descartes'Natural Philosophy*. 2000

V. Aucante, Descartes, *Ecrits physiologiques et médicaux*. 2000

——— *La philosophie médicale de Descartes*. 2006

A. Baillet, *La vie de Monsieur Descartes*. 1691

J. -M. Beyssade, Réflexe ou admiration. Sur les mécanismes sensori-moteurs selon Descartes, in J. -L. Marion (éd), *La Passion de la Raison*. 1983.

——— La mort de Descartes selon Baillet, in *Etudes sur Descartes*. 2001

A. Bitbol-Hespériès, *Le Principe de vie chez Descartes*. 1990

———(éd), *René Descartes. Le Monde, L'homme*. 1996

——— Cartesian physiology, in Gaukroger (ed), *Descartes'Natural Philosophy*. 2000.

R. B. Carter, *Descartes' Medical Philosophy: The Organic solution to the mind-body problem*. 1983

D. Des Chene, *Spirits & Clocks: Machine & Organism in Descartes*. 2001

——— *Physiologia. Natural philosophy in late Aristotelian and Cartesian thought*. 1996

H. Dreyfus-Le Foyer, Les conceptions médicales de Descartes, in *Revue de Métaphysique et de Morale*. 1937

M. Gueroult, *Descartes selon l'ordre des raisons*. 1953

S. Gaukroger (ed), *Descartes'Natural Philosophy*. 2000

——— The resources of a mechanist physiology and the problem of a goal-directed processes, in *ibid*.

———(ed), *The World and Other Writings*. 1998

E. Gilson, *Etudes sur le rôle de la pensée médièvale dans la formation du système cartésien.* 1984 (1930)

Th. S. Hall (ed), *Treatise of Man. René Descartes.* 1972

W. Harvey, *Exercitatio anatomica de motu cordis et sanguinis in animalibus.* 1628

G. Hatfield, Descartes'physiology and its relation to his psychology, in J. Cottingham (ed), *The Cambridge Companion to Descartes.* 1992

D. Kambuchener, *L'homme des passions.* 1995

G. A. Lindeboom, *Descartes and Medicine.* 1979

P. Mesnard, L'esprit de la physique cartésienne, *in Archives de Philosophie.* 1937

J. -M. Monnoyer, *Descartes. Les Passions de l'âme, précédé de la pathètique cartésienne.* 1988

K. Morris, Bêtes-machines, in Gaukroger (ed), *ibid.*

G. Rodis-Lewis (éd), *La science chez Descartes.* 1987

——— *Descartes: Textes et débats.* 1984

J. Roger, "Vers les idées claires", Les sciences de la vie dans la pensée française de dix-huitième siècle, de Descartes à l'Encyclopédie. 1971, in G. Rodis-Lewis (éd), *La science chez Descartes.* 1987

K. E. Rothschuh, *René Descartes: Über den Menschen (1632), sowie Beschreibung des menschlichen Körpers (1648).* 1969

A. Souques, Descartes et l'anatomo-physiologie du système nerveux. 1938, in G. Rodis-Lewis (éd), *Ibid.*

第十四章　形而上学と医学

はじめに

フランス哲学と医学とは昔から相性がよい。古来、哲学者が医学に関心を払うことは哲学の伝統であったが、それはフランス哲学についても言える(446)。ここではフランス近世哲学（とくに形而上学）と医学との関わりの一例として、デカルトの場合を取り上げる。かつてボヘミアの王女エリザベトは、師デカルトのことを「私の精神にとって最良の医者」（1643. 5. 16. AT. III, 662）と呼んだが、デカルト自身は精神だけでなく、身体にとっても医者のつもりだったろう。精神と身体とは緊密に結びついていると考えるからである。デカルトは一六二九年オランダ転住直後から、解剖学をはじめとする医学研究に手を染めていたことが分かっている。その哲学と医学とが深い関係にあることは『人間論』（一六三三）や『方法序説』（一六三七）第五部の数ページを読むだけで直ちに理解できるだろう。それらのテキストは医学書と言っても言い過ぎではない。『原理』仏訳序文（一六四七）では、医学は哲学から得られる果実の一つとして公式に位置づけられている。『人体の記述』（一六四八）はタイトルからして医学論文そのものであるし、『情念論』（一六四九）もまた生理学的な内容を多分に含んでいる。

本稿が結論として取り出したいことは、『省察』（一六四一）の形而上学と医学研究とが相互に関係しているテキスト的な証拠が見出される、ということである。周知のように、『省察』には水腫症などの医学の例がたびたび登場する。よく読めば水腫症だけではない。幻肢痛、狂人、錯視、夢想、痛みの特定、心身の合一、人体生理（神経と筋肉運動）とその維持など、多くの臨床医学の事例が議論の基礎になっている感がある。デカルトの医学に関する二次文献は、P. Mesnard や H. Drefus-Le-Foyer をはじめ決して少なくない。われわれも前章でデカルトの医学研究を概観した[447]。近年では A. Bitbol-Hespériès の諸研究[448]が注目される。だが彼女も形而上学と医学との関わりを問題とするにはいたっておらず、この方面の研究はあまりなされていない。かくして『省察』と医学との関係を問うことには十分な意義があろう。

『省察』の執筆時期（一六三九―四〇）と、解剖学の研究とが重なっていることは銘記しておいてよいだろう。この頃のデカルトは、依然としてオランダで動物解剖に熱中していた。レイデンで人体解剖に立会い松果腺を実見したことを報告しているのもこの頃である（メルセンヌ宛 1640. 4. 1. AT. III, 49）。解剖学と形而上学の研究とは、矛盾することなく同時進行していたようである。午前中は寝床のなかで形而上学的な瞑想を紙に書きつけ、午後になって動物解剖に夢中になるという奇妙な日々であったのだろうか。「解剖は罪ではありません」（1639. 11. 13. AT. II, 621）とメルセンヌに書いたのは、周囲から変な目で見られたことへの弁明だろう。この時期の生活状況からしても、『省察』に医学研究の痕跡が見出されるのは自然であろう。

その一例として、懐疑、観念と外界の事物との対応、私の本質、心身関係の議論に関して、多くの医学の事例が活用されている様子を見よう。以下『省察』の該当箇所と、『人間論』や『屈折光学』などにおける主として医学的・生理学的記事とのテキスト的対応を示しておく。［ ］は筆者による挿入、＊は筆者によるコメントである。

一　懐疑に関して

感覚の欺き、狂人、悪性の蒸気。（「第一省察」AT. VII, 18–19）

「ときとして視覚がわれわれを欺くことが起こるのはなぜか……。第一に、見るのは精神であって眼ではなく、しかも精神は直接にではなく脳を介してしか見ないからである。したがって狂人や眠っている人は、その眼前にはまったくないものをしばしば見たり、見ると思ったりするのである。すなわち、ある蒸気が脳をうごかして、普通には視覚に使われている脳の部分の蒸気を、対象が眼のまえにあるときと同じように配置する場合である。」（『屈折光学』AT. VI, 141）

＊　外界の対象があるかのように表象されるのは、脳内のある蒸気の作用によると考えられている。

目覚めと眠り。（「第一省察」AT. VII, 19）

「精気は脳の空室にはいるにつれて、まわりを取り囲む物質を押し広げ、ふくらませ、これによって、そこから出ている神経の細糸を張りつめさせる力をもつ。この機械はそのとき、精気のあらゆる作用にしたがう用意ができているので目覚めている人間の身体を表す。あるいはまた精気は、他の神経の細糸が自由でゆるんでいても、少なくともその一部分を押して張りつめさせる力は持っている。このとき機械は眠って、さま

ざまな夢を見ている人間の身体を表している。」(『人間論』AT. XI, 173)
「夢について言えば、それは一部は腺Hから出てくる精気の間にある力の差異に依存し、一部は記憶のところにある刻印に依存する。したがって夢で見る像が、覚醒時につくられる空想の像よりもはるかに分明で生き生きしているという点を除けば、夢は、前に述べた、目覚めて空想している人の想像中にときおり形成される観念と何ら異なるところはない。……睡眠中に、感覚に働きかける何かの対象の作用が脳にまで達することができるとすると、その作用は覚醒時とは同じ観念を形作らずに、他のもっとめだって、はっきり感じられる観念を形作る。たとえば、われわれが眠っているときに虫に刺されると、剣の一撃を受けた夢を見るし、十分毛布をかぶっていないと真裸だと思い、少し毛布を厚くかけすぎると山に押しつぶされるように思うことがある。」(同 197-198)

＊ 脳内の神経繊維の緊張状態が目覚めであり、弛緩状態が眠りである。夢は精気と記憶に依存し、覚醒時の空想と変わらない。

セイレン、サチュロス、キマイラ、ヒッポグリフォス。(「第一、第二省察」AT. VII, 20, 37, 38)
「多数の異なった形象が脳の同じ場所に、ほとんど同じくらい完全に描かれている場合には、精気は、各々の刻印からいくらかのものを、それらの部分の重なりあいに応じて、多くあるいは少なく受け取る。このようなわけで、白昼夢を見ている人、すなわちその空想を、外界の物体によって他に転ずることもなく、また理性によって導くこともせずに、ただあちこちと気ままにさまよわせている人の想像のなかにキマイラやヒッポグリフォスのような怪物が形作られる。」(『人間論』AT. XI, 184)

＊　怪物の表象は、腺H（松果腺）と精気の動きによって、脳裏にその形象が描かれることによって生じる。

それを構成している色はたしかに真なるものでなければならない。（「第一省察」AT. VII, 20）

「色があるといわれる物体にあっては、これらの色というのは、その物体が光を受けとり眼の方へ送り返すやりかたの相違にほかならないとおそらく考えられよう。盲人が木、石、水などといったものを杖を仲立ちとして区別する場合の相違と、われわれが赤、黄、緑、その他すべての色を区別する場合とを比べてみれば、それらはよく似ていると思われるであろう。」（『屈折光学』AT. VI, 85）

「赤いということはつまり［太陽などの］発光体によってさっきはただ直線に沿ってのみ押されていた微細物質の小部分が、それ［対象V］にぶつかったのちは自己の中心のまわりを回転運動するような状態のことである。」（同 118）

＊　色は光の反射運動による現象にほかならず、実体をもつものではない。

いかなる地も、天も、延長するものも、形も、大きさも、場所もまったくないのだが、しかし私には、これらすべてがいま見えているとおり存在していると思われる……。（「第一省察」AT. VII, 21 cf. 22）

「外部からの印象は、神経を介して共通感覚の方に伝わるのであるから、もしこれらの神経の状態がなにか異常な原因によって強制されるならば、その神経の状態のおかげで対象がない場合に対象が見えることがある。」（『屈折光学』AT. VI, 141）

＊　神経自身の興奮によって、対象の実在に対応しない異常な知覚が生じる。

私自身を、手も眼も肉も血も、いかなる感覚をもたず、これらすべてを誤ってもっているのだと考えよう。(『第一省察』AT. VII, 23)

「感覚するのは精神であって身体ではない。……精神が感覚するのは、精神が、外部感覚の器官の役目をする身体各部にあるからではなく、脳にあるからであって、精神が共通感覚と呼ばれるこの能力を働かすのは脳においてである。というのは、脳しか損なわれていない負傷者や病人は、それでもやはり身体のうちの感覚以外の部分は活動しているのに、概して感覚はすべて妨げられるということがあるからである。」(『屈折光学』AT. VI, 109)

＊　脳に損傷がある患者の場合には、身体や感覚をもたないという知覚が生じることがある。対象は、精気と神経を介して脳にある魂に受け取られる。

太陽はきわめて小さいものとして私に現われている。(『第三省察』AT. VII, 39)

「視覚の対象のうちに認められるすべての性質は光、色、状態、距離、大きさ、形の六つの要点に還元される。」(『屈折光学』AT. VI, 130)

「対象の大きさは、対象の距離について抱かれる認識とか意見を、対象が眼底に印象づける形象の大きさと比較することによって推算されるのであって、この形象の絶対的な大きさによって推参されるのではない。たとえば、対象が非常に近いところにある場合は、それが十倍離れているときよりも、形象は百倍大きくなるのだが、だからといって形象が対象を百倍大きく見えるように仕向けているのではなく、少なくとも対象の距離にだまされなければ、それらの形象において対象はほとんど同じ大きさに見えるのである。」(同 140)

「……距離を知るためのすべての手段はきわめて不確かである。というのは、眼の形について言えば、対象が眼から四、五歩以上離れれば、眼の形の変化はほとんど感じられないからである。……われわれの共通感覚自体、約百歩または二百歩以上の大きな距離についての観念をもちうるとは思われない。そのことは月や太陽で検証されるとおりである。」（同 144）

＊

視覚のあやまりは、距離、形象の大きさ、眼の形、位置などによって構成される。

遠くからは丸く見えていた塔が、近くからは四角に見える……。（「第六省察」AT. VII, 76, cf. 83）

「[距離の測定は、対象の位置、眼の形態、視神経の状態、瞳の運動などによるが]、このようにして、星はたいへん小さく見えても、距離が極端に遠いために、当然の大きさよりもはるかに大きく見えることがわかるであろう。また星は完全に丸いわけではないであろうが、やはり丸く見えるのである。それは、四角い塔が遠くからは丸く見えたり、眼にごく小さな形象の跡しか与えないすべての物体が、その角度の形跡を眼に残しえないのと同様である。」（『屈折光学』AT. VI, 146–147）

脚や腕を切断した人たちが、いまでもときどき、なくした身体のその部分に痛みを感じるような気がする、ということを聞いたことがある。（「第六省察」AT. VII, 77）

「私はかつて手に大ケガをした少女を知っている。外科医は往診するたびに、手当てをしやすくするために眼に包帯をした。壊疽が進行したために、腕を全部切断せねばならなかった。布でその部分を補ったので、数週間のあいだ彼女は自分が何を失ったかを知らなかった。にもかかわらずその間ずっと、彼女はそれがないのに、あるときは指、あるときは手の真ん中、あるときは肘に、痛みを感じると訴えた。」（プレンピウス宛 1637. 9. 3. AT. I, 420）

＊ 幻視痛の例の生理学的な詳しい説明である。のちの『原理』（IV-196）にも登場する。痛みはなくした身体のその部分にあるのではなく、脳にある。「第六省察」第二一段落（AT. VII, 86-87）においても、身体の先端部分から脳にいたる神経の中間部分が刺激されるとき、先端は触れられなくても痛みを感じる、と説明される。

有効で考えぬかれた理由から懐疑をする。（「第一省察」AT. VII, 21）

「医術を論ずる者は病の治療法を教えたいと思えば、当の病についての叙述を省くことができないのと同じように、懐疑理由の検討を私は省くことができなかったのです……。」（「第三答弁」AT. VII, 172）

「この点において私は、まったく医者の例にならったのです。かれらの目的は病気を描写して、その治療法を教えることにあります。いったいだれが、ヒポクラテスやガレノスを、病気を生み出すのを常とする諸原因を説明したと非難し、そしてそこから、かれらは病気になる方法を教えたにすぎないと結論するほどに、大胆で破廉恥であったか、どうか言っていただきたいものです。」（「ディネ宛書簡」AT. VII, 574）

＊ 懐疑理由の記述は、病状の記述が治療に必要であるように懐疑を除去するために必須である。

二　観念と事物との対応に関して

何らかの事物が私の外にあり、そこからその観念が送り出され、観念はそれにまったく似ていると思っていた。（『第三省察』AT. VII, 35, cf. 39-40）

「色や光が見えるためには、なにか物質的なものがその対象から眼まで伝わってくるのだと前提する必要はないし、その対象のなかに、それについてわれわれが抱く観念や感覚と似たものが存在する必要すらないと考えてもよいであろう。また同様に、盲人が感じるもの、杖に沿ってその手にまで達するものは、なに一つその物体からは出ておらず、盲人が物体について持つ感覚の唯一の原因であるその物体の抵抗または運動は、彼がそれについて持つ観念とまったく似ていないのである。これによって哲学者たちの想像力をあんなにも悩ましている志向的形質 espèce intentionelle という名の、空中を飛びまわる小さな形象から、あなたがたの精神はいっさい解放されるであろう。」（『屈折光学』AT. VI, 85）

「脳にある精神が神経を介して外部にある対象の印象をどのようにして受けとるかをより詳しく知ろうとするなら、次の三つを区別すべきである。［神経を包んでいる膜が細い管になって身体中に広がっていること、その管のなかに多くの細い繊維があること、動物精気が脳から発して管を通って筋肉に流れこむこと］。解剖学者と医者とは、たしかに神経にはこれらの三つのことが見られると言いはする。しかし、まだ彼らのだれ一人としてその用途をよく見分けたものはいないように思われる。……考えるべきことは、精気が筋肉のなかの神経を通って走り、脳がそれをさまざまなやり方で配分するのにつれて、あるときはこの神経を、あるときは他の神経を多少の差をつけてふくらませ、それによって精気が身体各部の運動をひき起こすということ、そして感覚に役立つのはこれら神経の内部の実体を構成している細い繊維であるということ、である。」（同 110–111）

＊ 外界の対象の印象は、精気と神経繊維を介して精神に受けとられるのであって、スコラの認識論のように、対象に似た形質が、対象から飛び出して来て精神のなかに入ると考えるべきではない。

私の意識のうちの或るものはいわば事物の像であり、それのみが本来観念の名に適合する。（「第三省察」AT. VII, 37）

「これらの形象のうち、観念（すなわち理性的精神が機械に結びつけられて何らかの対象を想像したり感じたりする場合に、直接に眺める形あるいは像と考えられなければならないもの）は、外部感覚の器官や脳の内表面に刻み込まれる形象ではなく、想像力と共通感覚の座である腺Hの表面に、精気によって描かれる形象だけである。」（『人間論』AT. XI, 176–177）

＊ 観念は感覚器官や脳の表面に直接描かれるのではなく、松果腺に描かれる像である。

私がもつ熱と冷の観念は、はなはだ明晰判明でない。（「第三省察」AT. VII, 43–44）

「[神経の] 細糸の運動が何か特別な原因で増大、あるいは減少すれば、増加の場合は熱の感情を、減少の場合は冷の感情をそれぞれ精神に抱かせる。」（『人間論』AT. XI, 144）

＊ 熱や冷の観念は、神経繊維の運動の結果生じるものであり、外界のものとの一対一対応は必ずしもつけら

れない。ここに形相的虚偽の生じる余地がある。

火のうちにはその熱に似た、さらには苦痛に似た何かがあると信じ込む根拠はまったくない。(「第六省察」AT. VII, 83)

「眠っている子供の唇の上を羽毛でそっとなでるなら、子供は誰かが自分をくすぐっていると感じる。彼が抱くくすぐったいという観念は、この羽毛の内にあるなにかと類似しているとあなたがたは思われるだろうか。兵士が戦闘から戻る。激しい戦いの中で、彼が負傷しながら気づかなかったということは、ありうることだろう。しかし今、彼は冷静になりはじめて、痛みを感じ、負傷したと思う。外科医を呼び、甲冑をはずし、検診を受ける。すると結局、彼が感じていたのは締め金か革帯にすぎず、それが甲冑の下にくいこんで彼を圧迫し、不快にしていたことがわかる。もし彼の触覚がこの革帯を彼に感覚させ、その形象を彼の心の内に刻印していたら、外科医を呼んで、感覚しているものがなにかを知らせてもらう必要はなかっただろう。」(『世界論』AT. XI, 6)

「われわれの思考を刺激しうるものは、たとえば記号や言葉のように形象以外にもたくさんあるのであって、これらはその意味するものとなんら似ていないのだということを考えるべきである。……形象はその対象とわずかな点において似ていれば十分なのであって、形象の完全性ができるだけ対象に似ていないということによっていることさえ、しばしばあるからである。銅版画法は、紙の上にわずかなインキをあちこちに置くことによって行われるにすぎないが、われわれに森、町、人物、さらには戦争や嵐さえも表現してみせる。もっともその場合、形象 image がこれらの対象についてわれわれに知らしめる無数の異なった性質のなか

には、その形象がぴったり似ているような図像は一つとしてないのである。」（『屈折光学』AT. VI, 112-113）

「その絵がわれわれにその対象を知覚させるのは、まるでさらにもう一つの別な眼が脳のなかにあって、それでその絵を知覚することができるというように、この類似性を手段としてであるなどと思いこんではならない。むしろそれはその絵を形成している［神経の］運動であり、その運動は精神が身体と一体をなしているかぎりで精神に直接に働きかけ、精神にそのような感覚を抱かせるように自然によって定められているのである。」（同 130）

「一般に、全身の神経の運動はそれが適度であれば身体にあるくすぐったさを感じさせ、あまりに激しいときはある苦痛を感じさせる。とにかく魂がもつ観念と、この観念をひき起こす運動との間にはなんの類似性もありえない。」（同 131）

＊　外界の対象とその形象とは相似している必要はなく、何らかの仕方で対応していると考えることで十分である。

三　私とは何かに関して

私とは何であるか。まず私は、顔、手、腕およびこれらの肢体からなる全機構をもつ。……それを身体という名で呼んだ。つぎに私は栄養を摂取し、歩き、感覚し、思惟する。私はこうした活動を魂に帰した。（「第二省察」AT. VII, 26）

「以下に述べる人間は、われわれと同様、精神と身体とから構成されるであろう。……私は、身体を、神が意図してわれわれにできるかぎり似るように形づくった土の像あるいは機械にほかならないと想定する。したがって、神は、その外側にわれわれのすべての肢体の色と形を与えるばかりでなく、その内側には、それが歩いたり、食べたり、呼吸したりするのに必要な……すべての部品を据え付けるのである。」（『人間論』AT. XI, 119-120）

「これらの機能［人体の生理的機能］がすべて、この機械［人間］においては、器官の配置だけから自然に結果するということを考えてみていただきたいのである。これは、時計やその他の自動機械の運動が、おもりや歯車の配置の結果であるのと全く同様である。したがって、これらの機能のために、機械の中に、その心臓で絶え間なく燃えている火――これは生命のない物体の中にある火と異なる性質のものではない――の熱によって運動させられている血液と精気以外には、植物精神も感覚精神も、またその他の運動と生命のいかなる原理も想定してはならない。」（同 202）

＊　まず、アリストテレス＝スコラの生理学に基づく伝統的な人間観が紹介されている。これに対してデカルト自身は、身体全体を機械とみなし、それに精神を結合するという新しい見方を示している。栄養摂取や歩行は身体の働きであって、精神には属さない。触覚、視覚、聴覚、味覚、嗅覚などの感覚も、動物精気と神経の髄にある細糸の動きなどによって、機械論的に説明される。

私とは思惟するものである。……すなわち、疑い、理解し、肯定し、否定し、欲し、欲さず、想像し、感覚するものである。（「第二省察」AT. VII, 28）

「これに対してわれわれの本性をもっと判明に知ろうと努めるなら、われわれの精神は身体から区別された実体であるかぎり、ただ思惟すること、つまり理解し、欲求し、想像し、想起し、感覚すること（これらの機能はすべて思惟の種類である）だけからしか知られないことが分かるのである。そして、ある人たちが精神に帰属させている他の機能、たとえば心臓や動脈を動かし、胃で食物を消化する機能やその他同様のものは、いかなる思惟も内に含まず単に身体的運動にすぎず、身体は精神よりも他の身体によって動かされるのが普通であるので、運動を身体ではなく精神に帰属させるにはあまり理由がないこと、が分かるであろう。」（『人体の記述』AT. XI, 224-225）

＊『人体の記述』（一六四八）は『省察』の後に書かれたものだが、思惟が身体的運動とは異なることを医学的見地から再認している。

四　心身関係に関して

苦痛、快楽のほかにも私は、私の内部において飢え、渇き、喜び、悲しみ、怒り……を感覚した。外部において物体の延長、形、運動のほかに、……色、香り、味、音を感覚した。（「第六省察」AT. VII, 74-75）

「［脳の内表面に描かれる］形象は、精神に、運動、大きさ、距離、色、音、匂い等の性質を感じさせる機会を与えうるものであろうもの、さらには、くすぐったさ、痛み、飢え、渇き、喜び、悲しみ等、その他の情念を精神に感じさせる機会を与えうるものであろうものまでも意味している。」（『人間論』AT. XI, 176）

＊外部感覚も内部感情も、ともに精気によって松果腺の表面に描かれる形象として機械的に説明される。

なぜ、飢えと呼ばれる何か胃の苛立ちが私に食物をとるようにうながし、のどの乾きが飲みものをとるようにうながすか。(「第六省察」AT. VII, 76)

「胃の中で硝酸の役を果たす体液は、血液に由来し、動脈の末端を通って絶えず胃の中にはいるが、そこに分解すべき食物がなくて、十分にその力を使いきれない時は、力を胃自身にふりむけて、胃の神経の細糸を平生よりも強く動揺させ、それらの細糸の起点になっている脳の部分を動かす。これこそ、精神がこの機械に結びつけられた時に、飢えの一般観念を抱く原因であろう。」(『人間論』AT. XI, 163)

「しかし、この体液の多くの部分は絶えず喉にものぼっていくが、その量が十分でなく、水となって喉を湿したり、喉の孔を満たしたりすることができない時は、空気または煙となってのぼっていき、喉の神経をいつもとは違った仕方で刺激する。こうして精神に渇きの観念を抱く機会を与える運動が、脳中に生ずるのである。」(同 164)

＊　飢えや渇きなどの内的感覚は、神経繊維と脳の運動によって生理学的に説明される。

私は、私の身体から実際に区別され、身体なしにも存在しうることは確かである。(「第六省察」AT. VII, 78)

「理性的精神がこの機械の中にあるとすると、それは脳の中に主要な座を占めるであろうが、それは、ちょうど、噴水技師が、噴水の運動を何らかのしかたで助勢したり、逆に妨げたり、あるいは変えたりしようと思う時は、機械の管がすべて集まっている監視装置の中にいなければならないのと同じことである。」(『人間論』AT. XI, 131)

「身体とその器官の配置にのみ依存する諸機能を、決して精神に帰属させない［ようにしなければならない］。

われわれは、精神はすべての運動の原理であると信じるようになっているが、それには解剖学や機械学を知らないことも大きく与って力がある。というのは、われわれは人体の外部だけしか考察しないので、身体が、……自分自身で動くための十分な器官つまりゼンマイを自前で持っているとは想像だにしなかったからである。」（『人体の記述』AT. XI, 224）

＊ 心身は理論的に区別される。その背景には、精神は身体という機械のなかに異質なものとして鎮座している、という生理学的発想がある。

私は舟人が舟に乗っているような具合に私の身体にただ乗っているだけではなく、身体ときわめて緊密に結ばれ、いわば混合されており、したがって身体とある一なるものを構成している……。（「第六省察」AT. VII, 81）

「精神は真に身体全体と結合しており、精神は身体のどれか一つの部分に、他の部分をおいて宿っているなどというのは適切ではない。……精神はその本性上、身体をつくっている物質の延長や諸次元や諸特性にはなんの関係ももたず、ただ、身体の諸器官の集まりの全体にのみ関係をもつ。」（『情念論』30）

＊ 『省察』のあとに書かれた『情念論』による説明である。痛みなどの内的感覚は、心身が全体として合一していることの適例である。脳中の激しい運動が精神に痛みを知覚させると説明される（『人間論』AT. XI, 143-144）。だが「痛みや飢えや渇きなどの感覚は、心身の合一ないし混合から生じる不明瞭な意識にほかならない」（AT. VII, 81）。

精神は……そこに共通感覚があると言われている部分からのみ直接に影響される。（「第六省察」AT. VII, 86）

「神がこの機械に理性的精神を結びつける時には、そのおもな座を脳中に置き、そして脳の内表面にある孔の入口が神経の仲介によって開くそのさまざまな開き方に応じて、精神がさまざまな感情をもつように精神をつくるだろう。」（『人間論』AT. XI, 143）

「精神は身体全体に結合してはいるものの、それでもやはり身体のうちにはある部分があって、そこでは精神が他のすべての身体部分よりもいっそう直接的にその機能をはたらかせている。そしてその部分は、通常、脳であると思われ、あるいは心臓であるかもしれぬと思われている。……けれども私は、このことを注意深く調べた結果、次のことを明らかに認めたと思う。すなわち、精神がその機能を直接はたらかせる身体部分は、けっして心臓ではなく、また脳の全体でもなく、脳の最も奥まった一部分であって、それは一つの非常に小さな腺である。それは、脳の実質の中心に位置し、脳の前室にある精気が後室にある精気と連絡する通路にぶらさがっていて、その腺のうちに起こるきわめて小さな運動でも、精気の流れを大いに変化させることができ、逆に精気の流れに起こるきわめて小さな変化でも、この腺の運動を大いに変化させることができるようになっている。」（『情念論』30-31）

「精神は脳の中心にある小さな腺のうちにそのおもな座をもち、そこから身体のすべての他の部分に、精気や神経や、さらには血液をも介して、作用を及ぼす、と考えよう。血液も精気の印象にあずかることによって、その印象を、動脈によりすべての肢体に運ぶことができるのである。」（同34）

＊　精神の座は松果腺（『人間論』では腺Hと表記）にある。『省察』の後の『情念論』は、松果腺をめぐる心身の相互作用を生理学的に最も簡潔にまとめている。

足の痛みを知覚するとき、自然学が私に教えるところによれば、その感覚は足にずっと分布している神経の助けによって生じる。(「第六省察」AT. VII, 87)

「脳の最も内奥からきて神経の髄を構成するという細糸は、感覚器官の役を果たす部位のすべての神経のところで、感覚の対象によりきわめて容易に動かされるような仕組みになっている。そしてこの細糸は、ほんの少しでも強く動かされると、同時にもう一方の端にある脳の部分を引っ張り、このことによって脳の内表面にあるいくつかの孔の入口を開ける。すると脳の空の中の動物精気は、この入口を通ってただちに神経の中に流れ出し、さらに筋肉のところまで行って、この機械に、われわれ人間の感覚が、同時に刺激された時におのずと行う運動にきわめてよく似た運動を行わせる。」(『人間論』AT. XI, 141)

＊ 感覚知覚の神経生理学的説明である。上に述べた幻視痛の説明にもなっている。

現在を過去のものと結びつける記憶。(「第六省察」AT. VII, 89)

「[対象に対応する形象は、記憶の座である脳のBの部分に]精気の運動の強さと長さに応じて、また何回も繰り返されるにつれて、次第次第に完全に描かれる。これが原因で、描かれた形象はそう容易には消えずに、Bの部分に保存される。そして、前に腺H上にあった観念は、それに対応する対象が現前していなくても、以後長くBに形作られることができる。記憶が成り立つのはこのことからである。(『人間論』AT. XI, 178)

＊ 記憶の生理学的説明である。

以上のように『省察』の議論の背景には多くの医学的な記事が存在する。それらをまとめると次のようになろう。（1）懐疑の議論のなかで登場する、錯視、夢における錯覚、幻想、幻視痛などは、単なる思いつきや想像上の議論ではなく、医学的な知見に基づいた記述である。医学的データが懐疑の議論を支えていることが確認される。[449]たとえば、外界が存在しないかも知れないという常識では考え難いことについても、それは知覚についての生理学的分析を経たうえでの議論であるので、説得的であると言える。またデカルトの議論が懐疑論に対するセラピーになっているという指摘も重要であろう。（2）観念と外的事物とは似ているのではなく対応するのみという一貫した主張は、スコラ的な認識論（外界の対象を見るとは、その対象の形象 species が宙を飛んで眼のなかに入って来ること）が科学的根拠を欠いているとの批判に基づいている。相似説の拒否はスコラ的な感覚的性質を認めないことであり、知覚についての新しい理論（対応説）は、医学の研究成果でもあった。たとえば感覚の三段階説（「第六答弁」AT. VII, 436-439）でも、感覚の生理学・解剖学的知識が前提になっている。（3）私の本質を思惟するものとして取り出す過程で古い身体観が否定され、機械論的な身体が生理学のレベルで語られている。精神が身体的要素から独立した res cogitans であることは、医学的にも基礎づけられたことである。[450]（4）心身の区別と合一とは、ともに生理学的な根拠に基づいている。とくに心身の実在的区別や松果腺仮説は、形而上学的省察の結論であると同時に、身体の解剖学的な観察の結果でもあった。

以上は『省察』と医学との関わりの点描にすぎず、厳密に読めばさらに多くの事実が浮かび上がるであろう。『省察』のメディカル・リーディングというものがありえるかもしれない。だが少なくとも、解剖実験が同時進行していたこの時期、形而上学の議論の根拠にしばしば生理学や解剖学のデータが用いられ、『省察』の主要な議論に医学の裏づけがあることが確認された。それがなければ、シュールレアリスムの画家キリコの描くようなスケルトンだけの形而上学になっていただろう。医学的背景があればこそ、リアルで実証性のある『省察』になっていると言えよう。

おわりに（医学と形而上学）

『省察』と医学的テキストとの関係は明らかになったが、逆にデカルトの医学が形而上学の研究から何らかの影響を受けている事実も十分あると思われる。

一般に、医学と形而上学（ものごとの根本原理ないし世界観の探究）との間には直接の関係はないとも考えられる。ベルナールも言うように、「科学的医学は他の科学と同様に、実験的方法のみによって建設される」[451]のであってみれば、近代の実験医学に思弁的な形而上学などはまったく必要ないだろう。生命科学においては医学と哲学とが接する主題もあろうが、両者は本来研究領域と方法を異にする（ベルクソンの言い方では、医学は対象を実験と観察によって外から「分析」するが、形而上学は内から「直観」する）。現代の先端医療技術では、病気の原因を遺伝子レベルで特定すればよいのであって、それ以上の「内からの直観」はナンセンスであろう[452]。デカルトの場合でも『省察』に登場する医学的な事例は、ことがらを説明するために出された例であり、コギト・エルゴ・スムや神の存在証明は、医学とは直接関係ないとも考えられる。

だがデカルトにおいて、形而上学の研究なしには学問としての医学はありえなかったと思われる。医学の基本には、ものごとの根本原理としての形而上学が必要である。それは「哲学の樹」の根に相当するもので、その上に幹として自然学があり、そこから実践的な学問としての医学などが枝分かれする。デカルトが「確実な証明に基礎づけられた医学」（メルセンヌ宛 1630. 1. I. 106）を目指すという場合、それは形而上学という確実な土台の上に建てられた医学、と読める。医学の基礎には、世界はどうあるのか、身体とは何であるか、心身はいかに区別されるのか、などの哲学の根本問題が横たわっている。それらをきちんと整理したうえで、はじめて本当の医学が成立する。この意味で、医学は形而上学という基礎なしにはありえないことになる。

形而上学をゆるく定義して、その人が持つ世界観と解するなら、それはますます医学に必要不可欠なものとなろう。同時代の医師ハーヴェーは、実際の治療では実験生理学に徹しながらも、人体を生きたミクロ・コスモスと見る古い世界観を背景に持っていた[453]。これに反してデカルトは、それを破棄して人体を単なる機械と見なし、生命現象さえも機械論的に説明できるという基本的発想を有していた。これはハーヴェーとは異なる独自の世界観であり、それを医学の領域に展開した結果、あのような生理学になったとも言えよう。徹底した実験医学を主張するベルナールでさえも、生命現象について厳格な決定論をとる半面で、そこに物質力を指揮している力というものを認めている[454]。これをかれの形而上学と言ってよいだろう。

以上のように、デカルトにおいて形而上学と医学とは相互に深い影響関係を保っている。医学の研究成果が形而上学に反映され、形而上学が医学研究を方向づけている場合が少なくない。医学研究をぬきにしては『省察』の記述は今あるようなものではなかったし、形而上学なしには医学は基礎を欠くものとなったであろう。だが、両者の影響関係は理論的次元にとどまるものではなく、実践的なものである。たとえば、心身の区別という形而上学の知見は治療医学の場面でも重要であり、精神と身体の属性の違いを弁えていれば、実際に病気を治療し予防できる。身体を機械とみなす生理学は一見すると非人間的だが、その根本には人間とは何かという形而上学の問いがある。デカルトは精神と身体の本質を原理的に踏まえたうえで、実際的な医学を考えていることになろう。

形而上学の研究と同時進行して医学を考えた人であればこそ、単なる実験医学ではなく現実に人間的な医学を考えることができたのではないか。ここで人間的な医学とは、心身合一した人間の全体を見すえた医学であり、健康維持に役立つ医学のことである。そしてそれは、『情念論』に示されているように、最終的には人間がこの人生をよく生きるための人間的知恵ないし道徳に直結するのである。

第十五章　ラフレーシ学院の挑戦

――十七世紀フランスのコレージュ――

パリからクルマで南西に針路をとって二時間ほど走れば、自動車レースで有名なルマンを通過し、やがてラフレーシという小さな町に着く。水と緑の豊かな落ち着いたところであるが、町の北側を陸軍幼年学校という大きな厳しい建物が占めている。かつてヨーロッパに名を残したラフレーシ学院 Le collège de La Flèche の跡である。このコレージュは、十七世紀に少年時代のデカルトが八年あまりを過ごし、十八世紀には若きD・ヒュームが二年滞在して『人性論』*A Treatise of Human Nature.* 1739 を書いた由緒ある学校である。

本稿では、十七世紀フランスのコレージュ（それは言うまでもなく高等教育への準備教育をなす）がどのようなものであったかを、ラフレーシ学院を例に具体的に考察する。[455] この学校は要するにイエズス会の建てた学校の一つであり、その理念は革命期以前の中世的な伝統に立つ宗教教育であると考えられているためか、現在ではトピックスとして取り上げられることが少ないと思われる。しかしこのコレージュは決して前近代の遺物ではない。新しい理念と方法に基づく斬新な教育上の挑戦がなされ、十七世紀当時は圧倒的な支持を得ていた。イエズス会がこの時期の「フランスの教育を支配したものであったといっても過言ではない」[456]。

では、ラフレーシ学院とはどのようなものであり、デカルトはそこでの教育をどう評価していたか。学校経営の特徴は何であったか。どういうカリキュラムの下に何がどのように教えられ、どういう教育方法上の工夫があったか。これらを考えることを通して、現代日本の高等教育への示唆を得たい。

一　十七世紀フランスの教育とラフレーシ学院

十七世紀のフランスの教育状況を復習することから始めたい。革命期以前のフランスの教育にも、初等教育、中等教育、高等教育の区別をすることができる[457]。

初等教育とは、十六世紀末に始まったプチ・テコール（小学校）および慈善学校のことである。これは農民や職人など貧しい民衆の子供たちのために、キリスト教の学習とともに読み書き計算を教えたものである。学校数は多くなく、男女共学であるケースもあった。謝礼金が免除される場合もあった。司教が教育を管理し、旧教の普及徹底を図る意図があった。これに対して、中等教育はコレージュが担当した。これは貴族やブルジョアジーなど特権階級の人材養成機関であり、二つの種類があった。一つは大学付属のコレージュである。これは大学の人文学部と密接な関係にあった。たとえばパリ大学は多数のコレージュを擁し、それらとの間に人事交流があった。しかし教育内容が前近代的であるなど、人気はなかった。他の一つは修道会のコレージュである。さまざまな修道会のうち、とくにイエズス会のコレージュが大きな勢力を有していた。一六一五年の時点で全ヨーロッパに三七二校があり、生徒数は一六二六年で六万人を数えたという。就学率の低い時代を考えると、この数字は大きい。イエズス会の学校は、スペインやイタリアだけでなく、フランスの中等教育においても重要な位置を占めた。そのうちで有名なものは、パリのクレルモン学院（設立一五六三年）、そしてラフレーシ学院（同一六〇四年）である。

高等教育はむろん大学が担当した。当時大学はパリ、オルレアン、アンジェ、ポアチエ、ボルドー、トゥールーズ、エクス、アヴィニヨン、モンペリエなど、多くあった。ふつうは神学部、医学部、法学部の三学部から構成されていた。だがパリ大学などには予備課程としての人文学部があり、いわゆる自由七科が学部への準備教育として教えられた。これはコレージュでの哲学級の教育に相当するものであり、いまでもフランスのリセの最終学年はこの伝統を守っている。この時代、大学においてもその教育は宗教的権威の監督下にあった。

周知のように、イエズス会はスペインのイグナティウス・デ・ロヨラによって一五四〇年に創設された修道会である。ローマ法王に忠誠を誓い、旧教を守る鉄の団結を誇った。宗教改革のさなかにあって、新教に対抗できる反宗教改革の星であった。この会は団体精神が強く、青少年の教育や海外布教に熱心であった。はるばる日本に布教に来たフランシスコ・ザビエルはロヨラの腹心であった。イエズス会の教育面での功績は大きい。ロヨラの教育理念には、彼自身の出身校であるパリ大学サント・バルブ学寮《コレージュ》の教育方針が投影されていたという。すなわちソルボンヌ（神学部）などとは異なり、旧来のアリストテレス＝スコラの学問に加えて古典教育（人文学）を取り入れた点に新しさがあった。また、教育方法においては勉学の順序、学生の異なる能力、出席を重視し、練習問題を多く課す点に特徴があった。(458)ロヨラはイタリアのメッシーナ学院（一五四八年）、ローマ学院（一五五一年）をはじめ、ヨーロッパ各地に多くのイエズス会の学校を建設したが、そこでの緊急課題は、共通の教科課程と方法を具体的に定めることであった。さまざまな学事規程の策定が試みられたのち、それを完成させたのは時のイエズス会総長アクアヴィヴァであった。この人による *Ratio studiorum et institutiones scholasticae Societatis Jesu.* 1586（『イエズス会の学事の規程および方法』、以下これを『学事規程』と略称する）は、それまでの教科課程や方法を精査し、数年の教育実験を踏まえて練り上げられた決定版であり、これはヨーロッパの高等教育の基礎をなすものであった。
一五八六年版『学事規程』は約二〇〇ページからなる。その主たる内容を現代風に分類すれば次の三つになろう。

教務事項　学習実践と順序、修了年限、学年歴、学位、聖書と神学の扱い、取扱注意の問題、教材の選択・検閲・修正。
教科課程　良心の問題、ヘブライ語、哲学、数学、人文学（文法、歴史、詩学、修辞学）、人文学の学習要領。
授業運営　朗読、復習、討論、個人学習、自由時間、論争、学習の援助、上級クラスへの進級、図書、下級クラスの自由時間、生徒のサポートなど。

その特徴は、人文学にきめ細かい指導要領を定め、能力別のグループ編成により子供たちを互いに競争させていること、教師は親密な関係を通してかれらに手厚いケアをしていること、にある。もとよりこれは理想状態における規程であって、そのすべてが遵守されたわけではないだろう。しかしその最も忠実な適用例は、十七世紀フランスのラフレーシ学院に見出される。
元来フランスにはガリカニズム（ローマ法王に対するフランス教会の独立強化の主張）があり、法王を絶対視するイエズス会の活動はしばしば障害に突き当たった。パリのクレルモン学院は創設後まもなく一時廃校になり、イエズス会は国外追放になった。だがアンリ四世の登場により事態は好転することとなった。この王は教育に力を入れ、一六〇〇年には大学改革をするなど、いわば教育立国をはかった人である。独自な教育理念をもったイエズス会を手厚く保護し、自分の出身地アンジェの近くにある城館を与えて学校とした。それがラフレーシ学院である。王は自分が死んだときは、その心臓を学校のチャペルに葬るよう命令し、実際その通りにされた。今も王のレリーフが正面入り口の上を飾っている。

この学校はイエズス会教育のモデル校とも言えるものであって、よく練られた教育プログラムの下に斬新な教育実践がなされた。たとえば、スコラだけでなく人文学を取り入れた学習カリキュラムの他に、体育、演劇、遠足などが加わる。教育方法にもさまざまの工夫があった。これらはいずれもアクアヴィヴァの『学事規程』の忠実な実践である。その特徴を、厳しくも温かい雰囲気における「監視と競争」[459]と評することもできよう。こうした教育の仕方は時代に歓迎され、その名はヨーロッパ諸国に知れわたった。同時代のイギリス人F・ベーコンは、「古代のすぐれた学問が、最近イエズス会の学院によってある程度まで復活された」[460]と讃えている。

だが最大の証言者はデカルトであろう。かれはここで少年時代の八年間（一六〇七—一六一五）をすごした。かれの目にはラフレーシがどう映ったであろうか。「私がいたのはヨーロッパで最も有名な学校の一つであり、この地上のどこかに学識ある人がいるのならば、ここにこそいるはずだ、と私は思っていた」（『序説』AT. VI.5）と証言しているが、それは決して過言ではないであろう。ここでかれは「文字による学問」によって育てられ、古典の言語、寓話、歴史物語、雄弁術、詩、数学、道徳、神学、哲学などを習ったという。だがデカルトは各教科についてすぐに批判を加えている。たとえば古典語の学習は現実遊離になりやすい、寓話は実際にはありえない出来事をありえるかのように想像させる、歴史物語の記述は主観的であり範とするに足りない（同5-9）など。実際、ラフレーシでは、古代の異教的思想への用心のため歴史的背景を抜きにして古典の抜粋を取り上げるのみであり、暗記、作文、演説の練習に明け暮れた。人文学についてはその精神ではなく、その形式や技法のみを摂取した。フランス語は使用禁止であり、ラテン語で文章が書け、弁論ができる人間の養成を目指していたという(461)。デカルトは続ける、「そこから得られた利益は、……自分の無知を知らされたことだけであった」（同4）。「教師たちの手から解き放たれるや否や、私は書物の学問を全くやめてしまった」（同7）。その教育はある意味で反面教師となって、デカルトはそれを否定的に乗り越える形で自らの哲学を構築したことになる。のちにデカルトがイエズス会の神父たちと敵対したときも、「かれらはひとを非難するに際しては……一切容赦しない人たちです」（エリザベト宛 1646. 12. AT. IV, 591）と警戒していた。しかしデカルトの思想の揺籃となり、その基礎を形成したのはラフレーシの教育である。かれは「哲学が最もよく教えられていると思われるのは世界でラフレーシをおいてほかにはありません」（某宛 1638. 9. 12. AT. II, 378）と評価している。実際、デカルトは生涯その恩師たちに敬愛の念をもっていた(462)。

二　学校経営の特徴

学校経営上の特徴の第一として学費の無償があげられる。創設当初、どのコレージュも財政は不安定であった。イエズス会のコレージュは篤志家からの援助でかろうじて経営を維持し、苦しい状況を克服して繁栄の基礎を築いていったという(463)。ラフレーシも同じであったと思われる。広大な建物の管理、多くの生徒をかかえる学校の運営、教授への給与などの人件費、設備・備品費などで多額の費用を要したはずである。それをおそらく寄付金などで賄っていたのだろう。だが、経営が苦しいにもかかわらず、寄宿舎の費用は別として、学校教育はすべて無償とした。これはイエズス会の基本方針であり、今までになかった制度として世にアピールした。これによって貧しい地方貴族や中小ブルジョアジーの子弟の就学が大幅に可能になり[464]、原則的には、どんな子供でも能力さえあれば、ただでエリート教育の仲間入りができたのである。

第二の特徴は平等主義である。十七世紀はじめの時点で、あらゆる身分の生徒たちが一二〇〇―一四〇〇人（うち寄宿生は一〇〇人）在学しており、貴族だけでなく商人や農民の子弟も含まれていた[465]。そしてかれらは身分の差なく平等に取り扱われた。最も身分の低い家柄の息子が、最も身分の高い者と同じ部屋で生活し、机をならべ、寝食を共にした。裸足で下着だけ、木の実とパンの入った手さげという貧しい出で立ちでやってきたある子供は、はじめ料理番や教室の掃除係をするなど苦労した結果、のちにパリ大学総長になったという例もある[466]。名門出身の寄宿生がラフレーシにやって来ると、剣は名札をつけて武具庫に預けられた。剣を置けば家柄の者は出自を忘れ、貴族・ブルジョアジー・庶民の区別はもはやなくなる[467]。この徹底した平等主義については、卒業生デカルトの証言がある。

ラフレーシにはフランスのあらゆる地方から多数の青年が集まりますから、お互いに話しあうことによって性格も練れ、ほとんど旅行をしたに等しい知識も得られるというものです。イエズス会の先生たちが、身分の上下の差なく生徒をまったく平等に取り扱うことによって、生徒たちのあいだに平等の気風を確立したのは、きわめて結構な創意です（某宛 1638. 9. 12. AT. II. 378）。

デカルトは「フランスのあるゆる地方から」と書いているが、実はわずかだが外国人留学生もいた。その国籍はロシア、ダッタン、中国、アメリカ、インド、ドイツ、イタリア、イギリスである[468]。留学生の在学した正確な年代は示されていないが、十七―十八世紀イエズス会の学校はヨーロッパ以外からも留学生を集め、国際的な雰囲気があったことを示している。

第三に、勉学に対する取り組み方が真摯であり、寄宿舎の規律が厳格であったことである。ラフレーシ学院では、熱意のある優秀な教授陣の下で、勉強は神聖な時間という認識が浸透していた。授業以外にも時間割がきちんと定められ、すべてがきびしくかつ配慮の行き届いた管理教育であった。寄宿生にはさらに厳格な生活規則が課せられた。朝五時起床、礼拝、朝食前の自習、授業、ミサ。昼食、授業、復習、読書。夜は祈りのあと九時就寝、という日課であった。要するに監督官の下で、起床から就寝まで細かく管理され、外出も当然制限されていた。しかし、ただきびしいだけでなく、のちにも触れるように能力評価型の教育、罰するよりも褒める教育であった。しかも比較的休日が多くあった。教授と生徒とが寝起きを共にし、一丸となって教育に情熱を燃やしていたことが窺われる。むろん例外もあり、鞭打ちやドロップ・アウトもあったろう。集団生活に不適応な子供もいたであろう。しかし『学事規程』の目指す、「勤勉、服従、敬虔、純潔」という教育指標を、学校全体が身をもって実践していた観がある。宗教戦争などで世の中の秩序が乱れ、大学付属のコレージュが退廃していただけに、イエズス会のこの厳格な姿勢は大歓迎されたと思われる。

以上に加えて、ラフレーシでは衛生思想が徹底していたことも注目されるべきである。食堂入り口に手洗いがあり、共同寝室とは別に医務室があった。赤痢流行のため、伝染病患者を隔離する部屋まであった(469)。疫病の流行しやすい時代であったとはいえ、こうした施設の整備は破格のことであり、親は安心して子供を学校に任せることができたであろう。

三　カリキュラムの編成

教育実践の成功の秘訣の一つはカリキュラムの魅力にある。ラフレーシではどんな授業が組まれていたのか。平均的な場合では全部で八年の課程があり、学年ごとにカリキュラムは異なる。その内容は『学事規程』できびしく定められており、ラフレーシはそれを忠実に守った最初の学院である。年度によって異なるが、標準的なケースでは次のように組み立てられていた。

基礎学級　五年（文法学級三年、人文学級一年、修辞学級一年）
哲学級　三年（論理学、自然学・数学、形而上学・道徳）

入学してきた生徒はまず基礎学級の文法学級に入り、ギリシア・ラテンの文法を学んだ。ギリシア語よりもラテン語に力が入れられた。授業は、文法事項の暗誦、ファイドロスやアイソポスの寓話などの講読と作文が中心であった。三年間で文法の基礎とシンタックスを学んだのちに、人文学級に進む。これは西洋古典のアンソロジーを読むもので、教材内容はカエサル、タキトゥス、クセノフォン、プルタルコスなどの歴史、ウェルギリウス、ホラティウス、オウィディウス、セネカなどの悲劇、スタティウス、クラウディアヌスなどの詩であった。ギリシア語のテキストにはラテン語対訳が付いていた。修辞学級では、キケロ、デモステネスなど雄弁家の文章を手本として文章力や記憶力を涵養し、詩作や演説の練習をした。

哲学級では、トマス・アクィナスなどスコラ学者の解釈したアリストテレスの哲学を学んだ。これは中世以来、学問の伝統的なやり方であり、旧教を守らんとするイエズス会の基本方針でもあった。一年目でアリストテレスの論理学的著作を、トレトゥスやフォンセカという新しいスコラ解釈書により習った。二年目では同じくアリストテレスの『自然学』をスコラ的解釈によって読んだ。数学は三年目に習うケースもあったが、算術、幾何学、音楽、天文学のほかに、測量術、三角法、計時法、地理学、水理学、年代学、光学など応用面も含まれていた。最終学年では、アリストテレスの『デ・アニマ』『形而上学』『ニコマコス倫理学』などの主要部分が、注釈を付しながら教えられた。

こうしたカリキュラム編成の新しさはどこにあったか。その最大の点は、アリストテレス＝トマスの伝統的学問に加えて、ルネサンス以降になって発見されたギリシア・ラテンの古典の学習（いわゆる人文学）を取り入れた点である。ルネサンス人文学を基礎教育とする点に新しさがある。それまで人文学は、宗教改革の思想につながる恐れもあって、教育体系の埒外におかれていた。しかしパリ大学に学んだロヨラはその重要性を知っており、人文学と中世スコラ学とを融合させた新しい教育理念を構想した。それが上のカリキュラムに忠実に実現されているのである。ラフレーシは当時、最も進んだ教育を行っていたと言えるだろう。(470)

その教育課程が子供の精神の発達に沿ったカリキュラムになっていることも、新しい工夫と見てよいだろう。教室では原則としてラテン語が用いられ、フランス語は禁止であったほど徹底したラテン語教育がなされていたが、それはラテン語を習得させることが子供の精神を鍛えるという認識に立っている。その際、教材の質は学習者の能力と相関している。「記憶力の盛んな文法学級の時代には、ラテン語の学習を中心とし、次第に成長して想像力が活発となる文法学級の末期から人文学級、修辞学級の段階では詩学や修辞学をし、最後に悟性が目覚めてくる哲学級では思想的訓練を主対象とするのである」[471]。このように、教材が子供の精神能力の発達を考慮して系統的に構成されている点が注目される。

このカリキュラムの背景には、学問に対する進歩的な考え方があったと言える。たとえば、数学は悪魔の術とみなす向きが一部であったのに対して、ラフレーシではその重要性がつとに認識され、優れた教授の指導の下に数学が堂々と正課となっていた。イエズス会の学校創設以前には、数学は大学でしか教えられていなかった[472]。また一六一一年アンリ四世の追悼祭で、ガリレイの木星の衛星発見（一六一〇年）をたたえる詩が朗読されたという記録があるが[473]、これは望遠鏡や天文学など、最新の科学的発見に対するイエズス会の強い関心を示すものである。たしかに会の方針としては、トマスの解釈によるスコラ哲学が基本であり、新しい学説を退ける風が根本にあった。しかし信仰や神学に直接かかわらない説はその限りではなかった。要するに「保守的学説と進歩的学説との奇妙な混合」があり「緊張関係」があった[474]と考えられる。

しかし、こうした魅力的なカリキュラムにもかかわらず、実際の生徒には大変な課題であったと思われる。とくに最初のハードルである文法学級をクリアーできない子供たちは多かったであろう。デカルトは「ラフレーシ学院ほど哲学がよく教えられているところはない」としながらも、『序説』第一部で、古典語をはじめとしてカリキュラムの一つ一つを批判的に吟味している。要するに、教えられる知識が不確実で、実際の役に立たないという批判である。教師の教える内容が間違っていても、その権威に追従せざるをえなかったことをデカルトは悔やんでおり、著作のいたるところで言及している。ラフレーシとは関係しないが、かれの弟子エリザベトはオランダでの女子教育を「つらく束縛された生活[475]」とこぼしている。十六世紀のモンテーニュは「学校はやはり学校だけのことでしかない」とボルドーの学校教育に魅力を感じていない[476]。十八世紀ドイツの哲人カントでさえ、少年時代に学んだフリードリヒ学院を「少年奴隷のような毎日であり、老年になっても不安と恐怖をもって想起する」(477)と述懐している。これらは初等中等教育の難しさ、限界を示す証言とも言える。

四　教育方法上の工夫

定められたカリキュラムをどう教えるか。ラフレーシでは教育方法上の工夫がなされている。

授業の種類に関して言えば、哲学級において新しいシステムが導入されていることが注目される。すなわち授業は、講義、復習、土曜討論、月例討論という四つの部分から構成されていた。講義 Lectio は毎日、午前と午後の二時間ずつ行われた。内容はアリストテレス＝トマスの説明であり、板書あるいは書き取りによってなされた。各教授は教案ノートを持参していた。講義の最後に質問の時間を設けた。復習 Repetitiones は通学生には毎日昼休みに、寄宿生には夕食後行われた。復習教師の資格をもつ学生が座長となって、二、三人の生徒に聴講した二つの講義内容を説明させ、疑問な点や難しい点を解明した。土曜討論 Sabbatinae disputationes とは、土曜日の午後の講義において、生徒同士を討論させるものであって、テーマはその週に扱われた主題であった。反論者と答弁者の二人をあらかじめ決めて議論させ、週毎に答弁者と反論者とは入れ替わった。反論は三つまで許された。議論のあと全員で自由に討論し、教授の役割は司会することのみに限られた。月例討論 Menstruae disputationes は、月末の一日を費やして行われるもので、三人の教授とその生徒たちが参加した。テーマはあらかじめ定められ、答弁者は三人、反論者は上級生一人を含む二人であった。教授同士もしばしば議論したという(478)。復習教師とは現在のTAに相当するが、「講義」で得られた知識は「復習」によってより確実に生徒たちに定着したであろう。理解の達成度は「討論」によって試されたであろう。知識は実際に使ってみてはじめて身につくものである。討論は、哲学教育の最大の実践の場であるだけでなく、一般に教育方法上の重要な戦略となることをラフレーシの教授たちは心得ていたと思われる。

授業実践に関して言えば、それが機能的かつ効果的になされていたことも工夫の一つである。教室は班長を中心に十人程度の班に分かれていた。授業に際しては、「学課の暗誦」、「宿題の採点」、「著作家の説明」の三つがはっきり分けられていた。はじめに、前の時間に習った教材の暗誦が、次いで宿題の採点が、各班毎に優劣を競うかたちで発表された。教授はその場をとりしきるだけである。「著作家の説明」は最も重要な部分であって、教授がテキストの読みや説明をした(479)。このやりかたは、集団を末端にいたるまで十分に管理するための方式であり、子供の競争心や名誉心に訴えて教育効果をあげようとする論功行賞型の教育方法である。たとえば、宿題を正確にやった生徒は褒賞として、読み方や作文の授業は免除される(480)という具合である。これは旧来の指導法とは異なる、ルネサンス人文主義の教育方法の原理であったという(481)。

その他、教育方法上の工夫としては、体育の奨励と演劇の活用とが挙げられる。体育の時間にはフェンシング、テニス、馬術、体操などがあり、雪合戦や遠足もあったという。そのこと自体は教育史では珍しいことではなかろう。しかしラフレーシでは、子供の身体能力を高めるという本来の目的の他に、こうした機会を通して「生徒の性格を十分に観察し理解する(482)」という目論見をもっていたことが注目すべき点であろう。それほど子供たちをよく見ていたということである。他方、教育の手段として演説を導入したことも重要であろう。イエズス会では詩作、雄弁、討論の能力を重視していたが、演劇はそれを実演する格好の舞台であった。と同時に、演劇という装置によって生徒たちを道徳的・宗教的に感化する目的もあった(483)。実際ラフレーシ学院では、祝祭などがあるごとに演劇が上演され、詩の朗読会が行われた。学校での演劇の他に、公開の市民劇もあり好評だったようである。

この学校の教育実践のまとめとして、『教育史』は次の点を列挙している。人文主義思想を反映した斬新な教育課程とすぐれた教育方法の採用、社会秩序が乱れた時世に厳格な規律を尊重した教育、授業料を無償としたこと、教員養成に力を注ぎ優良な教師を供給したこと（pp. 79-80）。これにわれわれが付加すべきこととしては、教育に対する教師の熱心さ、衛生思想の徹底、進歩的学風、以外に何もない。こうした課程を終えると、生徒たちの多くは大学に進んだ。神学部、法学部、医学部のいずれかを選ぶことになるが、デカルトはポアチエ大学に進み、法律を学んだ。

おわりに

以上、学院の創設、デカルトの評価、学校経営、カリキュラム、教育方法など、ラフレーシ学院の挑戦の跡を見てきた。それは今から数百年も前の西洋での話であるが、しかし教育には時代も国境もあまり意味がない。現在のわれわれはそこから何を学びうるかを考えてみるなら、教養教育の見直し、古典教育の再認識、競争原理を取り入れた教育方法、学生の能力に応じたカリキュラムの編成、教育への情熱などが挙げられるであろう。デカルトはそうした教育が生んだ哲学者だったとも言える。イエズス会の学校は一七六四年ルイ十五世によってフランスから追放されることになるが、激動の世紀のなかをみずからの教育理念によって二〇〇年もちこたえ、その使命を果たした。日本の大学も、そのような超長期的見通しのなかで教育研究の理念と使命とを考えるべきであろう(484)。

あとがき

本書を書き終え、勤め先の大学近辺を散歩する。バラなどがよく手入れされた公園があり、瀟洒な萩須記念美術館がある。処々に広がる水田には稲の苗がきれいに植えられ、日毎に緑が濃くなっている。植物の濃厚な香りが漂う。遠くに養老と伊吹の山々が見える。

そんな中で、本書は全体としてなにを主張したいのか、と自問してみる。要するに、デカルト哲学の根底には「神と精神」という根本問題が横たわっている、ということである。形而上学や道徳においてはむろんのこと、医学においても人間は神によってつくられたという発想があり、精神と身体との区別が基本にある。教育においては神の存在を背景に、人間の精神をいかに養い育てるかという根本思想があったと思われる。デカルトの哲学をこのような視点から見直すことで、新しい解釈の可能性が開けるであろう。その一例として、本書では心身問題の新解釈およびカント哲学との差異を際立たせたつもりである。だが、筆者は哲学の歴史的な研究だけで満足するものではない。残された問題は、デカルト哲学の果実を今の時代にどう生かすかということである。哲学が世界的に低調気味の現代にあって、デカルト主義によって時代を突き破るような新しい発想ができるか。稲が育ってやがて実りの秋を迎えるように、現代人はデカルト哲学からなにを収穫できるか。これを考えなければならないと思っている。

筆者はデカルト研究として過去に二書を世に問うた。『デカルト『省察』の研究』（創文社、一九九四）、『真理の形而上学——デカルトとその時代——』（世界思想社、二〇〇一）である。その後の研究を中心にまとめたものが本書である。タイトルは故山田晶・京都大学名誉教授の『アウグスティヌスの根本問題』（創文社、一九七七）にちなんでいる。「神と精神を知りたい」ということがアウグスティヌスの根本問題であったとするなら、それはデカルトにおいても同じだということを示したつもりである。本書は筆者が三十年勤務した名古屋大学の「卒業論文」でもある。その元となっているのは同大学文学部・文学研究科での講義や演習であり、それを踏まえた日本やフランスの学会・研究会での発表だからである。二〇〇八年三月の定年退職に合わせて出版するつもりが、諸般の事情でのびのびになってしまった。

異なった時期に書かれた論文間の用語や形式は、これを極力統一することに努めた。しかし、永遠真理、神などに関する記述や引用の重複については整理することが不可能であり、少しくどい印象を与えるかもしれないが、元のままとした。第九章で、カントのいう神の exsistentia や Dasein は「現存在」と訳すべきであろうが、デカルトのテキストとの整合上「存在」と訳した。

本書が成るまでには多くの時間が流れ、多くの師友のお蔭をこうむっている。とりわけ、不況のさなかで出版をお引き受けいただいた知泉書館の小山光夫社長には心から感謝したい。静謐な研究環境を提供してくれている名古屋文理大学とその同僚諸氏にも御礼申しあげる。この稚拙な書を筆者の恩師である辻村公一・京都大学名誉教授に捧げる。

二〇〇九年七月四日

筆　者

初出一覧

第一章　コギトと他者
デカルトのコギト――自己から他者への道（『日本の哲学』第六号　二〇〇五年）
第二章　永遠真理創造説考
デカルトの永遠真理創造説についてのノート（上）（『名古屋大学文学部研究論集』哲学四六、二〇〇〇年）
デカルトの永遠真理創造説についてのノート（下）（『名古屋大学文学部研究論集』哲学四七、二〇〇一年）
第三章　真理と神――無神論の幾何学者は真理を語りうるか
真理と神――無神論の幾何学者は真理を語りうるか（村上勝三編『真理の探究――十七世紀合理主義の射程』知泉書館、二〇〇五年）
第四章　心身問題についてのノート
デカルトと心身問題（『中部哲学会紀要』第二八号、一九九六年）
La puissance de Dieu dans《l'argument épistémologique》de Descartes（『名古屋大学文学部研究論集』哲学四三、一九九七年）
L'Esprit Cartésien. Résumes des communications. p. 158. XXVIe Congrès de l'Association des Sociétés de Philosophie de Langue Française. Paris. 1996.
第五章　デカルトの神――自由と決定
デカルト哲学と神――自由と決定（『名古屋大学文学部研究論集』哲学五三、二〇〇七年）
第六章　神と精神――デカルトの形而上学と世界観

神と精神――デカルトの形而上学と世界観（『名古屋大学文学部研究論集』哲学五四、二〇〇八年）
第七章　カントと「デカルト的観念論」
カントと「デカルト的観念論」（『名古屋大学文学部研究論集』哲学四八、二〇〇二年）
第八章　カントのコギト解釈
カントのコギト解釈（『名古屋大学文学部研究論集』哲学四九、二〇〇三年）
第九章　カントと「デカルト的証明」
カントと「デカルト的証明」（『名古屋大学文学部研究論集』哲学五二、二〇〇六年）
第十章　「良識論」考――テキスト・クリティークの試み
「Descartes, *Studium bonae mentis* 論考」（『名古屋大学文学部三〇周年記念論集』一九七九年）
第十一章　「第六省察」をどう読むか――人間学としてのデカルト哲学
「第六省察」をどう読むか（『哲学』第四〇号　日本哲学会編、一九九五年）
人間学としてのデカルト哲学（『現代デカルト論集Ⅲ　日本篇』勁草書房、一九九六年）
第十二章　「ソルボンヌ書簡」の研究
デカルト「ソルボンヌ書簡」の研究（『名古屋大学文学部研究論集』哲学五一、二〇〇五年）
第十三章　デカルトと医学
デカルトと医学（『名古屋大学文学部研究論集』哲学五〇、二〇〇四年）
第十四章　形而上学と医学
デカルトの形而上学的『省察』と医学（『フランス哲学・思想研究』第一一号、日仏哲学会、二〇〇六年）
第十五章　ラフレーシ学院の挑戦――十七世紀フランスのコレージュ
ラフレーシュ学院の挑戦――十七世紀フランスのコレージュ（『名古屋大学高等教育研究』第二号、名古屋大学高等

教育研究センター、二〇〇二年）
イエズス会「学事規程」とデカルト（『創文』四八六号、創文社、二〇〇三年）

山田 弘明（やまだ・ひろあき）

1945年（現）中国・長春市生まれ．本籍，香川県．1968年京都大学文学部卒業．1972-75年フランス・リヨン第三大学留学（第三期課程博士号取得）．1976年京都大学大学院文学研究科博士課程単位取得．1981-82年米国・プリンストン大学客員研究員．西洋近世哲学専攻．現在，名古屋文理大学教授・名古屋大学名誉教授．博士（文学）．

〔著訳書〕『デカルト『省察』の研究』（創文社，1994），『『方法序説』を読む―若きデカルトの生と思想』（世界思想社，1995），『真理の形而上学―デカルトとその時代』（世界思想社，2001），『デカルト＝エリザベト往復書簡』（講談社学術文庫，2001），『省察』（ちくま学芸文庫，2006）他．

〔デカルト哲学の根本問題〕　ISBN978-4-86285-065-2

2009年9月10日　第1刷印刷
2009年9月15日　第1刷発行

著者　山田弘明
発行者　小山光夫
印刷者　藤原愛子

発行所　〒113-0033 東京都文京区本郷1-13-2
電話03(3814)6161 振替00120-6-117170
http://www.chisen.co.jp
株式会社 知泉書館

Printed in Japan　印刷・製本／藤原印刷

索　　引

（本文について主要なもののみを対象とする）

ア　行

カ　行

サ　行

タ　行

ナ　行

ハ　行

マ　行

ヤ　行

ラ　行

ワ　行

注

第1章　コギトと他者

1）ラテン語で「私は，もし私が神によってそのようなものとしてつくられていたなら」（AT. VII, 61）とあるところを，仏訳は je me considère tout seul, comme s'il n'y avait que moi au monde.（AT. IX-1, 49）と意訳している。

2）「パリ講演」*Die Parisier Vorträge* では，「いまやこのエゴは，まず第一に断固として独我論的な哲学を遂行する（S. 4）となっている。フッサールからの引用は *Husserliana.* Den Haag. 1950-からとし，訳文は『世界の名著・ブレンターノ・フッサール』中央公論社1970に基づく。

3）J. -L. Marion, L'*ego* altère-t-il autrui? La solitude du *cogito* et l'absence d'*alter ego,* dans *Questions cartésiennes.* Paris 1991. pp. 194-207

4）J. Cottingham, Cartesian Trialism, in *Mind.* Vol. XCIV. 1985（「デカルト的三元論」（『現代デカルト論集 II 英米篇』勁草書房 1996. pp. 175-198）。ただし，心身合一は心身の区別とは存在論的に別のことがらであり，それをひとしなみに三元論と言うことには慎重であるべきであろう。

5）「「第一省察」の歩みを真剣に受け止めるなら，「第六省察」を単なる見せかけとみなさざるをえないのではないか。また逆に，「第六省察」を真剣に受け止めるなら，どうして「第一省察」の歩みが可能だったであろうか」（M. Merleau-Ponty, *L'union de l'âme et du corps chez Malebranche, Biran et Bergson.* Paris. 1968. p. 16『マールブランシュとビランとベルクソンにおける心身の合一』朝日出版社 1981, p. 20）。「身体を排除して確実なものとして存在する「考える我」と，身体なくしては成り立たない日常的生を営む「我」とは，別次元のこととするだけではすまないであろう」（『上田閑照集』第10巻「自己の現象学」岩波書店 2002. p. 88.）。

6）J．-L. Marion, L'altérité originaire de l'*ego,* dans *Questions cartésiennes II.* Paris. 1996. pp. 3-47

7）このときマリオンは，レヴィナスの『全体性と無限』第一部C，三の「コギトと他者」を踏まえている。

8）拙著『デカルト『省察』の研究』（創文社1994）p. 46 を参照。

9）『パンセ』B693/L198/S229

10）西田からの引用は『西田幾多郎全集』（岩波書店1965）からとし，巻数と頁数とをこのように記す。

11）ただし西田はフッサール自身には批判的であった。「フッセルは……内的直観の立場から，事実的なるものも，本質に還元しようとするのである。……かういふ立場から客観的世界と云ふものが考へられるとは思はない」（⑪180）としている。

12) 身体的世界の復権は，他者の身体の復権でもある。他者の精神は，理性の普遍的存在から類推されよう。私が心身合一体であるなら，心身の合一した「真の人間」としての他者も考えられるのではないか。

13) 「全体はその部分よりも大きいなどのいわゆる永遠真理でさえも，もし神がそのように定めていなかったならば，真理ではありえないだろう」(メルセンヌ宛 1638. 5. 27. AT. VII, 138)。真理が真理である根拠を問うという意味で，デカルトは明証的な真理をも懐疑にかけている。

14) 同じ理性や同じ概念の普遍的共有ということは，コギト命題に関しても言えるだろう。コギトが一人称で語られていることから，問題になっているのは孤立した私の意識のことであると誤解されやすい。しかしコギトは「私」の専売特許ではない。コギトが語られる文脈を詳しく見るに，コギトは必ずしも一人称ではない。「コギトの命題は，順序正しく哲学するものならだれもが出会う，最初の最も確実な認識である」(『原理』I-7)。要するにコギトは人称を問わない。コギトは一般化され，共通化されるものである。メルロ=ポンティがそれを「ひとが思惟する，ゆえにひとが存在する」(M. Merleau-Ponty, *Phénoménologie de la perception*. Paris1945. p. 459) と解しているのはまったく正しい。ここからして一人称表現を手がかりとするコギト解釈は成立しがたいことが分かる。

第2章　永遠真理創造説考

15) 1980年代までの一世紀に限っても以下のような黄金の研究史がある。E. Boutroux, *De veritatibus aeternis apud Cartesium*. 1874, É. Bréhier, La création des vérités éternelles dans le système de Descartes, in *La Revue Philosophique*. 1937, E. Gilson, *La liberté chez Descartes et la théologie*. 1913, 野田又夫「デカルトにおける形而上学と自然学」『サンス』6. 創元社 1949, H. Gouhier, *La pensée métaphysique de Descartes*. 1962, G. Rodis-Lewis, *L'œuvre de Descartes*. 1971, H. G. Frankfurt, Descartes on the Creation of the Eternal Truth, in *The Philosophical Review*. vol. 86. 1977, J. -M. Beyssade, *La philosophie première de Descartes*. 1979, J. -L. Marion, *Sur la théologie blanche de Descartes*. 1981, E. M. Curley, Descartes on the Creation of the Eternal Truth, in *The Philosophical Review*. vol. 93. 1984

16) この表の作成に関しては，マリオンの図式 (J. -L. Marion, *Op. cit.* pp. 270-271) をはじめ，ロディス=レヴィス (G. Rodis-Lewis, *Op. cit.* pp. 125-140) やベイサッド (J. -M. Beyssade. *Op. cit.* pp. 101-128) などを勘案したが，最終的には筆者の見方によっている。

17) ベイサッドもマリオンもテキストを発展的に見ており，そのかぎりでは賛成である。筆者の見方は，永遠真理創造説のすべてが1630年のこれらの書簡のうちに胚胎しているとするものである。

18) マリオンは，メルセンヌに宛てて神学の諸問題を論じたベークマンの書簡 (1630. 4. 30. AT. I, 154) をその背景の一つと見ている (Marion, *Op. cit.* pp. 163-166)。これは一

つの重要な手がかりとなろう。

19） G. Rodis-Lewis, *L'œuvre de Descartes.* pp. 134-135

20） この答弁に対しては異論があった。すなわち，神は三角形の三つの角の和が二直角でないようにできると言うのか，すでに真であるものを真でなかったようにすることができると言うのか，同じものが同時に真かつ偽であるようにすることができると言うのか（デカルト宛の某書簡 1641. 7. AT. III, 406）という趣旨のものである。それはこの話題が当時多くの関心を集め，ホットな議論があったことを物語っている。

21） J．-M. Beyssade, *La philosophie première de Descartes.* pp. 86-105

22） M. Gueroult, *Descartes selon l'ordre des raisons.* Ⅰ. pp. 7, 14-25

23） F. Alquié, *La découverte métaphysique de l'homme chez Descartes.* p. 87-, Expérience ontologique et déduction systématique dans la constitution de la métaphysique de Descartes, in *Cahiers de Royaumont, Descartes.* 1957. p. 30

24） G. Rodis-Lewis, *L'œuvre de Descartes.* pp. 125-140, *Descartes: Textes et débats.* pp. 319-333, *Idées et vérités éternelles chez Desacartes.* 1985. pp. 119-138.

25） J. -L. Marion, *Sur la théologie blanche de Descartes.* pp. 264-312

26） G. Rodis-Lewis, *Descartes: Textes et débats.* p. 321

27） トマスは「神は円の中心から円周に引かれた線分が等しくないようにすること，あるいは直角三角形が二直角に等しい角をもたないようにすることはできなかった」（Thomas Aquinas, *Summa contra Gentiles.* II. 25. 14）としている。これに対してデカルトは，神は数学的真理を真でないようにすることもできたと考える。この種の例は他の多くのテキストにも見出される。「神にとっては中心から円周に引かれるあらゆる直線は相等しいということが真でないようにすることは……自由であった」（メルセンヌ宛 1630. 5. 27. AT. I, 152）。「神が，三角形の三つの角の和が二直角に等しくあることを欲したのは，神がそれとは違ったようになりえないと認識したからではない」（「第六答弁」AT. VII, 432）。「神が永遠の昔から4の倍数が8でなかったようにすることができたのはどうしてか，などと問うことは無益である」（同 436）。「神は1たす2が3でないようにすることができなかった，とまではあえて言いません。……ただ神は，1と2の和が3でない等のことを理解できないような精神を私に与えたとだけ言っておきます」（アルノー宛 1648. 7. 29. AT. V, 224）。このようにデカルトにおいて，数学的真理の創造は，世界の（時間における）創造と同じく神の自由意志に依存すると考える点が特徴的である。「第一省察」の「欺く神」の仮説は，こうした神の自由ないし非決定を根拠にしていると考えられる。「この神は，私が2に3を加えるたびごとに，あるいは四辺形の数を数えるたびごとに……私が誤るように仕向けたのではあるまいか」（『省察』AT. VII, 21）。

28） 「相矛盾するものは両立できない」les contradictoires ne peuvent être ensemble というふうに，数学的命題をも含めて一般化しているのはこのテキストのみである。相矛盾するものの具体例としては，数学の例のほかに，谷なき山，アトム，空虚などが挙げられている。「神は谷なしに山をつくることができなかった……とまではあえて言いま

せん」（アルノー宛 1648. 7. 29. AT. V, 224）。その他，AT. III, 476-477, AT. VII, 66, AT. V, 272-273 など。

29）　神の意志の自由ないし非決定についても，多くのテキストで語られている。「神の意志は自由です」（メルセンヌ宛 1630. 4. 15. AT. I, 146）。「神の意志が，創られたものあるいはいつか創られるであろうものについて，永遠の昔から非決定でなかったということは矛盾です。というのも善なるものにせよ真なるものにせよ……，神の意志が，それらがそうなるという事態をしつらえるべく自らを決定するに先んじて，それらの観念が神の知性のうちにあったというようなことは，なんら仮想することができないからです」（「第六答弁」AT. VII, 431-432）。その他 AT. VII, 435-436 など。

30）「神がそれら（永遠真理）を真あるいは可能として知ったがゆえに……のみ，それらは真あるいは可能である。……神において欲することと知ることとは一つにほかならず，神はあることを欲すること自体によってそのものを知り，かつただそのこと自体によってのみ，そのものは真である」（メルセンヌ宛 1630. 5. 6. AT. I, 149）。

31）「神はわれわれの理解しえるすべてをなしえる，とわれわれは確信することはできますが，われわれの理解できないことはなしえない，と確信するわけには行きません」（同宛 1630. 4. 15. AT. I, 146）。

32）　神の能力がわれわれ人間の理解を絶する無限のものであることは，繰り返し主張されている。もっとも，われわれは神を全体的に理解すること comprendre や，概念的に把握すること concevoir はできないが，知ること savoir つまり思惟によって触れることはできる（同宛 1630. 5. 27. AT. I, 152）とされる。

33）　クレルスリエ版，アダン・タヌリ版，アダン・ミロー版はすべて elle「その真理」となっているが，アルキエ版は elles「それらの真理」と訂正している。それにしたがえば，次の行に二回出てくる le vouloir を les vouloir と直すべきであろう。

34）　神の意志は事物の必然性から独立である。神が必然性を規定しているのであって，その逆ではない。「数学的必然性はわれわれの認識を少しも越えるものではなく，それは（神）の不可解な力に従属している」（メルセンヌ宛 1630. 5. 6. AT. I, 150）。「それらの（数学的）真理は，その他の被造物よりも，神の本質にいっそう必然的に結びつけられているわけではない」（同宛 1630. 5. 27. AT. I, 152）。神が三角形の三つの角が必ず二直角に等しいことを欲したがゆえに，いまはそのことが真なのであって，それと違ったようになりえないのです」（「第六答弁」AT. VII, 432）。「永遠真理は，人間の知性あるいは事物の存在に依存すると考えるべきではなく，それらの真理を永遠の昔から最高の立法者として秩序づけ制定した，神の意志にのみ依存すると考えるべきです」（同 436）。

35）　メランの意図が何であるかは正確には分からないが，おそらく被造物が神に依存しないような仕方で創造されることは，「被造物」の概念に明白に矛盾するという趣旨であろう。だが，われわれ有限者の目には不可能なことも，無限なる神には可能であったとデカルトは考えている。この種の矛盾は，神が山なき谷をつくることや世界を時間のうちにつくらないことと同じレベルの矛盾と考えてよいのではないか。デカルトは，天使にはできないことがあっても，全能なる神においてはすべてが可能であった（ベーク

マン宛 1630. 10. 17. AT. I, 165）と見ている。「神にとって何かがなしえないと言ってはならない」（アルノー宛 1648. 7. 29. AT. V, 223–224）。

36） Augustinus, *Confessiones*. XIII. 30

37） Thomas Aquinas, *Summa Theologiae*. I. Q. 25. a. 3

38） それゆえ「神はそれらのことがらをなすことができない」Deus non potest facere というよりはむしろ「それらのことがらは起こりえない」non possunt fieri と言ったほうが適切であるとされる（同 Q. 25. a. 3）。

39） 同. Q. 25. a. 4. トマスはここで，アウグスティヌスとアリストテレスを引いている。「もしも神が全能であるならば，生じてしまったことを生じなかったようにしてみるがよいと言う者は，自分はじつは次のように言っていることを知らないのだ。もしも神が全能であるならば，真であることがらをまさにそれが真であることのゆえに偽であるようにしてみるがよい，と」（Augustinus, *Contra Faustum*. XXVI. c. 5)。「なされてしまったことをなされなかったようにすることだけは，神にもできない」（Aristoteles, *Ethica Nicomachea*. VI. ii. 1139 b5–11）。アウグスティヌスの引用文は，デカルトとの関係で熟考に値するだろう。アリストテレスの引用文は，アガトンの言葉として伝えられている。なお「一度なされてしまったことは，もはや元には戻らない」は，プラトンにおいても認められている（Platon, *Leges*. 934a–b）。

40） Thomas Aquinas, *Summa contra Gentiles*. II. 25. 11–15

41） ここでは「神はなされたことを，なされなかったようにすることができる」と主張されている。その趣旨は「神はわれわれの理解に反することをなしえないのではなく，それはわれわれにとって矛盾であるというだけである」（モア宛 1649. 2. 5. AT. V, 272）ということである。それが理解不可能なのは，われわれにおいてであっても神においてではない。それゆえ，この箇所を一つの根拠として神には不可能なことがあるとするゲルーの読み方（M. Gueroult, *Descartes selon l'ordre des raisons*. II. p. 27）は間違っていると思われる。

42） こうした思想の先達はモンテーニュではないかという考証がある。プリニウスは「神は自殺できない，死すべき人間を不死にすることも，死者を生き返らせることもできないし，生きてしまった者を生きなかったことにすることもできない……。神は10の2倍が20でないようにすることもできない」（*Plinius, Historia Naturalis*. 2–7）とした。これに対してモンテーニュは，キリスト教徒たるものはこうした不敬なことを口にすることを避けねばならないと言っている。またホラティウスは「神々の父ユピテルは，われわれの過去を帳消しにすることはできない。過ぎゆく時が運んだものを変えることも無にすることもできない」（Horatius, *Carmina*. 3–29–43）とした。だがモンテーニュは，それは神を人間の尺度に引き戻そうとする傲慢であると断じている。そして「ストア派は神を運命に隷属させた。……タレスやプラトンやピュタゴラスも神を必然の奴隷とした」（*Montaigne, Les Essais*. II. 13）と結論している。ベイサッドやカーリーが指摘するように，たしかにそれはデカルトに通じるところがある（J. –M. Beyssade, *La philosophie première de Descartes*. p. 106, E. M. Curley, *Descartes Against the Skeptics*. 1978. p.

40）。だがモンテーニュは，そういう見方は反キリスト教的であり神を擬人化せんとする人間の傲慢であると主張しているだけであって，神にはそれが可能であるという積極的な主張とはなっていない。この点でデカルトの先達と言えるかどうかは疑問である。むしろデカルトこそが禁断の領域に足を踏み入れた最初の人だと思われる（G. Rodis-Lewis, Création des vérités éternelles, doute suprême et limites de l'impossible chez Descartes, in *Idées et vérités éternelles chez Descartes et ses successeurs*. 1985.（西村哲一訳「デカルトにおける永遠真理の創造」『現代デカルト論集Ⅰフランス篇』pp. 163-164）。

43） Thomas Aquinas, *Summa Theologiae*. I. Q. 25. a. 4

44） マリオンの分析によれば，中世思想では人間は神の知性を分有しており，被造物たる人間と神との間に存在の一義性やアナロギアが成立すると考えられた。しかしデカルトの永遠真理創造説は，この類比構造を破壊したことになる（J. -L. Marion, *Sur la théologie blanche de Descartes*）。

45） 神は矛盾をもなしうるが，われわれにはそれが理解できないだけだと言うだけで問題が済むのかどうか。この点については以下の（４），（５）項で取り上げる。

46） ブートルー，グイエ，ゲルーなどの伝統的解釈は，デカルトにおいても神には絶対的に不可能なものがあるとしてそのリストをつくってきた。これに対してベイサッドとマリオンは正面から反対している（J. -M. Beyssade, *La philosophie première de Descartes*. pp. 115-121, J. -L. Marion, *Op. cit.* pp. 296-303）。われわれとしては（４）項で検討するように，神自身の属性に関わる記述においては「神に不可能なし」と文字通りには言えないと考える。

47） Thomas Aquinas, *Summa Theologiae*. I. Q. 19. a. 10

48） 同 Q. 25. a. 3

49） ベイサッドは，1630年代の「神の全能」と1644年の「神の非決定」との間には差があるとする（J. -M. Beyssade, *Op. cit.* pp. 109-113）。だが1641年のこの引用文は両概念を融合させている。

50） 知性と意志の同一性を強調することが，誰に向けられているかを考えてみる必要がある。真理が神の認識に先行すると考える人に向かって（メルセンヌ宛 1630. 5. 6. AT. I, 149），あるいは神が矛盾をなすのが理解できないという人に向かって（メラン宛 1644. 5. 2. AT. IV, 119），そう主張されている。すなわち前者では神の意志がものの真理に先行することが言われ，後者では神においては意志も知性も一つなので人間知性では分からないことがあっても不思議ではないことが含意されている。要するに意志と知性が同じだと言いながら，神の意志の独自なステータスは守られている。

51） F. Alquié, *Œuvres philosophiques de Descartes*. tome Ⅰ. 1963. p. 264. note 2, tome II. 1967. p. 872. note 2.

52） G. W. Leibniz, *Discours de Métaphysique*. §2

53） このエリザベト宛書簡では，その矛盾は「神の力は同時に有限でありかつ無限であると言うに等しい」として，神自身の本性に関わる矛盾であることを示唆している。た

だ，メラン宛の本書簡では「神は被造物が神に少しも依存しないようにすることもできたであろう」は明白な矛盾を含み，われわれには不可能としか判断できないが，神の力の広大さを知ればそんなことを思い描く必要はないとしている。同じ命題について，取り扱いが異なっていると思われる。

54） G. Rodis-Lewis, *Op. cit.* pp. 168-169

55） J. -M. Beyssade, *Op. cit.* pp. 115-121, J. -L. Marion, *Op. cit.* pp. 296-303

56）この解釈はブートルー，グイエ，ゲルーなどの伝統的解釈と，ベイサッド，マリオンの現代的解釈の中間を採ることである。注54のロディス＝レヴィスの解釈はそれに近い。

57） E. Gilson, *La liberté chez Descartes et la théologie*. 1er partie.

58） 永遠真理創造説は真理の究極の保証を最終的に神に求めるものであるから，現代哲学からすれば，知識の基礎づけ主義の悪しき典型と見られるかも知れない。しかし基礎づけ主義なるものが，あらゆる知識の究極の基礎はある特権的に真なる命題に還元され，アルキメデスの点のようにそこからすべての知識が演繹的に導出されると定義されるなら，それはコギトに関しては言えても創造説に関わるものではない。知を保証するものとしての神の意志は，人間知性の領域を越えたものであり，その内実はまったく分からない。極限すれば人間の知識は神の意志という不透明なものの上に成立していることになる。それは基礎づけ主義には馴染まない思想であるとしなければならない。

第３章　真理と神――無神論の幾何学者は真理を語りうるか

59） 渡邊二郎訳『イデーン・Ⅰ』（みすず書房1979）pp. 246-248

60） この神はユダヤ教の神を思わせるが，しかしキリスト教（とくにトマス・アクィナス）の神においては，人間の「純粋意識」なるものもまた神の知性の反映にほかならないと解される。

61） 辻村公一『ハイデガーの思索』（創文社1991）p. 176

62） 同書 p. 192

63） 藤本隆志・坂井秀寿訳『論理哲学論考』（法政大学出版局1968）による。

64） 藤本隆志訳『哲学探究』（「ウィトゲンシュタイン全集」８，大修館書店1976）

65） G. Hallett, *A Companion to Wittgenstein's Philosophical Investigations*. 1977. pp. 426-427

66） 人間を無限なるものに基づいて全体的に捉えることの重要さについては，薗田坦『クザーヌスと近世哲学』（創文社2003）pp. 117-118より示唆を得た。

67）「たとえ眠っていても，もし非常に判明なある観念をもつならば，例えば一人の幾何学者が何か新たな論証を見いだすとするならば，彼がそのとき眠っていたとしても，その論証はやはり真であることには変わりはない」（『序説』AT. VI, 39）。もっともこれは神が証明されたあとのことを言っている。

68） E. Gilson, *Descartes. Discours de la méthode. Texte et commentaire*. 1925. pp. 360-362

69） 拙著『デカルト『省察』の研究』pp. 22-25

70） この規則を真理基準として神の存在証明には使うことはできない。しかるに神が証

明される以前に，それは真理の一般的規則として提示されている。こうしたことから「循環」の疑義が発生したと思われる。少なくともメルセンヌはそう感じていたし，ここからアルノーやガッサンディなどの反論が生じることとなる。しかしわれわれは，この規則は神の存在証明の論理構成そのものには関わっていない（同拙著 pp. 140-145）と見る。

71）　現代の観点からすれば，数学的真理の基礎に神を置くのはとんでもない謬見ということになろうか。数学に超越的基礎などはないとするパトナム，数学的確実性は特権的なものではないとするウィトゲンシュタインが代表的であろう。佐々木力『デカルトの数学思想』（岩波書店2003）pp. 521-522

72）　本書第 2 章「永遠真理創造説考」

73）　当時オラトワール修道会が，旧態依然たるカトリックの刷新を唱えて設立されていたが，デカルトはベリュールやジビューを通じて，この会の影響下にあった（E. Gilson, *La liberté chez Descartes et la théologie*. 1913. pp. 157-210）。「はばかることなく確言し公言せよ」とは，この会の思想（それは永遠真理創造説そのものではないが，神の自由を最も強調する点でデカルトの所説と重なる部分がある）を世に広める意図があったからと思われる。デカルトが強調する神の絶対的自由は，ジビューの『神と被造物との自由について』（G. Gibieuf, *De libertate Dei et creaturae*. 1630）が主張するところでもあった。実際デカルトは「神の自由について，私はジビュー神父の説くところと……全く同意見です」（メルセンヌ 1630. 5. 27. AT. I, 153）と述べている。

74）　F. Suarez, *Disputationes Metaphysicae*. XXXI. sec. XII. 40. 拙著『真理の形而上学』（世界思想社2001）p. 130

75）　アルキエは変えられないと読むが（F. Alquié, *Œuvres philosophiques de Descartes*. Tome. I. p. 261. note. 1. 1963），神には不可能はないのでこのように解釈する。

76）　メルセンヌはすでに，『創世記の諸問題』*Quaestiones in Genesim*. 1623，『当代の理神論者，無神論者，リベルタンの不敬虔』*Impiété des Déistes, Athées et Libertins de ce temps*. 1624，『懐疑主義すなわちピュロニズムに対する諸学問の真理』*Vérité des sciences, contre les septiques* (sic) *ou Pyrrhoniens*. 1625 などの著作をもつ。フランシスコ会に属してはいるが，神の意志に関してはデカルトとは逆に，トマス・アクィナスに忠実にしたがっている（E. Gilson, *Op. cit.* pp. 149-156）。

77）　Thomas Aquinas, *Summa contra Gentiles*. II. 25, 拙著『真理の形而上学』p. 307 注（21），本書第 2 章「永遠真理創造説考」pp. 45-49 を参照。

78）　拙著『真理の形而上学』pp. 65-66

79）　同 pp. 106-109

80）　それぞれブランシュヴィック版，ラフュマ版，セリエ版の番号を意味する。

81）　パスカルについては同拙著，第七章を参照。

82）　E. Gilson, *Op. cit.* p. 208

83）　F. Alquié, *La découverte métaphysique de l'homme chez Descartes*. 1950. p. 93; Expérience ontologique et déduction systématique dans la constitution de la

métaphysique de Descartes. in *Descartes, Cahiers de de Royaumont. Philosophie n°. II.* 1957（香川知晶訳「デカルトの形而上学の構成における存在論的敬虔と体系的演繹」，『現代デカルト論集Ⅰフランス篇』）

84）G. Rodis-Lewis, *L'œuvre de Descartes.* 1971. p. 131（小林・川添訳『デカルトの著作とその体系』紀伊國屋書店1990 p. 143）なお，同じ著者による *Descartes: Textes et débats.* 1984. pp. 319-333 には論争点が簡潔にまとめられている。

85）J. -L. Marion, *Sur la théologie blanche de Descartes.* 1981，拙著『「デカルト『省察』の研究」p. 263. 注13

86）K. S. Ong-Van-Cung, *Descartes et l'ambivalence de la Création.* 2000. pp. 9, 216-219

87）L. Devillairs, *Descartes, Leibniz. Les vérités éternelles.* 1998. pp. 25-81

88）A. Robinet, *Descartes, La lumière naturelle. Intuition, disposition, complexion.* 1999 pp. 283-290

89）*Ibid.* p. 289

90）そのことは，学問において「何か確実なものを知る」（「第二省察」AT. VII, 24）というデカルト哲学の指向性が，1630年の永遠真理創造説の時点ですでに存在していたことを示している。『省察』の原型にあたる「形而上学小論」1628にも，こうした確実性の探求の姿勢が見えていたと推察される。

91）R. Popkin, *The History of Scepticism From Erasmus to Descartes.* 1960. p. 183（野田・岩坪訳『懐疑—近世哲学の源流』紀伊國屋書店1981 p. 231）

第４章　心身問題についてのノート

92）『省察』の第一版の副題には「そこでは精神の不死が証明される」とあったが，第二版では「精神の身体からの区別が証明される」と訂正されている。不死について語らない事情については『省察』AT. VII, 12-14 を参照。

93）Spinoza, *Ethica.* I. Prop. 10. Scholium

94）A. Kenny, *Descartes.* 1968. p. 89. この他にも同様の議論の多くがある。N. Malcolm, Descartes' Proof that His Essence Is Thinking, in *Thought and Knowledge.* 1977. pp. 15-39, B. Williams, *Descartes.* 1978. pp. 122-124, 木曾好能「心とは何か」（『京都大学文学部研究紀要』26. 1986. pp. 3-10）など。

95）「神の力」という言い方は，神が自己原因であることを保持する力，他のものを創造する広大無尽な力として，しばしばテキストに登場する（「第四省察」AT. VII, 56,「第一答弁」AT. VII, 109, 111,「第三答弁」AT. VII, 188,「第四答弁」AT. VII, 237）。そうした力をもつことが神の本性でもある。ここでは，神の力が心身の区別を支えているということが問題である。

96）同じことは「第六答弁」で別の角度から言われている。「二つの或る一緒に結びつけられたものをしばしばわれわれが見るということからは，それらは一つの同じものであると結論することは許されない。しかし，時としてそれらのうちの一方に，他方なしにわれわれが気付くということから，それらは別々のものであると立派に推論される。こ

の推論には神の力 potentia がわれわれの邪魔になるはずはない。というのも，二つの別個のものとして明晰にわれわれが認識するものが，内部的にまた何らの複合にまつことなく，一つの同じものとして作られていることは，区別されないものが分離されるというに劣らず，概念に矛盾があるから。さればこそ，神が物体に思惟する力を（実際にそれを人間に植えこんだように）植えこんだとするなら，神はこの力を物体から分離することができるのであって，このようにして思惟する力は，物体から実在的に区別されている。」（「第六答弁」AT. VII, 444-445）

第5章　デカルトの神——自由と決定

97）　だが，当然ながら反論があるだろう。神という超越者を理性の次元で有意味に語ることはできない。人間は精神のみによって生きるものでなく，肉体を持ち肉体に限定されながら生きている。一つの生物的個体として遺伝子に支配され，自己の生を保存し外界に対処しながら生きている。自己を取り巻く環境を知ることが重要であって，神や精神のみを問題とするのは間違っている，と。筆者は現代人としてこのような批判に関心を持ちながらも，哲学において「神」（その言葉で何を意味するかが問題であるが）を問うことが重要だと考えている。たしかにカントの認識論からすれば，理論の問題として哲学で神を論じることの妥当性には疑問があるだろう（『純粋理性批判』B620-630）。だが，それはあくまでカントの認識論的立場からの批判にすぎない。また生物学的な環境論からの主張はだれしも認めるが，ここで問われているのはそれとは別の話である。

98）　マリオンは Scipion du Pleix, *La métaphysique ou Science surnaturelle*. 1606 が，永遠真理と神の関係，神の観念などにおいてデカルトの批判の対象となったと考証している。ゴクレニウス，ヴァスケスについても同様である（J. -L. Marion, *Sur la théologie blanche de Descartes*. pp. 64-67, 69）。もっともそれはあくまで可能性であって，スアレスを除いてデカルトが読んだというテキスト的証拠はない。

99）　E. Gilson, *Études sur le rôle de la pensée médiévale dans la formation du système cartésien*.

100）　L. Devillairs, Dieu de Descartes, augustinisme et philosophie, in H. Laux et D. Salin éd., *Dieu au XVIIe siècle: Crises et renouvellements du discours*. 2002. もっともデカルトとアウグスティヌス主義については，すでに H. Gouhier, *Cartésianisme et augustinisme au XVIIe siècle*. 1978 に詳しい。

101）「哲学者の神」と銘打った論文や書物はいくつかある。G. Picht, *Der Gott der Philosophen und die Wissenschaft der Neuzeit*. 1966 はニーチェの「神の死」を評しつつ，新たな目で神と世界，神と人間を論じる。J. Moreau, *Le Dieu des philosophes*. 1969 はとくにカントの神を主題とする。P. Magnard, *Le Dieu des philosophes*. 1992 は「神の機能」を軸に，理性による神，啓示の衝撃，理性と信仰との競合を論じる。杉村靖彦「哲学者の神」（岩波講座『宗教』 4「根源へ」2004）は E. レヴィナスと M. アンリに「哲学者の神」の解体を見る。

102）　パスカルのデカルト批判については，拙著『真理の形而上学』pp. 174-193 を参照。

103）　この言い方は野田又夫『デカルト』（弘文堂1937）p. 130 による。

104）　ここに言う決定とは，ヒュームが言うような物理的・因果的な決定のことではない（D. Hume, *Enquiries concerning Human Understanding and concerning the Principles of Morals*. Section. VIII）。むしろ，ものの存在と本質とが神に依存しているというほどの意味である。決定論一般についての概説としては C. Talyor, Determinism, in P. Edwards ed., *The Encyclopedia of Philosophy*. 1967，その語義については A. Lalande, *Vocabulaire technique et critique de la philospophie*. 1956 がある。決定論批判の邦語文献としては大森荘蔵「決定論の論理と，自由」（『言語・知覚・世界』岩波書店1971）がある。

105）　以下，引用は懐疑に関連して次のように続いている。「このことが最も明らかになったのは，少し前に，われわれがすべてを疑おうと企て，あるきわめて有能な，われわれの起源の創始者が，あらゆる仕方でわれわれを欺こうと努力しているのだと想定するまでにいたったときであった。というのは，それにもかかわらずわれわれは，完全に確実でなく究明し尽くされてはいないものは，信ずるのをさし控えうるという自由が，われわれのうちにあることを経験したからである。そして，それほどまでに疑いをたくましくした時にも疑わしくないと思われたもの以上に，自明なもの分明なものはありえないのである。」（『原理』 I -39）

106）　J. -M. ベイサッドは『原理』 I -39 に関するコメントのなかで，最初に経験される自明な概念としての自由意志とコギトとの優先関係を問題にし，自由意志を推論の基点となる「結論の知」でなく，最初に明証的に意識される「原理の知」と解する（J. -M. Beyssade, Descartes et la liberté de la volonté, in *Descartes au fils de l'ordre*. 2001. pp. 259-275）。けだし正当な議論であると思われる。

107）　ヴルガタ訳『旧約聖書』（「創世記」 1 -26）には「われわれの像と似姿にかたどって人を作ろう Faciamus hominem ad imaginem et similitutidem nostrum」とある。アウグスティヌスやトマス・アクィナスは，この延長線上で人間の自由意志の意味を考えている。拙著『デカルト『省察』の研究』pp. 285-286 を参照。

108）　人間の意志は知性と同じく不完全ではないのかという反論に対して，デカルトは「意志することはいつでも等しく完全である」（『ビュルマンとの対話』AT. V, 158）としている。

109）　自由の問題については，テキスト的問題も含めて拙著『デカルト「省察」の研究』p. 270 以下で論じたことがある。

110）「ものはわれわれの認識の欠陥以外には，いかなる理由によっても偶然とは言われない」（Spinoza, *Ethica*. I. Prop. 33, Schol. I）。

111）　このテキストの仏訳（1647）には修正が加えられている。「どちらの側にも動かされる」は「二つの反対のもののどちらを選ぶかは非決定である」と，「むしろ逆に」は「むしろ」と，書き換えられている。いずれも非決定の自由を再評価する意図がある。この指摘は次の M. ベイサッド論文による（M. Beyssade, Descartes's Doctrine of Freedom: Differences between the French and Latin Textes of the Fourth Meditation, in

J. Cottingham ed., *Reason, Will, and Sensation: Studies in Descartes's Metaphysics*. 1994. pp. 191-206)。彼女は，そこに非決定についてのデカルトの思想の進化を見ている。ただ，これらの修正は本稿の全体には影響がない。

112) ライプニッツは「必然的に強いずに，ただ傾かせる」non necessitant, sed inclinant という言い方をしている（*De rerum originatione radicali*. C. I. Gerhardt. ed., *Die Philosophischen Schriften von G. W. Leibniz*. VII, p. 302）。

113) サルトルはこの点にデカルトの自由の一つの特徴を見ている。J. -P. Sartre, La liberté cartésienne, présentation pour *Descartes, Discours de la méthode suivi des Méditations*. 1946. p. 13. 野田又夫訳「デカルトの自由」『シチュアシオンⅠ』（人文書院 1965）p. 278

114) 多くの論者が「非決定」の評価にかかわる変節？を問題にしている。アルキエはこの態度の違いの重要性を指摘している（F. Alquié, *Descartes*. pp. 145-146, *La découverte métaphysique de l'homme chez Descartes*. p. 289）。他方，ケニーはこの書簡にテキスト的疑問を呈しつつ，アルキエ説に批判的である（A. Kenny, Descartes on the Will, in R. J. Butler ed., *Cartesian Studies*. 1972. pp. 25-31）。われわれによれば，このテキストそのものには問題はない。だがその内容は，メラン（イエズス会）の言うような積極的な非決定も場合によっては認められるという趣旨であり，デカルトの自由の本義が自発性の自由にあったことには変わりがないと思われる。拙著『デカルト『省察』の研究』pp. 277-280 を参照。近年のチャペル論文も自発性の自由を擁護している（V. Chappell, Descartes's Compatibilism, in J. Cottingham ed., *Op. cit*. p. 183）。

115) 「すべて在るものは神のうちにおいて在り，神なしには何も在りえないし，考えられもしない」(Spinoza, *Ethica*. I. Prop. 15)。

116) 人間の祈り prex さえも神の決定事項の一つと考えられている。「神の変易不能性が人々の祈りと和解 reconcilio させられるためには，次のように言わなければなりません。すなわち，神はたしかに変易不能であり，私が求めるものを私に与えようとするか与えようとしないかを永遠の昔から裁定 decerno していたけれども，しかし裁定するのに，同時にこのものを私の祈りによって，しかも私が同時に祈りかつよく生きる場合に，私に与えることを裁定するようにしていたのだ，と。したがって，もし私が神から何かを得ようとすれば，私は祈りかつよく生きなければなりません」(『ビュルマンとの対話』AT. V. 166)。ライプニッツは，この箇所に関して「カルヴァンですらこれほどはっきりとは言わなかった」(*Théodicée*. § 164）と評している。デカルトの決定論がカルヴァン顔負けの先鋭的なものであったことが窺われる。

117) G. Rodis-Lewis, *L'œuvre de Descartes*. p. 109, *Descartes: Textes et débats*. p. 348 による。

118) 仏訳（1647）は「すなわち，われわれの自由意志のすべての拡がりと永遠なる摂理の秩序とを，われわれの知性で抱懐し，いわば限定しようと努めるならば」と付加している。ラテン語原文との間に明らかな懸隔がある。注111に述べたように，M. ベイサッドが「第四省察」の仏訳について問題にしていることが，『原理』の仏訳についても言

えるかも知れない。

119)　この言い方は「第三省察」のはじめで，明晰に認識されるものに目を向ける場合と，神の全能に目を向ける場合とで，数学の真理性が異なって見える（AT. VII, 36)，という主張と同じ論理構造である。

120)　ラポルトの読み方によれば，独立性と依存性とは心理的・実践的平面と形而上学平面という異なる秩序に属する。この区別によって，われわれの行為は第一原因に関しては物理的に決定されていながら，第二原因に関しては非決定であることができる（J. Laporte, La liberté selon Descartes, in *Revue de Métaphysique et de Morale*. 1937. p160）と言う。このように位相を異にしないかぎり，それを同時に把握することは困難であろう。しかし自由と決定の理論的調停を考えるということは，それを整合的に一元的に理解しようと試みることである。

121)　ジルソンの考証によれば，このたとえそのものはどのスコラ文献にも見出されないが，ラフレーシ学院で習ったと思われるモリナ Molina, *Concordia liberi arbitrii cum divina praescientia*. 1588の「中間的知識」の説の応用が見られるとしている（E. Gilson, *La liberté chez Descartes et la théologie*. pp. 390-391）。これに対してラポルトは，ライプニッツが *Théodicée*. § 162-165 でこのたとえに言及して修正していることを示し，モリナの影響をそれほど強調しない（J. Laporte, *Op. cit*. p153）。

122)　拒否できるという読み方もできるが，それはデカルト本来の自由の見方ではないと思われる。本書注114を参照。

123)　同じことはシャニュ宛書簡においても述べられる。「神の決定は誤ることがなく，その決定はわれわれの自由をそこなわない ils ne troublent point notre libre arbitre けれども，けっして変更できぬものであること」(1647. 2. 1. AT. IV, 608)。だが，神の能力の無限さ，摂理の広大さが言われるのみで，なぜ神の決定がわれわれの自由を妨げないかの理由は示されていない。

124)　J. -P. Sartre, *L'être et le néant*. 1943. p. 515. 松浪信三郎訳『存在と無』第三分冊（人文書院1960）p. 29

125)　E. Gilson, *La liberté chez Descartes et la théologie*. p. 384

126)　G. Rodis-Lewis, *Descartes: Textes et débats*. pp. 333-347

127)　本書注120を参照。

128)　J. Laporte, *Op. cit*. pp159-161

129)　V. Chappell, Descartes's Compatibilism, in J. Cottingham ed., *Reason, Will and Sensation*. 1994. pp. 189-190

130)　心身を区別して，身体的・物体的レベルではすべてが決定されているが，精神的レベル（コギトのレベル）のことは自由であると考えれば，両立の説明がつくかもしれない。だがその場合でも，心身を統合するような視点は拒否される。また，精神の傾向性もまた決定されているという事態をどう考えるかが問題になろう。

131）　むろん17世紀の人たちが，みなその問題設定を肯定していたわけではない。ガッサンディやレギウスなどは，デカルト的な神の存在証明や心身の区別に関して，きわめて批判的であった。しかし，かれらの批判は経験論や感覚主義の立場から神と精神を捉えるという試みであって，問題そのものの重要性を否定しているわけではない。

132）　17世紀前半のフランスには，プロテスタンティズムの攻勢はもとより，自由思想，無神論，懐疑主義に対する危機感があった。それらに反撃を加えるという意図の下に，あらためて神と精神を論じたシロンやメルセンヌの書が出ており，デカルトもそれを意識していたはずである。本書第12章「「ソルボンヌ書簡」の研究」p. 338 を参照。

133）　同上 pp. 336-339，拙訳『省察』（ちくま学芸文庫2006）pp. 242-244，本書第５章「デカルトの神―自由と決定」pp. 114-120 を参照。

134）　これらについてはグイエの考証がある（H. Gouhier, *Les premières pensées de Descartes*. 1958. pp. 66-67, 83-84）。

135）　ヴェーベルによれば，直観に関する命題（第３規則）は1619年11月のもの，必然的結合に関する諸命題（第12規則）は帰国後の1628年４月-10月のものとしている（J. -P. Weber, *La Constitution du texte des Regulae*. 1964. pp. 204, 205）。

136）「枢機卿はこの企てを実行するのに彼［デカルト］がきわめて適していると判断したので，彼の精神に対して自分のもっている権威を行使し，彼をこの大きな仕事に取りかからせようとした。枢機卿はそれを良心の義務とまでさせた。すなわち，枢機卿は彼に向かって，彼が神から，知性の力や洞察力とともに，他の人々には与えられなかった，この仕事についての光をも授かっている以上，彼は自分の才能をどう用いたかを正確に神に報告すべきであり，彼が自分の思索の成果を人類から取り上げるという過誤を犯すようなことがあれば，人間に対する至高の審判者たる神の前でその責任をとるべきである，といって聞かせた」（A. Baillet, I. p. 165，井沢・井上訳『デカルト伝』講談社1979 p. 71）。バイエはこの記述をクレルスリエの手記から収録している。cf. ヴィルブレシゥー宛1631年夏 AT. I, 213。なお，バイエは会合の日付を1628年11月としているが，ロディス＝レヴィスによって1627年11月と訂正する。彼女はこの会合を重視し，「その結果，ベリュールは，デカルトがみずからの哲学を堅固な基礎に基づいて建設する決意を固めるうえで決定的な影響を及ぼすことになる」（G. Rodis-Lewis, *Descartes: Biographie*. 1995. p. 78，飯塚勝久訳『デカルト伝』未来社 p. 94）としている。

137）　このミッションと，1619年の夢で得た神からの霊感とを重ね合わせて読むこともできよう。この論点は名古屋大学の金山弥平教授のご示唆による。

138）　デカルトはこの町でベークマンと再会し，数学や自然学の研究交流をしたことがベークマンの日記（10月８日）から分かっている。

139）　A. Baillet, I. p. 171

140）　本書注136を参照。

141）　考証の仕方によってその期間は異なる。A. Adam は1628年12月-1629年９月（*Vie et œuvres de Descartes*. 1910. p. 129），G. Cohen は1628年10月８日-1629年７月18日

(*Écrivains français en Hollande dans la première moitié du XVIIe siècle*. 1920. p. 442. note. 3)，H. Gouhier は1629年 3 月-12月（*La pensée religieuse de Descartes*. 1972. p. 77）としている。本稿は1628年11・12月-1629年 8・9 月とする G. Rodis-Lewis の考証（*Le développement de la pensée de Descartes*. 1997. p. 134）にしたがっておく。

142）もっともこれは推察にすぎず，そのことを確かめる資料は今のところない。この時期ジビューと交わした書簡はこれ一通であり，それほど頻繁な交流の跡は見られない。デカルトは1630年代にジビューと著書を交換し合い，40年代には『省察』の認可に関してソルボンヌの博士ジビューに助力を依頼することになる。

143）G. Rodis-Lewis, *Op. cit.* p. 114

144）1630年メルセンヌ宛書簡のいくつかにおいて永遠真理創造説が語られるのは，神を存在とともに認識の原理と見なしていることの証拠であろう。「神の存在は，およそあることができるすべての真理のうちで，第一で，最も永遠な真理であり，他のすべての真理がそこに由来する唯一のものである」(1630. 5. 6. AT. I, 150)。

145）この箇所が『人間論』において「精神」の初出である。『デカルト著作集』4（白水社1973）p. 290. 訳注（35）。

146）形而上学が自然学の基礎をなしていることは，しばしば強調される。「自然学をこの道（形而上学）によって探究しなかったならば，私はその基礎を見出すことができなかっただろう」(メルセンヌ宛 1630. 4. 15. AT. I, 144)。「これら六つの省察は私の自然学のすべての基礎を含んでいる」(同 1641. 1. 28. AT. III, 298)。

147）その執筆年代については，古典的な1649年説（E. Cassirer），1647年説（H. Gouhier），1641年説（C. Adam），最近の1634年説（E. Lojacono）などがある。ここでは D. Kambouchner による1635年以前という最新の考証（*Les Méditations métaphysiques de Descartes*. 2005. p. 56）にしたがっておく。ただ，記述内容の豊富さから見て『省察』執筆時のものではないかという可能性も捨てきれない。cf. 本書注 321.

148）『序説』の形而上学の独自性については，N. Grimaldi et J. -L. Marion, éd., *Le Discours et sa méthode*. 1987 をはじめ，すでに多くの研究がある。

149）本書第12章「「ソルボンヌ書簡」の研究」を参照

150）第一版の副題では「精神と身体との区別」ではなく「精神の不死」となっていた。不死がなぜ論じられなかったかについては，「概要」(AT. VII, 13) で簡単に説明されている。

151）この論点は，本書第 4 章「心身問題についてのノート」pp. 101-105 において明らかにした。ここから，二元論も神を原理としていることが分かる。

152）『情念論』1649において形而上学は主題とはなっていない。むしろ，そこでは形而上学の産物として心身関係や神の摂理などが論じられている。

153）デカルトの形而上学の評価に関しては，E. Gilson から J. -L. Marion にいたるまでの100年間に多様な解釈がなされてきたが，基本はテキストをどう読むかである。最新の研究である D. Kambouchner, *Les Méditations métaphysiques de Descartes* は，多くの主題の意味をテキスト全体の構成のなかで再検討することを通して，形而上学のデカル

ト的再発見 réinvention を目指している。たとえば『省察』の目的として，キリスト教の弁証，自然学の基礎づけ，反懐疑主義といった伝統的な解釈を再吟味し，多くの目的の交錯があるなかで，学問一般の基礎づけと完全な確実性の設立という根本の目的があったと指摘している（Introduction générale pp. 63-112）。これなどは，神と精神の問題を含む形而上学を，そのテキストのままに評価する試みと言えよう。

154）グイエはハイデガーの世界内存在としての人間を想起しつつ，それを「前哲学的な最初の直観」と表現している。H. Gouhier, *Essais sur Descartes*. 1937. p. 204（中村・原田訳『人間デカルト』白水社 p. 180）

155）古典的なものでは，E. Gilson, *Descartes, Discours de la méthode. Texte et commentaire*. 1925. pp. 230-234, A. Espinas, *Descartes et la morale*. 1925. II. pp. 11-35, J. Segond, *La Sagesse cartésienne et la doctrine de la science*. 1932. pp. 271-291, P. Mesnard, *Essai sur la morale de Descartes*. 1936. pp 46- 66, H. Gouhier, *Essais sur Descartes*. 1937. pp. 240-252, M. Gueroult, *Descartes selon l'ordre des raisons*. 1953. II. pp. 250-259 などがある。このうちでスゴンが，暫定的道徳を「力の道徳」（情念の医学）をへて知恵の最高段階たる「至福の道徳」に至る文脈で読んでいるのは，一つの正統的解釈だと思われる。

156）ロディス＝レヴィスは，「摂理の決定」はこの段階ではまだ仮説であったと正しく指摘している（G. Rodis-Lewis, *La morale de Descartes*. 1957. pp. 22-23）。

157）部分を全体との有機的関係において捉えるという世界観は，「第四省察」AT. VII, 56-57 やエリザベト宛書簡 1645. 9. 15. AT. IV, 293-294 においても見られる。ライプニッツの世界観にもつながることである。

158）精神の不死について厳密な論証が得られないことは，『省察』の概要（AT. VII, 12-13）で明らかにされる。ただ，心身の区別を踏まえれば「信仰の教えをまたず自然哲学のみによっても，死後の精神が現在よりも一層幸福な状態になることを希望させる」（エリザベト宛 1645. 9. 1. AT. IV, 282）というのがデカルトの立場である。

159）ホイヘンス宛では，自分はこの生を愛するものではあるが，死後には現世よりもさらに穏やかで静かな生があると考えることで死をおそれなくなった（1642. 10. 13. AT. III, 580）としている。シャニュ宛では，医学によって生命を保存する手段をさがすよりも，道徳において死をおそれないようにすることの方がよい（1646. 6. 15. AT. IV, 442）としている。

160）デカルトの来世観は，『省察』と同じ時期に披露されている。「精神は，身体よりもはるかに永続すべきものであり，現世でわれわれが享けるものよりもはるかに大きな快楽と幸福を享けるために生まれたものであることを，私はきわめて明瞭に認知したつもりでいます。その結果，死に行く人々に対しては，かれらが現世よりも一段と穏やかなまた静かな生活に移って行くのであり，われわれもいつかは，過去の思い出までを土産にして，そういう人々に会いに行くのだという風に考える以外に考え方はありません」（ホイヘンス宛 1642. 10. 10. AT. III, 580）。ここにはギリシア神話風の来世観が見て取れる。デカルトにとって精神の不死は厳密に証明されるものではないが，形而上学に基づ

く信念であり確信であったであろう。

161） パスカルも，精神の不死ということはわれわれが永遠の幸福を希望できるかどうかに関わることであるから，「われわれの究極の目的とならなければならないこの一点を目ざして定めないかぎりは，ただの一歩も良識と分別とをもって踏みだすことはできない」（『パンセ』B194/L427/S681）としている。

162） ルノーは，これはアリストテレス的な観想的至福であって，デカルト本来の意志的至福とは異質であると見る（L. Renault, *Descartes ou la félicité volontaire*. 2000. pp. 124-125)。デカルトの道徳に意志的な要素があることは当然だとしても，意志的至福なるものも神の哲学的省察ということが基本にあってはじめて出てくると思われる。

163） グイエは「この道徳は医学や機械学と同じ水準にある一つの応用の学問である」（H. Gouhier, *Essais sur Descartes*. p. 212）とするが，筆者はそうではないと考える。道徳は「他の諸学の完全な認識を前提とする」点で，医学や機械学をも踏まえた究極の学問であるはずだからである。

164） J. Chevalier éd., *René Descartes, Lettres sur la morale. Corréspondance avec la princesse Élisabeth, Chanut et la reine Chrisitne*. 1955 (1935) による。

165） 暫定的道徳が提出されたのは，ときが来れば自らの判断で他人の意見を吟味する，つねにより良い意見を見出すよう努力する，私の力のうちにある善をすべて獲得できると考える，という条件の下においてであった（『序説』AT. VI, 27-28)。

166） ただ，ここでの話は宗教と結びつくものでないことは言うまでもない。デカルトが考える道徳は「信仰によって照らされず自然的理性のみを導きとする哲学者」（エリザベト宛 1645. 8. 4. AT. IV, 263）のものであった。

167） 以下，ロディス＝レヴィスの分析（G. Rodis-Lewis, *La morale de Descartes*. pp. 32-39）を参照した。

168） 「どんなに痛ましくどんなに絶対的に悪いと判断される出来事でも，それを自分に好ましく見える角度から見る」（エリザベト宛 1645. 6. AT. IV, 237)。慈愛の精神に立つなら「数々の苦しみを重ねながらでさえ……多くの快楽を得ることができる」（同 1645. 10. 6. AT. IV, 309)。これらは別の観点からの発言であるが，根本には神の意志があると言うことができよう。

169） 『原理』第三部1－3節でも同じことが言われていることを，デカルトはこの書簡で指示している。シャニュ宛 1647. 6. 6. AT. V, 51-56 でも同様な論点が詳述されることになる。

170） G. Rodis-Lewis, *Op. cit.* p. 52

171） 先に引用した「死をおそれないこと」という処世訓は，文脈は異なるがこのすぐあとに登場する。

172） ヴォルフやカントにおいて，伝統的形而上学の問題はまさにこの三つであった。『純粋理性批判』の弁証論で，それらは合理的心理学，宇宙論，自然神学という形で批判的に吟味されることになる。

173） 類似ということに関して，「われわれの心 âme は神の至高の知性の流出 émanation

であり，いわば神の息吹の一小部分である」（シャニュ宛 1647. 2. 1. AT. IV, 608）としている点は興味深い。

174）　カンブシュネルは，『情念論』には先の実践的世界観で取り上げられた神と精神の問題が不在であることに注目する。その理由として，それらの問題は生理学的な書には異質であること，高邁の真理には本質的でないことを挙げ，そこに「真理の間隙」を見ている（D. Kambouchner, *L'Homme des passions*. 1995. II. pp. 350–355)。だが，神や精神はむろん『情念論』の主題ではなかったが，当然の真理として記述の前提になっていたと考えられる。たとえば，神の摂理は146節に，心身の区別と合一は17，30節などに明瞭に出ている。

175）　ロディス＝レヴィスは，「献身」が「愛するもののために全面的に身を捧げる」という強い意味であり，Furetière の辞書（1690）が国のために殉じたローマのデキウス一家を例に引いていることを指摘している。この例は『情念論』83，173節に登場する（G. Rodos-Lewis, *Descartes. Les Passions de l'âme*. 1955. p. 125)。

176）　ヘーゲルはデカルトの心身問題について「両者の間に，相互の変化の形而上学的根底をなすものたる神を，結合の中間項として置く。……心身の一致はデカルトによれば神によって成就される」と解釈している（Hegel, *Vorlesungen über die Geschichte der Philosophie*. ed. Suhrkamp Verlag. 20. S. 156. 岩波版ヘーゲル全集 14b. p. 109)。シュヴェーグラーはヘーゲルの解釈を踏まえて，その神を「機械仕掛けの神」と評している（A. Schwegler, *Geschichte der Philosophie in Umriss*. 岩波文庫『西洋哲学史』下 p. 25)。

177）　西田幾多郎は，神と自己との関係についてデカルトが神の誠実に解決を求めたことを「分らないものを，更に分らないものを以って説明するに他ならない」と批判している（「デカルト哲学について」『西田幾多郎全集』岩波版1966第11巻 p. 170)。

178）　レモン宛書簡 1714. 1. 10. C. I. Gerhardt ed., *Die Philosophischen Schriften von G. W. Leibniz*. 1965. III. p. 606,『理性に基づく自然と恩寵の原理』7. 同 IV. p. 602

179）　神は「無限の観念」としてわれわれのうちに顕れている（E. Lévinas, Dieu et la philosophie, in *De Dieu qui vient à l'idée*. 1998. pp. 93–127)。

180）本書第 9 章「カントと「デカルト的証明」」p. 281 を参照。

第 7 章　カントと「デカルト的観念論」

181）　デカルトの懐疑論に対するカントの批判がどこまで妥当であるかについては，カント学者の間でも話題になることがある（有福孝岳「方法論と思惟的自我の問題—デカルトとカント—」『名古屋大学文学部研究論集』哲学 23. 1976. pp. 3–4，牧野英二『カント純粋理性批判の研究』法政大学出版局 1989. p. 256)。本稿はその問題をデカルトの側から逆照射する試みである。

182）　以下，K はカントからの引用，D はデカルトからの引用を表す。

183）「経験的」と「経験」との違いについては，コンテキストは違うが前記の有福論文から示唆を得た。

184）『純粋理性批判』第一版の「第四誤謬推理」では，同じことが外的知覚の観点から示唆されている。すなわち夢や錯覚は，表象と対象との非対応を示すが，このような誤った仮象におちいらないためには，「経験的法則にしたがって知覚と関連しているものは現実的である」という規則で処理すればよい。外的知覚は客観的実在性を持ち，空間において自分に対応する実際の対象を有する（A376-377）。

185）外的経験・内的経験の議論は，内的経験は外的経験を前提するという形で，後の「観念論論駁」（B274-279）でさらに先鋭化されることになる。

186）カントは『プロレゴーメナ』や『純粋理性批判』の数カ所において夢の議論をしているが，いずれもこれと同じ仕方で夢と現実とは判別されるとしている。だが夢の仮説が，現在われわれが持っている表象が夢か現実かを区別しえないということを意味するなら，それはカントはもちろんのこと，デカルトの規準によっても解決されていないと思われる。その規準は，夢というものを後で客観的に分析すればそのように区別されるということであって，夢を見ているまさにそのときには，われわれはその表象が現実のものと確信しており，その時点では夢か現実かを確定することはできないからである。因果的に整合的な夢を見ることもありえるのである。

187）懐疑の軽重如何は微妙な問題である。「第一省察」は「疑うのは，無思慮や軽率によってではなく，有力な熟慮された理由によってである」（『省察』AT. VII, 21）としながらも，「第六省察」は「ここ数日の誇張的懐疑は，笑うべきものとして一蹴されねばならない」（同 89）としている。またデカルトは懐疑が実体のない「幽霊やまぼろしのようなもの」（『真理の探究』AT. X, 513）と形容する一方で，「この普遍的懐疑をいわば確固不動の点として，そこから神の認識，あなた自身の認識，世界のうちにあるすべての事物の認識を導き出すことをみずから期している」（同 515）としている。懐疑が，幾何学の補助線のように，真理探求のための仮説的な手段として提出されたことには相違ない。しかし懐疑論の構造そのものは，必然的に人間の認識や存在の根拠を問う形になっている。「神があるかどうか，また，もしあるとするなら，欺瞞者でありうるかどうかを吟味しなくてはならない。この二つのことが知られないかぎり，他の何ごとについても私はまったく確信をもつわけにはゆかないと思われる」（『省察』AT. VII, 36）。そのかぎり欺く神は，単なる想定の域を越えた実在としなければならない。

188）たとえばライプニッツにおいては，必然的真理は真なる神の知性に依存し，疑いの余地はなかった。「神をあらかじめ認識していなければ数学的真理は確実には知ることができない，と主張することほど不合理なことはない」（C. I. Gerhardt. ed., *Die philosophischen Schriften von G. W. Leibniz*, IV. p. 327）。ライプニッツは神が欺くという可能性を理解することはできなかった。

189）経験 Erfahrung は，経験すること Erfahren と経験されたもの Erfahrenes という意味を同時に含んでいる。それゆえ「経験」の中に主観も客観も両者の関係もすでに含まれる。

190）「第四誤謬推理」の記述は「観念論論駁」とはやや異なり，自己意識（コギト・エルゴ・スム）だけから物質の実際的存在が承認されるという論理構造になっている。す

なわち，外界の対象（物質）は単に現象であって私のうちにある表象の一様式にほかならず，表象を離れては無である。それは空間中に表象された外的対象として私の意識のうちにある（空間も私のうちにおいてのみある）。従って「外界の対象が実際に存在するのは，私自身の実際に存在するのと同様であり，両者はともに私自身の自己意識の直接の証拠として実際に存在する」（A370-37）。かくして外界の現実存在は私において直接に意識されていることになる。表象としての外界の対象が錯覚や想像でなく，なぜ現実に存在するものを指示していると言えるのかについては，外的知覚は経験法則に従うので，客観的実在性を有するとしている（A377-378）。以下に述べるように，これは多くの問題を含んでいると思われる。

この部分に関して，第一版と第二版との連続性ないし非連続性について昔から多くの議論がある。筆者は，基本的には連続しているが結果的に第二版のテキストがより明快でシャープな主張になっている，と考える。それを「超越論的観念論の立場の徹底化」と捉える解釈（牧野英二『カント純粋理性批判の研究』1989. pp. 259-263）があるが，同感である。

191）第二版において「第四誤謬推理」に相当する記述は，相互性に関するもの（B409-413）であるが，これはデカルト的観念論よりもむしろコギト論を構成していると読める。

192）石川文康「論争家としてのカント」（『現代思想』1994年3月 pp. 157-161）。

193）「第四誤謬推理」においてもそれは同様である。物質の現実存在を否定する独断的観念論者（バークリ）に対して，それを疑う懐疑論的観念論者（デカルト）を次のように評価している。「しかし懐疑論的観念論者 der skeptische Idealist は，単に我々の主張の根拠を攻撃し，我々が直接的知覚に基づくと信じている物質の現実存在に関する我々の定見を，不十分であると宣言する者である。これは普通の経験のきわめて微細な歩みについてすら十分に注意をはらい，我々をして，我々がおそらく盗みとるにすぎないものをただちに正当に獲得したものであるかのように所有せしめないようにするかぎりにおいては，人間の理性に対する恩恵者である」（『純粋理性批判』A377-378）。

194）第一版の「第四誤謬推理」では，「先験的観念論者は経験的実在論者であることができる。すなわち二元論者であることができる」（A370）という言い方をしている。

195）カントは第二版の序への注（BXXXIX）で，棒線部が曖昧であるとして次のように書き改めている，「この持続的なものはしかし，私のうちなる直観ではありえない。なぜなら私の存在を規定する一切の根拠は，それらが私のうちに見いだされるかぎり，表象であり，そしてそれらが表象であるがゆえに，表象とは区別される一個の持続的なものをみずから必要とするからである。すなわちこの持続的なものとの関連によって，表象の変化，従って表象の変化がその中で行われるところの時間における私の存在が，規定されうるのであると言えよう」。レクラム文庫版などは，この改稿部分を差し替えてテキストを構成しているが，旧テキストに比して，私の表象と私の外なる持続的なものとの区別ないし関係が際立たされている。

この訂正に続いてカントは「私はやはり……外界のものについての私の表象を，直接

に意識するにすぎない。従って何か表象に対応するものが私の外に存在するかしないかは，依然としてなお決定されないままである」という反論を予想し，詳細な補足説明を施している。すなわち，私は時間における私の存在を内的経験によって意識しているが，それは私の表象が意識されているということ以上に，私の存在を経験的に意識することと同じであり，私の現実存在と結合しつつ私の外なるものとの関連によってのみ規定される。従って私が時間において存在するものであるという意識は，私が私の外なるものに対して関係を持っているという意識と結合して同一のものをなしている（BXXXIX-XLI）。これもカントがかねてより主張するところである。

196）「持続するもの」das Beharrliche という概念は「第四誤謬推理」には登場しないが，実体の持続性を証明した「第一の類推」（A182-, B224-）を元にしている。しかし多くの解釈者は「第一の類推」自身が証明として成功していないと見ている。本箇所について，(i) ペイトンは，「持続するもの」とは実体であり，もの自体の存在を示しているが，人間は現象ならざるものを知りえないはずだと見る（H. J. Paton, *Kant's Metaphysic of Experience*. 1936. II. p. 380）。(ii) 岩崎氏は，この証明は私の外に物が存在すると考えることが必要であることを示しても，「実際に私の外に物が存在するということを証明するものではない」とする（岩崎武雄『カント「純粋理性批判」の研究』勁草書房 1965. p. 351）。筆者の見方は岩崎氏に拠っている。(iii) ストローソンは，これは議論としては成功していないが，対象なるものは客観的な時間規定においてあり，一つの同一で持続する空間的枠組みに属するという重要な論点を証明しているとする（P. F. Strawson, *The Bounds of Sense*. 1966. p. 132）。(iv) 久保氏は，この証明そのものではないが，カントの先験的観念論のもつ問題性を，とくに「第四誤謬推理」との関連で指摘している（久保元彦『カント研究』創文社 1987. pp. 91-174）。(v) 藪木氏はこの証明を肯定的にとらえる。「持続するもの」を相対的に不変項たる現象的実体（物質）とし，持続的なるものとしての〈私の外なるもの〉は〈私のうちなるもの〉と相互依存関係にあるとする（藪木栄夫『カントの方法論』法政大学出版局 1997. pp. 79-84）。(vi) バウマンスは，クーノ・フィッシャー以来の浩瀚な研究史をひもときながら観念論論駁のもつ難点を整理し，カントの用語法を勘案しつつ「証明」を三段論法的に再構成する試みをしている（P. Baumanns, *Kants Philosophie der Erkenntnis*. 1997. pp. 667-700）。

197）「第四誤謬推理」でも内的・外的知覚を論じる際にデカルトの名を挙げ，「デカルトがあらゆる知覚を，最も狭い意味で「私は（思惟する存在体として）ある」という命題に制限したのは正当であった」（A367-368）と，評価を惜しんでいない。

第8章　カントのコギト解釈

198）筆者が知るものは次の古い研究のみである。John Watson, The Cartesian Cogito ergo sum and Kant's Criticism of Rational Psychology, in *Kantstudien*. Zweiter Band. 1898, Pierre Lachièze-Rey, *L'idéalisme kantien*. 1931

199）このテキストの続きは，本文の重要な補足説明になっているので，煩を厭わず引用しておく。「この命題は未規定の経験的直観 eine unbestimmte empirische Anschauung

すなわち知覚を表現するが（すなわちこの命題はすでに感覚が，したがって感性に属するものが，この存在命題 Existentialsatz の根抵にあることを証明するが），この命題は経験に先行しており，その経験が知覚の客観をカテゴリーによって時間に関して規定すべきなのである。そして存在はこの場合まだカテゴリーではない。カテゴリーは規定されていない客観には関係せず，ただひとがそれについて概念を持ち，それがこの概念外にも置かれているかどうかを知ろうとするような客観に対してのみ関係するからである。未規定的なる知覚はこの場合，単に与えられた，しかもただ思惟一般に対してのみ与えられた，何か実在的なもの etwas Reales を意味している。したがってそれは現象としてでも，また物自体（叡智界）としてでもなく，実際に存在するあるもの Etwas, was in der Tat existiert，「私は思惟する」という命題においてそうした存在として示されるもの，である。けだし注意すべきことは，私が「私は思惟する」という命題を経験的命題であると呼んだとき，私はこう呼ぶことによって，この命題における私が経験的表象である，と言おうとしているのではないということである。むしろこの表象は思惟一般に属するものであるから，純粋に知的である。けれども思惟に対して質料を与える何らかの経験的な表象なしには，「私は思惟する」という作用もやはり生じはしないであろう。だから経験的なものは単に，純粋に知的能力の適用ないし使用の条件にすぎないのである。」（『純粋理性批判』B422-423）

200）　カントの「経験」とデカルトの「経験」については，本書第 7 章「カントと「デカルト的観念論」」p. 206 を参照。

201）「第二答弁」によれば，「存在していなければ思惟することはできない」は，コギトという特殊において自ずから経験される命題であり，そこから大前提が形成される（AT. VII, 140）という。また『序説』によれば「思惟するためには存在しなければならない Pour penser, il faut être（ラテン語訳 fieri non posse ut quis cogitet nisi exsistat. AT. VI, 559）は，事後の確認事項としてこれがコギト命題の真理を保証している（同 33）とする。これら二つの命題は，いずれも特殊的認識の反省から出発するもので，三段論法の形式的な大前提とは様相を異にするが，論理的には大前提に準ずる命題と解することができる。

202）　拙著『デカルト「省察」の研究』pp. 51-53 を参照。

203）　大前提が先にあってもコギト命題が第一原理であることには変わりがない。「第一原理」の意味が問題であるが，この点については同書 p. 57 を参照。

204）「私は考える」という命題は，それが「私は思惟しつつ存在する」ということを意味するかぎりにおいて，単なる論理的機能ではない（『純粋理性批判』B429）とされる。だが，その論理的機能とは，ここで言う形式的同一性とは別の文脈である。コギトが統覚（自己意識）として論理的に立てられ，私が現実に存在することが規定されても，それはあくまで内容空虚な論理的統一であって，そこから自我の実体性を導き出すことはできない（同 B420）とするのがカントの論点であった。

205）　もっともライプニッツ自身のコギト解釈はそれとは異なる。これに関しては拙著『真理の形而上学』pp. 122-123 で触れておいた。

206) C. Gebhardt ed., *Spinoza Opera I. Principia Philosophiae*. p. 144

207) 純粋統覚と超越論的統覚との区別については，中島義道『カントの時間論』（岩波書店2001）pp. 17-26 に負う。

208) Hegel, *Vorlesungen über die Geschichte der Philosophie*. ed. Surkamp Verlag. 20. S. 131

209) これはかつてワトソン（John Watson, The Cartesian Cogito ergo sum and Kant's Criticism of Rational Psychology, in *Kantstudien*. Zweiter Band. 1898. pp. 26-27）や野田又夫（『デカルト』弘文堂 1937, pp. 155-156）が指摘したことである。

210) 『形而上学的認識の第一原理の新解明』（1755）では，実体間の相互関係は自然的な直接の相互関係によるのではなく神の知性による事物の一般的調和に基づく，という文脈において精神は身体とともに実体と見なされている（A. I, 412-416）。

211) この箇所についてのＡ版とＢ版との異同は大きな問題である。Ａ版の詳細な議論がなぜＢ版では極度に簡略化されたか，第四誤謬推理がなぜＢ版では削除されたか，などは常に問題である。しかしここでは異同の問題には関わらず，ただ合理的心理学と実体に関する記述をＡ・Ｂ両版から拾いあげることとする。

212) この第二点については，稲垣良典『抽象と直観』（創文社1990），pp. 7-9 を参照した。

213) このほかにも合理的心理学の誤りとして，カントは推論の手続きに問題があるという。合理的心理学は「単なる誤解に発し」（『純粋理性批判』B421），「誤謬推理のみから構成されている」（同 A382）。これがカントの主張する最も重要な論点であるが，これについては次項「精神の実体性」の議論のなかで検討する。

214) J. Mesnard éd., *Œuvres complètes de Blaise Pascal*. 1991. tome III. *De l'art de persuader*. p. 424

215) カント自身は，コギトは実際的存在には達していない，思惟する自我からはその存在が出てこないとしながら，「私は思惟する」は「私は存在する」を含み「なにか所与の実在的なるものを意味している」（『純粋理性批判』 B 422-423），と微妙な言い方をしている。

216) この箇所についての諸家の解釈は欧米では意外に少ない。日本の岩崎氏は上の三段論法の根本には Subjekt という言葉の二義性（主語と主体）があるとし，カント自身もそれに欺かれていたとしている（岩崎武雄『カント「純粋理性批判」の研究』pp. 395-396, 405-406）。

217) R. Eisler, *Kant Lexikon*. 1984. S. 517

218) F. アルキエは，とくに『省察』のコギトが存在論的であるとする。「問題は存在論的肯定であり，私のものである存在の発見である。この存在がすべての観念の基体，主体となる。……「私は思惟する」が明らかにしているのは「自我」すなわち実在している具体的な私である。……ものとしての自我は概念ではなく，生きられた経験において与えられた一種の存在である」（F. Alquié, Expérience ontologique et déduction systématique de la métaphysique de Descartes, in *Cahiers de Royaumont Philosophie N⁰ II.*

Descartes. 1957. pp. 22-23)。またカントに言及しながら，「コギトは観念でもカントの〈イッヒ・デンケ〉でもない。それは私自身の存在であり，私の意識のあらゆる豊かさを失わないでいる」(F. Alquié, *Descartes*. 1956. p. 99) としている。なお意味は少し違うが，カント自身コギトのことを「存在命題」(Existentialsatz) という言い方をしている。本書注199を参照。

219) 精神の実体性を否定するカントの主要な意図は，そこから「精神の不死」という知識の派生を阻止することにあったが，その消極的・実践的効用は否定していない。デカルトも，神ならぬ人間においては不死の絶対的な証明はできないが（メルセンヌ宛 1640. 12. 24. AT. III, 266)，不死の知が生きるうえで重要であるとし，間接的な証明を用意している。この点では両者は同じ認識に立っていると言える。

220) デカルトのテキストには「知的直観」という言葉そのものは見当たらない。だがデカルトの「直観」の知的性格は周知のことであり，純粋知性による認知，精神の直観，精神の洞見，直観的認識などと同義と見なすことができる。

第9章　カントと「デカルト的証明」

221) 岩波版『カント全集』第二巻 p. 502 以下，山本道雄氏による解説を参照。

222)「偶然的なものは，存在しているとはいえ，その最後の根拠を必然的なもののなかにしかもたないが，必然的なものは，その存在の根拠を自分自身のなかにもっている」(Leibniz, *Monadologie*. 45)。

223) E. Gilson, *Études sur le rôle de la pensée médiévale dans la formation du système cartésien*. Paris. 1951, H. Gouhier, *La pensée métaphysique de Descartes*. Paris. 1969, G. Rodis-Lewis, L'*œuvre de Descartes*. Paris. 1970, 最近では J. -L. Marion, *Sur le prisme métaphysique de Descartes*. Paris. 1986, V. Carraud, *Causa sive ratio*. Paris. 2002 などにも causa sui への関心が見られる。

224) この考え方は1760-64年に書かれた『レフレクシオーン』*Reflexion*3706 で否定されている。思考の外なる実在と内なる概念とを単純に分離してはいけない。ペガサスのようにその結合が任意なものでなく，事物の本質によって結合されている場合には，その述語が事物そのものに必然的に属していると考えられる，としている。檜垣良成『カント理論哲学形成の研究―「実在性」概念を中心として－』(渓水社1995) pp. 155-158 を参照。

225) 拙著『デカルト『省察』の研究』pp. 303-304 を参照。

226) ヘンリッヒはこの点に『新解明』独自の「論理的異論」があるとしている。D. Henrich, *Der Ontologische Gottesbeweis*. Tübingen 1960, 本間・須田・中村・座小田訳『神の存在論的証明―近世におけるその問題と歴史』(法政大学出版局1986) pp. 262-264

227) *Monadologie* におけるライプニッツのア・ポステリオリな証明は次のようなものである。「十分な根拠，すなわち最後の根拠は，このような偶然的要素の細部がたとえどんなに無限でも，結局そのつながりや系列の外になければならない」(37)。「ものの最

後の根拠はかならず一つの必然的実体のなかにある」(38)。「この実体は，そのような細部全部をみたす十分な根拠であり，……この神だけで十分である」(39)。

228） 岩波書店版『カント全集』第三巻 p. 515，福谷茂氏による解説にその指摘がある。

229） これはライプニッツが「世界の偶然性からの証明」と呼び，カントが宇宙論的証明と呼ぶものに近い。「何かが存在するならば，端的に必然的な存在者もまた存在しなければならない。さて，少なくとも私自身は存在する。したがって，絶対的に必然的な存在者は存在する」(『純粋理性批判』B632/A604)。

230） この訳文は久保元彦『カント研究』(創文社1987) p. 359 に基づく。

231） この批判は，アンセルムスに対するトマスの批判（したがってカテルスの批判）と同じ次元のものと考えることができる。その基本は，あるものが「知性の把握の中にある」esse in apprehensione intellectus ことから，それが「事物の自然の中にある」esse in rerum natura ことは帰結しない（「第一反論」AT. VII, 99）という点にある。

232） ヘンリッヒはこれを「経験主義的異論」と呼び，この点に『証明根拠』の特性を見ている（ヘンリッヒ同訳書 pp. 264-265)。

233） 前の二つのものは存在論的証明と名づけられる。『純粋理性批判』の「純粋理性の理想」章で批判されることになる三種の証明方法がこの時点で出揃っている。

234） ヘンリッヒは，最高の完全者からするアンセルムス・タイプの第一の存在論的証明に対して，必然的存在者からするデカルト・タイプの証明を，第二の存在論的証明として評価している（ヘンリッヒ同訳書 pp. 15-32)。

235） 本書第12章「デカルト「ソルボンヌ書簡」の研究」pp. 336-339 を参照。

236） G. Rodis-Lewis, *L'œuvre de Descartes*. p. 324. 小林・川添訳『デカルトの著作と体系』p. 346

237） 拙著『デカルト『省察』の研究』pp. 299-300 を参照。

238） もっともヘーゲルのカント批判の妥当性については，別途，詳しく検討される必要があろう。カントの主張の核心を捉えていないとする研究は多い。ヘンリッヒ同書 pp. 281-302，久保元彦『カント研究』pp. 353-361, 364-373 など。

239） トマス・アクィナスは言っている。「神は存在するという命題は，それ自身におけるかぎりでは自明的な命題である。というのは，ここでは述語は主語と同じものなのだからであって，神は……まさしくみずからの「存在」でありたもう。しかしながら，我々は神についてその「何たるか」を知らないものなるがゆえに，この命題は我々にとっては自明的な命題であるわけではなく，……神の諸々の結果 effectus によって，論証されることを必要とする命題なのである」(*Summa Theologiae*. I. Q. 1. a. 1)。これに対してデカルトは，われわれは神についての明晰判明な観念を持つかぎりにおいて，神の何たるかをある意味で知っている。それゆえに神の存在は自明のこととして知りえる，と考えている。この点については，H. Gouhier, *La pensée métaphysique de Descartes*. pp. 150-161 を参照。

240） 同じことは『原理』についても言える。人にものを教える「総合的」順序ではそうなるが，「第五省察」はものを見つけ出す分析的順序で書かれており，議論は「結果か

らではなくア・プリオリに進んでいる」(『ビュルマンとの対話』V, 153)。なお,「第三省察」での証明との関係については,グイエやゲルーなどにおいて論じられている。それに関しては拙著『デカルト『省察』の研究』pp. 304-311を参照。

241) デカルトのこの議論の背景には,アンセルムスの証明に対するカテルス(つまりはトマス・アクィナス)の批判がある。トマスの議論は次のようなものであった。「いま何びとも悉く「神」という名称によって……「それ以上の大なるものが考えられえないごときもの」が表示されていると解したとしよう。この場合にあっても然し,だからといって,この名称によって表示されているところのものが実際に(事物の自然の中に)in rerum natura 存在しているのだと彼らが解しているという帰結は生じないのであって,それは単に,こうしたものが知性の捉えるところとなり知性においてあるのだ,という以上に出ない。神が実在的にあるという結論が導かれうるためには,「それ以上の大なるものが考えられえないごとき何ものか」が実在的にあるということが承認されることを要する……」(*Summa Theologiae*. I. Q. 1. a. 1. ad, 2)。

カテルスはこれを踏まえて言っている。「この上もなく完全な存在者が,その名称そのものによって存在をもたらす,ということが与えられたとしても,それでもその存在そのものが,事物の自然のなかで(実際に)現実に何かである,ということは帰結しないで,ただこの上のない存在者の観念と存在の観念とが不可分離的に結合している,ということだけが帰結する。そのことからは,あなたはそのこの上もない存在者が現実に存在すると仮定しない限り,神の存在が現実に何かであるとは推論できないのです」(「第一反論」AT. VII, 99)。そこには,概念と実在とは結局は区別すべしという,重要な論点が含まれている。これはカントに受け継がれることとなる。それへのデカルトの反論が,以下の三段論法で示されている。

242) これは「第五省察」の次の箇所に対応している。「いま私があるものの観念ideaを私の意識cogitatioから引き出すことができるということだけから,そのものに属していると私が明晰判明に認識するもののすべてが,実際にreveraそのものに属していることが帰結するなら,そこからまた神の存在を証明する論証が得られるのではないか」(『省察』AT. VII, 65)。

243) 久保元彦『カント研究』pp. 373-380

244) これはスコラの伝統的な概念である。本書注239を参照。

245) ヘンリッヒは「これ(必然的存在者)はしかし,私が知らない概念についての単なる名辞にすぎない」というハインツェによる『形而上学講義』706を引いている。ヘンリッヒ同訳書 p. 247

246) この立場については「純粋理性の理想」章におけるかぎりでは,「理性が思弁の単なる力によって感性界を越え出ていくために,自らの翼を広げても無駄である」(『純粋理性批判』B619/A591),「すべての現実存在についてのわれわれの意識は……徹頭徹尾経験の統一に所属し,この分野の外にある現実存在は……われわれが何ものによっても正当化できない前提である」(同 B629/A601),などと言われている。

247) ヘンリッヒ同訳書 pp. 108-110

248) 本書 p. 254 を参照

249) これについてはヘンリッヒやクラーメルの研究がある。ヘンリッヒによれば，デカルトは神をスコラ的な ens perfectissimum ではなく ens necessarium として捉えた。アンセルムスの存在論的証明は前者によるものであり，これはトマスやカテルスやカントの論理的異論によって論駁される。しかしデカルトの証明は後者によるものであり，神は必然的存在をうちに含み自ら存在できる固有の力能をもつと考えるゆえに，論駁されえない。カントのデカルト的証明批判はデカルトの「第五省察」の証明には適用されないと解釈する（ヘンリッヒ同書 pp. 15-32, 108-122)。これは妥当な解釈だと思われる。他方，クラーメルによれば，デカルトの見るところアンセルムスに対するトマスの批判は（観念から実在への推論を禁じる）論理的異論ではなく，（ものの名称から実際に真で不動な本性への推論を拒否する）意味論的異論である。デカルトは前者には十分答えたが，後者を論駁して「第五省察」の存在論的証明の有効性を弁護することに成功していない，とする（K. Kramer, Descartes, interprète de l'objection de saint Thomas contre la preuve ontologique de l'existence de Dieu dans les *Premières Réponses*, in Beyssade et Marion éd., *Descartes. Objecter et Répondre*. Paris. 1994. pp. 271-291)。これは上記の ens necessarium による証明が成功していないと解釈することであろう。だが，デカルトが目指していた証明は，神という名称からでなく，明晰判明な神の観念からの推論であった。意味論的異論は当然のことであり，デカルトにはそれを論駁する必要はなかったはずである。

250) 村上勝三「存在と理由―存在論的証明についての遡行的研究」，村上編『真理の探究―17世紀合理主義の射程』（知泉書館2005）pp. 310-312

251) エリザベト宛 1645. 9. 15. AT. IV, 291

252) 本文に掲げたもの以外の参照文献は次の通りである。W. Schulz, *Der Gott der neuzeitlichen Metaphysik*. Pfullingen. 1957，岩波哲男訳『近代形而上学の神』（早稲田大学出版部1986)，西村哲一「デカルトの存在論的証明に対するカントの批判をめぐって」『現代デカルト論集Ⅲ 日本篇』（勁草書房1996)，鈴木泉「無限性から必然的実在へ―デカルトにおける神の実在証明」『デカルト読本』（法政大学出版局1998)，宇都宮芳明『カントと神―理性信仰・道徳・宗教』（岩波書店1998)，村上勝三『数学あるいは存在の重み』デカルト研究2（知泉書館2005)。

第10章 「良識論」考――テキスト・クリティークの試み

253) 初期思想を扱った代表的な研究書を挙げておく。J. Millet, *Histoire de Descartes avant 1637*. 1867; G. Cohen, *Ecrivains français en Hollande dans la première moitié du XVIIe siècle*. 1920; G. Milhaud, *Descartes savant*. 1921; J. Sirven, *Les Années d'apprentis-age de Descartes1596-1628*. 1928（この書は初期デカルトについての最初のまとまった研究である); M. Leroy, *Descartes, le philosophe au masque*. 1929; H. Gouhier, *Les premières pensées de Descartes*. 1958（これは初期思想についてのスタンダードな考証である); L. Gäbe, *Descartes's Selbstkritik. Untersuchungen zur Philosophie des jungen*

Descartes. 1972. 日本の研究書としては，田中仁彦『デカルトの旅／デカルトの夢』岩波書店1989；石井忠厚『哲学者の誕生―デカルト初期思想の研究』東海大学出版会1992があり，後者は『良識論』の考察を含んでいる。

254) 「私はかれらについて未だ何ら確かな知識を持っていない」（AT. X, 200）

255) A. Baillet, *La vie de Monsieur Descartes.* tome. I. p. 90 II. pp. 406, 477, 479

256) Millet, pp. 129-131; Sirven, pp. 291-306; Cohen, pp. 403-407; G. Rodis-Lewis, *L'œuvre de Descartes.* 1971. pp. 72-80

257) A. Baillet, II. p. 406, AT. X. 191

258) E. Gilson, *Descartes. Discours de la méthode. Texte et commentaire.* 1925. p. 180

259) A. Baillet, I. p. 86

260) J. Sirven, *Op. cit.* pp. 291-292. なおメルセンヌはバラ十字会の神秘的世界観に終始反対しており，それを弁護した汎神論者 Robert Fludd を批判するという形でこの会のことを取り上げている。

261) P. Mesnard, *Essai sur la morale de Descartes.* 1936. p. 7

262) G. Naudé, *Instruction à la France sur la vérité de l'histoire des Frères de la Rose-Croix.* 1623

263) G. Rodis-Lewis, *L'œuvre de Descartes.* I. 1971. p. 81

264) A. Baillet, I. p. 87

265) 1620-22 年の作と見ておけば他の諸説とも大体において合致する。たとえばガドフルは1620年とし（G. Gadoffre, *Descartes. Discours de la méthode.* 1941. p. 26），グイエは1621年としている（H. Gouhier, *La pensée religieuse de Descartes.* 1924. p. 54）。

266) A. Baillet, I. pp. 26, 34, 87, 90-91, 109 II. pp. 66, 406, 477, 479, 487

267) この事実をはじめて指摘したのはシルヴァンである。J. Sirven, *Op. cit.* p. 293 だが，かれはそれに基づいてテキストを再構成する意図はもっていなかったようである。

268) A. Baillet, I. pp. 87, 109 II, p. 477

269) 『序説』や『省察』が示すように，デカルトは序文において自らの構想の骨子を略述することがある。

270) ロディス＝レヴィスは，この学問の区分が記憶と結びついていることを指摘している（G. Rodis-Lewis, *L'œuvre de Descartes.* p. 76）。

271) A. Baillet, II. p. 487

272) バイエによれば，このタイトルのほかに *De Studium Bonae Mentis ad Museum* というフルタイトルが存在した（Baillet, I. p. 87）。この表題をどう訳すかは bona mens をどう理解するかにかかっており，解釈者の間でも議論がある。バイエはそれを Etude du bon sens あるいは Art de bien comprendre と訳しており（Baillet, II, p. 406），「良識」に加えて「ものごとを上手に理解する」という意味を含めている。メナールは表題を知的に理解して，「知性の改革」Réforme de l'entendement と訳すこともできるとしているが（P. Mesnard, *Essai sur la morale. de Descartes.* p. 8），少し穿ちすぎていると思う。他方，ジルソンの模範的解釈によれば，bona mens はストア的な「知恵」の意

味であり，知恵の探究が哲学なのであるから，Etude de la sagesse あるいは単に De la philosophie と訳すのがよかろうとしている（E. Gilson, *Descartes. Discours de la méthode. Texte et commentaire*. p. 82）。実際この著作の意図は知恵の獲得なのであるから，「知恵の研究」Studium sapientiae という表題を持っていても何の不都合もないのだが，彼はそうしなかったのである。これをどう説明すべきであろうか。ジルソンが指摘しているように bona mens には「真偽判断の能力，分別，良識」というもう一つの意味がある。『序説』のラテン訳の bona mens（AT. VI, 540）は明らかにこの意味である。だが「良識」と「知恵」とは決して別のものではない（『規則論』AT. X, 360）。ジルソンも解するように，良識は知恵に至る道具であり，それをよく使う時知恵を手にすることができる。デカルトはこの著作でいきなり知恵を論じたのではなく，良識をいかによく働かせて知恵にいたるかを論じたといえるであろう。bona mens は「良識」であるにしても，それは「知恵」の獲得を予想した良識なのである。この意味を踏まえて，我々は『良識論』と訳しておいた。

273）人間の知識欲についての考察である。これが欠如している第1－3項を占めていた可能性がある。アリストテレスにしたがってデカルトも知識欲を人間に本性的なものと考え，これを考究の出発点に置いたのであろう。そこでどういう議論が展開されていたかは知るべくもないが，後年の著作から類推するに，盲目的で無秩序な知識欲は良識によって統御されねばならぬという趣旨だったかも知れない。「人間というものは全く盲目な好奇心に捉えられているので，しばしば何の見込みももたず，ただ自らの求めるものが見つかるかどうか試してみたいばかりに，知らぬ途によってその精神を導くものである」（『規則論』AT. X, 371）。「ものを知りたいという，すべての人に共通の欲求は不治の病のようなものです。なぜなら好奇心というものは，知識がふえるにつれて増大するからです」（『真理の探究』AT. X, 499）。

274）諸学問の考察は第4項においてなされる。

275）学問的精神の傾向については，第5項の学者論やバラ十字会の主題において消化される。

276）知恵を獲得するための秩序。このテーマの下に第6項以下が構成されていたと思われる。ところで知恵 sagesse とは何であるか。すぐあとで説明されているように，それは「知性と意志との働きを結びつけた徳ある学知」のことである。このきわめてデカルト的な定義は『原理』仏訳序文などに登場する知恵の原型をなすものである。ジルソンによれば，ルネサンスにおいて分離されていた「知恵」と「学知」とが，デカルトにおいて統一されたという（E. Gilson, *Op. cit.* pp. 93–94）。たしかに上の定義においても，知性による学問的知識は意志による徳の実践と結びつく時「知恵」の資格を得るとされている。こうした意味での知恵は『規則論』の主題でもあった。すなわち「あらゆる学問は人間的知恵 humana sapientia」にほかならず，特殊な一つの学問を学ぶよりもこの普遍的知恵を学ぶべきである。そしてその目的は理論にあるのではなく生活の一々の状況において知性が意志に何を選ぶべきかを示すためであるという（AT. X, 360–361）。知恵は単なる学殖ではなく生の実践と結びついたことなのである。後年の『原理』では

それに道徳的意味が加わり，知恵とは「人間の知りうるあらゆることについての完全な知識」であると同時に，それを前提とした「最高の道徳」のことである（AT. IX-2, 14）。このように見てくれば，知恵への関心が初期デカルト哲学の一つの特徴であり，しかもそれは後の知恵論の展開をすでに方向づけていると言ってよいであろう。

277） 新しい道を開拓するとは新しい学問を樹立するということであろう。「諸学は仮面をかぶって」おり（『思索私記』AT. X, 15），デカルトが望むような「学問はまだこの世の中には存在しない」（『序説』AT. VI, 5）。自分自身によって新学問を切り開くというイデーは，おそらく1619年11月10日の夢において触発されて以来，青年デカルトの頭を離れなかったはずである。我々はこのイデーが『序説』において余す所なく出ていることを知っている。ミレーの言う如く『良識論』は『序説』の最初のエスキスであったと言ってもよいと思われる（J. Millet, p. 129）。

278） デカルトは『良識論』を公表しなかった。この著作が私的性格を持っていたことは『序説』などと同じである。この書は，彼の精神の歴史を振りかえりながら知恵に至る新学問を論じた私的ノートのようなものであったのだろう。

279） ムセウスと呼ばれた友人が誰であったかについて，バイエはこの断片のすぐ後で，ベークマン，ミドルジュ，メルセンヌの三人の可能性を挙げている（Baillet, II. p. 406）。ベークマンであれば，その「日記」に記されていてもよさそうなものであるが，その事実はない（AT. X, 191）。だとすれば数学者ミドルジュかメルセンヌかということになるが，その決め手はない。いずれにせよ，ムセウスは学問の女神を容易に連想させる所から，その化身とも言うべき優れた学者のことを指してこう呼んでいるのであろう。シルヴァンによれば，デュヴェール Du Vair がその著書 *De la constance et consolation es calamitez publiques.* 1594 を Musée という学芸に秀でた人物に献じたのをヒントにしたという（J. Sirven, pp. 292-293）。興味深い考証ではあるが，デカルトの Museus が誰であるかについては触れていない。

280） この項では，学問がその性質の上から三つに区分され，それに関連して記憶論が顔を出している。デカルトが学問一般をこのような形で論じたのは他の著作には例がなく，断片２）は初期の学問観を伝えるものとして貴重である。

281） バイエによれば，基本的学問 science cardinale は原初的学問 science originale とも呼ばれ，たとえば知性に依存する哲学や，想像に依存する数学がそうである。そしてデカルトは前者の研究を観想 contemplation，後者を省察 méditation と称したという（Baillet, II. p. 487）。若いデカルトが「その推論の確実さと明証性のゆえに」とりわけ数学を愛好したことはよく知られているが（『序説』AT. VI, 7），数学への確信は『規則論』の時代には，すべての学問を数学的に統合せんとする普遍数学 Mathesis Universalis のイデーに結びついており（AT. X, 378），以って哲学を数学と同程度もしくはそれ以上の確実性を持った学問たらしめようとしたのである（AT. X, 366）。数学が最も単純で最も一般的な原理を対象とするという見解は，後の『省察』においても貫かれている。「算術，幾何学，その他のきわめて単純で一般的なものだけを扱い，しかもそれが自然においてあるかどうかには少しも関与しない学問は，何か確実で疑いえな

いものを含んでいる」(AT. VII, 20)。

282) 経験的学問 science expérimentale とは自然学一般のことであろう。この時期デカルトは未だ自然学の体系を持っていないが，のちに彼は自然学の原理を形而上学から引き出し，「論証的な仕方で」展開することになる。だがそれは決して「経験や観察」の重要性を排除しない。その重要性は『序説』第 6 部（AT. VI, 63-65）の力説する所であるし，『原理』では理性が経験に席を譲ることがあると言われている（III-46)。

283) 実際的医学 médecine pratique とは，理論だけでない応用医学，臨床医学のことであろう。デカルトは，医学はきわめて有用な学問であるのに，「現在の医学にはこれといって目覚しい効用のあるものはほとんど含まれていない」(『序説』AT. VI, 62) と批判することになる。実際的ということばには，この意味での批判が含意されているであろう。なおデカルトはスコラの理論的哲学に対して，自らの哲学を実際的哲学 philosophie pratique とも言っている（同61-62)。

284) 『序説』のデカルトは修辞学や詩学に批判的であり，「それらは学んで得られるものであるよりは，むしろ生まれつきの才能である」としている（AT. VI, 7)。ここに「学んで得られるもの」fruits de l'étude は本断片の「修練によって得られた習慣」に対応し，政治学や実際的医学や音楽に相当する。他方「生まれつきの才能」dons de l'esprit は本断片の「何でもこなす精神」に対応していると思われる。

285) その原理を「基本的学問」たる真なる哲学から借りて来る場合はよいが，スコラ哲学から借りてくる場合には，不可疑の真理は持ちえないことになる。「その他の学問については，その原理をスコラ哲学から借りているので，これほど弱い基礎の上にはどんな堅固なものも建てられないと判断した」(『序説』AT. VI, 8-9)。

286) 断片 3 ）は例外的に欄外に書かれており，全集本でもこの部分のみが『良識論』からの引用であろうと考証されている（AT. X, 200)。なお，V. Stud. bon. mentis. Cartes. Ms. と明記されている最初の V は，ローマ数字の 5 （したがって第 5 項）ではなく，Voyez（参照せよ）の指示であろう。

287) 記憶は知性や想像と異なるものではない。これらはみな同じ一つの認識力に属し，ただ機能の面で異なってくるにすぎない。「同一の力がそれら様々の機能にしたがって，純粋知性，想像力，記憶，感覚，と呼ばれる。……記憶なるものは，少なくともそれが身体的であって獣の記憶と同じであるかぎり，想像力とは別のものではない」(『規則論』AT. X, 416)。記憶の能力は増減するものではなく，一定の容量をもっており，それがどれだけ満たされるかが問題であるという趣旨である。『序説』で「豊かな記憶」mémoire ample（AT. VI, 2）といわれているものは，満杯状態の記憶のことであろう。

288) デカルトは記憶を二様に考えている。一つは身体的記憶 mémoire corporelle である。これは脳の一部に或るイマージュが記されてそれが痕跡として残存している場合のことで，固有の意味で記憶とはこれを指す。他の一つがここに言う知的記憶 mémoire intellectuelle である。これは身体には全く依存せず，思考の中にのみ記された痕跡であ。この意味でそれは「精神にのみ依存する」といわれる。たとえば，R・E・X という無意味な三つの字の組み合わせから「王」を理解しうるのは，知的記憶の働きによるとい

う（『ビュルマンとの対話』AT. V, 150）。知的記憶論の展開は，1640年代以降のメイソニエ宛（AT. III, 20），メルセンヌ宛（同 48, 84-85, 143），メラン宛（AT. IV, 114）などの書簡においてなされることになる。本テキストは，初期デカルトにおいてすでに知的記憶が構想されていたことを示している。そしてそれは精神が身体から独立していることを示しているので，シルヴァンの指摘する如く心身二元論の立場の芽生えがここにあると言えよう（J. Sirven, p. 302）。しかしそれの開花はむろんまだ先のことである。

289） 第５項では「ものを学ばんとする精神の性向」が問題になる。デカルトは自らの精神の遍歴を想起しながら，学者という肩書きの拒否，バラ十字会の評価などを語っている。バイエはそれらを一まとまりの興味深い文章によって伝えており，全集本はそれをそっくり収録している。だが我々はバイエが『良識論』に依ると注記した文章のみを拾いあげて，以下の九つの断片を構成した。

290） 『序説』第１部には，ラフレーシ学院で教えられた古典語，寓話，歴史，雄弁術，詩学などの人文学の教科課程とともに，哲学に対する評価が否定的に記されている（AT. VI, 6-8）。しかし要するにデカルトは哲学が好きであったようであり，総合的にみれば学院で教えられる哲学課程がきわめて優れたものと認めている（1638. 9. 12. 某宛 AT. II, 378）。

291） デカルトは学業を終えると，人なみに学者の仲間に入れられた。だが学院で教えられる諸学問は不確実で役立たなかった（『序説』AT. VI, 4）。そこで彼は学者の肩書きを無意味だとして捨て，書物の学問も放棄することとなる。

292） 「そこで私を基準にして他のすべての人を自由に判断してもよいと考えるようになった」（『序説』AT. VI5）。判断の基準を既成の権威に求めるのではなく，自己の理性に求めるということであろう。

293） 文字による学問とは直接にはスコラの学問や人文学を指す。「それゆえ私は，教師たちの手から解き放たれる年齢になるとすぐに，文字による学問をすっかりやめてしまった」（同９）。

294） バラ十字会の成立や目的については A. Baillet, I. pp. 88-89（AT. X, pp. 194-196）に詳しい。1604年に結成され，その目的は学問によって世界のすべてを改革することにあったという。この会がパラケルズス的な神秘的・魔術的世界観を採っていたことはいうまでもない。

295） 身分を隠して人に知られずにいるべしというのがこの秘密結社の規約の一つであった（Baillet, I. p. 90）。断片９），10）に明らかなように，デカルトは自らもまた学問の改革を志す者としてこの会に強い興味を示した。そしてバラ十字会の主張がもし本当なら，自説を撤回することも辞せぬほどの意気込みであったのだが，結局その存在を確認できなかったわけである。

296） この断片でも，また断片13）においても，デカルトはバラ十字会について何も関知していないと報告している。この言明は，彼がその会の一員ではないことを自ら表明したものであるばかりか，「数年ののち」には十字会への興味を失ったことを示している。
　それにもかかわらずこの会とデカルトとの関係には不明な点が多く，議論がある。た

とえばコアンによれば，デカルトのその言明はドイツ滞在時のものであって，その後彼が十字会の会員になったと考えることもできるという（G. Cohen, p. 403)。そして，デカルトの医学や長寿への関心，隠栖癖といったものはみなバラ十字会員に共通の事柄であるゆえに，彼がその一員であったことは確かだとしている（同 pp. 404-407)。だが，この説は興味深くはあるが決して説得的ではなく，一つの憶説に止まるであろう。なぜなら，医学への関心や隠栖癖云々はデカルト個人の資質に帰することかも知れず，そこから直ちに彼がこの会のメンバーであったと結論することはできないからである。それに，デカルトがこの会のことは知らぬと言ったのはノイブルクの炉部屋を出てから「数年ののち」のことである。数年ののちに彼は入会するどころか，その会に興味を失い，それから5，6年後には神秘的世界観からは遠い『規則論』を書いているのである。シルヴァンの言う如く，デカルトの学問とバラ十字会とは元来相容れないものであったと思われる（J. Sirven, p. 299)。

デカルトとこの会との接近を思わせるもう一つの資料は，『思索私記』（1619年ごろ）である。周知のように，この初期の断片においてデカルトは感覚や想像を理性の上位に置く一種の詩的象徴主義を表明しており（AT. X, 217-218)，さらに彼は自らの数学的著作を「ゲルマニアにおいてとりわけ高名なバラ十字会に献呈」すると言っている（同214)。だが，詩的象徴主義（この立場はすぐに捨てられるのだ）を採っているからといって彼が十字会のメンバーであったとは直ちに言えない。むしろルネサンスのカルダーノあたりからの影響が残っていたと考えることもできるのである。また，十字会への献辞は額面どおりに受け取るべきではなく，デカルトの皮肉ではないかとも思われる（H. Gouhier. *Les premières pensées de Descartes*. p. 110)。というのは，その文章のすぐ前で「もろもろの新奇蹟をあらゆる学問のうちで示すことを約束しているあの者どもの心に躊躇いをしも喚び起して［以て］無謀な彼らの退場を促すために」（所雄章訳）と彼は言っているからである。この断片が「良識論」と前後して書かれたものとするならば，この時期のデカルトは所氏の看破する如く，「いわゆる秘教学的なものとの対決の姿勢」をすでに堅持していたと言えよう（所雄章「思索私記」訳解・その1．中央大学哲学科紀要第24号 p. 17)。そしてバラ十字会創立の精神がまさに秘教学的であってみれば，『思索私記』もまたデカルトがその会員であったことを何ら証拠づけないのである。

『良識論』を読んできた我々としては，デカルトは一時バラ十字会への接近を試みたものの，その会の説く所が「知るに値する」ものではないと悟り，すぐに批判の側にまわったと考えたい。彼が会員であるというのは単なる風説であって，1623年ドイツからパリに帰ったデカルトはその噂を立てられて大いに当惑している。バイエの伝承を信ずるかぎり，彼はバラ十字会を一種の詐欺師集団とみなしていたようである（Baillet, I. p. 91)。

第11章 「第六省察」をどう読むか――人間学としてのデカルト哲学

297) たとえばゲルーは，「第六省察」を6つの諸根拠の連鎖の交錯と言ったり，哲学的対位法のきわだった見本という言い方をしている（M. Gueroult, *Descartes selon l'ordre*

des raisons. 1950. II. pp. 21, 284)。

298) この段落の切り方はアダン・タヌリの裁量によるものであって，デカルト自身の手によるものではない。初版や第二版でも，「第一省察」から「第四省察」まではほとんど区切りなしのベタである。「第五・六省察」だけはなぜか段落を切ってあり，「第六省察」は初版では30段，第二版では21段となっている（この第二版にもとづいた拙訳『省察』ちくま学芸文庫2006がある）。仏訳第一版では42段，フェデ版仏訳では49段にもなる。なお本作業のためにフェデ版仏訳のほかに L. J. Beck, *The Metaphysics of Descartes*. 1965 pp. 290-291; G. Dicker, *Descartes: An Analytical and Historical Introduction*. 1993. p. 177 を参考とした。

299) 後半部のこの解釈は G. Rodis-Lewis, *L'œuvre de Descartes*. 1971. pp. 351-352 による。

300) もっとも，このタイトルの順序は「および……」以下が後から付け加えられたこともあって（メルセンヌ宛 1641. 1. 28. AT. III, p. 297），本文の叙述とは逆になっている。心身の区別を述べたのちに物体の存在証明が来るというこの順序は重要である。それを考慮せずに，「第六省察」にデカルトのパラドックスを見ようとする E. ジルソンの解釈（*Etudes sur le rôle de la pensée médiévale dans la formation du système cartésien*. 1930 p. 245）は間違っていると思われる。心身の区別の議論は，外界の存在を前提としていないからである。

301) 「第一哲学についての省察。そこでは神の存在，および精神と身体との区別が証明される」（AT. VII, 17）。なお「第四答弁」にも心身の区別が重要なターゲットであった旨の記述がある。「神と真理とについて，「第三，第四，第五省察」において私が書いたすべてのことは，精神の身体からの実在的区別についての結論に寄与するのであって，その実在的区別を「第六省察」においてようやく私は完成した」（「第四答弁」AT. VII, 226）。

302) Epistemological Argument という命名は M. D. Wilson, *Descartes*. 1978. p. 186 による。

303) G. Rodis-Lewis, *L'œuvre de Descartes*. pp. 374-375

304) この文章では，心身の区別は証明される probatur が合一は示される ostenditur と書かれている。ここからして，区別と合一とは論理的に異なった事態であり，両立可能であるという解釈ができるかに見える。だが「第四答弁」には，「私が精神と身体の区別について論じた同じその「第六省察」において，同時に simul また私は精神が身体と実体的に合一していることを証明 probo した」（AT. VII, 227-228）とある。両者を同時に主張することは，やはり論理的には矛盾だと思われる。

305) M. Gueroult, *Descartes selon l'ordre des raisons*. II. pp. 282-284. cf I. p10.

306) L. J. Beck, *The Metaphysics of Descartes*. p. 248. 『省察』のスタイルは，一日が一つの省察に費やされ，前日の思索の結果が次の日の思索に流れ込むという仕方で全部で6日で完結するというものである。ベックによれば，これはラフレーシの聖週間の黙想の行にちなんでいるという（p. 31）。

307) 朝永三十郎は，そこに感覚の権利擁護と同時に，感覚は越権すべからずという権利

制限を見ている（朝永三十郎『デカルト省察録』岩波書店 1936 p. 189）。野田又夫は，物体界の存在の問題状況においてデカルトは「身体を離れた精神」と同時に「身体と合一せる精神」を要求してディレンマに陥っており，ある意味の矛盾を犯してまで心身合一を主張していると見る（野田又夫『デカルト』弘文堂 1937 pp. 215-216）。所雄章は，物体の証明は感覚に依拠するがゆえに失敗しており，そこから心身の区別を樹立することは自己撞着である。物身分離と結合は相互循環的関係にあるとする（所雄章『デカルト II』勁草書房 1971 pp. 297-305）。

308）　G. Rodis-Lewis, Hypothèses sur l'élaboration progressive des *Méditations* de Descartes, in *Archives de Philosophie*. 50. 1987. pp. 109-123. この解釈は「第六省察」の諸問題をどう読み解くかを目指したものではないが，彼女自身の読み方はそれを人間学の一環と見るものである。なお，テキストの生成発展を歴史的にたどるという読み方は，どの研究者もある程度行っている。その先例として，A. Adam, *Vie & œuvres de Descartes*. 1910; F. Alquié, *La découverte métaphysique de l'homme chez Descartes*. 1950; H. Gouhier, Pour une histoire des *Méditations Métaphysiques*, in *Etudes d'histoire de la philosophie française*. 1976 などがある。ロディス＝レヴィスはそれらの批判を目指している。

309）　E. Gilson, *Descartes. Discours de la Méthode. Texte et commentaire*. 1925 pp. 368-369

310）　ひと頃，カント解釈に関してパッチワーク・セオリー（つぎはぎ理論）が問題になったことがある。「第一批判」は一つの論理で以て一気に書かれたのではなく，異なった時代に書かれたメモを寄せ集めたものだという理論であり，これによって「第一批判」の混乱や不整合を説明しようとするものである。これと同じ理論をデカルトの『規則論』や『序説』に適用する解釈もある（cf. J. -P. Weber, *La constitution du texte des Regulae*. 1964; G. Gadoffre, La chronologie des six parties, in N. Grimaldi et J. -L. Marion éd., *Le Discours et sa méthode*. 1987）。しかし成功しているとは思われないし，『省察』についてそれが適用できるかどうかも疑問である。なお『情念論』についての生成論的研究としては，佐々木健一「デカルト『情念論』のテキスト形成過程に関する一試論」『東京大学文学部研究報告』5．1974がある。

311）　M. D. Wilson, *Descartes*. pp. 205-208

312）　ウィルソンの同延 coextensus という概念は「第六答弁」（AT. VII, 442）から取られているが，この箇所では「精神の全体が物質の全体のうちにある……とは今はもう理解していない」とある。

313）「いま私は眼をとじ，耳をふさぎ，あらゆる感覚を退けよう」（AT. VII, 34）。この「いま」の解釈については，本多英太郎「区別，存在，そして合一（下）」『愛知県立大学外国語学部紀要』（第17号言語・文学編）昭和59年 p. 53 に負う。

314）　すなわち第1－4段は，物体の存在証明に向けて議論の的を感覚に絞るための導入である。第5段－8段では，これまでの感覚の見方を復習したのちに感覚の見直し宣言がなされる。第9段の心身の区別だけは感覚には直接関与していないが，これは第10段の存在証明の準備をしている。第11段は，神を背景として自然の教え（感覚が示すも

の）の真理性を認める。第12段は，その線で身体の生理的機能を真理と認める。第13段は，感覚の示す心身合一の事実を舟人の比喩の下に例示する。この例は心身の区別と合一との違いを見事に解明している。第14-15段は，身体と外界（物体）とのプラグマティックな関係を説明する。つまり外界から受け取る快・不快の感覚知覚は，身体の好・不都合に対応している。ここに感覚の実践的意味があり生物学的合目的性がある。これが感覚の見直しで得られた最も重要な点である。だが感覚は何が身体に都合がよく何がわるいかを教えるのみで，物体の本質が何であるかは教えないことが強調される。第16-23段は，自然の教えとその矛盾の調整を弁神論の形で行っている。感覚の誤りに関しても，見直しラインに乗って，身体が異常の場合に誤る方が健全な場合に誤るよりも合理的であるなどと言い，寛大な姿勢になっている。最後の第24段はこの波に乗って懐疑を解いている。

315） 「物体の存在証明は必ずしも厳密な論理を要さない。むしろ……と思われる videri ということで証明には十分である」（『ビュルマンとの対話』AT. V, 167）。

316） この論点はスコラの言う「評価能力」vis aestimativa に相当するかと思われる。これは動物における能力で，自分の生に好都合なものと不都合なものとを本能的に見分ける感覚的判断力である。人間も生物であるかぎりは，感覚の根本に動物的な評価能力ありと認められる。もっとも人間においては，それは「思惟能力」vis cogitativa と呼ばれる（Thomas Aquinas, *Summa Theologiae*. I. q. 78. a. 4）。

317） たとえば，ゲルーはそれを次のように表現している。「知性は一方で，感覚が曖昧で混乱していることを理由に感覚的事物の観念の真理性を拒みながら，他方で神の誠実の下にそれらの観念が実在的であるかぎり真であると認めざるをえない」（M. Gueroult, *Descartes selon l'ordre des raisons*. II. p. 282）。なお感覚の両義的評価については，拙著『デカルト『省察』の研究』1994. pp. 347-352 を参照していただきたい。

318） 感覚の見直しとは「生と日常の交わり」の立場からものを見ることである。この点に「第六省察」を生活世界の発見や身体の哲学と見る余地があろう。

319） M. Merleau-Ponty, *L'union de l'âme et du corps chez Malebranche, Biran et Bergson*. 1968 pp. 15-16. さらにかれは，身体的経験が知性に矛盾し，心身の実体的合一と純粋な精神とは両立しないことをデカルトは考慮していないと断罪している（*Phénoménologie de la perception*. 1945. pp. 231-232）。

320） この表現は少なくとも三回登場する。『人間論』AT. XI. 202，『序説』AT. VI, 56, 59，レギウス宛 1642. 1. AT. III, 493.『省察』には見当たらない。

321） E. Lojacano, E. Jan Bos et F. A. Meschini éd., *La rechereche de la vérité par la lumière naturelle de René Descartes*. 2002; D. Kambouchner, *Les Méditations métaphysiques de Descartes*. 2005. p. 56. cf. 本書注 147.

322） これらについては本書第13章「デカルトと医学」pp. 373-377 を参照。

323） メルセンヌ宛 1629. 12. 18. AT. I, 102, 同宛 1639. 11. 13. AT. II, 621

324） 本書第13章 pp. 367-373 を参照。

325） A. Lalande, *Vocabulaire technique et critique de la philosophie*. 1926. p. 62. ラランド

によれば，その意味は五つに分類される。(A) 神学的な意味で，神的なことがらを人間的に語ること。これはanthropomorphisme（神人同形同性論）の意味であり，マルブランシュがその意味で使っている。(B) ネオスコラの用語。複合的な人間を一つのものとみなす人間研究。これはデカルト主義に反対する使い方である。(C) 人間についての学一般。これはカントの用法である。(D) 人間という種の動物学を構成する自然科学の一分野。これは文化人類学をも含めた人類学に相当するであろう。(E) Dのうちで，とくに人類の多様性の分類，古生物学，生物地理学を指す。これはいわゆる自然人類学であろうか。ラランドは（B）を反二元論の意味にとっているが，ロディス＝レヴィスも指摘するように「デカルトの人間学」という場合それはむしろ（B）に近い。cf. G. Rodis-Lewis, *L'anthropologie de Descartes*. 1990. pp. 41-42. なおマルブランシュは，おそらくパスカルの人間研究を参考にしてla science de l'hommeという言い方をしているが，これは人間精神全般についての学の意味である（N. Malebranche, *De la recherche de la vérité*. Préface）。またヒュームがthe science of manと言う場合，これは数学や自然哲学や自然宗教も含めた広義の人間本性全体の学である（D. Hume, *A Treatise of Human Nature*. Introduction）。

326） ジルソンは，実体的形相を基本にしたトマス的な人間学に対して，心身の実在的区別とともに実体的合一を説くデカルトの人間学を提示している（E. Gilson, Anthroplogie thomiste et anthropologie cartésienne, in *Etudes sur le rôle de la pensée médiévale dans la formation du système cartésien*. 1930. pp. 245-255）。ロディス＝レヴィスは，精神と物体に次ぐ第三の原初的概念として，心身を備えた「人間」の領域の重要性を説いている（G. Rodis-Lewis, *L'anthropologie cartésienne*. pp. 19-99; De l'animal-ange au《vrai homme》de Descartes, in J. -L. Vieillard-Baron éd., *Autour de Descartes. Le dualisme de l'âme et du corps*. 1991. pp. 75-83）。

327） この比喩は，人間を「身体を使用する精神」と解するプラトニズムに対して，そのアンチ・テーゼとしてアリストテレス＝スコラが用いたものである。デカルトは心身の区別に関してプラトン主義に立ちながら，他方その合一を主張することでアリストテレス主義を容れていたことになる。

328） この表現はゲルー（M. Gueroult, *Descartes selon l'ordre des raisons*. II. p. 157）による。ゲルーはこの書の第二巻すべてを「第六省察」の解明に充てている。

329） S. Voss, Descartes: The End of Anthropology, in J. Cottingham ed., *Reason, Will and Sensation*. 1994. p. 273.

330） 彼女の考証によれば，この言葉は17世紀の医学者Jean Riolanの*Anthropographia*『人間誌』をP. Constantが1629年に仏訳した際に使ったもので，「人間は精神的な魂と物質的な物体という二つの本性から成っているので，人間学Anthropologieは精神学と物質学とに分けられる」としたところから由来するという（A. Bitbol-Hespériès, *Le principe de vie chez Descartes*. 1990. p. 12）。彼女は，フランス語としてはこれが最初だと言うが，ロベール仏語辞典は初出を1507年としている。ちなみに1501年ドイツ語圏でanthropologiaというラテン語がはじめて登場している。

331) 日本では，すでに九鬼周造がデカルトの心身論・心理学・情念論・倫理説を総称するものとして広義の人間学という言葉を用いている（『西洋近世哲学史稿（上)』昭和18年 pp. 124-136)。九鬼には別に「人間学とは何か」という論文もある（『人間学講座』昭和13年)。また W. ディルタイが「デカルトの人間学」と言うとき，それは情念論やモラルなど生の要素を含んだ広い意味に解されている（Die Funktion der Anthropologie in der Kultur des 16. und 17. Jahrhunderts, in *W. Dilthey, Gesammelte Schriften* II. Band. *Weltanschauug und Analyse des Menschen seit Renaissance und Reformation*. 1969. S. 452-460）

332) 所雄章解題，G. ロディス＝レヴィス「デカルト哲学における「人間」の観念」，『思想』第656号（1979年２月）p. 76; G. Rodis-Lewis, *L'anthropologie cartésienne*. p. 29.

333) 野田又夫『デカルト』岩波新書 1966. p. 162

第12章 「ソルボンヌ書簡」の研究

334) 「いとも聡明にして令名も高き聖なるパリ神学部の学部長ならびに博士各位へ」Sapientissimis clarissimisque viris sacrae facultatis theologiae parisiensis decano & doctoribus Renatus des Cartes S. D. 1641

335) J. -R. Armogathe, L'approbation des *Meditationes* par la faculté de Théologie dc Paris (1641), in *Archives de Philosohie*. 57, 1994. Cahier 1. Bulletin Cartésien XXI. pp. 1-3.（以下これを A と略記してページ数を付す）

336) G. Rodis-Lewis, *Descartes*：*Biographie*. 1995. pp. 188-189, 340（飯塚勝久訳『デカルト伝』未来社 pp. 208-210, 380-381）

337) デカルトの形而上学の主題はこの二問題に集約される。「神から理性の使用を授けられたすべての人は，なによりも神を知り，そして自己自身を自ら知ろうとするために理性を使う義務があると，いつも私は考えてきました。私の研究を始めようとしたのはまさにそこからでした」(メルセンヌ宛 1630. 4. 15. AT. I, 144)。「第四部では，著者が神と人間精神との存在を証明するに用いた諸理由，すなわち著者の形而上学の基礎が示される」(『序説』AT. VI, 1)。

338) 『省察』第一版のサブタイトルは「神の存在と精神の不死がそこで証明される」in qua Dei existentia et Animae immortalitas demonstratur となっていた。

339) 神の存在と精神の不死とはデカルトの実践的世界観の基本をなしている（エリザベト宛 1645. 9. 15. AT. IV, 291-292)。

340) 逆に言えば「啓示の真理はわれわれの理解を超えている。……それを検証するには何か天の尋常ならざる助けを要する」(『序説』AT. VI. 8)。信仰が神の賜物という思想は，パスカルの『パンセ』B279/L588/S487 にも見出せる。

341) たとえば Thomas Aquinas, *Summa Theologiae*. Pars prima. Q. 2. a. 2

342) 『旧約聖書外典』の「ソロモンの知恵」13-8. 9. なおこの引用文の文末には，AT 版では「？」が付されているが，第二版にはない。

343) 「ローマ人への手紙」１-20

344） 同1-19

345） たとえば，われわれの精神のうちにある神の観念。『聖書』のデカルト的解釈である。

346） デカルトの議論のポイントは，神の認知の容易さ，確実さにある。これがソルボンヌに向けたメッセージである。

347） たとえばアヴェロエス主義に立つポンポナッツィは，アリストテレスに従えば魂は不死とは言えない。ただ不死は自然的理性によってよりも，信仰において証明されるべきである（P. Pomponazzi, *Tractatus de Immortalitate Animae.* Bologna. 1516）としている。これは公会議後の出版であるが，当時の論争の沸騰を伝える文書である。

348） 1513年，ラテラノ公会議は「知性的精神は可死的であり，すべての人間においてただ一つである」というアヴェロエスの命題を「疫病」として排斥した。

349） 「若いころから私はたまたまある道に出会い，それは私をある考察と格率へと導き，そこから私は一つの方法を作りあげた」（『序説』AT. VI, 3）。その方法とは『序説』第二部の四規則のことであろう。

350） 1627年，デカルトは枢機卿ベリュールの前で自らの方法と哲学の計画について語る機会があった。ベリュールはそれを大きく評価し，その仕事は神に対する「良心の義務」だと激励した。A. Baillet, I. p. 165

351） この三人はデカルトお気に入りの幾何学者で，しばしば引用される。

352） 「私は形而上学の真理を，どうすれば幾何学の証明よりもさらに明証的な仕方で証明できるかを発見したように思います」（メルセンヌ宛 1630. 4. 15. AT. I, 144）。

353） 精神を先入見や感覚から引き離すことが『省察』の通奏低音となっている。「概要」AT. VII, 12 を参照。

354） パスカル「人間を研究する人は，幾何学を研究する人よりももっと少ない」（『パンセ』B144/L687/S566）を彷彿させる。

355） 「哲学においては，それが幾代もの間に現れた最もすぐれた精神をもつ人々によって研究されてきたにもかかわらず，いまだに論争の余地のない，したがって疑いをいれる余地のないような事がらは何ひとつない」（『序説』AT. VI, 8）。

356） 無神論者とともに懐疑論者を駆逐することがデカルト哲学の目標の一つであった（レイデン大学評議員宛 1647. 5. 1. AT. V, 9）。

357） 仏訳は「カトリック教会の」を削除している。

358） H. Gouhier, *La pensée religieuse de Descartes.* 1924. p. 107

359） 本書注350を参照。

360） R. Popkin, *The History of Scepticism from Erasmus to Descartes.* 1960. p. 176-, H. Gouhier, *La pensée religieuse de Descartes.* p. 299-. 本文にある「悪徳の方により大きな報酬が与えられる」，「利得よりも正義を選ぶ人はごくわずか」という表現に，この時代の雰囲気が読みとれるであろう。

361） Mersenne, *Quaestiones celeberrimae in Genesim.* 1623, Jean de Silhon, *Les deux vérités, l'une de Dieu et de sa Providence, l'autre de Immortalité de l'âme.* 1626.

362) *De l'esprit géométrique*, in J. Mesnard éd., *Œuvres complètes de B. Pascal*. III, p. 424
363) ソルボンヌ書簡においても,「いかにして神が,この世のものよりもより容易により確実に facilius & certius quam res saeculi 知られるのかを私が探求する」とされている。
364) 哲学の議論の説明に数学の比喩を使うということ自体は,ルネサンスの思想家 N. クザーヌス(N. de Cusa, *De Docta Ignorantia*. I-11)にも見られる。「無限」の理解において三角形という数学的形象が使われ,形而上学と数学との内的連関が問題にされている。薗田坦『クザーヌスと近世哲学』第二章(2003創文社)を参照。
365)「第四答弁」「第六答弁」のなかには,聖体の秘蹟(AT. VII, 248-256)や『聖書』への言及(AT. VII, 428-431, 436)を見出すことができる。メランやシャニュ宛などの書簡においても多くの神学の話題がある(AT. IV, 346-, AT. V, 53-など)。
366) そのフルタイトルは「幾何学的仕方で配列された,神の存在と,精神と身体との区別を論証する諸根拠」である。これは以下に述べる「総合」による証明の典型的なモデルである。
367) P. Gassendi, *Disquisito Metaphysica*. 279a-281b
368) L. Wittgenstein, *Tractatus logico-philosophicus*. 6·54
369) 懐疑は要請1,コギトは要請2,明晰判明は要請6,7に相当する。
370) G. Rodis-Lewis, *Le développement de la pensée de Descartes*. 1997. pp. 121-123
371)「私は,この普遍的懐疑をいわば確固不動の点として,そこから神の認識,君自身の認識,世界の中にあるすべての事物の認識を導き出すことをみずから期している」(『真理の探究』AT. X, 516)。
372) クレルモン学院はパリ大学「予科」のような位置にあったと思われる。ソルボンヌとの間に教官の人事交流があり,一つの勢力をなしていたはずである。
373) A. Baillet, II. 73, AT. III, 96.
374) この人はラフレーシ学院の教授をへて,1635年以来クレルモン学院の教授(自然学・数学)であった。イエズス会の論客の一人であり,1642年に『省察』の「第七反論」を書くことになる。
375) デカルトは強固な団体を形成しているイエズス会からの攻撃を恐れていた。(G. Rodis-Lewis, *Op. cit.* p. 188, 邦訳 p. 209)。それは次のエリザベト宛書簡からも傍証される。「かれらは新しい哲学の出版に最も興味を感じる人たちであると同時に,何か非難できる理由があると思うなら最も容赦しない人たちです」(1646. 12. AT. IV, 591)。
376) グイエの解釈ではこれは一石二鳥の策であった。多くの学者の批評を得ることが,ソルボンヌの認可に有利である。H. Gouhier, *La pensée religieuse de Descartes*. p. 109
377) ジビュー(1591-1650)は,オランダへ行く以前からデカルトの友人であり,パリ時代にベリュールを通じて知り合ったと思われる。デカルトは『序説』,ジビューは『神および被造物の自由について』など,互いに著書を交換しあった。1609年以来ソルボンヌに属しており1640年オラトワールの総長となっていた。ピエール・ド・ベリュール(1575-1629)は1611年オラトワール会を設立。1627年に枢機卿。翌年の秋に若いデ

カルトはある会合でベリュールに会い，その哲学を出版するよう激励を受けた。シャルル・ド・コンドラン（1588-1640）は，1615年のソルボンヌの博士。1629年にベリュールの跡を襲ってオラトワール会の総長。デカルトはパリ時代からコンドランを知っていた。コンドランについては，Henri Brémond, *Histoire littéraire du sentiment religieux en France*. 1967. Tome III. pp. 9-124 に詳しい。ジビューはコンドランの衣鉢を継いだ人でもあった。オラトワール会の系譜という観点から見るならば，ベリュール，コンドラン，ジビューと続く。

378）「カトリックの柱石」たるソルボンヌ（パリ大学神学部）の，当時の組織・陣容についてはよく分からない。「学部長」がどういう人であったかも判然としない。以下に登場するニコラ・コルネはのちに神学部長となるが，当時はクレルモン学院長だった。神学部の博士の構成員「全体」Corps については，「主要な神学者12-15人に『省察』を送る」（ホイヘンス宛 1340. 7. AT. III, 102）としているところから見ても，全体でその数倍，数十人はいたと推察される。デカルトは送付すべき神学者数を10-12人から 3 - 4 人と値下げしている。なお神学部のうちでも，さらにその中枢をなすソルボンヌ協会があったと思われる。バイエは，「ソルボンヌの本部と協会 Maison & Société だけでなくパリの神学部全体 le Corps entier de la Sorbonne」（A. Baillet, II. p. 103）という言い方をしている。他方，博士たちの所属修道会の分布については，イエズス会が最も大きな勢力だったと思われる。のちのジャンセニズムとの抗争対立などから推してである。ついでオラトワール会が多かったであろうが，神学部との関係は冷たかったという（アルモガット p. 3）。1641年当時，デカルトが評価していたアルノーはまだ博士ではなかったが（博士になったのは1641年12月19日），のちにジャンセニストとなり博士号を剥奪されソルボンヌから追放されることとなる。

379）以下，本書注335に示したアルモガットの資料による。

380）*Conclusiones Facultatis Theologiae*, Archives nationales, MM252 fo91v アルモガットが抽出している原文は次の三つである。«M. N. Hieronymus Bachlier petiit ut aliqui e magistris nostris nominarentur qui legerent et examinarent metaphysicam editam per d. de Cartes.», « pro examine metaphysicae dni. DeCartes selecti hon*di*. MM. NN. Chastelain, Potier, Hallier et Cornet.», «lecta et approbata est conclusio superni mensis.»

381）H. Gouhier. *La pensée religieuse de Descartes*. p. 112

382）その理由は，認可が自分たちにとって不都合と考える博士たちが多くいたことであろう。可能性としては，ブルダンをはじめとするイエズス会の反対勢力が考えられる。

第13章　デカルトと医学

383）ここで「デカルト医学」とは，主として生理学，病理学，解剖学，胎生学，血液循環論，心臓医学を指すが，それに加えて健康医学（長寿法，健康法），治療医学（臨床医学），精神衛生学などを含む。

384）のちにデカルトはラフレーシの旧師ヴァチエを介して，その医師に『序説』の心臓論への反論を求めている。ヴァチエ宛 1638. 2. 22, AT. I, 561

385) Ch. Adam, *Vie et œuvres de Descartes*. p. 39.もっともアダンは，ラフレーシで解剖を学ぶ機会があったとしている。他方ジルソンはそれを否定し，ポアチエで学んだとする（E. Gilson, *René Descartes. Discours de la méthode. Texte et commentaire*. pp. 105-106, 119)。いずれにしても確たる証拠があるわけではない。

386) オランダ人の医者プレンピウスは「われわれのガレノス」（デカルト宛 1638. 1, AT. I, 497）という親しみを込めた言い方をし，エリザベトが言及した「ヒポクラテスの誓い」（デカルト宛 1643. 5. 6/ 16, AT. III, 660）は知識人の常識であったろう。

387) ポアチエ大学は15世紀に創設され，16世紀にはパリ大学に次ぐフランス第二の大学であったという。デカルトの曽祖父も祖父もここで医学を学んだ。法学部に在籍しながら医学部に通うことは不可能ではなかったのではないか。これに対して，ロディス＝レヴィスやビトボル＝エスペリエスはポアチエ説に懐疑的であり，1929年以前に医学を学んだとする手がかりはないとする。その根拠は，1618年にデカルトが，医学博士になったばかりのベークマンに会ったとき，医学のことは少しも話題にならなかったというものである（G. Rodis-Lewis, *Descartes: Biographie*1995. pp. 38-39, A. Bitbol-Hespériès, *Le principe de vie chez Descartes*. 1990 p. 32)。しかしそれは，われわれの哲学者が1618年の時点では医学よりも数学や自然学に興味があったということにすぎないだろう。他方ガウクロージャーは，1620年代の終わりにはデカルトは何らかの解剖術を習得していたと推測している（S. Gaukroger, *Descartes: An Intellectual Biography*. 1995. p. 64)。アダンを踏まえていると思われるが，その典拠が挙げられていない。

388) この断片についてただ一人言及しているアルキエは，精神の健康は身体のしがらみを脱して勝ち取るものだ。人間は心身合一体なので自然のままに放置すれば精神は病いに陥り，しかもそれに気づくこともない，とやや的外れな注を施している（F. Alquié, *Œuvres philosophiques de Descartes*. I. p. 48)。

389) J. -L. Marion, *René Descartes: Règles utiles et claires pour la direction de l'esprit en la recherche de la vérité*. 1977. p. 212. cf. V. Aucante, *Descartes: Ecrits physiologiques et médicaux*. p. 203, 213.なお名古屋大学の金山弥平教授は humor serosus をガレノスの原典 *In Hippocratis librum vi epidemiarum commentari vi* において確かめ，それを「漿液」と訳すことを筆者に教示された。

390) たとえばヒポクラテス『流行病』15,『箴言』14（田村松平編『世界の名著・ギリシアの科学』中央公論社 1972)。より詳しくは，The Loeb Classical Library. *Hippocrates* I-VIII.の各索引を参照するのが便利である。なお『古い医術について』（小川政恭訳，岩波文庫1963）の「付録ヒポクラテス作品目録」によれば，ヒポクラテスには「黄疸について」をはじめ，デカルトがよく用いる水腫症や狂人や夢についての著作もある。G. E. R. ロイド『初期ギリシア科学』（山野・山口訳，法政大学出版局1994）第五章にはヒポクラテスについての簡潔な記述がある。

391) ガレノス『自然の機能について』（種山恭子訳，京大学術出版会1998）I. 40-42 など。P. N. Singer ed., *Galen: Selected Works*. 1997 の索引も参考になる。G. E. R. ロイド『後期ギリシア科学』（山野・山口・金山訳，法政大学出版局2000）第九章を参照。

392）『ピュロン主義哲学の概要』（金山訳，京大学術出版会1998）第１巻44，101，126，211，『学者たちへの論駁』（金山訳，同2006）第７巻247。なお黄疸について，アナス＆バーンズは次のようにコメントしている。「黄疸にかかって目が一時的に黄色になっている人は，事物を黄色のものとして見る傾向をもつ。……この議論は誤った前提を含んでいる。すなわち，事物が黄疸患者には黄色のものとして現われる，ということはないのである。黄色のものとして現われるという主張は，哲学者と科学者がそれを二千年にわたって本から本へと転写してきたことにより，彼らのあいだで異常に長いあいだ命脈を保ち続けた。しかし，この主張にはまったく根拠がない」（アナス，バーンズ『懐疑主義の方式』金山弥平訳，岩波書店 1990. p. 71）。だが根拠がないという根拠が挙げられておらず，現代でもこの主張は有効であるとする学者もいる（R. J. Hankinson, *The Sceptics*. 1995 p. 341. note 11）。以上の注に関しても金山教授に負うところ大である。

393）モンテーニュ『エセー』（原二郎訳，岩波文庫・第三巻 pp. 303-304），P. Villey éd., *Les Essais de Michel de Montaigne*. p. 597

394）ジビュー宛 1629. 7. 18, AT. I, 17,メルセンヌ宛 1630. 4. 15. AT. I, 144, 同 1630. 11. 25. AT. I, 182, 同 1637. 3, AT. I, 3

395）1629. 11. 13. AT. I, 70, 1629. 12. 18. AT. I, 85-86, 1630. 4. 15. AT. I, 136

396）Plempius, *Fundamenta medicinae*. 1654. p. 354; G. Cohen, *Ecrivains français en Hollande dans la première moitié du XVIIe siècle*. 1920, 1970. p. 468; A. Bitbol-Hespériès, *Le principe de vie chez Descartes*. 1990 p. 34

397）メルセンヌ宛 1632. 11. ou 12. AT. I, 263

398）既述のように，そのこと自体，デカルトの医学的見識が単なる素人の域を越えていたことの証左であろう。ビトボル＝エスペリエスも指摘するように，この時期のデカルトは，にわか勉強であれヴェサリウス，バオヒン，ファブリキウスなどの医学書を読破し，専門の医学者と書簡を交換して議論をした。またハーヴェー自身もデカルトの心臓の運動に関する考えを吟味した。こうしたことからも，かれの医学が素人の域を越えていたと言えるのではないだろうか。A. Bitbol-Hespériès, Cartesian Physiology, in S. Gaukroger ed., *Descartes' Natural Philosophy*. 2000. p. 352

399）A. Bitbol-Hespériès, *Le principe de vie chez Descrtes*. p. 25

400）G. Rodis-Lewis, *L'œuvre de Descartes*. p. 123-124

401）A. Bitbol-Hespériès, *Op. cit.* pp. 195-202. ジルソンはデカルトが権威として引用しているパリのスコラの医者フェルネル（Jean-François Fernel 1497-1558）の影響を認めている（E. Gilson, *Etudes sur le rôle de la pensée médiévale dans la formation du système cartésien*. Chap. II）。ビトボル＝エスペリエスはそれをありえないとして退けているが，しかし最近のオカントの考証によれば，発生に関してデカルトはフェルネルの生理学からインスピレーションを受けていたという（V. Aucante, *Descartes: Ecrits physiologiques et médicaux*. 2000. p. 12）。

402）バオヒンの名は『解剖学摘要』AT. XI, 591-592 に引用されている。またその名こそ引用されていないが，「張った下腹部の解剖学的観察の概要」*Observationum anatom-*

icarum compendium de partibus inferiori ventre contentis. 1637 には，バオヒンの書の影響が見られる。これは1637年12月４日ホイヘンス宛書簡に出てくる「医学提要」と考えられる。AT. XI, 587-588, Note d.

403） A. Bitbol-Hespériès, Cartesian Physiology, in S. Gaukroger ed., *Descartes' Natural Philosophy.* 2000. pp. 352-353, 362-364, 366-368

404） V. Aucante, *Descartes: Ecrits physiologiques et médicaux.* 2000

405） 訳文は近藤洋逸『デカルトの自然像』（岩波書店）pp. 70-71 による。

406） F. Alquié, *Œuvres philosophiques de Descartes.* I. pp. 210-211 の仏訳を参照した。以下の引用も同様である。

407） V. Aucante, *Op. cit.* pp. 201-203 の仏訳を参照した。

408） 白水社の『仏和大辞典』（1981）によれば「妊娠中の母親が欲しがっていた物の形が新生児の痣となって現れるという迷信から」とある。これは『屈折光学』第五講の末尾でも言及される。「時とすると（脳の内部表面に描かれた）その絵が，小さな腺から妊婦の動脈を通って，胎内にいる胎児の一定の肢体にまで移り，そこですべての医者をあんなに驚かす母斑に変貌するありさまを示すこともできると思われる」（AT. VI, 129）。

409） ロンドンの医師。ケンブリッジに学び，パドヴァに留学してファブリキウスに師事。ガレノスをうち破る生理学・解剖学を立てたとされる。「すべての動物は卵から生まれる」という言葉でも有名。著書としては，『心臓の運動』のほかに，『血液循環についての解剖実習』*Exercitatio anatomica de circulatione sanguinis.* 1649,『動物の生成について』*De generatione animalium.* 1651 がある。

410） ハーヴェーに対する賛辞は，その他に『情念論』７，ベファーヴィック宛 1643. 7. 5. AT. IV, 4，ニューキャッスル宛 1645. 4. AT. IV, 189, ボスウェル宛 1646. AT. IV, 699-700 などに見出される。

411） Cf. E. Gilson, *Etudes sur le rôle de la pensée médiévale dans la formation du système cartésien.* p. 91

412） W. Harvey, *Exercitatio anatomica.* II. pp. 280-282. cité par E. Gilson, *Op. cit.* p. 101, cf. A. Bitbol-Hespériès, *Le principe de vie chez Descrtes.* pp. 187-188

413） 動物を時計や機械に見たてる考え方自体は，中世のトマス・アクィナスにも，16世紀スペインの医師ゴメス・ペレイラ Gomez Pereira にもあり，とくに珍しい論ではなかったと言われる（S. Gaukroger, *Descartes: An Intellectual Biography.* p. 271）。デカルトはメルセンヌからゴメスの書 *Anatomica Margarita.* 1544 を示されたおり，読んでいないし読む気もしないと答えている（メルセンヌ宛 1641. 6. 23. AT. III, 386, 390）。しかし AT 版も注しているように，ゴメスは動物機械論の先駆ではないし，これを以ってデカルトの人体機械説が陳腐であったとは必ずしも言えないだろう。

414） 拙著『デカルト「省察」の研究』pp. 188-192 を参照。

415） 「松果腺」conarion, conarium の初出はメイソニエ宛 1640. 1. 29, AT. III, 19 である。

416） この日付は AT. I, 507 では1638年１月25日となっているが，これはあやまりである。AM およびアルキエ版ではこのように訂正されている。

417) もっとも，この文書の現存する部分 AT. XI, 587-588 には「老衰」の話題は見当たらない。

418) F. Alquié, *Œuvres philosophiques de Descartes*. I. p. 818

419) AT. V, 64 の日付け（1647年）は1644年の間違いである。AT. V, 660 では訂正されている。

420) これはヒポクラテスの考えでもあったし，東洋医学にも同じ発想がある。

421) 「健康には恵まれていた。元首でいたときのほとんど全期間を通じて，ほぼ無病息災であった。もっとも彼は，三十歳以降，医者の助けや忠告を求めず，自分の判断で健康を管理していたのであるが」（スエトニウス『ローマ皇帝伝』（国原吉之助訳，岩波文庫（上）p. 297）。実際この皇帝は波瀾万丈の生ではあったが，80歳に近い長寿を得ている。

422) 本書第14章「形而上学と医学」でこの点を詳しく分析しておいた。なお『省察』以外のテキストでは，『真理の探求』のなかで水腫症と狂人の例が登場する（AT. X, 500, 511）。その執筆年代は不明であるが，懐疑やコギトの詳細な記述があるところからすれば，カッシーラのいうスウェーデン時代ではなく『省察』以前の時代のものと考えられる。実際，最近の研究ではその年代を1633年とするものが出てきている。（E. Lojacano, E. Jan Bos et F. A. Meschini éd., *La recherече de la vérité par la lumière naturelle de René Descartes*. 2002）

423) この王女との往復書簡の詳細については拙訳『デカルト・エリザベト往復書簡』（講談社2001）を，また医学の問題についてはその解説 pp. 317-318 を見よ。

424) スパの鉱泉は鉄分を含み，循環器系の病気に効果ありとして昔から有名。胆石の持病があったメルセンヌもここで療養した。

425) P. Mesnard, L'esprit de la physiologie de Descartes, in *Archives de Philosophie*. 1937. p. 191

426) これらの著作は1648年頃に書かれた断片も含んでいるが，その他にもっと早い時期（1635-1636）に書かれた動物の発生に関する胎生学的なノートの多くを含んでいる。拙訳『デカルト＝エリザベト往復書簡』p. 264 注（2）を参照のこと。H. Dreyfus-Le-Foyer, Les conceptions médicales de Descartes, in *Revue de Métaphysique et de la Morale*. 1937. p. 249 以下も参照すべきである。

427) ハルも『人間論』への注で，特にこの個所をとりあげて英訳している。T. S. Hall, *Treatise of Man: René Descartes*. p. 114

428) 「自己自身を知る」というソクラテス的命題に関して，メルセンヌ宛書簡には「神を知り自己自身を知る se connaître eux-mêmes ために理性を使う」（1630. 4. 15. AT. I, 144）とある。自己自身を知るとは，本来は自分の精神を知ることである。形而上学の基礎はアウグスティヌス的な意味における「神と精神」であった。ところがここで自己自身を知るとは，自分の身体を知り心身の区別を知ることと解されている。これは「第六省察」で「私自身と私の起源の作者とをよりよく知りはじめる」（AT. VII, 77）と言うときと同じ意味であろう。精神から身体へと視点の転換が行われていることが印象的

である。なおビトボル＝エスペリエスによれば，これは身体研究の正当化だが，自己を知り，神を知り，神を称えるという伝統的文脈とは切れており，人間をミクロ・コスモスとマクロ・コスモスとの対比において捉えようとするものでもない。A. Bitbol-Hespériès, éd., *René Descartes, Le Monde, L'homme*. 1996 pp. XIV-XVIII, Cartesian physiology, in Gaukroger ed., *Descartes' Natural Philosophy*. 2000. pp. 371-372

429) 現代のことばでいえば，治療医学，予防医学，老人医学（加齢医学，老年科学）に相当する。老衰を遅らせることは，先述したように『序説』（AT. VI, 62）などにもその言及がある。

430) 『情念論』２，３．身体の本性を知り，精神と身体との機能の違いを知る。両者を区別することによって，身体を統御し，よりよく生きることを目指す。これがデカルトの基本であり，医学や道徳の基礎になっている。

431) その逆のこと，すなわち人間の身体の仕組みをよく調べてみると，身体の運動に精神は関っておらず運動の原理はむしろ身体である，というのがデカルトの主張である。

432) 身体はゼンマイ仕掛けの時計がそうであるような自動機械（オートマット）である，との認識に基づいている。（『序説』AT. VI, 56, 59）

433) 『情念論』6

434) 実体（精神）はその固有の属性（思惟）によってのみ知られる。身体が思惟によって知られることはなく，身体的運動にはいかなる思惟も含まれない。

435) たとえばアリストテレスの植物精神（栄養を摂取する精神）。

436) 『情念論』5

437) この点に本書（ひいてはデカルト医学）の基本理念がある。

438) 『情念論』8

439) この箇所は『序説』AT. VI, 54-56 と重なる。

440) 精神と身体との相違をきちんと弁えることによって病気の治療がより効果的になされる。この考え方は『情念論』に引き継がれ，精神がいかに情念を統括するかというメンタルな次元に関連することになる。

441) たとえばアリストテレスは「魂はわれわれがそれによって生き，感じ，思考しているものである」（Aristoteles, *De Anima*. II. 2. 414a12-13）としている。伝統的な思想とデカルトとの違いについては A. Bitbol-Hespériès, *Le principe de vie chez Descartes*. pp. 37-52 に詳しい。

442) カンブシュネルによれば，松果腺と精気の運動に関して『情念論』では，『人間論』に比して記述が曖昧に節約されているとする（D. Kambouchner, *L'homme des passions*. 1995. I. p. 138）。たしかに『人間論』では挿絵入りで豊かな説明になっているが，これは『情念論』という書物の制約によることであろう。

443) 本書第 4 章「心身問題についてのノート」を参照。

444) A. Baillet, II. pp. 418-421（井沢・井上訳『デカルト伝』pp. 255-256）；G. Rodis-Lewis, *Descartes: Biographie*. 1995. pp. 278-280（飯塚勝久訳『デカルト伝』未来社 pp. 307-309）。もっともベイサッドはバイエの「再構成」を疑問視して，瀉血の拒否

の意味など興味深い論点のいくつかを提出している（J. -M. Beyssade, La mort de Descartes selon Baillet, in *Etudes sur Descartes*. 2001）。

445）　デカルトが滞在していた当時のフランス大使館と推定される建物が，ストックホルムの旧市街ガムラ・スタンのヨーン広場に面して現在も残っている。ここから宮殿までは歩いて10分もかからないが，建物の裏はすぐ海になっており，ことのほか寒さが厳しかったと思われる。

第14章　形而上学と医学

446）　古代の哲学者は多くの場合同時に医者であり，また医者が哲学に強い関心を示すことがあった。フランス哲学にはその伝統が色濃く残っている。古くはC. ベルナール，H. ベルクソン，F. ラヴェッソン，E. ミンコフスキー，J. ラシュリエがそうである。現代では，M. メルロ＝ポンティ，M. フーコー，G. カンギレム，J. モノー，F. ダゴニエもその伝統に属する。これは何もフランスに限ったことではなく，イギリスのJ. ロックも医師の免許をもっていたし，ドイツ語圏の哲学においても，精神医学と哲学との強い結びつきの例を多く見出すことができる。

447）　P. Mesnard, L'esprit de la physique cartésienne, in *Archives de Philosophie*. 1937, H. Drefus- Le-Foyer, Les conceptions médicales de Descartes, in *Revues de Métaphysiques et de Morale*. 1937

448）　*Le principes de vie chez Descartes*. 1990; *R. Descartes, Le Monde, L'homme*. 1996. ちなみにデカルトの生涯を描いた戯曲「理性の騎士デカルト」*Descartes Paladin de la raison*. 1996（G. Gilet 脚本，P. Ouzounian 演出）は，医者としてのデカルトを詳しく描いている。

449）　もっとも数学への疑いは医学とは関連しないだろう。水腫症（AT. VII, 84）の例は「第二答弁」（AT. VII, 145），「第四答弁」（AT. VII, 234），『真理の探究』（AT. X, 500）で触れられてはいるものの，医学的に詳述した箇所は見出されない。ヒポクラテスやガレノスの著作から知りえたものと思われる。また「医学その他の複合された……学問は疑わしい」（AT. VII, 20）と，医学そのものに懐疑的であるのは，絶対に確実な知識の探求という立場から，基礎づけを欠き本当の効用を見失った当時の医学を批判したものと読める。かれが目指したのは「確実な証明に基礎づけられた医学」（メルセンヌ宛1630. 1. AT. I, 106）であり，「目覚しい効用のある医学」（『序説』AT. VI, 62）であった。むろん医学の基礎づけとは何かが当然問題になろう。

450）　ホールは，res cogitans と res extensa との二元論が生理学とリンクしていることを指摘している（Th. S. Hall, *Treatise of Man: René Descartes*. 1972. p. XXXI）。

451）　『実験医学序説』（岩波文庫）緒論，p. 14

452）　もっとも M. フーコーの『臨床医学の誕生』のように，個々の病状だけを見て身体全体や人間を見ない現代医学に批判的な見解も多く存在する。

453）　A. Bitbol-Hespériès, Cartesian Physiology, in S. Gaukroger ed., *Descartes' Natural Philosophy*. 2000. pp. 352-353, 362-364, 366-368

454) 『実験医学序説』(岩波文庫) 三浦岱栄解説, p. 391

第15章　ラフレーシ学院の挑戦――17世紀フランスのコレージュ――

455) ラフレーシのことを伝える資料としてはP. Camille de Rochemonteix, *Un collège de jésuites aux XVIIe & XVIIIe siècles: Le collège Henri IV de La Flèche.* 4 tomes. Le Mans. 1889が最も詳しい。この書の巻数とページとをR. II. p. 36などと略記する。この膨大なコピーを筆者に提供して下さった横浜国立大学の宮崎隆教授に感謝する。学院のカリキュラムについてはRatio Studiorum et Institutiones Scholasticae Societatis Jesu. *Monumenta Germaniae Paedagogia.* Band. V. Berlin A. Hofmann & Comp. 1887がある。フランス教育史の邦語文献としては, 梅根悟監修・世界教育史研究会編「世界教育史体系9・フランス教育史I」(講談社1975) が詳しい (『教育史』と略記)。

456) 『教育史』p. 72

457) 以下の分析は主として『教育史』pp. 44-72による。

458) W・バンガード『イエズス会の歴史』(上智大学中世思想研究所監修, 原書房2004) p. 31

459) 相馬伸一『教育思想とデカルト哲学』(ミネルヴァ書房2001) pp. 259-260

460) 『学問の進歩』*The Advancement of Learning.* I-3-3

461) E・デュルケーム『フランス教育思想史』(尾関藤一郎訳, 行路社1981) 第6章 p. 487-

462) イエズス会の教育が世界共通の『学事規程』を志向していたとするなら, 興味ある事実に気がつく。それは, フランスの少年も日本の少年も同じ教育を受けた可能性があるということである。日本では1549年キリスト教が伝えられた後, 1580年イタリア人宣教師ヴァリニャーニにより, 有馬と安土にセミナリオが, 府内 (大分) と天草にコレジオが建設された。セミナリオは中等教育の施設であり, 早朝から厳しい管理の下で, ラテン語や神学の手ほどきのほかに, 音楽, 体育, 日本語, 日本文学も教えられた。週末には息抜きの遠足もあった。コレジオは高等教育機関であり, カリキュラムとしてラテン語, 一般教養, 哲学, 神学などが教えられていた。天草版『平家物語』, ロヨラ『霊操』,『伊曾保物語』(イソップ物語) などもここで出版された。特筆すべきは, このコレジオではヨーロッパ標準ではなく日本人の精神性に合わせたテキストが使用されていたことである。それがペドロ・ゴメスの『講義要綱』*Compendium catholicae veritatis.* 1595である。そのラテン語原本は, スウェーデンのクリスティナ女王の寄贈書としてバチカンにあることはすでに知られていたが, 和訳本が1995年オックスフォード大学で発見された。その内容は, 最新の自然研究による天体宇宙論, トマスの『デ・アニマ』註解に基づく人間論・道徳論, そしてトリエント宗教会議によるキリスト教の教義, の三部から構成されている。これはイエズス会の教科課程が模索されている時期に, 世界に先駆けて編まれた貴重な教科書であろう。以下は推測にとどまるが, 日本ではデカルトがラフレーシで学ぶのに30年先立って, 同じ内容を同じ方法の下で長崎や安土の子供たちが習っていたかも知れない。ラテン語の学習, 体育 (剣道), 週末の遠足などは同

じであろう。ラフレーシの科目であった哲学，自然学，神学と内容的に同じことが，ゴメスの『講義要綱』にも記されている。イソップの寓話は天草版『伊曾保物語』として読まれ，カエサルの歴史物語の代わりに天草版『平家物語』が使われたのかも知れない。それらが監督と競争という指導方針にしたがって教えられたのであろうか。とするならば，これはイエズス会の学事規程を通して東西の世界を結ぶ知の通信網が形成されていたことの象徴的な実例ということになろう。

463）『教育史』p. 71

464）『教育史』p. 79

465） G. ロディス＝レヴィス『デカルト伝』（飯塚勝久訳，未来社1998）p. 41。ちなみに，デカルトの友人でラフレーシの先輩にあたるメルセンヌ神父は農民の出身であった。

466） R. II. pp. 25-26, R. アリュー「デカルトとスコラ哲学―デカルト思想の知的背景」『現代デカルト論集Ⅱ英米編』（宮崎隆訳，勁草書房1996）p. 288

467） R. II. p. 27

468） R. II. p. 28 デカルトの著作のなかに，ロシア，ダッタン，中国，アメリカ，インドが登場する。もしかれらが17世紀はじめの在学生であるなら，デカルトはラフレーシ時代の留学生をイメージしていたとも考えられる。

469） G. ロディス＝レヴィス 同書 p. 41

470） R. III. p. 7．田中仁彦『デカルトの旅／デカルトの夢 方法序説を読む』（岩波書店1989）pp. 18-19

471）『教育史』p. 74 ロシュモントゥも「文法学級から人文学級への段階的推移はイエズス会の発明である」と記している（R. III. p. 5）。

472） G. ロディス＝レヴィス 同書 p. 37． ロヨラはパリのコレージュ・ド・フランスで数学を学んでいる。

473） R. I. pp. 147-148，G. ロディス＝レヴィス 同書 p. 45

474） R. アリュー「デカルトとスコラ哲学―デカルト思想の知的背景」p. 299-301

475） デカルト宛 1645. 9. 13. IV, 288

476） モンテーニュ『エセー』I-26（原二郎訳，岩波文庫一）pp. 329-330

477） O. ヘッフェ『イマニュエル・カント』（藪木栄夫訳，法政大学出版会1991）p. 13

478） R. IV. pp. 22-26

479） R. III. pp. 50-57

480） A. バイエ『デカルト伝』（井沢・井上訳）p. 9

481）『教育史』p. 76

482）『教育史』p. 77

483）『教育史』p. 78

484） 現代の教育に示唆するところを筆者の所感を交えてまとめておく。第一に教養教育の見直しである。ラフレーシでは，高等教育以前の段階で学生をすでに一人前の教養人に仕立てあげている点が注目される。コレージュでは教養教育を一とおり受け，大学では（パリ大学の人文学部は別としても）専門を深める，という図式がある。この伝統は

現在のフランスの教育制度にも流れている。要するに，教養教育をすでに卒業した人が大学に入ってきたのである。日本でも，かつては旧制高校が教養教育を受け持ち，成果をあげていた。しかるに現在，日本の高校では受験教育が主であり，教養教育を十分に行う余裕はない。ならば大学の初年次で教養教育をしっかりとやらなければならないだろう。これを抜きにしては大学人とも教養人とも言えない。いま大学の教養教育は焦点がぼやけたものになっている。制度の見直しを含めて，いい意味での教養主義の復活を望みたい。

第二に古典教育の再認識である。ラフレーシでの教育の基本は古典教育であった。古典の素読，暗記，作文が主たる内容であった。素読や暗記などは近代の教育理論に反するかも知れないが，とくに語学教育では最も合理的な教育であることが最近再評価されつつある。昔，日本の子供たちは，意味が分っても分からなくても『論語』の素読を強いられたという。それによって子供たちは精神の規範を体得した。これは日本の古典教育の伝統である。むろん批判もある。孔子が現代人の教養の規範になるのかどうか，いまどき漢文やラテン語が何の役に立つのか，と。だが古典を読むことは，ラフレーシで認識されていたように若い精神を鍛えることなのである。現在，日本だけでなく欧米でも，古典を読んで精神を涵養するという教育は必ずしも十分に行われていない。これでは精神の規範を構築する作業ができないことになる。そもそも現代人は規範となるものを失っているといわれる。規範や価値規準は多様であっていい。最初からある特定の価値に偏るのではなく，いろいろな考え方を知って頭を柔らかくする必要がある。それではじめて一人前の教養人たりうる。そのためにはグレートブックス・システムを見直すなどして，古典教育の重要性を再認識すべきである。

第三に教育方法である。いまの日本の大学はかつてのようなエリート教育ではなく，大学進学者が50％を越える大衆教育の時代である。大学院も大衆化，多様化してきている。しかし教育方法の工夫によって，大学の理念を変質させることなく新時代に対応できるだろう。その一例としてラフレーシのように，ある程度競争原理を教育に取り入れてもよいのではないか。平均的な一律の教育ではなく，優秀者を表彰し，そうでないものを激励するという教育方法も一部導入すべきである。学生の自尊心に訴える教育方法を採用することによって，学生のやる気を引き出すことができるだろう。たとえば，クラスで教授からレポートを評価されることは学生にとって大変な激励になるはずである。また，クラスを班に分けてそれぞれに責任をもたせるという授業運営のシステムも検討に値するだろう。学生がただ単に授業を聴いて一度だけ試験を受けるという受身の態勢では，知識は身につかない。自分も授業に参加している！という実体験空間を作る必要がある。そのためには，文系のゼミや理系の実験だけでなく，多人数の講義でも学生を班ごとに分けてチームを作り，自分の役割を認識させることが有益であろう。そして月一回，班ごとに共同発表を義務づけ，競争させる。こうした教育方法の改善によって，教育が活性化されるだろう。

第四にカリキュラムの問題である。「精神の発達を意識したカリキュラム」は参考になるだろう。一般論として，大学１年生と４年生とでは意識がちがっており，学年に対

応した履修科目を立てる必要がある。たとえば「科学概論」は理学部の４年生が聞いてもよいが，文系理系を問わず１年生全員に聞かせたい。このように科目を年次指定し，カリキュラムを学年進行に合わせて生成論的に構成するのが，教える側にとっても教えやすいだろう。討論（ディベート）やレトリックのカリキュラムも用意すべきである。すでに高校のカリキュラムには入っており，大学でもゼミなどで事実上ディベートはしているが，まだ授業としては十分に浸透していない。これを教養教育の必須科目とする。もとより議論に勝つか負けるかは問題ではない。議論するテクニックを習得し，自分の意見を主張するだけでなく相手の意見を聞く訓練でもある。これによって学生は，自由で開かれた精神を養うことになるであろう。ラフレーシで盛んだった演劇の利用も検討の余地がある。演劇という空間を設定することで，学生は自己主張のマナーや対話の仕方を学ぶであろう。

最後に，教育への情熱と新しいものを積極的に取り入れる姿勢にも学ぶ点がある。まず日本の大学が教育への情熱を取り戻す必要がある。大学は世界に誇れる教育研究をやっており，さまざまな意味で社会の役に立っている。このことを自覚し，大学教育は最高に面白いということを教師も学生も自覚すべきであろう。また大学は知的遺産を伝達すると同時に，つねに時代の最先端を見て，いま世界で何が問題になっているか，何が大学に要求されているかに機敏でなければならないだろう。こうした姿勢が大学教育の魅力となるはずである。